AF522697

Mehr als KÜHE & KIRMES

Thüringer Landleben im Wandel der Zeiten

IMPRESSUM

1. Auflage, November 2024
Redaktionsschluss April 2024
Autor: Walter Kehr
Cover, Layout und Satz: LorSign – Konzeption & Design by Loreen S.
Lektorat: Brigitte Felix
Sprache: deutsch
ISBN 978-3-9571-388-2

www.verlag-kern.de

Bibliografische Information: Diese Publikation ist in der Deutschen Nationalbibliografie verzeichnet. Die Deutsche Nationalbibliografie ist über den Katalog der Deutschen Nationalbibliothek unter http://www.dnb.de abrufbar.

Wir danken der Firma Celik Bau GmbH, Herrn Mehmet Emin Celik, für die finanzielle Unterstützung der Erstellung dieses Buches.

Inhaltsverzeichnis

Vorwort des Autors

Mehr als Kühe und Kirmes – Thüringer Landleben im Wandel der Zeiten

Sie haben das Buch „Mehr als Kühe und Kirmes – Thüringer Landleben im Wandel der Zeiten" aufgeschlagen. Es ist mir ein Bedürfnis, Sie zu dieser Entscheidung zu beglückwünschen.

Von den 2,12 Millionen Einwohnern im Freistaat Thüringen leben viele Menschen im ländlichen Raum. Unser Bundesland hat mit Erfurt und Jena nur zwei Städte mit mehr als 100.000 Einwohner. Dazu kommen die Städte Eisenach, Gotha, Weimar und Gera an der Städtekette der Bundesautobahn 4 sowie einige Kreisstädte, in denen ein Stadtleben stattfindet. Der größte Teil der Menschen lebt im ländlichen Raum. Das habe ich zum Anlass genommen, um mich etwas intensiver mit dem Landleben in Thüringen zu beschäftigen und dies in dem vorliegenden Buch aufzuschreiben.

Im Buch „Mehr als Kühe und Kirmes – Thüringer Landleben im Wandel der Zeiten" erhalten Sie Einblicke darüber, wie sich das Leben in den Dörfern von Thüringen im Laufe der Zeit veränderte. Zunächst wird im Kapitel 1 deutlich gemacht, was für das Landleben kennzeichnend ist und welchen Stellenwert das Landleben in der Gesellschaft hierzulande hat. Dabei wird ersichtlich, dass vor allem im Freistaat Thüringen – der vorwiegend ländlich geprägt ist – das Landleben eine besondere Bedeutung hat. Das war in den vergangenen Jahrhunderten so und ist auch heute noch zutreffend.

Im Kapitel 2 wird der Nachweis erbracht, dass sich das Landleben in den vorhandenen Naturräumen Thüringens abspielt. Dabei stellt der Autor die acht Thüringer Naturlandschaften vor. Das sind der Nationalpark Hainich, die beiden Biosphärenreservate Rhön und Thüringer Wald sowie die fünf Naturparks Eichsfeld-Hainich-Werratal, Südharz, Kyffhäuser, Thüringer Schiefergebirge Obere Saale und der Naturpark Thüringer Wald.

Die Bedeutung der Landwirtschaft für das Landleben steht im Mittelpunkt vom Kapitel 3. Es wird herausgearbeitet, dass die Landwirtschaft seit Jahrhunderten der wichtigste Erwerbszweig für die Menschen in den Dörfern von Thüringen war. Es werden Fakten genannt, wovon die Landwirtschaft in den verschiedenen zeitlichen Epochen gekennzeichnet war. Das betrifft sowohl die Zeit vor dem Zweiten Weltkrieg als auch die Zeit in der DDR. Natürlich wird auch über die Landwirtschaft von 1990 bis heute berichtet.

Das Kapitel 4 verdeutlicht mit konkreten Beispielen aus ausgewählten Gemeinden und Ortschaften, wovon das Landleben zu verschiedenen Zeiten gekennzeichnet war. Diese Dokumentation erfolgt anhand von fünfundzwanzig Orten, wo es im Laufe der Zeit besondere Veränderungen des Landlebens gab. Diese befinden sich vorwiegend in den Landkreisen Gotha, Sömmerda und Weimarer Land, im Ilm-Kreis und im Wartburgkreis sowie in einigen ländlichen Ortsteilen der Stadt Erfurt.

Das umfangreichste Kapitel ist das Kapitel 5. Hier erfährt der Leser einiges über das veränderte Landleben in ausgewählten Lebensbereichen. Diese reichen in alphabetischer Reihenfolge von A wie Altenpflege über das Handwerk, die Hausschlachtung, die Mühlen und die Tierhaltung bis zum Wohnen und der Zuckertüte. Die aufgeführten Beispiele erstrecken sich über große Teile von Thüringen.

Das Kapitel 6 vermittelt Besonderheiten in der ländlichen Entwicklung. Diese reichen von Gesundheitskiosken bis zum Voltigieren. Dabei werden besondere Traditionen ebenso aufgeführt wie neu geschaffene Besonderheiten, die das Landleben bereichern.

Sie können davon ausgehen, dass der Autor des Buches weiß, worüber er schreibt.

Ich wurde 1948 im idyllisch gelegenen Ifta (im heutigen Wartburgkreis) geboren und habe die ersten 23 Lebensjahre auf dem Land verbracht. Meine Großeltern hatten jeweils eine kleine Landwirtschaft. In meinem späteren beruflichen Leben war ich insgesamt 11 Jahre in der Kommunalpolitik im damaligen Kreis Erfurt-Land tätig. Ich bilde mir deshalb ein, einige Kenntnisse über das Landleben zu besitzen.

Das vorliegende Buch ist mein sechstes Buch, das ich als Hobbyautor verfasst habe. Den Gefallen am Schreiben fand ich schon in jungen Jahren. Ich kann mich erinnern, dass ich schon im Alter von 13 Jahren ein ganzes Schulheft mit einem Romantext vollgeschrieben hatte. Dabei dachte ich mir Abenteuer eines Jungen aus und brachte diese heimlich zu Papier. Leider blieben die Aufzeichnungen geheim. Ich erinnere mich auch daran, in eben diesem Alter aktiv als Redakteur unserer Pionierzeitung in meinem Heimatort Ifta mitgewirkt zu haben. Später war ich viele Jahre als Volkskorrespondent bei der Zeitung „Das Volk" und als freier Mitarbeiter bei der „Thüringer Allgemeine" tätig und berichtete über Land und Leute vorwiegend aus dem ländlichen Raum.

Im Jahr 2006 kam bei mir erstmals der Gedanke auf, selbst als Buchautor tätig zu werden. Durch meine damalige berufliche Tätigkeit hatte ich viele Kontakte zu den Sportvereinen von Erfurt.

Deshalb wagte ich mich an das Buch „Sport in Erfurt – von Stadtklasse bis Olympiasieg", das 2008 veröffentlicht wurde. Vom Autorenvirus infiziert, ging ich kurze Zeit später das nächste Buchprojekt an. Dabei konnte ich meine Erlebnisse und Erkenntnisse als freier Journalist einbringen. 2011 erschien das Buch „Erfurter Landleben – Geschichten von gestern und heute". Beide Bücher sind zu großen Teilen thematische Dokumentationen mit lokalem Bezug.

Danach machte ich einen Abstecher in die Belletristik. 2016 erschien mein drittes Buch mit dem Titel „Umwege – Erinnerungen eines Stehaufmännchens". Darin schrieb ich Erinnerungen eines Freundes an sein bisheriges Leben in Form einer biografischen Erzählung auf. Dabei bin ich auf den Geschmack gekommen, Erinnerungen von Mitmenschen aufs Papier zu bringen.

Deshalb stehen auch vorwiegend ältere Menschen im Mittelpunkt meines vierten Buches. Es erschien 2018 mit dem Titel „Lebensbilder – Geschichten, die das Leben schreibt". Die Prota-

Der Autor im Garten in Heyda vor seinem Lieblingsbaum – der gesunden und prächtig gedeihenden Fichte.

gonisten dieses Buches erinnerten sich an viele Begebenheiten in ihrem Leben und erzählten sie mir. Diese Lebensbilder habe ich in fünfzehn Kurzgeschichten aufgeschrieben.

Bei meinem fünften Buch bin ich wieder zu einer thematischen Dokumentation mit lokalem Bezug zurückgekehrt. Ich habe fast einhundert Gärten und Parkanlagen sowie die acht Naturlandschaften von Thüringen unter dem Titel „Blühendes Thüringen – Gärten, Parkanlagen, Naturlandschaften" vorgestellt. Das Buch erschien 2021.

Nunmehr – in meinem sechsten Buch – widme ich mich wieder dem Leben im ländlichen Raum und berichte über das Landleben im Wandel der Zeit in unserem schönen Bundesland Thüringen. Dabei konzentriere ich mich auf ausgewählte Themen ebenso wie auf Beispiele aus ausgewählten Orten. Es ist mir wichtig zu betonen, dass ich keinen Anspruch auf Vollständigkeit zu den Themen des Landlebens im Wandel der Zeit erhebe.

Ich hoffe und wünsche, dass Ihnen das Buch mit dem geschriebenem Wort und den 56 Bildern eine freudvolle und entspannende Zeit bringen möge. Das wünsche ich Ihnen auch, wenn Sie ein „Stadtmensch" sind und zum ländlichen Raum keine besonderen Beziehungen haben. Vielleicht regt Sie ja das Buch an, künftig etwas mehr Landluft zu schnuppern und sich vom vielfältigen Thüringer Landleben zu überzeugen.

Ich wünsche Ihnen viel Freude beim Lesen.

Ihr Buchautor Walter Kehr

Kapitel 1

Das Leben auf dem Land

In Deutschland leben 77% der Menschen in Städten oder Ballungsgebieten. 15% der Menschen leben in Dörfern mit weniger als 5.000 Einwohner. Das war früher anders. Um 1870 herum waren es noch über 60% Landbevölkerung. Damals arbeitete die Mehrzahl der Bevölkerung in der Landwirtschaft und vielerorts dominierte die Agrarwirtschaft. Das änderte sich mit dem Fortschreiten der Industrialisierung. Immer mehr Menschen strömten in die Städte, um dort Arbeit zu suchen und sich eine Existenz aufzubauen. Sie wollten der schweren körperlichen und auch schlecht bezahlten Landarbeit entfliehen.

Vom Landleben gab es schon immer verschiedene Vorstellungen. Insbesondere die Städter – die nicht auf dem Land lebten – betrachteten das Landleben verklärt und romantisch. Die Wahrheit ist jedoch eine andere. Das Landleben war früher weder nur hart noch nur idyllisch. Sicherlich waren die meisten Bauern nicht wirklich wohlhabend, für heutige Verhältnisse eher arm. Trotz alledem konnten sie sich und ihre Familien selbst versorgen und hatten mit der Großfamilie einen Familienverbund, der sich gegenseitig unterstützte und so oft Ausfälle oder Krankheiten kompensieren konnte. Die Großeltern lebten meist noch mit im Haushalt. Sie halfen mit, solange sie es konnten. Dafür wurden sie im Alter aber auch mit versorgt. Die Kinder mussten mitarbeiten, aber sie kannten es auch nicht anders. Als größeren Verbund gab es die Dorfgemeinschaft. Auch in dieser half man sich gegenseitig, feierte gemeinsam Feste, tauschte sich aus und kannte sich. Das erzeugte ein gewisses Zusammengehörigkeitsgefühl.

Das Leben auf dem Land war geprägt durch den Jahresrhythmus des Anbaus auf den Feldern sowie die Viehaufzucht und Viehhaltung. Die wenige Freizeit war mit Handarbeit, Lesestunden und geselligem Beisammensein ausgefüllt. Langeweile hatten sicherlich die Wenigsten. Die Kinder spielten in ihrer Freizeit meist draußen oder mit dem wenigen Spielzeug, was sie besaßen. Die Höhepunkte im Alltag waren der sonntägliche Kirchgang und das anschließende Festessen im Sonntagsanzug. Die jährliche Kirmes und die Feiertage wie Ostern und Weihnachten waren früher sicherlich überschaubarer als heute – doch sie wurden von den Menschen als Höhepunkte gelebt.

Das alles gab es so auch In Thüringen. Und auch das heutige Landleben unterscheidet sich in Thüringen nicht besonders von dem Landleben in anderen Regionen Deutschlands. Heute gehören mehr als 90% der Fläche von Thüringen zum ländlichen Raum. In diesen Regionen leben vier Fünftel der Thüringer. Es spricht also vieles dafür, sich das Thüringer Landleben etwas genauer zu betrachten. Was kennzeichnet das Landleben hierzulande?

Man ist von grüner Idylle umgeben. Der Duft der Natur liegt in der Luft. Statt des Straßenlärms ist das Gezwitscher der Vögel zu hören. Das gehört zum Landleben. Die Menschen, die auf dem Land leben, kennen einander und helfen sich gegenseitig. Die meisten Einwohner kennen sich schon aus dem Kindergarten, sodass dauerhafte, tiefe Freundschaften entstehen können. Die Menschen hierzulande sind miteinander vertraut und feiern gemeinsam Feste. In unseren Dörfern können die Kinder noch unbesorgt im Freien spielen und jeder gibt ein wenig acht auf den anderen.

Die Anonymität der Großstädte ist vielen Landbewohnern ein Graus, genauso wie der Schmutz und der Lärm, der in jeder Stadt produziert wird. Sonntägliche Spaziergänge durch Wald und Wiesen würde kaum ein Landbewohner gegen die überfüllten Gehwege der Städte eintauschen. Die

Ruhe und die Stille, die das Landleben mit sich bringt, sind für viele der Ausgleich zum alltäglichen Arbeitsleben. Auf dem Land geht alles etwas weniger hektisch zu. Hier hat der Nachbar noch Zeit für ein kurzes Gespräch über den Gartenzaun oder mit dem vorbei gehenden Dorfbewohner.

Einen Luxus, die keine Großstadt bieten kann, finden die Bewohner ländlicher Gegenden in der Natur. Duftende Blumenwiesen, riesige Wälder und klare Badeseen sind durch nichts zu ersetzen. Der Hund kann frei herumlaufen und auch für andere Haustiere ist genug Platz auf dem Hof. Im Garten können die eigenen Kräuter und Gemüsesorten angepflanzt werden. Und wenn mal Grillgeruch in der Luft liegt, fühlt sich keiner gestört. Diese Harmonie ist es, was die Menschen am Landleben lieben. Menschen, die auf dem Land leben, sind tendenziell gesünder. Sie erkranken seltener an Asthma, Nahrungsmittelallergien oder Neurodermitis. Auch der Anteil der Menschen mit psychischen Leiden ist geringer. Man kann also die Vorteile des Landlebens wie folgt zusammenfassen:

> Auf dem Land lebt es sich ruhiger und entspannter. Um einen herum gibt es viel Natur pur. Die Luft ist besser und gesünder. Es gibt weniger Lärm und Verkehr. In den Dörfern herrscht ein soziales Miteinander und es ist Platz für Tiere. Außerdem bieten ländliche Gegenden mehr Wohnfläche, die Immobilienpreise sind niedriger und es bestehen mehr Chancen für Haus und Garten. Zudem ist die Kriminalitätsrate auf dem Land deutlich geringer als in der Stadt. Verbreitet besteht die Meinung: „Die Leute ziehen aufs Land, weil sie dort ihre Lebensträume verwirklichen wollen und weil sie hier den Raum haben, um sich einzubringen und etwas zu verändern."

In mehreren Regionen Thüringens gibt es gute Beispiele für die weitere Entwicklung des Landlebens. In der Region **Seitenrain** im Unstrut-Hainich-Kreis gibt es das Projekt „Landengel". Damit sollen medizinische, therapeutische und pflegerische Leistungen im ländlichen Raum vernetzt werden. Es geht um den nachhaltigen Ausbau der Gesundheitsversorgung in den Regionen des Unstrut-Hainich-Kreises, um so eine gute Lebensqualität auf dem Land zu erhalten und zu verbessern. Bestandteile des Projektes sind ein Landzentrum und die Gesundheitskioske. Das Landzentrum ist ein Gebäude der Gesundheit für alle Generationen. Hier sind die Gesundheitsvorsorgeleistungen mit den Dienstleistungen unter einem Dach vereint. Die Gesundheitskioske dienen in den Gemeinden als dezentrale Anlaufstellen für die Bürger. Von dort aus werden die Bürger in gesundheitlichen Fragen beraten, informiert und unterstützt. Durch die Unterstützung in den Gesundheitskiosken und dem Landzentrum sollen die Patienten im Umgang mit ihrer Krankheit vor Ort unterstützt werden. Der Versorgungsprozess wird von der Prävention bis zur Nachsorge als zusammenhängendes Ganzes gesehen.

Ein weiteres Projekt im Unstrut.Hainich-Kreis lautet „Dorfkümmerer". Um die Dorfgemeinschaften im ländlichen Raum nachhaltig stärken zu können, wurden in mehreren Orten sogenannte Dorfkümmerer eingesetzt. Diese sind ehrenamtlich engagierte Menschen und zugleich Ansprechpartner für Probleme, Alltagsfragen und die Vermittlung von Hilfsdiensten. Außerdem sind sie Ansprechpartner für alleinstehende Seniorinnen und Senioren und sie leisten Hilfestellung beim Ausfüllen von Formularen und anderen Dokumenten. Die Dorfkümmerer organisieren Arztbesuche und sie organisieren generationsübergreifende Veranstaltungen. Auch die Organisation von Seniorennachmittagen gehören dazu.

Es könnten noch eine Reihe weiterer Beispiele aus den verschiedenen Regionen des Freistaates Thüringen aufgeführt werden. Mehrere dieser Beispiele finden die Leser ebenso in den folgenden Kapiteln dieses Buches. An dieser Stelle möchten wir es bei den beiden Projekten aus dem Unstrut-Hainich-Kreis belassen.

Der Vollständigkeit halber muss an dieser Stelle allerdings darauf hingewiesen werden, dass das Stadtleben einige Vorteile gegenüber dem Landleben hat. Die Städte besitzen in der Regel eine ausgebaute Infrastruktur, es besteht ein intaktes Netz der öffentlichen Verkehrsmittel.

In den ländlichen Regionen fahren wesentlich weniger Busse und Bahnen, die Mobilität ist eingeschränkt. In der Regel ist die Landbevölkerung auf das Auto angewiesen. Darüber hinaus gibt es in der Stadt mehr Angebote für die Freizeitgestaltung. Auch bei den Einkaufsmöglichkeiten bietet das Stadtleben Vorteile, ebenso bei der Erreichbarkeit von Fachärzten und Kliniken.

Kapitel 2

Landleben in Thüringens Naturlandschaften

Das Thüringer Landleben spielt sich nicht nur in den Dörfern und auf den Feldern ab. Das „Grüne Herz Deutschlands" bietet noch viel mehr Möglichkeiten für ein interessantes und lebenswertes Landleben, nämlich die Naturreichtümer unseres Landes. Zu den Naturreichtümern gehören auch die Nationalen Naturlandschaften. In Thüringen gibt es acht Nationale Naturlandschaften. Drei von ihnen gehören zum UNESCO-Weltnaturerbe. Das sind der Nationalpark Hainich sowie die beiden Biosphärenreservate Rhön und Thüringer Wald. Hinzu kommen noch fünf Naturparks.

Im Folgenden werden die acht Nationalen Naturlandschaften vorgestellt.

1 Der Nationalpark Hainich

Der Nationalpark Hainich ist ein Höhenzug im Westen Thüringens im Städtedreieck von **Bad Langensalza, Eisenach** und **Mühlhausen**. Er schützt auf insgesamt 7.500 Hektar den typischen Mittelgebirgsbuchenwald auf Kalkgestein. Das Besondere an ihm ist, dass hier der Mensch auf einem etwa 5.000 Hektar großen Waldgebiet nicht mehr eingreift. Damit ist der Hainich der größte nutzungsfreie Laubwald Deutschlands. Seit 1997 ist er Nationalpark und seit 2011 gehört er zum UNESCO-Weltnaturerbe „Buchenwälder der Karpaten und anderer Regionen Europas". Auf den ersten Blick erscheint die Natur im Nationalpark Hainich recht unspektakulär. Hier gibt es weder Kreideklippen, noch Canyons oder Korallenriffe. Beim genaueren Betrachten ist die hiesige Natur jedoch weltweit einzigartig. Nur im Hainich wachsen die letzten verbliebenen Reste großer, unzerschnittener Buchenwälder mitteleuropäischer Ausprägung auf Muschelkalkböden in mittlerer Höhenlage. Sie bieten vielen seltenen Arten einen ganz speziellen Lebensraum.

Bezüglich der Flora sind die großen Bestände an Frühblühern wie Märzenbecher, Hoher Lerchensporn und Bärlauch spektakulär. Was die Fauna betrifft, so sind im Hainich recht anspruchsvolle Waldbewohner anzutreffen. Dazu zählen u.a. die Wildkatze, die Bechstein-fledermaus und mehrere Spechtarten. Auf den großen Verbuschungsflächen leben seltene Arten wie Braunkehlchen, Sperbergrasmücke, Neuntöter und zahllose Insektenarten.

Zu den Highlights im Nationalpark gehören einige anspruchsvolle Naturerlebnisse. Am Naturparkzentrum an der Thiemsburg unweit von Bad Langensalza kann man der Natur aufs Dach steigen. Ein Baumkronenpfad führt die Besucher durch die Wipfel der Bäume. In den Kronen der unterschiedlichen Bäume leben zahlreiche Vogel-, Käfer- und Schmetterlingsarten. Jede Schicht des Blätterdachs beherbergt ihre ganz spezifische Le-

Der Baumkronenpfad bei Craula im Unstrut-Hainich-Kreis ist eines der besonderen Naturerlebnisse im Nationalpark Hainich.

bensgemeinschaft. Der Erlebnispfad beginnt in 10 Meter Höhe durch die Wipfel und steigt bis auf 24 Meter an. Während der Wanderung über den Baumkronenpfad laden Ruhezonen zum Stehenbleiben und Staunen ein. Mutige Pfad-wanderer können das Schwanken der Bäume in luftiger Höhe auf einer Hängebrücke und einem Kletterseil nachempfinden. Am Ende mündet der 550 Meter lange Pfad in den Baumturm. Den kann man bis auf eine Höhe von 41 Metern besteigen. Für die Mühen wird man vom höchsten Punkt des Baumkronenpfades mit einem einzigartigen Blick auf den Urwald belohnt. Zudem reicht die Aussicht über den Hainich hinaus bis ins Thüringer Becken.

Weitere Naturerlebnisse werden im Naturparkzentrum und im Wildkatzendorf **Hütscheroda** präsentiert. In der Wurzelhöhle im Naturparkzentrum erhält der Besucher umfangreiche Informationen über das "Leben in der Unterwelt" des Nationalparks. Im Wildkatzendorf leben echte Wildkatzen, die man bei Fütterungen zu Gesicht bekommt. Da die Tiere sehr scheu sind, begegnet man einer Wildkatze in der freien Natur in der Regel nicht.

Ein Biosphärenreservat ist eine Gebietskategorie von Weltrang. Die UNESCO weist weltweit Biosphärenreservate im Rahmen des Programms Mensch und Biosphäre zum Schutz typischer Landschaften aus. Auf der Erde gibt es über sechshundert. Sie liegen am Meer, im Hochgebirge, in der Wüste, in Steppen, an Flussdeltas, umfassen Inseln und Marschland. Einige liegen im Mittelgebirge. Dazu gehören die Biosphärenreservate Rhön und Thüringer Wald. Sie reihen sich ein in die weltweiten Modellstandorte zur Erforschung und Demonstration von Schutzmaßnahmen zur Erhaltung von Landschaften, Ökosystemen, Arten und genetischer Vielfalt.

2 Das Biosphärenreservat Rhön

Die Rhön gehört zu den außergewöhnlichsten Mittelgebirgslandschaften Europas. Sie wird auch als das „Land der offenen Fernen" bezeichnet. Im Gegensatz zu anderen deutschen Mittelgebirgen bietet sie auf ihren Gipfeln eine weitgehend unbewaldete Kulturlandschaft mit einem prächtigen Ausblick ins Land. Im Jahr 1991 wurde dieses Gebiet von der UNESCO als Biosphärenreservat ausgezeichnet. Es gilt weltweit als das bekannteste Biosphärenreservat Deutschlands. Viele Experten aus aller Welt besuchen die Rhön, weil sie ein Beispiel für eine gelungene nachhaltige Entwicklung darstellt. Hier ist es gelungen, unter Einbeziehung von ortsansässiger Landwirtschaft, Naturschutz,

Vom höchsten Punkt der Hohen Geba reicht der Blick bis zur Wasserkuppe in der Hessischen Rhön.

Tourismus und Gewerbe die Vielfalt und die Qualität des Gesamtlebensraumes Rhön zu sichern.

Das Biosphärenreservat Rhön erstreckt sich auf einer Fläche von insgesamt 243.323 Hektar über drei Bundesländer hinweg. In Bayern sind es 129.585 Hektar, in Hessen 64.828 Hektar und in Thüringen 48.910 Hektar. Zur Thüringer Rhön gehören Gemeinde- und Siedlungsgebiete im Wartburgkreis und im Landkreis Schmalkalden-Meiningen. Im Wartburgkreis sind das u. a. **Buttlar**, **Dermbach**, **Empfertshausen**, **Geisa**, **Urnshausen**, **Vacha** und **Zella/Rhön**. Im Landkreis Schmalkalden-Meiningen sind das u. a. **Frankenheim**, **Friedelshausen** und **Kaltennordheim** mit mehreren Stadtteilen.

Die Thüringische Rhön ist ein Mittelgebirge vulkanischen Ursprungs. Die Landschaft wird von Streuobstwiesen und Weiden, Äcker, Wälder und unbewaldete Kuppen geprägt. Im Frühling erscheinen Teile der Region wie ein Blütenmeer und die Märzenbecher erobern die Wälder. Charakteristische Pflanzen der Rhön sind die Silberdistel, die Kuhschelle und wild wachsende Orchideen.

Bemerkenswert ist auch die Tiervielfalt. Der Rotmilan ist der auffälligste Greifvogel der Rhöner Kulturlandschaft. Aber auch die Alpenspitzmaus, die es sonst nur in den alpinen Regionen gibt, hat hier ein Zuhause gefunden. Die tierische Attraktion der Region ist jedoch das Rhönschaf mit seinem schwarzen Kopf. Die Schafe sind besonders als Landschaftspfleger sehr gefragt Wo sie die Weiden abgrasen, bleibt die Landschaft in ihrer Form erhalten, wuchert sie nicht zu.

3 Biosphärenreservat Thüringer Wald

Das Biosphärenreservat Thüringer Wald hat eine interessante Geschichte. Bereits 1939 war ein Gebiet im oberen Vessertal mit einer Größe von 1.384 Hektar zum Naturschutzgebiet erklärt worden. 1979 wurde das Naturschutzgebiet Vessertal als erstes deutsches Biosphärenreservat anerkannt. 1986 erfolgte eine Erweiterung vor allem in die westliche und nordwestliche Richtung auf 7.464 Hektar. Nach einer zweiten und einer dritten Erweiterung auf insgesamt 33.670 Hektar im Jahr 2016 erfolgte die Umbenennung in Biosphärenreservat Thüringer Wald. Der größte Teil des Gebietes vermittelt den Eindruck eines geschlossenen Waldgebietes. Dichte Fichten- und Buchenwälder bedecken mehr als 80% der Fläche. Unterbrochen werden sie durch Bergwiesen, Bachtäler und Hochmoore. Der Anteil an Grünland macht etwa 9% der Fläche aus.

Bei Frauenwald wird das umfangreiche Waldgebiet von Bergwiesen unterbrochen.

Innerhalb der Biosphärenreservats wurden 1.245 Pflanzenarten festgestellt. Am meisten verbreitet sind die Gefäßsporenpflanzen und Samenpflanzen, Moose, Kiesalgen und Pilze. Aber auch Arten, die auf der Roten Liste des Bundesamtes für Naturschutz gelistet sind, finden wir im Reservat. Dazu gehören die Rosmarienheide, die Sumpf-Fetthenne, das Holunder-Knabenkraut und die Grüne Hohlzunge. Auf den Bergwiesen erlebt man leuchtende Farbspiele. Es wird knallgelb, wenn Sumpfdotterblumen, Arnika und Trollblumen blühen. Für Farbtupfer sorgen auch Orchideen.

Der Tierbestand umfasst nahezu 2.300 Arten von wirbellosen Tieren und über 230 Arten von Wirbeltieren. Die größte Gruppe unter den Wirbellosen machen die Insekten aus, gefolgt von den Webspinnen und Schnecken. Die meisten Wirbeltiere sind Vögel. Mehr als 140 Arten gibt es hier. Über 50% des Reservats sind aufgrund seiner ornitologischen Bedeutung als Europäisches Vogelschutzgebiet ausgewiesen. Im Schutzgebiet sind zudem 48 Arten an Säugetieren zu Hause. Einen breiten Raum nimmt dabei das Rotwild ein, aber auch 23 Arten von Fischen und Rundmäulern, 13 Lurcharten und 6 Kriechtierarten tummeln sich im Schutzgebiet.

Wenden wir uns nun den Naturparks zu. Die Definition der Kategorie Naturpark ist im Bundesnaturschutzgesetz gegeben. Dort ist festgelegt, dass Naturparks einheitlich zu entwickelnde und zu pflegende großräumige Gebiete sind, in denen sich auf der überwiegenden Fläche Landschafts- und Naturschutzgebiete befinden. Darüber hinaus muss eine große Arten- und Biotopenvielfalt vorliegen und das Gebiet muss eine durch vielfältige Nutzungen geprägte Landschaft aufweisen. In Naturparks wird dauerhaft umweltgerechte Landnutzung angestrebt. Die zugrunde liegende Idee ist Schutz durch Nutzung. Deshalb sind die Akzeptanz und die Beteiligung der Bevölkerung am Schutz der Kultur- und Naturlandschaft sehr wichtig. Diese Anforderungen an einen Naturpark erfüllen in Thüringen fünf Gebiete.

4 Naturpark Eichsfeld-Hainich-Werratal

Der Naturpark Eichsfeld-Hainich-Werratal erstreckt sich über eine Fläche von 85.000 Hektar und befindet sich an der Grenze zu Hessen. Das Gebiet reicht von **Heiligenstadt** im Norden bis nach **Eisenach** im Süden. Den Naturpark prägen drei unterschiedliche Landschaften. Die nördliche Region, die das Eichsfeld umfasst und bis zur Linie Mühlhausen-Eschwege reicht, ist von ausgedehnten artenreichen Laubwäldern des Muschelkalkplateaus gekennzeichnet. Hier bilden

Auf dem Erlebnispfad am Naturparkzentrum in Fürstenhagen können große und kleine Forscher viel Interessantes und Spannendes erleben.

tiefe Täler, steile Abbruchkanten, Weiden und Obstwiesen gemeinsam mit ansehnlichen Fachwerkhäusern ein hübsches Mosaik. Im Südosten des Nationalparks liegen die Hochlagen und wilden Buchenwälder des Hainichs. Im Südwesten füllt das Werratal den Naturpark aus. Hier fließt die Werra vorbei an Auenlandschaften und bis zu zweihundert Meter hohen Felswänden.

Im nördlichen Teil des Naturparks ist ein seltener Baum zu beobachten: die Eibe. Das Gebiet gehört deutschlandweit zu den Regionen mit den meisten Eibenvorkommen. Im Frühling kann man hier zudem eine wahre Blütenpracht erleben, wenn Märzenbecher, Himmelschlüssel, Bärlauch und Buschwindröschen den Boden bedecken. Im Werratal hingegen bieten die steilen Felshänge am Flussufer Lebensraum für Wärme liebende Pflanzen. Hier gedeihen u. a. verschiedene Orchideen-arten. An der Werra ist auch eine interessante Tierwelt zu beobachten. Hier gibt es Wildkatzen und Biber, Uhus und Wanderfalken, aber auch Feuersalamander und Gelbbauchunken.

Im Naturparkzentrum in Fürstenhagen erhält der Besucher umfangreiche Informationen zu dieser besonderen Naturlandschaft. Die Ausstellung und der Erlebnispfad geben Einblicke in die unterschiedlichen Naturräume, seltene Biotope, viele Quellen, kleine Kalksinterbäche, idyllische Dörfer und historisch wertvolle Kleinstädte innerhalb des Naturparks.

Zu Naturerlebnissen der besonderen Art gestalten sich die Wanderungen über die jeweils acht Kilometer langen Lehrpfade vom Naturparkzentrum in den Eibenwald sowie zu den Dieteröder Klippen. Hier kann man sich an blütenreichen Kalkmagerrasen, Wacholderheiden und großartigen Ausblicken erfreuen. Oder man betrachtet den Naturpark Eichsfeld-Hainich-Werratal als das perfekte Terrain für einen Natur-Triathlon. Im Kanu schippert man auf der Werra entlang vorbei an mächtigen Felsen. Auf dem Rad geht es zu den Klippen und man hat eine prächtige Aussicht. Schließlich spaziert man auf Schusters Rappen durch den Buchenwald im Hainich bzw. den Eibenwald im Eichsfeld.

5 Naturpark Südharz

Der Naturpark Südharz ist die Nördlichste der acht Nationalen Naturlandschaften. Er erstreckt sich auf 26.700 Hektar nördlich von **Nordhausen** und wird von Sachsen-Anhalt und Niedersachsen begrenzt. Ein besonderes Merkmal des Naturparks ist die gegensätzliche Naturlandschaft in den ver-

Im romantischen Steinmühltal, unweit von Rotheshütte, säumen bizarre Felsformationen den Wanderweg.

schiedenen Himmelsrichtungen. Der Süden wird von einer mit viel Grün bewachsenen hügeligen Gipslandschaft bestimmt, während man im Norden steil aufsteigende Gebirgsränder vorfindet. Eine besondere Rolle spielt im Südharz die lösende Kraft des Wassers. Dadurch sind im Gipsgestein viele Krater und Senken – sogenannte Erdfälle – entstanden. Im Naturpark Südharz findet man hunderte dieser Erdfälle und Einsturzdolinen. An manchen Stellen im Wald gibt es ein ständiges Auf und Ab, wenn sich breite Kuhlen und kesselartige Trichter aneinander reihen. Auf den Höhen haben sich hingegen buckelige Kippen gebildet. Durch dessen Grün bricht sich der gräulich-weiße Gips und verleiht der Landschaft ein unverkennbares Muster.

Charakteristisch für den Naturpark ist die Vielfalt auf engstem Raum. Wir blicken auf eine Landschaft, die von ständigem Wechsel geprägt ist. Auf der einen Seite sehen wir kleine Waldinseln und Wellen von Feldern im Tal, während nicht weit davon entfernt Felsentürme und bewaldete Höhenlagen von den ersten Höhen des Harzes künden. In dieser einzigartigen Naturlandschaft erleben wir Erdfallseen, Dolinen, Bachschwinden, Karstquellen, Gipssteilhänge und Gipshöhlen. Mit dem Wort Bachschwinden wird das Phänomen benannt, dass plötzlich wie von Zauberhand Bäche im Boden verschwinden und an anderer Stelle wieder auftreten.

Zu den vielen Naturerlebnissen, die der Südharz bietet, gehört der insgesamt 230 Kilometer lange Karstwanderweg. Auf den 54 Kilometern durch den Naturpark gibt es Gipshügel und Erdfälle, Höhlen und Quellen zu bestaunen. Im wildromantischen Steinmühltal säumen bizarre Felsformationen den Wanderweg in engen Talpassagen. Beim Wandern durch den Naturpark erwartet den Wanderer vom Frühjahr bis zum Herbst eine besondere Flora. Nach dem Winter bedecken die Frühblüher Windröschen, Leberblümchen und Lerchensporn den Boden mit wahren Blütenteppichen. Zwischen Mai und Juli zeigen sich hier viele geschützte Orchideenarten und im Herbst ist der Fransen-Enzian mit den zumeist rötlich bis violetten Blütenkronen und seinem Veilchenduft der Star unter den Pflanzen.

Die Fauna wird im Naturpark nicht unwesentlich dadurch bestimmt, dass durch die Vegetation im Gipskarst besondere Lebensräume entstanden sind. So findet man an mehreren Stellen hunderte Schmetterlingsarten und nahezu ein Dutzend Arten an Heuschrecken. In der Region haben sich auch einige seltene Tiere niedergelassen. Dazu gehören der Schwarzstorch, der Uhu, der Siebenschläfer, die Haselmaus und der Feuersalamander. Darüber hinaus gibt es zahlreiche Fledermausarten sowie Wildkatzen und Luchse.

6 Naturpark Kyffhäuser

Im Nordosten Thüringens liegt der Naturpark Kyffhäuser. Auf einer Fläche von rund 30.000 Hektar breitet er sich um die Städte **Sondershausen** und **Bad Frankenhausen** aus und umfasst die geologisch und landschaftlich sehr unterschiedlichen Gebiete des Kyffhäusergebirges und der Höhenzüge Windleite und Hainleite. Der Naturpark besitzt eine ganz besondere Landschaft mit einem ganz besonderen Artenreichtum. Hier findet der Naturliebhaber eine breite Palette von Naturschönheiten vor: steile Gipshänge, ausgedehnte Wälder, steppenartige Landschaften, Feuchtgebiete, Trockenrasen und Streuobstwiesen.

An den Südhängen des Kyffhäusergebirges blüht es wie sonst kaum in Europa. Hier haben über 1.300 Pflanzenarten ihre Heimat. Auf den kunterbunten Wiesen wiegen sich die weißen Blüten der Astlosen Graslilie im Wind, sanft im Takt mit dem grazilen Federgras. Dazwischen leuchten der Blutrote Storchschnabel und das gelbe Adonisröschen. An anderer Stelle stehen – vor allem im Frühjahr – zigtausende Orchideen in voller Blüte. Zu den mehr als 30 Orchideenarten gehören u.a. das Knabenkraut, der Bienen-Ragwurz, der Frauenschuh, das Kleine Zweiblatt und die Waldhyazinthe.

Ein landschaftlich besonders schönes Gebiet ist die Badraer Schweiz im nordwestlichen Teil des Naturparks. Vom Aussichtspunkt an der Osterkippe hat man einen schönen Ausblick auf die sanften Hügel und blühenden Feldraine, auf die mit bunten Blüten, Schmetterlingen, Bienen und Käfern geschmückten Wiesen und Steppenrasen ebenso wie auf die Ruhe ausstrahlenden Waldgruppen und auf die silberweiß glänzenden Gipsformationen.

Der Naturpark hat noch zwei weitere Naturerlebnisse der besonderen Art zu bieten. Auf einem Südhang oberhalb von Bad Frankenhausen – direkt am Kyffhäuserweg – wachsen rund 1.800 Obstbäume. Mehr als 800 Sorten werden hier kultiviert. Die zweite Attraktion ist der Stausee Kelbra, durch den die Grenze zwischen Thüringen und Sachsen-Anhalt verläuft. Auf dem rund 600 Hektar großen Gewässer tummeln sich über 300 Vogelarten. Anzutreffen sind hier u.a. verschiedene Entenarten, Watvögel, Lappentaucher, Rallen, Höckerschwäne, Lachmöven und Dommeln. Aber auch Seeadler, Fischadler, Wanderfalke und Kormorane kann man beobachten. Besonders beeindruckend ist das Spektakel, was sich jedes Jahr im Herbst hier abspielt. Mehr als 40.000 Kraniche machen am Stausee Kelbra auf ihrem Weg in den Süden Station. Es kommt Theateraufführungen gleich, wenn die Vögel in verschiedenen Formationen einfliegen, landen, tanzen, „trompeten", Nahrung zu sich nehmen und wieder starten.

Zu den Naturreichtümern im Nationalpark zählt die Barbarossahöhle. Im Bild ist der Eingang der Schauhöhle unweit von Steinthaleben zu sehen.

7 Naturpark Thüringer Schiefergebirge/ Obere Saale

In Deutschland gibt es kaum eine vielfältigere Naturlandschaft als den Naturpark Thüringer Schiefergebirge/Obere Saale. Er befindet sich im Südosten von Thüringen und liegt zwischen den Städten **Saalfeld** im Nordwesten und **Bad Lobenstein** im Südosten. Saalfeld ist die Kreisstadt des Landkreises Saalfeld-Rudolstadt und Bad Lobenstein – das Moorbad am Thüringer Meer – liegt im Saale-Orla-Kreis. Auf rund 82.000 Hektar gliedert sich der Naturpark in fünf landschaftlich reizvolle und und ganz unterschiedliche Naturräume.

Das zentral gelegene Oberland wird von welligen, waldarmen Hochflächen mit imposanten Panoramablicken bestimmt. Im Süden erreichen die Berge Höhen von annähernd 800 Meter. Hier bedecken Wälder weite Teile des Gebietes. Zwischen den Bergen liegen tief eingeschnittene Bachtäler. Dort ist auch **Blankenstein** im Saale-Orla-Kreis gelegen. In dem beschaulichen Ort beginnt bzw. endet der Rennsteig – der bekannteste Wanderweg Thüringens.

Der Schieferbergbau prägt das Landschaftsbild im Südwesten des Naturparks. In dieser Region ist an mehreren Stellen zu spüren, dass der Schieferbergbau hierzulande eine Jahrhunderte währende Tradition hat. Mehr darüber erfährt man im Thüringer Schieferpark im Berg- und Schieferstädtchen **Lehesten** im Landkreis Saalfeld-Rudolstadt. Hier wird über den Werdegang des Dach- und Wandschiefers informiert. In der in Europa einmaligen Göpelschachtanlage werden die Arbeitsschritte zur Herstellung des Schiefers gezeigt.

Die vierte Landschaft ist das sonnige Saaletal, durch das sich die Saale wie ein Blaues Band schlängelt. Hier befindet sich auch das „Thüringer Meer" mit seinen beiden Stauseen Bleichloch-Talsperre und Hohenwarte-Stausee. Es ist ein beliebtes Ferien- und Ausflugsziel. Das Land der Tausend Teiche rund um **Plothen** im Saale-Orla-Kreis rundet im Nordosten die Vielfalt des Naturparks ab. Es ist zugleich die Heimat für viele Arten von Wasservögeln und ein bedeutender Rastplatz für Vögel.

Im Naturpark Thüringer Schiefergebirge/Obere Saale gibt es das Grün der Wiesen und Wälder ebenso wie das Schwarz-Blau der Schiefersteine, die man an vielen Stellen sieht. Dazu kommen noch die verschiedenen Blautöne des Wassers. Davon besitzt der Naturpark im Überfluss. Mit dem Wasser geht zudem noch eine andere Naturschönheit daher. Im Sommer blüht die Saale. Natürlich blüht nicht der Fluss, aber auf ihm bedeckt der Flutende Hahnenfuß – eine üppig wuchernde Pflanze – die Wasseroberfläche mit einem weißen Blütenteppich.

Das „Thüringer Meer" – im Bild bei Saalburg – charakterisiert eine der fünf Landschaften des Naturparks.

Einen besonderen Eindruck hinterlässt das Namen gebende Gestein des Gebirges – der Schiefer. Es wird auch das „Blaue Gold" genannt. Je nach Lichteinfall schimmert es jedoch nicht nur in kräftigem Blau, sondern ebenso Grau, Grün oder Violett. Der Stein hat das Schiefergebirge einst berühmt gemacht und das Leben der Menschen geprägt. Das sieht man nicht nur in den Dörfern, wo viele Häuser mit robusten Schindeln eingekleidet sind, sondern auch auf den mächtigen Abraumhalden. Diese wirken mit ihren dunkel glänzenden Hügeln aus Schieferplatten wie surreale Landschaften. Die Schieferfelsen sind ein bevorzugter Lebensraum von Pflanzen, die trockene Standorte mögen. Auf den Schieferhalden und an den Schiefermauern entdecken wir seltene Flechten und Moose.

Die Fauna des Naturparks wird in besonderem Maße von dem beträchtlichen Wasseranteil bestimmt. In den Gewässern der Plothener Teiche gedeihen Hechte, Forellen und Karpfen. In den Landschaftsschutzgebieten drum herum kann man Fischadler, Gänsesäger und Silberreiher beobachten. Im Frühjahr und im Herbst rasten hier auch Zugvögel. Die Vogelschutzgebiete bieten zudem Nistplätze für bedrohte Arten. Die Wasserdrossel nimmt das Angebot dankend an. Auch andere seltene Tiere sind hier heimisch. Zu ihnen gehören der Feuersalamander, die Schlingnatter und einige Fledermausarten wie die kleine Hufeisennase.

8 Naturpark Thüringer Wald

Der fünfte Naturpark ist der Naturpark Thüringer Wald. Er ist mit einer Ausdehnung von 208.500 Hektar die flächenmäßig größte Nationale Naturlandschaft in Thüringen. Der Naturpark befindet sich in der südlichen Hälfte von Thüringen und liegt zwischen den Städten **Eisenach** im Nordwesten, **Bad Blankenburg** im Nordosten, **Sonneberg** im Südosten und **Schmalkalden** im Südwesten.

Der Naturpark Thüringer Wald ist eine Mittelgebirgsregion. Wälder, Bergwiesen und Bäche prägen die vielfältige Landschaft. Zwischen einzelnen Regionen sind beachtliche Höhenunterschiede zu verzeichnen. In den Höhenlagen ist das Klima ziemlich rau. Das Reizklima bringt einen hohen Erholungswert und einen nachgewiesenen therapeutischen Nutzen bei Atemwegserkrankungen und Hautekzemen mit sich. In den geschützten Tallagen hingegen ist das Klima deutlich milder. Viele Orte sind staatlich anerkannte Erholungsorte.

Der Thüringer Wald stellt sich mit einer geschlossenen Waldbedeckung dar, die kleinflächig durch Bergwiesen und Siedlungsräume unterbrochen ist. Dabei ist die Fichte sowohl in den Kammlagen als auch in niedrigen Lagen der bestimmende Baum. Buchenwälder, Weiß- oder Edeltannenwälder sind eine Seltenheit. Der Bodenbewuchs wird in den Fichtenwäldern durch Waldsauerklee, Wollgras, Reitgras, Drahtschmiele und Heidekraut bestimmt.

Auf den Kammlagen des Rennsteigs findet man Hochmoore mit typischen Pflanzenvertretern wie z. B. das Scheiden-Wollgras, die Moosbeere und der Rundblättrige Sonnentau.

Die Flora auf den Bergwiesen wird meist von Borstgras, Arnika und Bärwurz bestimmt, während auf den Talwiesen oft eine Kräuterwiesen-Vegetation zu finden ist. Hier wachsen Wiesenknöterich, Waldstorchschnabel und Trollblume. In den Quell- und Hochstaudenfluren sind die Quellsternmiere, der Gebirgssauerampfer und der Bergfarn zu sehen.

Die Fauna ist im Naturpark Thüringer Wald von einer beachtlichen Vielfalt gekennzeichnet. In den Wäldern treffen wir Hirsche, Rehe und Wildschweine. Häufige Raubtiere sind der Fuchs und der Dachs sowie der Stein- und Edelmarder. Unter den Nagern ist das dunkelbraune oder rote Eichhörnchen am häufigsten zu beobachten. Auch verschiedene Mausarten sind hier zu Hause, so z. B. die Wald-, Zwerg- und Wasserspitzmaus sowie verschiedene Fledermausarten.

Auch diese Naturschönheit hat der Naturpark zu bieten: eine herrliche Winterlandschaft zwischen Frauenwald und Schmiedefeld

Im Thüringer Wald gibt es sehr viele Vögel. Zu ihnen gehören der Wasserpieper, der Baumpieper, der Buntspecht, der Eichelhäher, der Mäusebussard und die Eule, aber hin und wieder auch das Birkhuhn und das Auerhuhn. Der Fischreichtum begrenzt sich auf einige angepasste Arten in den Bächen, Teichen und Talsperren. Vertreter der Gruppe der Lurche und Kriechtiere sind u.a. der Schwarzgelbe Feuersalamander, die Erdkröte, die Waldeidechse und – wenn auch selten – die Kreuzotter. Unter den Insekten sind die Schmetterlinge die auffälligsten Vertreter im Naturpark, besonders die Arten Kleiner Fuchs, Perlmuttfalter und Kaisermantel. Die rote Waldameise baut bis zu zwei Meter hohe Nester und ist ein typischer Bewohner des Thüringer Waldes.

Kapitel 3

Die Bedeutung der Landwirtschaft für das Landleben

Jahrhunderte lang waren Ackerbau und Viehzucht, die Feldwirtschaft und die Viehwirtschaft – kurzum die Landwirtschaft – der Haupterwerb für die Menschen in den Dörfern. Das war überall auf deutschem Boden so, auch in Thüringen.

Der Bauernstand hat in unserer Region lange Zeit die Geschichte geprägt. Noch im 18. Jahrhundert bildete die Landwirtschaft den Kern der Wirtschaft. Die Bauern stellten die Mehrzahl der „steuerbaren Untertanen". Die Grundsteuer war die Hauptquelle der staatlichen Einnahmen. Die Bauern mussten eine Reihe von Abgaben tätigen. Diese Abgaben nannten sich Erdgeschoss (für Haus und Hof), Erbzins (für Hof und jedes Grundstück), tierische Abgaben (u.a. Gänse und Bienenwachs) sowie Naturalabgaben (Weizen, Korn, Gerste und Hafer).

Zu dieser Zeit konnte man nur eingeschränkt von der Landwirtschaft leben. Das war vor allem bei den Bauern möglich, die mehr als 8,5 Hektar Land besaßen und Pferde und Ochsen hielten. Bei den Bauern in den kleineren Höfen, die nur auf Handarbeit ausgerichtet waren, war noch eine weitere Erwerbstätigkeit vonnöten.

Als sich in der zweiten Hälfte des 19. Jahrhunderts das industrielle Zeitalter entwickelte, so hatte das auch für die hiesige Landwirtschaft Folgen. In der Mitte des 19. Jahrhunderts waren noch mehr als die Hälfte der arbeitenden Menschen in der Landwirtschaft beschäftigt. Zu Beginn des 20. Jahrhunderts waren es nur noch ein Drittel.

Der Erste Weltkrieg beeinflusste die Produktionsbedingungen in der Landwirtschaft in Größenordnungen äußerst negativ. Nach dem Zweiten Weltkrieg kann man die Situation nur noch mit den Worten katastrophal und verheerend beschreiben. Viele Bauern, deren Söhne und die Masse der männlichen Landarbeiter waren auf den Schlachtfeldern umgekommen. Es bestand akuter Mangel an Arbeitskräften. Das Leistungsniveau unserer Landwirtschaft war um Jahrhunderte zurückgeworfen worden.

Die Schafhaltung in der Nähe von Sohnstedt trägt zur Rasenpflege bei.

Zur 1150-Jahrfeier von Ollendorf wurde an die Kartoffelvollerntemaschine aus LPG-Zeiten erinnert.

Auf der „Grünen Messe" in Erfurt-Hochheim wird die Ferkelaufzucht dokumentiert.

Pferdeliebe überm Weidenzaun ist in Ollendorf zu beobachten.

Ein Weizenfeld bei Schaderode: Die Pflanzenproduktion in der Landwirtschaft.

Moderne Landtechnik präsentiert die Agrargenossenschaft Gamstädt-Kleinrettbach.

3.1 Die Bedeutung der Bodenreform für die Entwicklung von Ackerbau und Viehzucht

Für die Entwicklung von Ackerbau und Viehzucht in Thüringen war die Bodenreform im Jahr 1946 von besonderer Bedeutung. Nachdem auf der Grundlage des Potsdamer Abkommens die amerikanischen Besatzungstruppen abzogen und die Sowjetische Militäradministration (SMAD) das Kommando übernahm, bezeichneten diese die Bodenreform als eine der vordringlichsten Aufgaben. Unter der Losung „Junkerland in Bauernhand" wurden Fürsten, Junker, Barone und Großgrundbesitzer mit mehr als 100 Hektar Besitz entschädigungslos und vollständig enteignet. Auch die Enteignung der Höfe wohl begüterter Leute und aller aktiven Nazibauern gehörte zum Programm der Bodenreform. Jegliche Wahrzeichen von Großgrundbesitz sollte sowohl in den Köpfen der Menschen als auch in den Dorfbildern ausgelöscht werden.

Deshalb wurde die Gebäudesubstanz der enteigneten Besitzer nicht vordergründig für die entstehenden Neubauernwirtschaften verwendet, sondern sie wurden abgebrochen und sinnlos zerstört. In Thüringen betraf das u. a. 28 Schlösser, 209 Herrenhäuser, 120 Gutswohnhäuser und 671 Gutsställe.

Mit der Bodenreform wurden konkrete Ziele verfolgt. Diese bestanden u. a. darin, das Ackerland der bereits bestehenden Bauernhöfe unter 5 Hektar zu vergrößern und neue selbständige Bauernwirtschaften für landlose Bauern, Landarbeiter und kleine Pächter zu schaffen. Darüber hinaus sollte an Flüchtlinge und Kriegsvertriebene, die im Osten ihr Hab und Gut verloren hatten, Land vergeben werden. Zur Versorgung der Bevölkerung mit Fleisch- und Milchprodukten wurden größere Landwirtschaftsbetriebe in Form von Versorgungsbetrieben geschaffen.

Dank des Aufbauwillens und der Leistungsbereitschaft der Bauern gelang es in der Zeit ab Kriegsende bis 1952 trotz aller Widrigkeiten, die Erträge und Leistungen in der hiesigen Landwirtschaft wesentlich zu steigern. Der Hunger wurde weitgehend beseitigt und die Versorgung der Bevölkerung mit Grundnahrungsmitteln annähernd gesichert.

Bauernregel I

Scheint der Vollmond Ende Mai, ist der Monat bald vorbei.

Bauernregel II

Spriesst im Mai der Löwenzahn, fängt auch bald der Sommer an.

3.2 Die Landwirtschaft in der DDR

Die Beschlüsse der II. Parteikonferenz der SED im Juli 1952 bedeuteten auch für die Landwirtschaft in Thüringen den Beginn des Übergangs zu einer genossenschaftlichen Wirtschaftsweise nach dem Vorbild sowjetischer Kolchosen. Das Ziel bestand darin, die auf einzelbäuerlicher Grundlage wirtschaftenden Landwirtschaftsbetriebe – also die Klein-, Mittel-, Groß- und Neubauern zu Landwirtschaftlichen Produktionsgenossenschaften (LPG) zusammen-zuschließen. In der Folge wurde schrittweise die vollständige Kollektivierung der Landwirtschaft auf die Tagesordnung gesetzt. Noch 1952 entstanden in Thüringen die ersten LPG. Im Gebiet um Erfurt wurde die erste LPG 1952 in Ingersleben – das heute zum Landkreis Gotha gehört – gegründet.

Die Entwicklung der Landwirtschaft in den 1970er Jahren war in Thüringen von der Einführung industriemäßiger Formen und Methoden geprägt. Damit kam es jedoch zur Zerstörung des einheitlichen Produktions- und Reproduktionsprozesses. Die Einheit von Pflanzen- und Tierproduktion wurde quasi ad absurdum geführt. Im Ergebnis dessen entstanden die LPG Pflanzenproduktion und die LPG Tierproduktion als spezialisierte Einheiten. Die Zusammenarbeit der LPG Pflanzen- und Tierproduktion bekam den Begriff „Kooperation". Wichtige Partner der LPG waren die Agrochemischen Zentren (ACZ). Sie führten vor allem Dienstleistungsarbeiten in den Bereichen Pflanzenschutz und Düngung durch. Ein ebenso wichtiger Partner war die Zwischengenossenschaftliche Bauorganisation (ZBO). Sie projektierte für die LPG Bauvorhaben und führte diese aus.

Die Entwicklung der Landwirtschaft zu Zeiten der DDR kann man wie folgt zusammenfassen:

- Ein Großteil der Dorfbevölkerung verdiente in der Landwirtschaft ihren Lebensunterhalt.
- Die Anbauflächen bei den Kulturen der Pflanzenproduktion nahmen zu.
- Die Tierbestände wuchsen bis Mitte der 1980er Jahre kontinuierlich an.
- Die technische Ausstattung der Landwirtschaftsbetriebe verbesserte sich zunehmend. Damit einher ging eine Verbesserung der Arbeitsbedingungen für die Genossenschaftsbauern. Der Anteil der schweren körperlichen Arbeit in der Landwirtschaft ging deutlich zurück.
- Viele Landwirtschaftsbetriebe leisteten durch Investitionen einen bedeutsamen Beitrag zur Entwicklung der Infrastruktur in den Dörfern und halfen damit, das Landleben lebenswert zu gestalten.

BAUERNREGEL III

WENN DER FROST NICHT IM JANUAR KOMMEN WILL, SO KOMMT ER IM MÄRZ ODER ERST IM APRIL.

BAUERNREGEL IV

IM NOVEMBER NASS UND KALT, KOMMT DER NÄCHSTE WINTER BALD.

3.3 Die Landwirtschaft nach der Wiedervereinigung 1990

Mit der Wiedervereinigung der beiden deutschen Staaten im Jahr 1990 kam es zu einem grundlegenden Wandel der Landwirtschaft in der ehemaligen DDR, somit auch in Thüringen. Es bestand die Aufgabe, anstelle der sozialistischen Produktionsverhältnisse marktwirtschaftliche Strukturen und Wirtschaftsmechanismen zu schaffen. Während in der Industrie vielerorts Betriebe geschlossen wurden, erfolgte die Veränderung in der Landwirtschaft vorwiegend durch Reformen und Anpassung.

Mit der Grenzöffnung im Herbst 1989 war zu spüren, dass sich der Stellenwert der Landwirtschaft künftig grundlegend ändern sollte. Unsere Bevölkerung nahm das neue breitere Warenangebot des Westens dankbar an und stellte zunächst den Kauf von Waren aus der einheimischen Ernährungsindustrie weitestgehend ein. Dadurch entstanden riesige Absatzeinbrüche. In den Ställen stauten sich die schlachtreifen Tiere und es gab einen tiefen Preisrutsch. Die LPG-Vorstände mussten ihre Produkte weit unter Wert verkaufen. Die westdeutschen Viehhändler bestimmten den Marktpreis. Sie lockten unsere Bauern mit Bargeld zum Billigverkauf. Die Tierbestände in Thüringens Landwirtschaftsbetrieben gingen stark zurück. Thüringen weit waren im Jahr 2006 im Vergleich zu 1989 folgende Bestände zu verzeichnen: Rinder 39,2 %, darunter Milchkühe 39,3 %, Schweine 42,0 %, darunter Sauen 47,8 %, Schafe 39,9 %.

Grundlegende Veränderungen gab es auch beim Anbau der Feldfrüchte. Während sich der Anbau von Getreide erhöhte, sank der Kartoffelanbau. Der Anbau von Feldfrüchten ging zurück, während der Anbau von Ölfrüchten zunahm. Auf der einen Seite konnten die Landwirtschaftsbetriebe im Gegensatz zu den Planvorgaben in der DDR selbst entscheiden, was sie anbauten. Auf der anderen Seite bestimmte die nationale und internationale Marktlage den Anbau.

Eine wichtige Grundlage der Entwicklung der Landwirtschaft zu Beginn der 1990er Jahre war das Landwirtschaftsanpassungsgesetz. Dieses wurde noch vor der Wirtschafts- und Währungsunion als eine der letzten Amtshandlungen der DDR-Regierung beschlossen. Es regelte den Übergang der LPG zu den Eigentumsformen, die in der Marktwirtschaft üblich waren. Auf der Grundlage dieses Gesetzes konnten sich die LPG bis zum 31.12.1991 in Agrargenossenschaften, Kommanditgesellschaften, Gesellschaften mit beschränkter Haftung oder Aktiengesellschaften umwandeln. Als Alternative blieb die Auflösung und Liquitation.

Die umfangreichen Veränderungen in den Strukturen, beim Anbau von Feldfrüchten, in der Tierhaltung und bei der technischen Ausstattung hatten zur Folge, dass sich das Arbeitsplatzangebot in der Landwirtschaft drastisch verringerte. 1989 waren in Thüringen rund 130.000 Personen ständig in der Landwirtschaft (einschließlich Gartenbau und Nebenbereiche) beschäftigt. 1991 waren es noch ca. 58.000, zwei Jahre später schon nur noch knapp 32.000 und 2005 noch 27.000. Bei den früheren Genossenschaftsbauern breitete sich Angst vor der Zukunft aus und es gewann der Gedanke Überhand, dass man in der Landwirtschaft nicht mehr ausreichend Geld für den Lebensunterhalt verdienen kann. Das waren entscheidende Gründe für die hohe Personalfluktuation. In einem Dorf mit einer Agrarfläche von 200 Hektar haben heute nicht einmal mehr fünf Menschen ein landwirtschaftliches Erwerbseinkommen. Noch vor einhundert Jahren konnte das ganze Dorf dieser Größenordnung von Ackerbau und Viehzucht leben.

In den Vorständen der LPG gab es in den 1990er Jahren eine ganze Reihe von konkreten Vorstellungen über die zukünftige Gestaltung der Landwirtschaft. Zunächst ging es darum, die getrennte Pflanzenproduktion und Tierproduktion wieder zusammenzuführen. Die Genossenschaftsmitglieder haben selbst entschieden, in welcher Gesellschaftsform sie den Weg in die soziale Marktwirtschaft gehen wollen. Im Ergebnis der Überlegungen hat man sich überwiegend für die Agrargenossenschaften sowie Agrar GmbH entschieden.

In den neuen Landwirtschaftsbetrieben war man sich darüber im Klaren, dass mehrere Standbeine gebraucht wurden, um wirtschaftlich erfolgreich zu sein und in der schwierigen Phase zu überleben. Die Standbeine waren von unterschiedlicher Natur. Natürlich standen die Entwicklung der Pflanzenproduktion und der Tierproduktion im Vordergrund. Aber auch der Kauf von Land, das mit Ställen und Bürogebäuden bebaut war, gehörte zur Strategie. Hallen und Lagerräume wurden vermietet. Weitere Standbeine waren u.a. Baubrigaden, der Kleinverkauf für den Haus- und Gartenmarkt und das Betreiben von Tankstellen.

Nach Einschätzungen von Experten hatten sich nach einer Übergangszeit von zirka sechs bis acht Jahren die Strukturen gefestigt. Sie haben sich bis heute bewährt. Allerdings sind die Strukturentwicklungen noch nicht abgeschlossen.

So wird inzwischen mancherorts die Großraumtechnik von mehreren Betrieben gemeinsam genutzt. Die Entwicklung führte bis hin zur Bildung von Erzeugergemeinschaften und der gemeinsamen Nutzung von Lagerkapazitäten durch mehrere Betriebe. Im Vordergrund stehen dabei immer die marktwirtschaftlichen und demzufolge gewinnbringenden Aspekte.

BAUERNREGEL V

IST DIE BUCHE OHNE BLÄTTER, FEUCHT UND KALT IST DANN DAS WETTER.

BAUERNREGEL VI

KOMMT DER STORCH AUS AFRIKA, IST AUCH BALD DER FRÜHLING DA.

3.4 Die heutige Landwirtschaft in Thüringen

Heute gibt es in Thüringen etwa 3.600 landwirtschaftliche Betriebe. Hier sind zirka 22.000 Menschen beschäftigt. Gemeinsam mit den vor- und nachgelagerten Bereichen ist die Landwirtschaft im Freistaat ein bedeutender Wirtschaftsfaktor. Thüringer Rostbratwurst, Thüringer Klöße und viele weitere Spezialitäten aus unserem Bundesland sind weit über die Landesgrenzen hinaus Beispiele für hervorragende Produkte. Grundlage für diese Erzeugnisse ist eine leistungsfähige Landwirtschaft. Sie schafft auf über der Hälfte der Fläche unseres Bundeslandes die Grundlage für hochwertige Lebensmittel und Futtermittel. Zugleich sind unsere Landwirte aber auch entscheidend für die Entwicklung des ländlichen Raums hierzulande. Ebenso sind sie unersetzlich für den Erhalt der Artenvielfalt und die Pflege der Kulturlandschaft im grünen Herzen Deutschlands.

Der Freistaat Thüringen erstreckt sich über knapp 4,5% der bundesdeutschen Gesamtfläche. Von den 16.200 Quadratkilometer an Bodenfläche in Thüringen sind 54% Landwirtschaftsfläche, 32% Waldfläche und 10% Siedlungs- und Verkehrsfläche. Den Rest teilen sich Gewässer, Abbauland, Öd- und Unland sowie Übungsgelände.

Hier gibt es die vier größeren Naturräume Ackerhügelländer, Mittelgebirge, Buntsandstein- und Muschelkalkgebiete. Darüber hinaus sind noch kleinere Naturräume wie Anteile von Basaltkuppenland, Auen und Niederungen vorhanden. Wegen der Differenziertheit der natürlichen Standortfaktoren in den Naturräumen – wie mittlere Jahrestemperatur, Niederschlag, Höhenlage und Boden – ist die Eignung für die landwirtschaftliche Nutzung unterschiedlich ausgeprägt. In den Vorgebirgs- und Übergangslagen, wo es reichlich Grünland gibt, sind Betriebe mit Wiederkäuern (z.B. Rinder, Schafe, Ziegen) besonders häufig vertreten. Die Schweine-, Geflügel- und Eierproduktion hingegen ist eher in Regionen mit verstärktem Ackerbau anzutreffen. Im Ackerhügelland, wie dem Thüringer Becken und dem Altenburger Land, befinden sich günstige Lagen für den Ackerbau inklusive Gemüse, Arznei- und Gewürzpflanzen.

Die Landwirtschaft und die Forstwirtschaft sind – gemessen an den wichtigen Kerngrößen wie Bruttowertschöpfung und Anzahl Erwerbstätiger – in Deutschland nur ein kleiner Teil der Volkswirtschaft. In Thüringen erreicht die Bruttowertschöpfung der gesamten Wirtschaft rund 55 Milliarden Euro. Der Agrarsektor trägt dazu 607 Millionen Euro bei.

Landwirtschaft heißt heute:

- Erzeugung von gesunden und qualitativ hochwertigen Lebensmitteln,
- Produktion von tierischen und pflanzlichen Rohstoffen für das Ernährungsgewerbe und für die weiterverarbeitende Industrie,
- Erzeugung von Energie,
- Bereitstellung von Dienstleistungen,
- Schaffung von Arbeitsplätzen auf dem Land für Selbständige, Familienangehörige und Arbeitnehmer in der Landwirtschaft – dadurch Sicherung von Erwerbseinkommen auf dem Land,
- Bereitstellung attraktiver Ausbildungsberufe,
- Partner sein für die Produktion und den Handel mit Betriebsmitteln sowie für die Nachfrage nach Investitionen und Dienstleistungen,
- die Pflege und Erhaltung der Kulturlandschaft,

- das Erbringen von Beiträgen für den Umweltschutz,
- die aktive Teilnehme am dörflichen Leben.

Nachfolgend sollen noch einige statistische Angaben zur Rolle der Landwirtschaft in Thüringen aufgeführt werden.

Die landwirtschaftlichen Betriebe in Thüringen verfügen über rund 800.000 Hektar Betriebsfläche. Davon sind etwa 780.000 Hektar landwirtschaftlich genutzte Fläche und zirka 20.000 Hektar sonstige Flächen wie zum Beispiel Wald und Gebäude. Etwa 78% der landwirtschaftlich genutzten Fläche werden in Thüringen als Ackerland und 21% als Grünland genutzt. Auf dem größten Anteil der Thüringer Ackerfläche wächst Getreide. Es ist die Grundlage für zahlreiche Produkte der Ernährungswirtschaft wie zum Beispiel Brot und Nudeln, aber auch Bier. Zudem ist das Getreide ein wichtiges Futtermittel für die landwirtschaftlichen Nutztiere.

Eine nicht unwesentliche Bedeutung kommt dem Anbau von Ölsaaten zu. In Thüringen steht der gelb blühende Winterraps auf annähernd 120.000 Hektar. Damit nimmt er Platz eins auf der Rangliste des Ölsaatenanbaus ein. Das aus den Samen und Kulturen gepresste Öl findet Verwendung als Lebensmittel, aber auch in der Arzneimittelherstellung. Pflanzliche Öle werden ebenfalls für die Erzeugung von Treib- und Schmierstoffen genutzt. Die nach dem Pressen verbliebenen Reste sind ein eiweißreiches Viehfutter.

Von großer Bedeutung ist der Anbau von Hackfrüchten. In Thüringen sind das ebenso wie deutschlandweit Kartoffeln und Zuckerrüben. Der Anbau von Heil-, Duft und Gewürzpflanzen hat in Thüringen eine lange Tradition. Diese leistungsfähige Spezialrichtung wurde bis heute weitergeführt. In Deutschland gehört Thüringen zu den Hauptanbauländern. Unser Bundesland hat knapp 20% der bundesweiten Anbaufläche von Heil-, Duft- und Gewürzpflanzen vorzuweisen. Die Thüringer Landwirte bauen derzeit etwa 25 Kulturarten an. Zu den Hauptkulturen zählen Kamille, Pfefferminze, Zitronenmelisse, Schafgarbe, Johanniskraut, Baldrian und Spitzwegerich.

Auch der Obstbau ist in Thüringen traditionell gut ausgeprägt. Die Obstbauern in Thüringen erzeugen auf zirka 1.700 Hektar Kern- und Steinobst. Das Tafelobst wird vorrangig in den traditionellen Obstanbaugebieten an der Fahner Höhe, in Kindelbrück, Döbritschen und Schöngleina angebaut. Das Verarbeitungsobst kommt vor allem aus Obstanlagen im Kyffhäuserkreis und im Unstrut-Hainich-Kreis. In mehreren Betrieben des Thüringer Beckens und Ostthüringens erfolgt die Produktion von Beerenobst. Weitere Informationen dazu gibt es im Kapitel 5 unter dem Stichwort Obst und Gemüse.

Ein wichtiger Bestandteil der Landwirtschaft ist die Nutztierhaltung. Das betrifft vor allem Rinder, Schweine, Schafe, Ziegen und Geflügel zu. In mehr als zwei Drittel der landwirtschaftlichen Betriebe von Thüringen werden Nutztiere gehalten. Trotz teilweise größerer Produktionseinheiten gehört der Freistaat zu den vieharmen Regionen in Deutschland. Dabei gehört die Milchproduktion zu den wichtigsten Zweigen der Thüringer Landwirtschaft. Die Erzeugung von qualitativ hochwertigem Rindfleisch erfolgt in Thüringen durch die Mast schwarzbunter Bullenkälber aus Milchviehbetrieben, von Fleckviehkälbern oder anderen fleischbetonten Rinderrassen. Auch die Mutterkuhhaltung leistet einen Beitrag zur Fleischproduktion. Außerdem sind die Mutterkühe wichtige Verwerter des Grünlandaufwuchses.

Bei den Schweinen gehört Thüringen zu den Flächenländern mit einem geringen Schweinebestand. Dennoch produzieren die Thüringer Landwirte zirka 90 Tausend Tonnen Schweinefleisch im Jahr. Damit werden rund zwei Drittel des hierzulande verbrauchten Schweinefleisches im Freistaat erzeugt. Die Vermarktung der Schweine erfolgt in Thüringen in meldepflichtigen Schlachtbetrieben. Die Zahl der Hausschlachtungen hat in den vergangenen Jahren abgenommen.

Das Geflügelfleisch gewann in den letzten Jahren weiter an der Gunst der Verbraucher. Das Geflügelfleischaufkommen resultiert in Thüringen schwerpunktmäßig aus der Hähnchenproduktion. Es folgen Puten, ausgestallte Legehennen, Gänse und Enten. Zwischen den Brütereien, Mastbetrieben und Schlachtunternehmen gibt es im Freistaat enge vertragliche Bindungen.

Die Ziele der Schaf- und Ziegenhaltung bestehen in der Erhaltung des Dauergrünlandes, der Erzeugung wertvoller Produkte wie Fleisch, Milch und Wolle sowie der Erhaltung der Nutztierarten. Die bedeutendste Leistung des Produktionszweiges ist die Pflege von extensivem und besonders wertvollem Grünland. Die Hütehaltung ist die Grundlage für eine an Landschaftselementen reiche Landschaft und für eine einzigartige Pflanzen- und Tiervielfalt in Thüringen.

An dieser Stelle muss noch darauf hingewiesen werden, dass die Landwirtschaftsbetriebe in Thüringen in gewisser Weise auch abhängig sind von den Richtlinien und Förderprogrammen der Europäischen Union. Diese sind zwar nicht immer nachvollziehbar, aber unsere Landwirte müssen damit fertig werden. Es soll auch nicht verschwiegen werden, dass Thüringen in den Jahren 2020 bis 2023 mehr als 100 Agrarbetriebe verloren hat. Nach Angaben des Statistischen Landesamtes sank in diesem Zeitraum die Zahl der Landwirtschaftsunternehmen von 3.708 auf 3.590. Landwirtschaftlich genutzt wurde im Jahr 2023 insgesamt eine Fläche von 772.300 Hektar. Im Jahr 2020 waren es 774.830 Hektar. Der Betriebsrückgang betraf vor allem kleinere Höfe mit jeweils weniger als zehn Hektar Fläche. Diese Zahl sank im angegebenen Zeitraum von 803 auf 720. Zumeist handelt es sich um Familienbetriebe, die keinen Nachfolger fanden und deren Flächen von anderen Betrieben übernommen wurden.

Bauernregel VII
Stäubt der Roggen vor der Gerste, wird er sein beim Schnitt der erste.

Bauernregel VIII
Gibt`s im Juni Sonnenstrahlen, wird der Gerste das gefallen.

3.5 Die Landtechnik im Wandel der Zeiten

Die folgenden Aussagen zur Entwicklung der Landtechnik im Allgemeinen treffen auch auf unsere Region zu. Zunächst blicken wir in die historische Entwicklung der Landtechnik. Die Mechanisierung der Landwirtschaft ist ein Entwicklungsprozess, in dessen Verlauf sich zwischen dem Ende des 19. Jahrhunderts und der zweiten Hälfte des 20. Jahrhunderts in den Industriestaaten die Produktions- und Wirtschaftsmethoden radikal veränderten. Infolge der Mechanisierung und damit verbundenen Industrialisierung ist die Gesamtzahl der menschlichen Arbeitskräfte in der Landwirtschaft enorm gesunken. Diese Entwicklung hatte enorme Auswirkungen für den Arbeitsmarkt und auf die Bevölkerungsentwicklung von ländlichen und städtischen Gebieten. Die Einwohnerzahl in den Dörfern auf dem Lande nahm stetig ab, während sie gleichzeitig in den Städten rapide anstieg.

Ein erster Schritt der Mechanisierung war das Aufkommen von Dreschmaschinen. Diese wurden zunächst noch mit Muskelkraft, zumeist von Pferden, betrieben. Im Verlauf des Fortschrittes beim Bau von Verbrennungsmotoren und der Erfindung motorbetriebener Kraftfahrzeuge kam es zu ersten Überlegungen und Versuchen, diese Technik auch als Arbeitserleichterung und für eine Effektivitätssteigerung in der Landwirtschaft einzusetzen. Ende des 19. Jahrhunderts wurden erste Versuche mit motorbetriebenen Zugmaschinen gemacht. Das waren die frühen Vorläufer der Traktoren. Jedoch erwiesen sich diese zunächst noch als zu schwach.

Parallel zu den heute üblichen Verbrennungsmotoren wurde in der Frühzeit der Motorisierung auch noch mit dampfbetriebenen Fahrzeugen gearbeitet. Diese waren aber schwer und unhandlich und setzten sich im Automobilbetrieb mittelfristig nicht durch. Für den stationären Betrieb an Feldrändern oder in landwirtschaftlichen Betrieben als Antriebseinheiten für weitere Geräte eigneten sich diese jedoch gut. So begannen nunmehr größere Betriebe mit der Beschaffung von sogenannten Lokomobilen. Jetzt wurden auch weitere Geräte entwickelt, denn es stand ja eine verlässliche Kraftquelle zur Verfügung. Zu diesen Geräten gehörte z.B. die Ballenpresse für Heu und Stroh. Gleichzeitig fand auch die Weiterentwicklung von Traktoren oder Ackerschleppern mit Verbrennungsmotoren statt. In Deutschland kam diese Entwicklung in den 1920er Jahren insbesondere durch die Traktoren-Entwicklungen in den beiden Firmen Lanz AG und Deutz AG in Gang. Die Lanz AG wurde seit 1921 mit ihren Modellen des „Lanz-Bulldog" so populär, dass die Bezeichnung Bulldog bis heute regional in Deutschland zur Gattungsbezeichnung für Traktoren wurde. Daneben etablierte sich die Deutz AG mit ihren von einem Dieselmotor betriebenen Traktormodellen. Diese errangen in den 1930er Jahren große Verkaufserfolge. Zusammen mit Hanomag konnten Lanz und Deutz somit in der ersten Hälfte des 20. Jahrhunderts den Traktorenmarkt und die Mechanisierung der Landwirtschaft in Deutschland dominieren.

In der zweiten Hälfte des 20. Jahrhunderts wurden weitere Geräte entwickelt, welche den Menschen viele schwere Arbeiten erleichterten und effektiver machten. Dazu gehörten Mähbalken an Traktoren, Pflüge, Eggen, Sämaschinen, Walzen, Kartoffelroder, Heuwender, Schwader, Heulader und Transportanhänger. Die Verbreitung von Traktoren erreichte in den 1950er bis frühen 1960er Jahren ihren Höhepunkt. Man sprach von einem Schlepperboom. Seitdem ist zwar die Zahl der zugelassenen Traktoren rückläufig, jedoch ist bei anderen landwirtschaftlichen Geräten ein weiterer technischer Fortschritt mit Leistungssteigerungen zu beobachten.

Wir können also resümieren: Bis weit in das 20. Jahrhundert hinein bedeutete das Leben auf dem Land vor allem harte körperliche Arbeit. Fast alle Tätigkeiten rund um den Bauernhof – ob Mähen, Dreschen oder Melken – wurden von Hand erledigt. Neben dem Bauern und seiner Familie lebten auf den Höfen auch Mägde und Knechte, die bei der Arbeit auf dem Hof und auf dem Feld zur Hand gingen. Größere Höfe benötigten zur Erntezeit zusätzliche Arbeitskräfte. Im 20. Jahrhundert verändert der technische Fortschritt die Arbeit auf dem Lande radikal. Zunehmend ersetzen Maschinen die Arbeit von Menschen und Pferden. Es sind immer weniger Arbeitskräfte nötig. Anfangs können sich nur die Großbauern und Gutsherren die modernen Landmaschinen leisten. Später kommen sie auch auf kleineren Höfen zum Einsatz.

Eine heute betagte Bäuerin aus unserer Region, die aber nicht namentlich genannt werden möchte, erinnert sich: „Ende der 1950 Jahre bekam der Bauernhof unserer Eltern den ersten Traktor. Der Lanz-Bulldog wurde für die anfallenden Arbeiten mit eingesetzt. Dennoch machten wir viele Arbeiten auf dem Acker nach wie vor mit Pferden. Da war man den ganzen Tag draußen und lief hinter der Drillmaschine und den Pferden her – den Acker rauf, den Acker runter. Das war früher richtig viel Handarbeit. Inzwischen hat sich das Blatt total gewendet, sowohl im Stall als auch bei der Feldarbeit. Heute regeln die Feldarbeiten große Maschinen, wozu auch der Mähdrescher gehört. Da setzt du einen drauf, der fährt den ganzen Tag und fertig."

Andere Bauern berichten, dass der technische Fortschritt nicht nur auf dem Feld, sondern auch in den Ställen Einzug gehalten hat. Wo früher mehrere Melker nötig waren, um die Kühe zweimal täglich von Hand zu melken, ersetzen heute Melkmaschinen die menschliche Arbeitskraft. Melken ist heute eine Hightech-Angelegenheit. Die vollautomatischen Melkanlagen werden über den Computer gesteuert. Sie übernehmen die Arbeit von mehreren Landarbeitern. Es gäbe sicherlich noch viel zu erzählen über die Landtechnik im Wandel der Zeiten.

Abschließend soll noch auf zwei Unternehmen in unserer Region verwiesen werden, die großen Anteil an der Entwicklung der Landtechnik hierzulande hatten und z. T. noch haben. Der Betrieb Anlagenbau Petkus Wutha in Wutha-Farnroda im heutigen Wartburgkreis war als Unternehmen des Landmaschinenbaus der DDR führender Hersteller von Getreide- und Saatgutaufbereitungstechnik. Heute präsentiert die PETKUS Technologie GmbH als Partner der Landwirtschaft ihre Produkte auf vielen Messen weltweit.

Das Weimar-Werk in Weimar profilierte sich 1973 als Mähdrescherwerk. Es gehörte zu den größten Industriebetrieben im Landmaschinenbau in der DDR. Bis in die 1980er Jahre wurde eine Vielzahl von landwirtschaftlichen Geräten im Weimar-Werk produziert. Unter der Treuhandverwaltung wurde in den 1990er Jahren das Unternehmen in mehrere selbständige Wirtschaftseinheiten aufgeteilt. Von den Unternehmen, die an das Erzeugerprofil des Weimar-Werkes anknüpften, hat keines mehr Bestand. Die letzten Liquidationen erfolgten im Jahr 1997.

Bauernregel IX

Kräht der Hahn im Mai, ist der April vorbei.

Bauernregel X

Friert im November zeitig das Wasser, wird`s im Januar um so nasser.

3.6 Die Entwicklung des Landlebens auf den Bauernhöfen

Es ist noch nicht allzu lange her, da lebten und arbeiteten die meisten Menschen nicht in den Städten, sondern auf dem Lande. Sie säten Getreide und pflanzten Gemüse. Sie hielten Tiere, um ihr Fleisch und ihre Eier zu essen, ihre Milch zu trinken, ihre Wolle, ihr Fell und ihre Federn zu nutzen. Sie waren Bauern und sie lebten auf Bauernhöfen.

In den letzten Jahrzehnten hat sich für die Bauern jedoch sehr viel verändert. Früher waren zum Beispiel Pferde sehr wichtig für die Bauern. Sie waren stark und zogen Wagen und Pflüge. Man konnte sie vor eine Kutsche spannen und auf ihnen reiten. Manche Bauern nutzten auch Kühe oder Ochsen als Zugtiere. Die Kühe hatten dabei einen doppelten Nutzen, denn sie gaben auch noch Milch. Inzwischen wurden die Zugtiere durch Traktoren und andere Maschinen ersetzt. Die sind viel stärker und man braucht sie nicht täglich zu füttern und zu versorgen. Mit ihnen geht die Arbeit schneller voran.

Früher gehörte zu jedem Bauernhof ein Misthaufen. Hier wurde der Mist angesammelt, bevor man ihn auf die Felder verteilte. Im Herbst oder im Frühjahr lud man den Mist auf einen Wagen und fuhr ihn zum Feld. Dort wurde er mit Forken gleichmäßig verstreut. Die Jauche, welche die Tiere produzierten, wurde in Bunkern gesammelt und mit Jauchenwagen auf die Felder gefahren. Heute verwenden die meisten Bauern keinen Mist mehr. Der Kot und der Urin der Tiere wird als flüssige Mischung in großen Behältern gesammelt. Diese Mischung nennt man Gülle. Die Bauern bringen die Gülle mit großen Tankwagen auf die Felder. Außerdem setzen sie Kunstdünger ein, der mit Düngerstreuern verteilt wird.

Damit Pflanzen auf einem Acker gut wachsen können, wird der Boden vor der Aussaat umgepflügt. Das ging früher so: Zwei Pferde zogen einen Pflug. Der Bauer lief in der Furche dahinter. Er lenkte die Pferde und hielt den Pflug in der Spur. Das war sehr anstrengend und es dauerte lange, bis das Feld umgepflügt war. Nach dem Pflügen wurde der Boden noch einmal mit der Egge bearbeitet. Heute zieht ein Traktor den Pflug. Er ist so stark, dass er gleichzeitig mehrere Furchen ziehen kann. Außerdem ist ein Gerät angehängt, das die oberste Schicht krümelig macht. So kann der Landwirt eine große Fläche in kurzer Zeit bearbeiten.

Getreidepflanzen wachsen aus Samenkörnern. Wenn der Boden gepflügt und geeggt ist, dann müssen diese Körner ausgesät und bedeckt werden. Früher wurden die Samenkörner mit der Hand ausgesät. Anschließend musste der Acker ein weiteres Mal geeggt werden. Auch das war mühselig und dauerte lange. Heute verwenden die Landwirte Drillmaschinen. Diese legen die Körner in Reihen und in genau gleichen Abständen in den Boden und bedecken sie sofort mit Erde. So trocknen sie nicht aus und sind gut vor den Vögeln verborgen.

Jahrhunderte lang wurden Kartoffeln mit der Hand geerntet. Mit einer Forke hob man die Kartoffelnester auf und sammelte dann die Kartoffeln ein. Als Oma klein war, gab es Kartoffelroder. Sie wurden von Pferden oder von einem Traktor gezogen. Mit dem Aufsammeln der Kartoffeln verdiente sich Oma Taschengeld. Heute werden die Kartoffeln fast nur noch mit einem Vollernter geerntet. In einem Arbeitsgang nehmen diese großen Maschinen mehrere Reihen auf, sammeln die Knollen ein und werfen Ranken und Erde zurück auf den Acker.

Heu ist getrocknetes Gras. Früher war Heu ein wichtiges Futtermittel, um Rinder, Pferde, Schafe und Ziegen im Winter zu versorgen. Man erntete das Heu meistens im Juni oder Juli. Das Gras auf den Wiesen wurde zunächst mit Sensen oder einfachen Mähmaschinen gemäht. Dann musste es mehrere Tage trocknen. In dieser Zeit wurde es mehrfach gewendet. Das geschah in Handarbeit oder mit Heuwendern, die von Pferden gezogen wurden. Im Hof lagerte es auf dem Speicher. Es gab eine Haupternte im Frühsommer und manchmal noch eine zweite Ernte im Spätsommer. Heute verzichten viele Landwirte auf die Heuernte. Sie schneiden das Gras ihrer Weiden mit Kreiselmähern ab. Dann lassen sie es nur noch ein wenig antrocknen.

Schon nach kurzer Zeit holen sie das angetrocknete Gras mit großen Ladewagen von den Wiesen und lagern es in einem Silo. Um möglichst viel Silage zu ernten, werden die Wiesen sofort wieder gedüngt. So kann man mehrmals im Jahr von der gleichen Fläche ernten.

Im Juli oder August ist das Getreide reif und kann geerntet werden. Früher war das für die Bauern eine arbeitsreiche Zeit. Viele Jahrhunderte lang wurde das Getreide mit Sensen und Sicheln geschnitten. Später kamen dann einfache Mähmaschinen auf, die von Pferden oder Traktoren gezogen wurden. Mehrere Halme wurden zu einer Garbe gebunden. Diese Garben stellte man zusammen, um sie weiter trocknen zu lassen. Nach einigen Tagen holte man die Garben vom Feld und lagerte sie. Im Winter wurde auf der Tenne oder in der Scheune gedroschen. Dazu verwendete man Dreschflegel, mit denen die Körner aus den Ähren geschlagen wurden. Dann gab es zunehmend Dreschmaschinen, die von einem Traktor gezogen wurden. Es war dennoch mit schwerer und staubiger Arbeit verbunden. Heute benutzen die Landwirte zur Getreideernte nur noch Mähdrescher. Eine solche Maschine mäht mehrere Meter des Feldes auf einmal ab und drischt sofort die Körner aus den Ähren. Das Stroh wird gehäckselt oder zu Ballen gepresst. Die Getreidekörner werden in einem großen Tank gesammelt. Zum Entladen braucht der Mähdrescher nicht anzuhalten. Das erledigt er beim Fahren und er drischt dabei weiter. Nur das Stroh bleibt schließlich auf dem Feld zurück. Es wird anschließend meistens zu Ballen gepresst und als Einstreu in den Ställen verwendet.

Früher lebten auf einem Bauernhof Pferde, Rinder, Schweine, Schafe, Hühner, Gänse und Enten. Es gab zwar viele Arten, aber nur wenige Tiere von einer Art. Die Tiere bekamen das Futter, das auf dem Bauernhof selbst erzeugt wurde. Oft dienten die Tiere vor allem der Ernährung des Bauern und seiner Familie. Heute haben sich die meisten Bauern spezialisiert. Mancher erzeugt vorwiegend Getreide oder Kartoffeln. Andere halten vor allem Kühe, Schweine oder Geflügel. Es werden viele Tiere einer einzigen Art gezüchtet oder gemästet. Die Bauern kaufen das meiste Futter von Händlern, da auf dem eigenen Feld gar nicht genügend Gras oder Getreide wächst. Die Tiere leben in großen Ställen, die sie nie in ihrem Leben verlassen. Man nennt dies Massentierhaltung. Aus vielen Haustieren sind reine Nutztiere geworden. Die Tiere leben oft nicht so, wie es ihrer Natur entspricht.

Verändert haben sich auch die Erträge. So ernteten die Bauern vor rund 100 Jahren von einem Hektar im Durchschnitt 1.850 Kilogramm Weizen. Heute dagegen liegt der Ertrag bei rund 8.100 Kilogramm. Ein Landwirt ernährt heute etwa 148 Menschen, im Jahr 1950 waren es dagegen nur 10 und im Jahr 1900 gerade einmal 4. Allerdings hat die Zahl der Bauern stark abgenommen. Um 1900 arbeiteten 38 von 100 Menschen in der Landwirtschaft, heute sind es nur noch 2 von 100. Viele Bauern haben ihr Land und ihre Stallungen verkauft oder verpachtet. Sie haben ihre Höfe aufgegeben, weil diese zu klein waren und die Familien davon nicht mehr leben konnten. Das könnte sich bald ändern, denn das Thüringer Ministerium für Infrastruktur und Landwirtschaft hat ein Förderprogramm für Junglandwirte aufgelegt. Damit gibt es staatliche Zuschüsse für die Übernahme von Höfen. Der Zuschuss hilft, vorhandene Jobs zu sichern und weitere Arbeitsplätze in der Region neu zu schaffen. Damit wird der ländliche Raum perspektivisch noch attraktiver für die Lebens- und Berufsplanung von jungen Menschen.

Wenn es um die Zukunft der Landwirtschaft geht, so dürfen wir die Veränderungen in der Folge des Klimawandels nicht außer acht lassen. Schon heute fallen weniger Niederschläge und die vermehrte Trockenheit macht den Böden, also der Landwirtschaftlichen Fläche, sehr zu schaffen. Verminderte Erträge in vielen Fruchtarten sind die Folge. Nach Auskunft der Wetterdienste wird sich das in den kommenden Jahren fortsetzen. Unsere Landwirte sind also herausgefordert, denn was vor zehn Jahren in der Landwirtschaft funktioniert hat, tut es heute schon nicht mehr und wird in Zukunft noch weniger funktionieren. Dabei ist die jeweilige Lage der Felder und die Beschaffenheit der Böden gewiss in den einzelnen Regionen noch unterschiedlich. Alles in allem stehen die Bauern vor fünf großen Herausforderungen.

Diese Herausforderungen heißen:

- die Besonderheiten der Märkte,
- die Erwartungen der Gesellschaft an die Bauern,
- der Klimawandel,
- der Wettbewerb um die Böden,
- das Subventionssystem.

Im Januar 2024 kam es Deutschland weit – so auch in Thüringen – zu massiven Protesten der Bauern gegen die von der Bundesregierung geplanten Kürzungen von Subventionen für die Landwirte. Traktor-Demos und Blockaden auf Thüringer Straßen beeinträchtigten das öffentliche Leben. Laut dem Thüringer Bauernpräsidenten Dr. Klaus Wagner – der aus dem ländlichen Erfurter Ortsteil Mittelhausen stammt und zugleich Geschäftsführer der Universal-Agrar GmbH **Mittelhausen** ist – treffen die vorgesehenen Mittelkürzungen im Agrarbereich das Rückgrat der Wirtschaft im ländlichen Raum. Die vollständigen Reaktionen der Bundesregierung auf die Bauernproteste lagen bei Redaktionsschluss dieses Buches noch nicht vor.

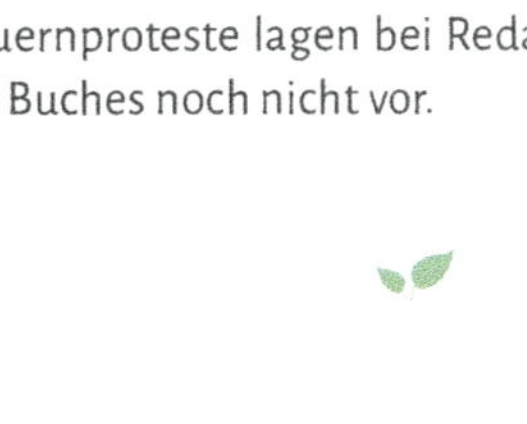

Bauernregel XI

Wenn im Mai der Kuckuck ruft, gibt es Pfingsten milde Luft.

Bauernregel XII

Gibt`s im Juni trocknes Heu, ist der Sommer noch ganz neu.

Kapitel 4

Das veränderte Landleben in ausgewählten Orten

Das Landleben war im Laufe der Zeit von mehreren Veränderungen gekennzeichnet. Je nach der Jahreszahl der Betrachtung war das Landleben stets eingebettet in die gesamtgesellschaftlichen Verhältnisse im jeweiligen Territorium. So herrschten in den Thüringer Dörfern im 18. Jahrhundert andere Lebensverhältnisse als in der ersten Hälfte des 20. Jahrhunderts. In den 2020er Jahren sind diese wiederum anders als vor 1990. Dieses Faktum wird auch auf den folgenden Seiten des Buches deutlich, wenn Gemeinden vorgestellt und Beispiele des veränderten Landlebens dar-gestellt werden.

Pfefferminze und Traktorrennen

Wir beginnen mit der Gemeinde **Andisleben**. Die im westlichen Teil des Landkreises Sömmerda am Flüsschen Gera liegende Gemeinde gehört zur Verwaltungsgemeinschaft Gera-Aue. Der Ort ist verkehrsmäßig gut erschlossen. Am Andislebener Kreuz treffen die Bundesstraße 4 in Nord-Süd-Richtung und die Bundesstraße 176 in Ost-West-Richtung aufeinander.

Andisleben hat eine abwechslungsreiche Geschichte zu bieten. Im Jahr 1815 wird Andisleben in einem Verzeichnis des Klosters Hersfeld erstmals urkundlich erwähnt. Die damalige Bezeichnung lautete Ansoldeslebo. Im Sumpfgebiet des jetzigen „Hinteren Hof" und auf der „Burg" zwischen der „Kleinen" und der „Munteren" Gera erbauten vermutlich Gefolgsleute des Landgrafen Friedrich im Jahr 1249 eine Wasserburg als festes Schloss. Im Jahr 1309 lagen die Erfurter mit dem Landgrafen Friedrich dem Freidigen im Streit, Dieser forderte von den Erfurtern eine Grafschaft an der schmalen Gera zurück. Sein Vater, der Landgraf „Albert dem Entarteten", hatte diese zuvor verkauft. Um seinen Forderungen Nachdruck zu verleihen, ließ Friedrich die Straßen, die nach Erfurt führten, sperren. Dies brachte für die Erfurter große Nachteile.

Mit dem weiteren Fortgang dieses Streites wollen wir uns an dieser Stelle nicht weiter befassen. Im Jahr 1394 wurde das Dorf Andisleben durch die Erfurter gekauft. Es diente den Erfurtern als ein „Erfurter Küchendorf". Neben Gemüse und Getreide wurde auch die Färberpflanze Waid angebaut. Ab dem 15. Jahrhundert gehörte der Ort zur Vogtei Walschleben im Gebiet der Stadt Erfurt. Seit der Verwaltungsreform von 1706 gehörte der Ort zum Amt Gispersleben. 1802 kam er mit dem Erfurter Gebiet zu Preußen und zwischen 1807 und 1813 zum französischen Fürstentum Erfurt. Mit dem Wiener Kongress kam man wieder zu Preußen und wurde 1816 dem Landkreis Erfurt in der preußischen Provinz Sachsen angegliedert. Zu Zeiten der DDR gehörte Andisleben zum Kreis Erfurt-Land und seit der Gebietsreform von 1994 ist der Ort Bestandteil des Landkreises Sömmerda.

Von jeher stellte die Landwirtschaft den Haupterwerb der Andislebener Bevölkerung dar. Zu DDR-Zeiten gehörte die LPG Pflanzenproduktion zu den leistungsstärksten Genossenschaften im Kreis Erfurt-Land. Diese wurde nach der politischen Wende in die ebenso leistungsstarke Geratal Agrar GmbH & Co.KG umgewandelt. Zu den Spezialitäten der Genossenschaft gehört der Anbau von Pfefferminze. Dafür gibt es in der Andislebener Flur bereits eine 200-jährige Tradition. Hier wächst Pfefferminze auf rund 80 Hektar Anbaufläche. Wie viele Teebeutel daraus entstehen können, hat noch niemand ausgerechnet, aber es dürften sich um Millionen handeln. Die Haupternte der Pfefferminze findet Ende Juni statt, bevor im Juli die Blütezeit kommt. Zu diesem Zeitpunkt ist der Gehalt an ätherischen Ölen und an Aromastoffen am höchsten.

Zum Landleben in Andisleben gehört auch ein intaktes Vereinsleben. Neben dem Förderverein St. Peter und Paul Kirche e.V., dem Feuerwehrverein, dem Kultur- und Faschingsverein gibt es auch den Andislebener Wagenbau e.V. Dieser Verein trägt dazu bei, das Dorfleben im Ort zu gestalten und zu unterstützen. So werden u.a. Festveranstaltungen organisiert und durchgeführt und der Andislebener Baumpflanztag wird tatkräftig unterstützt.

Jedes Jahr baut das Team einen Faschingsanhänger für den Umzug in Gebesee und den Rosenmontagsumzug in Bad Tennstedt. Die Motive der Wagen sind sehr vielfältig. Sie reichen von der Andislebener Wasserburg über ein Piratenschiff und eine Dampflok bis hin zu Enterprise. Auch Themen der Vergangenheit wie z.B. das Thema DDR oder die Jahre nach dem Mauerfall wurden durch kunstvoll gestaltete Wagen einbezogen.

Am 30. April 2001 gab es am Vorabend des 1. Mai eine Besonderheit im örtlichen Landleben – nämlich ein Oldie-Traktorrennen. Auf der zirka 1,5 km langen „Rennstrecke" zwischen Walschleben und dem Ortseingang von Andisleben waren neben den Traktortypen LANZ, DEUTZ, Famulus und Belorus auch zahlreiche Typen der Marke Eigenbau dabei. Dieses Ereignis fand in den Folgejahren eine immer wieder gern gesehene Fortsetzung.

Die Oldie-Schau der Traktoren ist in Andisleben schon zur Tradition geworden.

Reges Vereinsleben im Bürgerhaus

Nördlich des Thüringer Waldes, im Gebiet der Drei Gleichen, liegt **Apfelstädt**. Der Ort ist seit 2009 ein Ortsteil der neugegründeten Landgemeinde Nesse-Apfelstädt im Landkreis Gotha.

Apfelstädt war viele Jahre geprägt von der Landwirtschaft, die im Thüringer Becken einen fruchtbaren Boden vorfand. Seiner geografischen Lage hat es der Ort zu verdanken, dass man ab der 1990er Jahre in Apfelstädt aber nicht nur von der Landwirtschaft lebte. Der Ort mit seinen nahezu 1.400 Einwohnern liegt nämlich unweit des Autobahnkreuzes Erfurt, wo die Bundesautobahnen 4 und 71 aufeinandertreffen. Auch die neu erbaute Stichstraße zur Anschlussstelle Neudietendorf der Bundesautobahn 4 liegt in unmittelbarer Nähe. Das war für den Logistikkonzern Fiege Grund genug, sich hier mit einem großen Standort anzusiedeln und viele Arbeitsplätze zu schaffen. Damit einher ging die Eröffnung des Hotels „Park Inn Apfelstädt" mit knapp einhundert Zimmern.

Aus der Ortschronik ist zu entnehmen, dass das heutige Apfelstädt im Jahr 775 erstmals erwähnt wurde. In einer Schenkungsurkunde von Karl dem Großen vom 25. Oktober 775 an das Kloster Hersfeld wird Aplast erwähnt. In den Zeiten bis zum 14. Jahrhundert gab es unterschiedliche Schreibweisen. Dann wurden diese zur einheitlichen Schreibweise Apfelstädt zusammengefasst.

Zu den Sehenswürdigkeiten des Ortes gehören auch zwei Mühlen – die Öl- und Graupenmühle sowie die Mahl- oder Dorfmühle. Beide verfügen über eine interessante Geschichte. Im 17. Jahrhundert waren die Mühlen in Apfelstädt im Gemeindebesitz. Sie wurden jährlich gegen eine entsprechende Vergütung neu verpachtet. Ein Teil des Pachtzinses vergab die Gemeinde an Arme im Dorf. Dadurch war die Gemeinnützigkeit des Mühlenbesitzes gegeben. Die Öl- und Graupenmühle steht in der heutigen Birkenallee. Sie ist die oberste in Apfelstädt betriebene Mühle. Die Mühle verfügte über ein „eingehaustes" unterschlächtiges Mühlrad, was aus der Anlage des Mühlgrabens und dem noch vorhandenen Mühlengebäude abgeleitet werden kann. Die Mühle war mehrere Generationen im Familienbesitz. Der letzte Ölmüller hieß Richard Nitsch. Er betrieb die Mühle bis 1910 und führte bis 1930 in der Mühle ein Handelsgeschäft.

Die Mahl- oder Dorfmühle steht in der Ortsmitte in der Mühlgasse. Bei einem großen Brand im Jahr 1655 wurde die Mühle vernichtet, jedoch wenige Jahre später als Gemeindebesitz wieder aufgebaut. In den 1920er Jahren erfolgte eine Modernisierung der Mühle. Bis Mitte der 1950er Jahre wurde die Mühle durch zwei oberschlächtige Wasserräder angetrieben. Ab Mitte der 1950er Jahre arbeitete die Mühle auf elektrischer Basis. 1960 wird der reguläre Mahlbetrieb zur Mehlherstellung eingestellt und die Mühle auf die Her-

Das Bürgerhaus ist in Apfelstädt Treffpunkt für viele Anlässe des Dorfgemeinschaftslebens. Auch die Garde des ACC zeigt hier ihr Können.

stellung von Schrot umgestellt. Dies geschah bis 1990. Auch wenn es die für die Schrotherstellung notwendige Maschinerie heute noch gibt, ist die Mühle nicht mehr in Betrieb.

Eine weitere Sehenswürdigkeit von Apfelstädt ist die Kirche St. Walpurgis. Sie ist schon ob der Höhe ihres Turms von weither sichtbar. In ihren Ursprüngen stammt sie aus dem 11. Jahrhundert und weist einige bauhistorische Merkmale auf. In den Jahren nach 1992 wurden Kirch- und Pfarrhofensemble umfangreich restauriert. Die Scheune und der Stall des Pfarrhofes beherbergen heute eine Dauerausstellung zur Ortsgeschichte. Hier werden die bäuerliche Lebensweise sowie die Geschichte des Schulwesens und des Backwesens dokumentiert.

Seit 2003 hat Apfelstädt ein neues Bürgerhaus. Hier fanden und finden zahlreiche Veranstaltungen statt. Darunter waren auch einige nicht alltägliche. So trafen sich im Juli 2009 hier die Vorstände des Sondervereins der Gimpeltaubenzüchter aus Deutschland, Belgien und Dänemark. Im März 2010 fand hier das alljährliche Thüringer Wettspinnen statt. Zu bewundern waren dabei nicht nur verschiedene Typen von Spinnrädern, sondern auch die hohe Kunst des Spinnens. Das Bürgerhaus ist aber auch die Heimstatt des regen Apfelstädter Vereinslebens.

Neben der Freiwilligen Feuerwehr und dem Sportverein Eintracht gibt es noch den Carneval Club, die Jugendkirmesgesellschaft, den Geflügelverein, den Kleingartenverein, den Seniorenclub, den Apfelstädter Traditions-Männer-Verein, den Schützenverein und den Reitverein. Im Laufe der Zeit hat sich also in Apfelstädt ein vielseitiges Landleben entwickelt.

Landleben mit städtischer Infrastruktur

Zur Landgemeinde Am Ettersberg im Landkreis Weimarer Land gehört **Berlstedt**. Hier befindet sich auch der Sitz der Gemeindeverwaltung der Landgemeinde. Der Ort liegt nördlich von Weimar an der Nordabdeckung des Großen Ettersberges und am Südrand des fruchtbaren Thüringer Beckens. Erstmals erwähnt wurde Berlstedt im Jahr 876. In einem Ingelheimer Protokoll tauchte der Name Berolfestin auf. Burg und Dorf gehörten dem Kloster Fulda und wurden als Lehen einem „Berlof" gegeben. An der Nordostecke des Dorfes befand sich die Burgstelle „Das Wahl". Es war eine Herrenburg.

Durch die Lage an der Handelsstraße „Via Regia" entwickelte sich die Gemeinde zunächst positiv. Unter anderem wurde eine Posthalterei eingerichtet. Allerdings wurde der Ort in Kriegszeiten durch seine Lage an einer Heerstraße oft von Plünderungen heimgesucht. 1514 überfielen die Herren zu Weimar den Ort. Im Dreißigjährigen Krieg zogen mehrfach Söldnerheere durchs Dorf. Nach der Schlacht bei Jena und Auerstedt plünderten französische Soldaten den Ort. In der Dorfchronik ist auch ein weiterer unangenehmer Abschnitt der Dorfgeschichte vermerkt. Ab Mai 1938 mussten täglich Häftlinge aus dem Konzentrationslager Buchenwald nach Berlstedt marschieren, um dort ein Klinkerwerk der Deutschen Erd- und Steinwerke GmbH aufzubauen. Ab Februar 1939 waren bis zu 250 Häftlinge dauerhaft in Holzbaracken auf dem Werksgelände in Berlstedt untergebracht. Mindestens zwei Häftlinge kamen ums Leben. 1945 wurde das Werk aufgelöst. Vor Ort befindet sich heute eine kleine Gedenkanlage.

Der alte Ortskern hat die typische Form eines Haufendorfes. Die Entwicklung zu einem Zentraldorf begann 1864 mit dem Bau einer Molkerei. Heute hat Berlstedt durch seine sehr gute Infrastruktur viel zu bieten. Dazu gehören ein Einkaufszentrum, die Grund- und Regelschule mit Sportzentrum, eine große Kindertagesstätte, ein Ärztehaus mit Apotheke und Physiotherapie ebenso wie eine Bankfiliale, das Kulturhaus und die Gaststätte „Zur Linde". Am 2.000 Jahre alten Grabhügel, der „Heye", entsteht der moderne Gebäudekomplex „Generationswohnen

Berlstedt" mit barrierefreien Wohnungen, Dienstleistungsgeschäften und einem Pflegeheim. Das älteste und noch im Original bestehende Denkmal des Ortes ist die im Jahr 1696 geweihte evangelische Kirche St. Crucis" mit ihren barocken Deckenmalereien. Weitere Objekte, welche in die Denkmalliste des Kreises Weimarer Land aufgenommen wurden, sind die Todesmarschstele in der Ballstedter Straße, die Wappentafel am Haus Nr. 87, das Tor und das Portal in der Marktgasse 80, der Waidmühlenstein an der Kirche und das Wahl. In Berlstedt gibt es zahlreiche Vereine. Dazu gehören der Turn- und Sportverein 1914, der Sportschützenverein, die DLRG-Ortsgruppe, die Heimatfreunde und der Kirmesverein. Die Vereine gestalten das kulturelle und sportliche Leben im Ort so, dass Berlstedt eine pulsierende Metropole in der Gemeinde Am Ettersberg ist.

Zu Berlstedt gehören die Ortsteile **Hottelstedt**, Ottmannshausen und Stedten am Ettersberg. Hottelstedt ist geprägt von Natursteinmauern im Dorfkern, der spätgotischen Kirche aus dem 16. Jahrhundert mit ihrem fast quadratischen Westturm und dem Baukörper des früheren Brauhauses. Die alte Schule wurde 2003 zu einem modernen Feuerwehrgerätehaus umgebaut. Die Freiwillige Feuerwehr gestaltet heute das kulturelle Leben im Dorf. Im südlichen Teil der Gemarkung befindet sich eine schöne Parkanlage mit Teich und Bienenhaus sowie eine Gedenktafel für die Häftlinge der nahegelegenen Gedenkstätte Buchenwald. Die idyllische Lage lädt zum Wandern auf den nahe gelegenen Ettersberg ein. Bei gutem Wetter kann man nach Norden die Weiten des Thüringer Beckens, nach Süden bis zu den Ausläufern des Thüringer Waldes und nach Westen bis zur Landeshauptstadt Erfurt schauen.

Das idyllisch gelegene Ottmannshausen wurde erstmalig in einer Urkunde des Severin-Stifts Erfurt genannt. Der Name hat seinen Ursprung im germanischen Personennamen als „Siedlung des Otman". Seine typischen Gebäude um die Breite Gasse stehen unter Denkmalschutz. Sehr schön ist auch die 1723 errichtete barocke Dorfkirche. Größter Stolz des Dorfes ist das schmucke kleine Freibad, das 1962 durch die Einwohner am Südrand des Ortes erbaut wurde. Heute ist das Freibad Erholungs- und Freizeitstätte Nr. 1 der Gemeinde Am Ettersberg und zugleich ein Geheimtipp in der ganzen Region. Im strahlend blauen, glasklaren Wasser findet die ganze Familie Entspannung, Spaß und Erholung.

Das Dörfchen **Stedten am Ettersberg** war seiner Besitzstruktur nach ein Rittergut. In den Büchern findet es sich seit 1194. Direkt an der Königstraße „Via Regia" gelegen, bietet es heute zahlreichen Pilgern auf dem Wanderpfad eine Übernachtungsmöglichkeit in der unter Denkmalschutz stehenden Kirche St. Kilian.

Die Kirche St. Crucis bereichert das Ortsbild von Berlstedt.

Geschichtsträchtig und modern zugleich

In der mit rund 5.500 Einwohnern größten Landgemeinde von Südthüringen verläuft fließend die Grenze zwischen den beiden Mittelgebirgslandschaften Thüringer Wald und Rhön. Gemeint ist die Werratalgemeinde Breitungen im Landkreis Schmalkalden-Meiningen. **Breitungen** zählt am westlichen Werraufer zur Vorderen Rhön und in der östlichen Ausdehnung reicht die Flur bis an den Westhang des Thüringer Waldes. Der Lauf des Flusses Werra trennt auf ganz natürliche Weise das große Dorf in die Ortsteile Altenbreitungen, Frauenbreitungen und Herrenbreitungen. Um von einem Ortsteil zum anderen zu kommen, führt der Weg unweigerlich über die Werra. Zwei historische Steinbrücken und eine ganz neue Stahl-Holzkonstruktion für Fußgänger und Radfahrer sind nicht mehr wegzudenken. Höchstwahrscheinlich haben auch in Breitungen – wie vielerorts – schon die fortschrittlichen Mönche die Anregung zum Bau der Brücken gegeben. Eine Klosterbrücke zwischen Frauenbreitungen und Herrenbreitungen wurde bereits im Jahr 1137 erwähnt. Die Ersterwähnung über den Ort selbst gibt es in einer Grenzbeschreibung der Breitunger Mark des Jahres 933.

Eine Breitunger Sage berichtet, dass die Kuttenträger für ihren eigenen Gebrauch zwischen den Klöstern Herrenbreitungen und Frauenbreitungen einen Gang unter die Werra gelegt hätten. Beide Klöster existierten zirka 450 Jahre. An das Prämonstratenserkloster Frauenbreitungen erinnert heute nur noch der Straßenname „Am Kloster". Vom Benediktinerkloster mit der Klosterbasilika auf dem Berghügel Herrenbreitungen ist ein beachtlicher Teil der historischen Bausubstanz erhalten geblieben. Die Gebäude, die im 16. Jahrhundert teilweise zum Renaissanceschloss umgestaltet wurden, zählen heute zu den kulturhistorisch bedeutsamsten Bauten der Region zwischen Thüringer Wald und Rhön. Seit 1994 – dem Jahr der Entstehung des „Aktivmuseums – Ländliches Brauchtum" – sind diese Bauten regelmäßig zugänglich und Bestandteil des kulturellen Lebens im Ort.

Die Gemeinde Breitungen hat darüber hinaus noch weitere sehenswerte Bauwerke zu bieten. Dazu gehört das Schloss. Der Henneberger Graf Poppo XII. ließ nach 1560 unter Einbeziehung baulicher Reste des aufgehobenen Klosters ein neues Renaissance-Schloss errichten. Im Jahr 1583 erlosch das Henneberger Geschlecht und die Landgrafschaft Hessen-Kassel wurde Besitzer von Schloss Herrenbreitungen und dem Amt Herrenbreitungen. Im Dreißigjährigen Krieg wurde das Schloss beschädigt, die originale Bausubstanz aus dem 16. Jahrhundert blieb jedoch in

Der Marktplatz ist das sehenswerte Zentrum von Breitungen.

großen Teilen erhalten. Auch Teile der früheren Klostermauer und große Gutsgebäude sind erhalten. Seit 2007 befindet sich das Schloss in Privatbesitz und wird seither saniert. Einige Räume des Schlosses nutzt der Verein „Das Aktivmuseum – Ländliches Brauchtum". Der Verein betreut auch die benachbarte Basilika sowie den gepflegten Kräutergarten. Die Romanische Basilika wurde im Jahr 1112 als Klosterkirche der Benediktinermönche geweiht. Der Bau aus Sandstein im romanischen Stil war eine kreuzförmige Basilika mit dreischiffigem Langhaus, Querschiff und einem Chorraum. Im Dreißigjährigen Krieg wurde die Basilika stark beschädigt. Die nach 1660 neu erbaute Ostwand des Chores verhinderte die völlige Zerstörung des Bauwerkes. Der romanische Innenraum ist bis heute erhalten geblieben. Der in den 1990er Jahren sanierte Bau dient inzwischen als Ausstellungs- und Konzertraum sowie als Außenstelle des Standesamtes Breitungen. Der 28 Meter hohe Turm ist das Wahrzeichen der Gemeinde Breitungen.

Weitere sehenswerte Bauwerke sind das Rußwurmsche Herrenhaus, die Michaeliskirche, die Marienkirche, die 240-jährige Wassermühle, der Aussichtsturm, der Sachsenstein auf dem Pleß und das Fachwerkensemble am Marktplatz aus dem 17. Jahrhundert. Von der 1999 errichteten Aussichtsplattform auf dem Pleß hat man einen Rundblick über den Thüringer Wald, die Thüringer Rhön, die Wartburg und die Wasserkuppe.

Auch in der Natur hat Breitungen einiges zu bieten. Das Naturschutzgebiet „Breitunger Seen" bietet Lebensraum für seltene Wasservögel und wird von den Ornitologen und Wanderfreunden besonders geschätzt. Für Wasser- und Angelsportler sind die Kiesseen von besonderem Interesse. Der Werratal-Radweg und ein ausgedehntes Wanderwegenetz verbinden Breitungen mit den reizvollen Berg- und Tallandschaften des Thüringer Waldes und der Rhön.

Gemütliche Unterkünfte und Restaurants bieten den Einheimischen und Besuchern Thüringer Spezialitäten, Köstlichkeiten aus dem Thüringer Kräutergarten und den bekannten Rahmkuchen. Geselligkeit und Lebensfreude machen sich breit bei Sommerfesten, Brauchtumsabenden und sportlichen Aktivitäten wie Kegeln, Tennisspielen, Joggen und Reiten. Die Anbindung an das Bahnnetz und die Bundesstraße 19 ermöglichen eine gute Erreichbarkeit des modernen und geschichtsträchtigen Ortes.

Das sozialistische Vorzeigedorf

Zirka sechs Kilometer nördlich des Höhenzuges Fahner Höhe befindet sich die Gemeinde **Dachwig**. Sie liegt im Dreieck der Städte Bad Langensalza, Gotha und Erfurt und gehört heute zum Landkreis Gotha. Zu DDR-Zeiten gehörte der Ort zum Kreis Erfurt-Land.

Dachwig wurde schon im Jahr 874 als Dagoberti Vicus (Dagobertsweg) genannt. Diese Benennung soll auf den Germanenkönig Dagobert zurückzuführen sein, der vielleicht Ortsgründer war. Spätere Ortsnamen waren Dachebechi und Tachabechi. Durch Landwirtschaft und Handwerk hatte der Ort schon vor dem 30-jährigen Krieg 1.140 Einwohner.

Die im Jahr 2010 anlässlich der 1150-Jahr-Feier der urkundlichen Ersterwähnung veröffentlichte neue Ortschronik überliefert, dass sich in Dachwig schon sehr früh neben den bäuerlichen Wirtschaften andere Erwerbsmöglichkeiten entwickelten. So sind aus dem 18. Jahrhundert die Salpetergewinnung, eine Anisbrennerei, zwei Ziegeleien, Werkstätten des Schmiede- und Schlosserhandwerks, zwei Mühlen und eine Orgelbauanstalt genannt. Diese Entwicklung setzte sich fort. Eine Berufserfassung von 1846 weist in Dachwig sage und schreibe 75 Handwerker und Gewerbetreibende aus.

Die Landwirtschaft entfernte sich auch zu DDR-Zeiten immer mehr aus Dachwig und wurde in den Nachbarorten konzentriert. Dafür kam es hier zu einem großen Aufschwung bei der Verbesserung der Wohn-, Arbeits- und Lebensverhältnisse. Mit finanzieller Unterstützung vom Rat des Bezirkes

Im Dorfmuseum von Dachwig wird die interessante Entwicklung des Dorfes präsentiert.

Erfurt und vom Rat des Kreises Erfurt-Land wurde viel in die Infrastruktur investiert und Dachwig entwickelte sich zum sozialistischen Vorzeigedorf. Eine Bilanz weist aus, dass zwischen 1971 und 1988 140 Wohnungen im Geschosswohnungsbau und 101 Eigenheime errichtet wurden. Fast alle Haushalte erhielten einen Anschluss an die zentrale Wasserversorgungsanlage, 4,1 Kilometer Straßen wurden gebaut bzw. erneuert, 4,8 km Gehwege angelegt und 3,5 km Kanalisation verlegt. Am schon bestehenden Schwimmbad entstand ein Mehrzweckgebäude, die Gemeindeschenke wurde zum Kulturhaus umgebaut, es erfolgte die Übergabe des Sportstadions, ein Polytechnisches Kabinett wurde geschaffen, ein neues Feuerwehrgerätehaus gebaut, eine Turnhalle mit Sozialtrakt, Kegelbahn und Klubräumen errichtet und das Dorfmuseum eingeweiht. Das Dorfmuseum beherbergt viele Schätze des Dachwiger Landlebens von gestern und heute.

Jahrzehntelang schlängelte sich der Verkehr zwischen Erfurt und Bad Langensalza durch die enge Dorfstraße. 1983 erhielt Dachwig als erster Ort im Kreis Erfurt-Land eine Umgehungsstraße. Und was geschah mit der alten Dorfstraße? Die Dachwiger renovierten ihre Häuser und gestalteten die Straße in Eigenleistung zu einer Fußgängerzone um. Somit hatte Dachwig 1984 die erste Fußgängerzone im Erfurter Umland. Auch heute lebt es sich gut in Dachwig. Das Dorf, in dem heute zirka 1.600 Einwohner leben, hat in den vergangenen Jahren einen weiteren Aufschwung zu verzeichnen. Das neu geschaffene Gewerbegebiet mit den dort zahlreich angesiedelten Unternehmen sowie das Wohngebiet „Am Kornbach" sind entstanden. Straßen- und Gehwegebau sowie das Anlegen von Grünanlagen haben Dachwig mit seiner gesunden örtlichen Infrastruktur – wozu auch das schöne Freibad zählt – zu einem attraktiven Wohnstandort gemacht. Für ein schönes Ortsbild sorgen auch zahlreiche sanierte Häuser im Dorf.

Zu den Sehenswürdigkeiten in Dachwig gehört die Niedermühle. Sie ist ein technisches Denkmal und eine der letzten Getreidemühlen im Landkreis Gotha. Erwähnt wurde sie bereits 1466. Schon Ende des 19. Jahrhunderts wurde der Mahlbetrieb aufgrund der Wasserarmut des Baches Jordan – von dem die Mühle gespeist wurde – immer schwieriger. Ab 1919 wurde die Mühle „motorisiert" betrieben. Ihre gewerbliche Stilllegung erfolgte 1977. Heute ist die Niedermühle Bestandteil eines Vierseitenhofes, der als Mühlenhof mit Restaurant, Gästezimmern und großzügiger Außenanlage als Hotel betrieben wird.

Viele Dorfbewohner engagieren sich in den zahlreichen Vereinen. Dazu gehören u.a. die Landfrauen, der Heimat- und Museumsverein, der

Sportverein, der Faschingsclub, der Feuerwehrverein, der Kirmesverein, der Frauenchor, der Kleingartenverein und der Schäferhundeverein.

Dachwig wird vom Jordan-Bach durchflossen. Er ist zugleich der Zu- und Abfluss der Dachwiger Talsperre. Diese Talsperre – die im Volksmund auch „Speicher Dachwig" genannt wird – liegt südwestlich von Dachwig in der Gemarkung von Großfahner. Der Stauseee wurde 1976 zur Bewässerung von landwirtschaftlichen Flächen angelegt und diente diesem Zweck bis 1990. Heute ist der Speicher Dachwig Rast- und Brutplatz für Wasser- und Singvögel und erfüllt somit eine wichtige Naturschutzfunktion. Bei Anglern ist die Talsperre ebenfalls sehr beliebt. Sie weist einen großen Bestand an Großkarpfen, Zandern, Aalen, Hechten, Schleien und Plötzen auf.

Seit 2004 taucht der Name Dachwig in den Wettermeldungen der Medien auf. Der Deutsche Wetterdienst errichtete hier eine Online-Station. Schon öfter war im Radio zu hören, dass Dachwig der wärmste Ort Thüringens sei.

Ein Dorf mit Schloss und Schlosspark

Am nördlichen Rand des großen Ettersberges, sieben Kilometer von Weimar entfernt, liegt der Ort **Ettersburg** im Kreis Weimarer Land. Das hiesige Landleben ist beschaulich und ruhig. Die Gemeinde verfügt über keine nennenswerten Industrie- und Gewerbeeinrichtungen. Landwirtschaftliche Betriebe im mittleren und größeren Umfang sind nicht vorhanden. Die Einwohner sind im Erwerbsgebiet Weimar oder im Agrarbereich Berlstedt tätig, manche auch im ortsansässigen Feierabend- und Pflegeheim.

Die Gemeinde Ettersburg ist auch ein attraktiver Wohnstandort. Durch die Entwicklung von Wohnbauland leben hier heute zirka 550 Menschen. Hier kann man Sport treiben, spazieren gehen und sich erholen. Im Winter kann man an den Hängen des Ettersberges Wintersport betreiben, im Sommer steht das Freibad zum Schwimmen und Planschen offen und im Schlosspark kann man bei Spaziergängen die schöne Landluft genießen. Darüber hinaus organisieren der Bad- und Förderverein, der Heimat- und Kulturverein und der Bürgerverein zahlreiche Veranstaltungen zur Bereicherung des kulturellen Lebens.

Der Ortsname Ettersburg ist zweifellos vom Ettersberg abgeleitet. Mit seinen ausgedehnten Buchen- und Eichenbeständen stellt er zugleich auch eine natürliche Trennung von Ettersburg zur Stadt Weimar dar. Der Ort liegt somit in einem Übergangsbereich, der durch den dicht bewaldeten Höhenzug und der nach Norden weitläufigen offenen Landschaft des Thüringer Beckens gebildet wird. Bei guter Sicht ist der Blick über die Ebene des Thüringer Beckens bis hin zum Kyffhäuser und Brocken möglich.

Das Leben der Ettersburger Bürger wird aber zugleich auch mit von einer Besonderheit bestimmt, die so in Thüringen fast einmalig ist. Seit Anfang des 18. Jahrhunderts steht in Ettersburg ein Jagdschloss. Es war ein beliebter Jagd- und Sommersitz der herzoglichen Familie von Sachsen-Weimar-Eisenach. Von 1776 bis 1780 hielt hier die Herzogin Anna Amalia ihr sommerliches Hoflager ab. Sie versammelte um sich einen literarisch-musikalischen Kreis. Zu ihren Gästen gehörten u. a. Goethe, Schiller, Wieland und Herder. Zu dieser Zeit war es geboten, sich auch landschaftsgärtnerisch zu betätigen. In Ettersburg tat man das im Stil der englischen Parks. Es war die „Geburtsstunde" des hiesigen Schlossparks. Heute kann man den Schlosspark Ettersburg als Kleinod Thüringischer Gartenkunst bezeichnen. Die Parkanlage besteht aus zwei Parterres, dem sechs Hektar großen Landschaftspark und zwei großen Waldwiesen, die sich nach Süden und Osten weit in den Ettersburger Forst ziehen. Nach 1920 ging der Schlosspark in den Besitz des Landes Thüringen über. Die unterschiedlichen Nutzer des Schlosses vernachlässigten die Anlagen in den folgenden Jahren. 1968 kam die gesamte Anlage in die Trägerschaft

Das Schloss und der weiträumige Schlosspark, sind die Schmuckstücke von Ettersburg.

der Nationalen Forschungs- und Gedenkstätten der Klassischen Deutschen Literatur Weimar. Diese übernahm später auch die Verwaltung von Schloss und Park. Seitdem ist eine kontinuierliche Pflege des Parks gewährleistet. Zu den Wiederherstellungsarbeiten gehörten bzw. gehören die Instandsetzung der Parkwege, die Verjüngung des Gehölzbestandes am Südhang sowie Ertüchtigungen an den beiden Parterres des Schlosses. Der romantische Landschaftspark am Ettersberg gehört seit 1999 als Bestandteil des Ensembles „Klassisches Weimar" zum Welterbe der UNESCO.

Das Schloss wurde 1921 in das Eigentum des Freistaates Thüringen überführt. Ab 1923 war es Landeserziehungsheim für Schüler der Mittelstufe, ab 1945 befand sich hier eine Offiziersschule und Justizschule. Später wurde es bis 1976 als Altersheim genutzt. Seit 1991 bemüht sich die Stiftung Weimarer Klassik um die weitere Nutzung des Schlosses. Der Verein „Kuratorium Schloss Ettersburg" organisiert eine Vielzahl kultureller Veranstaltungen. Dazu gehören Konzerte in der Schlosskirche, Ausstellungen, Theater und Kleinkunst. Durch die Besucher von Schloss und Schlosspark ist das Landleben in Ettersburg zweifellos vielseitiger und vielfältiger geworden.

Übrigens hat der Autor dieses Buches zu Ettersburg auch eine ganz persönliche Beziehung. In den 1970er Jahren war ich bei der damaligen Bezirksklassenmannschaft von Ettersburg als Fußballer aktiv.

Saurier-Erlebnispfad, Plüschtiere und Grillbesteck

Im Süden des Landkreises Gotha befindet sich die Landgemeinde **Georgenthal**. Zu Georgenthal gehören heute die Ortsteile Altenbergen, Catterfeld, Engelsbach, Gospiteroda, Leina, Hohenkirchen, Nauendorf, Petriroda, Schönau vor dem Walde und Wipperoda. In den Orten wohnen insgesamt rund 7.200 Einwohner.

Georgenthal liegt an der Deutschen Spielzeugstraße und ist staatlich anerkannter Erholungsort. Die Erholungssuchenden schätzen die Nähe zum Rennsteig und zu den bekannten Kulturstätten Thüringens. Sie schätzen aber auch die schöne Natur. Im Tal des Flüsschens Apfelstädt gelegen, umgeben von Wiesen und ausgedehnten Wäldern, ist Georgenthal eine Eingangspforte zum Thüringer Wald. Die herrliche Lage und die würzige Waldluft machten den Ort schon im 19. Jahrhundert weit über Thüringens Grenzen bekannt. Heinrich Stieler, der Kartograph und

Leiter der Seeberg-Sternwarte bei Seebergen im Landkreis Gotha sagte bereits im 19. Jahrhundert: „Georgenthal liegt in einem Waldthor, wie es schöner, köstlicher und berückender nicht gedacht werden kann."

Die Geschichte von Georgenthal beginnt im 12. Jahrhundert mit dem Bau des Zisterzienserklosters St. Georg durch die Grafen von Schwarzburg-Käfernburg. Das Kloster St. Georg besaß im Jahr 1335 knapp 11.000 Hektar Land mit zwölf Dörfern und hatte eine bedeutende Pferdezucht. Nach der Einführung der Reformation und der Auflösung des Klosters wurde der Ort zum Amt Georgenthal. Dieses war im 17. Jahrhundert dem Hexenwahn verfallen. Das Amt mit seinen zugehörigen Dörfern führte zwischen 1652 und 1700 vierundsechzig Hexenprozesse. Die Verfolgungen ordneten vor allem die weltlichen Gerichte und weniger die Kirche selbst an. So war für die Herrschenden, aber auch für die Beherrschten, die Hexerei ein real existierendes Verbrechen, das geahndet gehörte.

Ab 1600 erfolgte der Umbau eines der Klostergebäude zu einer Sommerresidenz, dem „Schloss Georgenthal". Gestaltet und genutzt wurde die Residenz unter anderem durch Herzog Ernst den Frommen von Gotha. Von 1792 bis 1794 gründete und betrieb Samuel Hahnemann hier die erste deutsche homöopathische Anstalt für psychisch Kranke. Vom einst so mächtigen Kloster blieben größtenteils nur Ruinen, welche die einstigen Dimensionen erahnen lassen. Einige wenige Gebäude blieben erhalten. In zahlreichen Objekten um das Klostergelände kann heute noch in Kellergewölben oder an Fundamentmauern deren Ursprung erkannt werden.

Der Ort spielte auch in der dunkelsten Zeit der deutschen Geschichte eine Rolle. Georgenthal war Sitz einer SA-Schule im Gau Thüringen. Während des Zweiten Weltkrieges mussten über einhundert Frauen und Männer im Kurhaus, in Hotels, in Sägewerken und in der Bahnmeisterei Zwangsarbeit leisten. Im April 1945 weigerte sich der Wehrmachtsoffizier Otto Fabian, den Volkssturm zum aussichtslosen Kampf gegen die vorgerückten amerikanischen Truppen zu führen. Daraufhin wurde er von der SS erschossen. Der Platz vor dem Bahnhof Georgenthal Ort wurde in Otto-Fabian-Platz benannt und 1979 mit einem Gedenkstein versehen.

Heute hat Georgenthal eine intakte Infrastruktur. Es gibt Arztpraxis, Zahnarztpraxis, Physiotherapiepraxis, Apotheke, Sparkassenterminal, Kindertagesstätte, Grundschule, Jugendclub, Schwimmbad, Hotels und private Ferienhäuser. Im Ort mit der wunderschönen Landschaft

Der Hammerteich ist ein Kleinod in Georgenthal.

lässt es sich gut Urlaub machen. Darüber hinaus hat Georgenthal noch einige attraktive Sehenswürdigkeiten zu bieten. Dazu gehört der Saurier-Erlebnispfad mit der geologischen Ursaurier-Fundstätte. Der Pfad ist inzwischen ein Publikumsmagnet und ein einmaliges Erlebnis, was weder in Thüringen noch in ganz Deutschland ein zweites Mal zu finden ist. Zwanzig Saurier, jeweils mit einer Informationstafel, begeistern auf der 4,5 Kilometer-Strecke von Georgenthal über die Saurierfundstätte „Bromacker" bis zur Lohmühle Kinder, Familien und Fachleute gleichermaßen.

Weitere Sehenswürdigkeiten sind der Klosterhof und das Kornhaus mit Steinrosette aus der Klosterzeit. Das heute noch erhaltene Kornhaus mit dem großen Rosettenfenster im Nordgiebel ist eine architektonische Kostbarkeit. Sein innerer Durchmesser beträgt 2,64 Meter. Es wurde im Jahr 2011 aufwändig restauriert. Das Kornhaus stammt vermutlich aus dem 15. Jahrhundert und wurde mehrfach umgebaut.

Georgenthal ist auch für seine Plüsch- und Stofftierherstellung der Firma Steiner Plüsch GmbH bekannt. Neben dem Werksverkauf werden den Besuchern während einer rund 40-minütigen kostenlosen Führung die Verarbeitungsprozesse vielfältiger Kuscheltiere, aufwändig gearbeiteter Künstlerbären aus Mohair-Plüsch und verschiedene Kostüme erläutert. Und auch die Grillfreunde kommen in Georgenthal auf ihre Kosten. Hier werden hochwertige Kaminzuggrills aus Edelstahl hergestellt. Wer das gesamte Edelstahlgrill-Sortiment, Abdeckungen, Anzünder und Grillzubehör von der Firma Thüros-Grillkultur erleben möchte, wird im Werksverkauf bestens beraten.

Ein musikalisches Dorf

Am Nordrand des Thüringer Waldes, im Tal der zahmen Gera, umgeben von malerischen Höhenzügen liegt der Ort **Geraberg**. Er gehört heute zum Ilm-Kreis. Die günstige Lage des Ortes bietet für Touristen die Möglichkeiten zu ausgedehnten Wanderungen durch das Geratal und zum nahen Rennsteig. Die optimale Anbindung an die Autobahn 71 ermöglicht kurze Fahrzeiten zu solchen Ausflugszielen wie Erfurt, Weimar und Oberhof.

Der Ort wurde erstmals 1246 urkundlich in einer Schenkungsurkunde erwähnt. Darin ist von einem „Weinberg in Gera" die Rede. Aus dem Jahr 1351 datiert eine Erwähnung als hennebergischer Besitz. Die Einwohner beschäftigten sich mit Bergbau, Waldarbeit und Landwirtschaft. Die Tradition des Bergbaus (Eisenerz) geht bis in das Jahr 1351 zurück, als in einer Urkunde erstmals von einem „Eisengrubenzins" die Rede ist. Im Jahr 1378 wird ein erstes Hammerwerk erwähnt. Der Ortsteil Arlesberg wird 1569 erstmals urkundlich erwähnt, als dort – etwa zwei Kilometer westlich des Ortes Gera – ein Forsthaus errichtet wird. Mit dem Aussterben der Grafen von Henneberg gelangten Gera und Arlesberg 1583 in gemeinsame Verwaltung der ernestinischen und albertinischen Wettiner. 1660 kamen sie zum Herzogtum Sachsen-Gotha. Zum Herzogtum gehörten die Orte bis zur Gründung des Landes Thüringen im Jahr 1920. Im Jahr 1923 entstand Geraberg durch die Vereinigung der bis dahin selbständigen Orte Gera und Arlesberg. Der Name wurde gewählt, um eine bessere Unterscheidung von der ostthüringischen Stadt Gera zu ermöglichen.

An den früheren Bergbau um Geraberg erinnert das Technische Denkmal Braunsteinmühle im Ortsteil Arlesberg. Die Braunsteinmühle wurde im Jahr 1855 erstmals erwähnt. Der Manganerzbergbau begann im Jahr 1665 und wurde bis zur Mitte des 20. Jahrhunderts durchgeführt. Wie in vielen Orten, wo man das Wasser als Energiequelle nutzte, entstand in Geraberg neben Sägemühlen, Hammerwerken und Pochwerken im Jahr 1631 auch eine Papiermühle. 1710 kam eine zweite Papiermühle dazu. Als weiterer Industriezweig ließ sich die Porzellanindustrie am Ende des 19. Jahrhunderts im Ort nieder. Im Jahr 1873 begann man, Fieberthermometer herzustellen. Viele Menschen aus Geraberg und der Umgebung betätigten sich in diesem neuen Industriezweig. Bekanntester Betrieb war das Thermometerwerk Geraberg mit nahezu 2.000 Beschäftigten im Jahr 1990. Die Tradition der Thermometerindustrie wird durch das erste deutsche Thermometermuseum im Ort gepflegt.

Heute verfügt Geraberg mit seinen rund 2.300 Einwohnern über eine intakte Infrastruktur. Ein Einkaufsmarkt, zwei Bäckereien, zwei Fleischereien, Drogerie, Apotheke, Sparkasse, Post, Friseure und mehrere kleine Geschäfte sowie zahlreiche Handwerker und mittelständische Unternehmen repräsentieren den Handel und das Gewerbe in Geraberg.

Der Ort ist Sitz der Verwaltungsgemeinschaft Geratal. Dank seiner Lage ist er besonders touristisch interessant für Wanderungen und Ausflüge ins Rennsteiggebiet. Im behaglichen Mühlencafe bietet sich dabei eine genüssliche Rast an. Auf den gut markierten Wanderwegen sind mehrere Ausflugsziele in der unmittelbaren Umgebung von Geraberg zu Fuß zu erreichen. Dazu gehören Schloss Elgersburg, die Hohe Warte, die Waldgaststätte Mönchhof, die Kammerlöcher, die Schmücke, der Veronikaberg und die Reinsberge. Am Parkplatz des Geraberger Bahnhofs beginnt der Thüringer Klimaweg. Dieser sechs Kilometer lange Rundwanderlehrpfad ist mit 21 Anschauungstafeln zu Wetter- und Klimathemen ausgestattet. Außerdem können zwei Großthermometer besichtigt werden, die verschiedene physikalische Prinzipien der Temperaturmessung nutzen. Durch den Jüchnitzgrund im Ortsteil Arlesberg führt der gut beschilderte Braunsteinweg. Hier wird an verschiedenen Stellen mittels Informationstafeln über die Geschichte des Manganbergbaus unterrichtet.

Das Dorfgemeinschaftsleben ist in Geraberg durch ein reges Vereinsleben gekennzeichnet. Hier gibt es über zwanzig eingetragene Vereine. Die größten Vereine sind der Sportverein SV 08, der Musikverein Geraberg, der Gesangsverein „Liederkranz Geraberg“, der Sportfischerverein sowie der Geraberger Carnevalsverein GCV. Bemerkenswert ist auch die Mitgliederzahl von vierzig Kameraden in der Freiwilligen Feuerwehr inklusive der Jugendfeuerwehr. Besonders ausgeprägt ist die musikalische Neigung der Geraberger. So gibt es neben dem Musikverein hier vor Ort den ersten Shanty-Chor Thüringens, ein Blasorchester und einen Frauenchor. Die Vereine organisieren zahlreiche kulturelle und sportliche Veranstaltungen im Ort. Dazu gehört auch das Heringsfest, das alljährlich am Sonntag nach Pfingsten mit Musik, Spiel und Tanz begangen wird.

Zu den Stätten der Freizeitgestaltung gehört das hiesige Schullandheim. Das ist eine moderne Herberge in idyllischer Lage. Mitten im Thüringer

Ein bedeutsamer Bestandteil des musikalischen Dorfes sind die Geraberger Blasmusikanten.

Wald – an dem Bach Jüchnitz gelegen – werden hier neben pädagogischen Inhalten auch Spiel, Spaß, Erholung und Entspannung für Gäste jeden Alters angeboten.

Der Obstgarten Thüringens

In idyllischer Lage, am Fuße des Landschaftsschutzgebietes Fahner Höhe, befindet sich die Gemeinde **Gierstädt**. Zur Gemeinde Gierstädt gehören die Ortsteile Gierstädt und **Kleinfahner**. In der Region blühte ab 1791 der Obstanbau auf. Die Fahnersche Höhe wurde der „Obstgarten Thüringens". Das ist er auch heute noch. Den Fahnerschen Obstanbau gründete Johann Sickler. Er war von 1770 bis 1820 der Pfarrer von Kleinfahner. Zu seinen veröffentlichten Schriften gehört das mehrbändige Werk „Der deutsche Obstgärtner".

Die Fluren von Gierstädt und Kleinfahner bieten alljährlich von Mitte April bis Mitte Mai ein einzigartiges Naturerlebnis. Dann können die Bewohner und die Besucher die farbenfrohe Pracht der Obstbaumblüte bewundern. Alljährlich wird im Obstanbaugebiet im Frühjahr das Blütenfest, im Sommer das Kirschfest und im Herbst das Erntefest gefeiert. Dann beleben zahlreiche Besucher das ohnehin schon interessante Landleben in der Region noch mehr. Für das interessante und vielfältige Landleben hierzulande zeigen auch die ortsansässigen Vereine verantwortlich. Dazu gehören u. a. der Tourismusverein Fahner Höhe, der Traditionsverein und der Kegelverein in Gierstädt, der Kleinfahnersche Kulturverein sowie die Feuerwehrvereine beider Orte. Die Kameraden der Freiwilligen Feuerwehr Kleinfahner halten mit ihrer Traditions-Feuerwehr alte Geräte und Ausrüstungen einsatzbereit und präsentieren diese in traditionellen Uniformen.

Der Tourismusverein „Fahner Höhe" setzt sich für die Erhaltung der ländlichen Strukturen, die Naherholung und den sanften Tourismus ein. Die Mitglieder bringen sich beim Blütenfest, Kirschfest und Erntefest ein und sie organisieren Radtouren und Wanderungen. Besonders beliebt sind die Naturerlebniswanderungen. Dabei lernen die Wanderer die Vielfalt der Pflanzen- und Tierwelt der Fahner Höhe kennen.

Ein bedeutender Wirtschaftsfaktor für die Region ist der Gierstädter Gewerbepark. Hier haben sich zahlreiche Unternehmen angesiedelt. Dort ist auch der Sitz der Betriebe, die das leckere Obst verarbeiten. Die Fahner Obst e.G., die aus der ehemaligen LPG Fahner Obst hervorging, ist der größte Arbeitgeber in der Region. Zudem besteht seit 1994 die

An dieser herrlichen Baumblüte bei Kleinfahner erfreuen sich die Menschen alljährlich – nicht nur zum Blütenfest.

NABA Feinkost GmbH. Hier werden ausgefallene Brotaufstriche und Pesti, exotische Saucen, kreative Suppen, Eintöpfe und Fertiggerichte produziert. Die Produkte sind Bio-zertifiziert und werden nach den Richtlinien der EG-Bio-Verordnung erzeugt und verarbeitet. Die Mitarbeiter folgen ihren eigenen Vorstellungen von höchster Qualität und bestem Geschmack.

Gierstädt und Kleinfahner werden entlang des Waldrandes durch einen Naturlehrpfad verbunden. Entlang des Pfades wird auf mehreren Holzschildern über die ortsspezifische Flora und Fauna informiert. Beide Orte haben einige Sehenswürdigkeiten zu bieten. Die St. Bonifatius Kirche am Kirchberg über Gierstädt gilt als eine der schönsten Kirchen in der Umgebung. Sie wurde von 1844 bis 1846 erbaut und vereint englische und deutsche Neugotik sowie italienische Renaissance. Außerdem kann man in Gierstädt den Alten Dorfbrunnen an der Hauptstraße unweit des Pfarrhauses, die Große Trauerweide und das Naturdenkmal „Vier Linden" am Waldrand oberhalb des Ortes bewundern.

Auch Kleinfahner hat sein Naturdenkmal. Es ist die Doppelstämmige Linde nahe dem westlichen Ortsausgang. In der nordöstlichen Ecke des Kirchhofs steht das wuchtige Steinkreuz. Das größte Sühnekreuz der Region ist 2,20 Meter hoch, besteht aus Kalkstein und hat eine gotische Form. Am Pfarrhaus neben der Kirche befindet sich eine Tafel zur Erinnerung an Johann Volkmar Sickler, den Begründer des Obstanbaus entlang der Fahnerschen Höhen. Eine Besonderheit ist die Bockwindmühle von Kleinfahner. Sie wird 1728 als Lehen der Gutsherrschaft von Seebach erstmals erwähnt. Im Verlaufe der Jahrhunderte hatte die Mühle mehrere Besitzer. Durch Feuer, Sturm und Blitze erlitt sie häufiger größere Schäden. Sie wurde jedoch immer wieder aufgebaut.

1964 wurde der Betrieb eingestellt und sie drohte zu verkommen. Im Jahr 2000 erwarb Georg Grischke aus Witterda das Anwesen, sanierte es durch Um- und Neubauten – und damit auch die Mühle als technisches Denkmal. Unmittelbar neben der Mühle befindet sich heute ein beliebtes Restaurant mit Übernachtungsmöglichkeiten.

Vier Orte und ein besonderes Wappen

Die Gemeinde **Großrudestedt** mit ihren Ortsteilen **Kleinrudestedt**, **Kranichborn** und **Schwansee** ist eine lebenswerte Kommune in unmittelbarer Nähe zu den Städten Erfurt, Weimar und Sömmerda. Die knapp 2.000 Einwohner genießen das ruhige, ländliche Leben mitten in Thüringen. Der besondere Reiz von Großrudestedt liegt im Einklang zwischen der Tradition eines Thüringer Dorfes und den Erfordernissen einer modernen Wohnsitzgemeinde. Die Gemeinde verfügt über ein reges Vereinsleben und hat die notwendige Infrastruktur des täglichen Lebens vor Ort. Eine Kindertagesstätte, eine Grundschule, ortsansässige Ärzte, eine Bücherei, mehrere Bürgerhäuser in den einzelnen Ortsteilen sowie ein gut ausgebautes Internet machen die Infrastruktur des Ortes so besonders. Zudem zeichnet sich die Region durch eine große Sangesfreudigkeit aus. Der Männerchor von Schwansee ist weit über die Ortsgrenzen hinaus ein bekannter Klangkörper und in Großrudestedt gibt es mit dem Männerchor und dem Frauenchor gleich zwei Chöre.

Hinzu kommt ein gutes Nahverkehrsangebot sowohl mit der Bahn als auch mit dem ÖPNV nach Erfurt und Sömmerda. Es gibt aber auch ein gut ausgebautes Radwegenetz, auf dem man u. a. das in unmittelbarer Nähe gelegene Naherholungszentrum „Erfurter Seen" erreichen kann. Für einen Wanderausflug bieten sich der Schwanseer Forst oder eine Wanderung zum Barkhäuser Türmchen oder zum Lutherstein nahe Stotternheim an. Die Wirtschaft im Ort wird durch die hiesige Agrargenossenschaft bestimmt. Sie betreibt sowohl Ackerbau als auch Milchproduktion. Darüber hinaus gibt es im Ort eine Reihe von kleinen und mittelständischen Unternehmen, inklusive Handwerksbetrieben.

Großrudestedt und seine Ortsteile haben einige Sehenswürdigkeiten zu bieten. Dazu gehört in der Hauptgemeinde die Evangelische Kirche St. Albanus. Der heutige Bau der Kirche stammt im Wesentlichen aus dem Jahr 1724. Die einsturzgefährdete Turmhaube wurde 1993 und 1994 erneuert und auf einen Stahlprofilrahmen gesetzt. Zu den Sehenswürdigkeiten gehört auch das restaurierte Kriegerdenkmal für die Gefallenen aus Großrudestedt und den umliegenden Dörfern im Deutsch-Französischen Krieg von 1870 und 1871. In Kleinrudestedt steht eine Kirchenruine. Der Kirchturm ist erhalten. Das Kirchenschiff wurde in den 1980er Jahren wegen Baufälligkeit abgetragen. Heute sind hiervon noch die Grundmauern zu sehen. Zu den Sehenswürdigkeiten von Kranichborn gehört das Herrenhaus des früheren Ritterguts. Darüber hinaus erinnert ein Gedenkstein aus dem Jahr 1913 in Gestalt eines Waidmühlensteins an die Völkerschlacht von Leipzig einhundert Jahre zuvor. Über den Gedenkstein befindet sich als Naturdenkmal eine weit ausladende Eiche. In Schwansee gehören das ehemalige Jagdschloss und ein großer Taubenturm mit Denkmal-Status zu den Sehenswürdigkeiten.

Das besondere Wappen von Großrudestedt wurde 1995 durch das Thüringer Landesverwaltungsamt genehmigt. Es hat folgende Blasionierung (fachliche Beschreibung eines Wappens): „In Rot eine silberne Frauengestalt mit goldener Augenbinde, in der erhobenen linken Hand eine goldene Waage, in der rechten Hand ein goldenes Schwert haltend, die rechts oben von vier goldenen Sternen begleitet wird." Die weibliche Figur mit den Attributen Augenbinde, Schwert und Waage stellt Justitia, die Verkörperung des Rechts und der Gerechtigkeit, dar. Die Gemeinde greift damit in heraldischer Umsetzung ein historisches Siegelmotiv auf. 1681 wurde erstmals dieses Symbol im Siegel verwendet. Die vier Sterne stehen für die Ortsteile Schwansee, Kranichborn, Kleinrudestedt und Großrudestedt selbst.

Im letzten Abschnitt wollen wir noch einen Blick in die Historie von Großrudestedt werfen. Über die urkundliche Ersterwähnung der vier Orte gibt es unterschiedliche Angaben. Auch wenn Geschichtsschreiber das Jahr 869 für die Ersterwähnung von Großrudestedt angeben, so war es im Jahr 1211, als ein Bernulf von Rudestedt als Dienstmann des Landgrafen Hermann von Thüringen erwähnt wird. 1233 ist über einen Heinrich von Kranichborn zu lesen und in der zweiten Hälfte des 13. Jahrhunderts über einen Heinrich von Schwansee.

In Kleinrudestedt hatten im 13. Jahrhundert mehrere Klöster Besitzgüter. Ebenfalls im 13. Jahrhundert entstanden enge Beziehungen zum Marienstift in Erfurt. Dieses hatte auch das Patronatsrecht über

Diese außergewöhnliche Eiche wurde am 16. März 1888 in Kranichborn gepflanzt.

die Kirche. Die Zeit von „Großrudestedt unter dem Marienstifte Erfurt“ dauerte von 1322 bis 1452. Das Weißfrauenkloster und das Bürgerhospital hatten ebenfalls Besitz in Großrudestedt. In der Zeit von 1452 bis 1535, als das Marienstift seine Rechte an die Stadt abtrat, wird der Ort als „Großrudestedt unter dem Rate der Stadt Erfurt“ bezeichnet. Von der zweimalig in Erfurt aufgetretenen Pest und dem großen Stadtbrand im Jahr 1472 war Großrudestedt immer indirekt mit betroffen, besonders auch finanziell mit starker Verschuldung. Leichtere Unruhen unter den Bauern wurden 1516 durch „Kriegsvolk“ aus Erfurt niedergeschlagen. Großrudestedter Bauern waren auch während des Bauernkrieges bei der Besetzung von Erfurt im Jahr 1525 dabei. Das Dorf hatte die daraus folgende Bestrafung durch eine Zusatzsteuer mit zu tragen. Die Geschichtsträchtigkeit der Gegend wird auch darin deutlich, dass Großrudestedt Amtsgerichtsbezirk war und es hier ein Amtsgericht und ein Gefängnis gab. Im Forst von Schwansee soll sich Johann Wolfgang von Goethe aufgehalten haben.

Man könnte noch viele weitere Begebenheiten aus der Ortschronik von Großrudestedt aufzählen. An dieser Stelle sollen es nur noch einige Ereignisse sein, die das Landleben in den vier Orten beeinflussten. Im Jahr 1820 legte ein Brand 88 Wohnhäuser und 120 andere Gebäude in Großrudestedt in Schutt und Asche. Ab Mitte des 19. Jahrhunderts erfolgte die Pflasterung der Straßen, 1861 wurde eine Postexpedition eingerichtet, ab 1864 war der Ort beleuchtet und 1879 errichtete man eine Telegraphenstation. Mit dem Bau des Bahnhofs 1881 konnte der Anschluss an die Preußische Staatsbahn Sangerhausen-Erfurt geschaffen werden. Für den Personen- und Frachtverkehr war das eine erhebliche Verbesserung. Damit begann auch der Zuckerrübenanbau in der Gegend. Das hatte zur Folge, dass 1886 eine Zuckerfabrik gebaut wurde. Auch eine neue Schule gab es. Deren Einweihung erfolgte1895.

Geburtsort der Gartenzwerge

Im Tal der „Wilden Gera“ am Nordosthang des Thüringer Waldes, umgeben von Wald, Wiesen und Bergen, liegt in etwa 400 Metern Höhe **Gräfenroda**. Der Ort ist ein Ortsteil der Landgemeinde Geratal und befindet sich im Ilm-Kreis. Gräfenroda ist mit einer Länge von fünf Kilometern das längste Dorf im Ilm-Kreis. Nördlich von der Ortslage erhebt sich der 490 Meter hohe Läusebühl, südlich liegt der 508 Meter hohe Gräfenrodaer Berg. Südwestlich des Ortes beginnt der Thüringer Wald und westlich davon befindet sich die Lütsche-Talsperre. Talaufwärts kann man die Talbrücke Wilde Gera bestaunen. Sie befindet sich drei Kilometer von der Ortslage entfernt. Es ist die imposanteste Brücke der Bundesautobahn 71.

Gräfenroda wurde erstmals 1290 urkundlich erwähnt. Der Ortsname kennzeichnet den Ort als Rodungssiedlung. Der Besitz am Ort lag ursprünglich bei den Grafen von Kevernburg bzw. Schwarzburg. Von 1446 bis 1819 war der Besitz in eine schwarzburgische und eine witzlebische, später gothaische, Hälfte geteilt. Traditionelle Erwerbsmöglichkeiten der Einwohner lagen in der Forstwirtschaft und im Fuhrwesen. Außerdem war man im bergmännischen Abbau von Kupfer, Silber und Blei tätig, ab dem 16. Jahrhundert auch in der Glasherstellung. Nach 1850 siedelten sich im Zuge der Industrialisierung im Ort eine Holzwarenfabrik, eine Terrakottafabrik, eine Glashütte und mehrere Porzellanfabriken an. Heute ist Gräfenroda eine wirtschaftlich nicht besonders stark ausgeprägte Gemeinde. Der größte Arbeitgeber im Ort ist die Firma Schulz Fördersysteme GmbH. Zu DDR-Zeiten gab es hier verschiedene Sägewerke und eine Tonwarenfabrik. Diese war auch die Heimat der Gartenzwerge. Nach 1990 brach ein Großteil der Industrie des Ortes zusammen. Inzwischen pendeln viele Gräfenrodaer zur Arbeit nach Arnstadt oder Ilmenau.

Der lang gestreckte Ort hat allerhand Sehens- und Erlebenswertes zu bieten. Wanderungen zum Bärenstein, zum Luchsstein, zum Ausgebrannten Stein, zum Förstergrab und zum Kamm-

Dieser Gartenzwerg ist einer aus der großen Auswahl der Firma Philipp Griebel in Gräfenroda.

berg-Glöckchen werden zu Naturerlebnissen. Auch nach Dörrberg mit dem Schwanenteich, der Alten Försterei und der Jugendherberge ist es nicht weit. Weitere Ziele für Wanderfreunde sind das Naturschutzgebiet „Alte Lache" mit Festplatz, Sportpark und Gondelteich, das Naturdenkmal Burglehne, die Tragberghütte und die Ruine vom Raubschloss. Das Raubschloss war eine hochmittelalterliche Befestigungsanlage bei Gräfenroda auf dem westlichen Bergsporn des Arlesberges. Es wurde auch „Alte Burg" genannt. Die Burgstelle befindet sich etwa vier Kilometer südwestlich vom Ortszentrum. Es ist überliefert, dass die Grafen von Kevernburg wahrscheinlich um 1150 die kleine Burganlage am Nordrand des Thüringer Waldes errichten ließen. Während der zahlreichen Kämpfe im 13. Jahrhundert ging die Burg mehrfach in den Besitz von Raubrittern über, die dem Erfurter Handelsverkehr großen Schaden zugefügt haben. In den Jahren 1290 und 1343 wurde die Burg belagert und zuletzt vollkommen zerstört.

In Gräfenroda wurde bereits 1587 das erste Schulgebäude errichtet. Der Bau der heutigen Grundschule begann im Jahr 1886. Es war ein zweistöckiges massives Gebäude mit zwei Klassenzimmern. Im Laufe der Jahre erfuhr das Schulgebäude eine Vergrößerung. Heute gibt es in Gräfenroda eine Staatliche Gemeinschaftsschule. Außerdem hat der Ort einen Supermarkt, eine Sparkasse und eine Apotheke. In der Biker-Herberge gibt es Gelegenheit zum Übernachten.

Wenn die Gemeinde Gräfenroda vorgestellt wird, dann dürfen sie natürlich nicht fehlen – die Gartenzwerge. Die heutige „Zwergstatt Gräfenroda" blickt auf eine vier Generationen überspannende Familientradition zurück. Im Jahr 1874 gründete Philipp Griebel seine eigene Firma, die „Thonwaarenfabrik Philipp Griebel". In den Jahren 1880 bis 1890 wirkte er, neben einigen anderen Modelleuren dieser Zeit in Gräfenroda, an der Entwicklung des bekannten Gräfenrodaer Gartenzwerges mit. Schon zwei Jahre später präsentierte seine Tonwarenfabrik hochwertige Tierfiguren auf der Leipziger Messe.

In den 1890er Jahren erweiterten Philipp Griebel und auch andere Tonwarenfabrikanten ihre Produktpaletten um den Zwerg. Mit qualitativ hochwertigen Vervielfältigungen zahlreicher Modelle schafften sie es, sich trotz trotz der starken Konkurrenz in Böhmen und Brandenburg die größten Anteile auf dem Markt zu sichern und den Gartenzwerg als Gräfenrodaer Urgestein international zu etablieren. Die beiden Weltkriege bereiteten diesem Höhenflug ein bitteres Ende. Doch auch danach gab es Probleme. In der sozialistischen Planwirtschaft sah sich das Familienunternehmen neuen Hürden gegenüber. Dennoch schaffte es Willi Griebel, die Firma im System der DDR erst privat, dann halbstaatlich zu einem Betrieb mit über fünfzig Mitarbeitenden auszubauen und seinem qualitativ hochwertigen Kunsthandwerk treu zu bleiben. Selbst nachdem die DDR 1972 den Familienbetrieb enteignete und in das volkseigene Kombinat „VEB Gräfenroda-Keramik" integrierte, prägte er als Betriebsteilleiter die Produktion.

Die Wende im Jahr 1989 brachte die Firmen zurück in die Hände der Alteigentümer. Die seit 1990 von Reinhard Griebel geführte „Zwergenmanufaktur Philipp Griebel" konnte sich am angestammten Ort gegenüber den minderwertigen Massenproduktionen von Imitaten vor allem im asiatischen Raum auf dem Markt behaupten. Mit dem „Zwergenstübchen" eröffnete Reinhard Griebel interessierten Kunden die Möglichkeit, sich mit seinem Kunsthandwerk direkt an der traditionsreichen Produktionsstätte zu versorgen. Die Auswahl war groß. So erschuf er in den späten 1990er Jahren das bis heute lebendige Gartenzwergmuseum. Heute befindet sich in Gräfenroda die letzte verbliebene traditionelle Gartenzwergmanufaktur der Welt. Im Folgenden sollen noch einige Beispiele aus der Produktionspalette der Manufaktur genannt werden. In Gräfenroda werden u.a. folgen Gartenzwerge hergestellt:

- Kai der Holzhacker
- Thomas der Böttcher
- Moppi mit Futternapf
- Korbinian mit der Schubkarre
- Osterhase mit Korb
- Bert der Matrose
- Heiko der Wanderer
- Hannes von der Küste
- Hubert mit geteiltem Bart
  sowie die Zwergengruppe Kartenspieler und
- die Zwergin „Gräfin Roda" in verschiedener Ausfertigung

Landleben mit einer Talsperre

Lange Zeit lebten die Leute in **Heyda** ruhig und beschaulich mit KONSUM und Dorfgaststätte. Der Ort, der 1341 erstmals urkundlich erwähnt wurde und zwischen 1688 und 1920 zu Sachsen-Weimar-Eisenach gehörte, ist seit 1994 ein Ortsteil der Universitätsstadt Ilmenau im Ilm-Kreis. Hierhin pendeln auch viele Einwohner von Heyda zur Arbeit, denn der Ort liegt nur sechs Kilometer in nördlicher Richtung von Ilmenau entfernt. Die Straßen von Heyda führen in die Nachbarorte Martinroda, Schmerfeld und dem Ilmenauer Ortsteil Unterpörlitz.

Seit den 1980er Jahren ist es mit dem ruhigen und beschaulichen Landleben vorbei. Zwischen 1980 und 1988 wurde die Talsperre Heyda gebaut und 1989 zu Bewässerungszwecken in Betrieb genommen. Sie dient auch der Niedrigwasseraufhöhung, der Brauchwasserversorgung, dem Hochwasserschutz und der Fischzucht. Die Talsperre, östlich von der Ortslage Heyda gelegen, staut das Flüsschen Wipfra bei Ilmenau und wird dadurch gespeist. Der Staudamm wurde als homogener Erddamm aus Ton und Schluff auf Buntsandstein-Untergrund errichtet. Deshalb braucht der Damm keine spezielle Dichtung. Lediglich an den Untergrund ist er mit einer Spundwand und einem Dichtungsschleier angebunden. Die Wasserseite ist durch eine Steinschüttung und Betonplatten geschützt. Neben dem Hauptdamm gibt es noch einen bis zu 6 Meter hohen und 200 Meter langen Nebendamm.

Der Stausee hat eine Wasseroberfläche von 95 Hektar und ein Einzugsgebiet von 22 Quadratkilometern. An der Talsperre befindet sich ein Seminar- und Freizeithotel. An der Stauwurzel des Stausees liegt ein Naturschutzgebiet. Um den Stausee herum führt in malerischer Landschaft ein knapp 8 Kilometer langer Rundweg. Der Wanderweg führt durch schöne Mischwälder und bietet einen abwechslungsreichen Verlauf mit vielen interessanten Ausblicken. Unterwegs gibt es auch Stellen zum rasten, entspannen und baden. Die zwei Stunden, die man bei normaler

Die Talsperre Heyda mit ihrem naturverbundenen Rundwanderweg ist für jeden Besucher ein besonderes Naturereignis.

„Wandergeschwindigkeit" für den Rundweg benötigt, geht es für den Wanderer größtenteils auf einem ausgebauten Uferweg entlang. Besonders interessant ist die Große Streuobstwiese am südlichen Ende der Talsperre. Wer hier Augen und Ohren offen hält, der entdeckt in dem angrenzenden Naturschutzgebiet so manch besondere Tier- und Pflanzenwelt. Übrigens richtet hier jedes Jahr am Ostersamstag der WSV Ilmenau e. V. den beliebten Volkssportlauf aus.

Im Frühjahr des Jahres 2013 verendeten binnen kurzer Zeit Tausende in der Talsperre lebende Silberkarpfen. Sie waren noch zu DDR-Zeiten eingesetzt worden, um später Medizinprodukte aus ihnen zu gewinnen. Warum die etwa 25 Jahre alten Tiere starben, war zunächst unklar, zumal alle anderen Fischarten nicht betroffen waren. Ein Befall durch Viren und Bakterien konnte durch Laboruntersuchungen ausgeschlossen werden. Später stellte sich heraus, dass die Fische an Altersschwäche starben. Eine Fortpflanzung der eigentlich aus Asien stammenden Fische war wegen des zu kalten Wassers nicht möglich.

Die Einwohner von Heyda haben sich inzwischen mit der Talsperre und den vielen Besuchern angefreundet. Schließlich wissen nunmehr viele Menschen, wo Heyda liegt und wie schön es hier ist – auch wenn es heute hier weder einen Einkaufsmarkt noch eine Gaststätte in der Ortslage gibt. Dabei wurde die Gaststätte vor gar nicht allzu langer Zeit renoviert. Es fehlt aber ein Betreiber. Die herrliche Landschaft entschädigt die Einwohner und die Besucher für vieles. Sie ist von sandigen Kiefernwäldern geprägt. Westlich und nordwestlich von Heyda erheben sich die Reinsberge. Zu ihnen gehört der Heydaer Berg mit 504 Metern Höhe.

Von der herrlichen Landschaft hat sich auch der Autor leiten lassen, als er sich 2012 gemeinsam mit seiner Lebenspartnerin in der Kleingartenanlage „Am Bühl" in Heyda einen Garten mit einem kleinen Gartenhaus zulegte. Von unserem Gartendomizil sind es 1.200 Meter Fußweg bis zur Talsperre. Das hat uns schon zu manchem Spaziergang inspiriert.

Von der Sperrzone zum Baumkreuz

Um es vorwegzunehmen: Die Gemeinde **Ifta** ist der Geburts- und Heimatort des Autors dieses Buches. Der Ort liegt in Westthüringen und befindet sich etwa einen Kilometer östlich der Grenze zu Hessen. Zwischen 1945 und 1989 lag der 1260 erstmals erwähnte Ort in der 5-Kilometer-Sperrzone entlang der innerdeutschen Grenze. Hier war eine Kompanie der Grenztruppen der DDR stationiert. Der kleine Ort Wolfmannsgehau, der ebenfalls zu Ifta gehörte, lag im 500-Meter-Schutzstreifen und war dementsprechend besonders bewacht. Auf hessischer Seite befand sich an der Landesgrenze ein US-amerikanischer Stützpunkt (Observation Point). Dessen Wachturm ist gegenwärtig noch vorhanden.

Das Dorf, wo heute rund 1.100 Einwohner leben, gehörte ab den 1990er Jahren der Verwaltungsgemeinschaft Creuzburg an. Nach deren Auflösung gehörte Ifta zur Verwaltungsgemeinschaft Hainich-Werratal. Im Rahmen der Gebietsreform Thüringen 2018 bis 2024 verständigten sich Ifta und die Kleinstadt Treffurt darauf, beim Freistaat einen Antrag zur Eingemeindung von Ifta nach Treffurt zu stellen. Der Thüringer Landtag stimmte dem zu.

Die Geschichte Iftas ist eng mit dem benachbarten Creuzburg und dem Amt Creuzburg verwoben. Die Einwohner des Ortes leisteten in den Creuzburger Klosterhöfen in Ifta und auf der Creuzburg Frondienste. Im Mittelalter lag Ifta an der viel befahrenen Geleitstraße Lange Hessen. Oberhalb des Ortes befand sich ein Wachturm auf der Wartekuppe. Er diente zur Überwachung der seit Jahrhunderten genutzten Straße. Der Ort besaß im Mittelalter mehrere Mühlen. Sie wurden vom Klingborn angetrieben. Das war eine stark sprudelnde Quelle im Lochgrund. Ein weiterer Quellbach ermöglichte den Betrieb der Ölmühle, die an der Archfelder Straße gelegen war. In Ifta gab es früher auch ein Waschhaus. Hierher brachten die Leute vor allem ihre Bettwäsche und ihre Handtücher zum Waschen. Schließlich hatten die Haushalte damals noch keine eigenen Waschmaschinen in ihren Haushalten.

Iftas Bevölkerung war früher vorwiegend in der Landwirtschaft tätig. Allerdings gab es im Ort auch Werkstätten und Herbergen für durchreisende Fuhrleute. Im 19. Jahrhundert wurde der Tabakanbau und die Tabakverarbeitung heimisch. In den 1960 Jahren gab es sogar zwei Zigarrenfabriken im Ort. Übrigens war die Mutter des Autors dieses Buches auch als Zigarrenfacharbeiterin tätig. Im Jahr 1879 wurden, basierend auf der Volkszählung von 1875, erstmals statisti-

Es muss wohl am Standort Ifta liegen, dass ein relativ kleiner Ort ein solches Hotel in seiner Ortslage hat.

sche Angaben zum Ort Ifta publiziert. Ifta hatte in diesem Jahr 160 Wohnhäuser und 811 Einwohner. Die Größe der Iftaer Flur betrug 1.247,4 Hektar. Davon waren 18,9 ha Höfe und Gärten, 102,6 ha Wiesen, 707,1 ha Wald und 345,7 ha Teiche, Bäche und Flüsse. Auf Wege, Triften, Ödland und Obstbauplantagen entfielen 70,9 ha. Beachtlich war auch der Viehbestand. Es gab 68 Pferde, 383 Rinder, 1.039 Schafe, 269 Schweine und 74 Ziegen.

Aus der Neuzeit ist die Aktion Baumkreuz besonders bemerkenswert. Das „Baumkreuz bei Ifta" wurde am 16. und 17. November 1990 mit 140 Bäumen auf der ehemaligen deutsch-deutschen Grenze als „Start-Skulptur" für eine West und Ost verbindende Allee zwischen Kassel und Eisenach gepflanzt. Das Baumkreuz besteht aus einer Eschenallee auf dem früheren Grenzstreifen. Diese kreuzt eine Lindenallee entlang der Bundesstraße 7 und verbindet Hessen mit Thüringen. Zwischen den drei Eschenreihen steht der ehemalige Grenzzaun. Er ist einer der längsten noch original erhaltenen Teile dieser Art in Deutschland. Seit 1990 kommen jedes Jahr im November Menschen aus ganz Deutschland hierher und helfen mit, das Projekt fortzupflanzen. Es ist inzwischen auf mehr als 1.000 Bäume angewachsen. Das Baumkreuz ist ohne große Einschränkungen jederzeit erlebbar und begehbar. Vor Ort informieren Schautafeln über das Baumkreuz und die Region.

Überhaupt kann mit Fug und Recht darauf verwiesen werden, dass sich das Landleben in Ifta in den vergangenen Jahrzehnten verändert hat. Das wird auch an dem Bild sichtbar. Darauf ist das Wohlfühlappartement Natur & Flair zu sehen. Es steht an der Stelle, wo sich früher eine Dorfgaststätte mit einem Saal befand. Auf dem Saal fanden regelmäßig Kulturveranstaltungen statt und natürlich wurde auch die Kirmes hier gefeiert. Heute wird für die Kirmes alljährlich ein Festzelt angemietet.

Außerdem hatte Ifta früher mal mehrere Gaststätten, mehrere Lebensmittel- und Textilwarenverkaufsstellen sowie eine BHG-Verkaufsstelle mit Waren für den bäuerlichen Bedarf. Seit fast 15 Jahren gibt es im Ort kein Geschäft mehr für den täglichen Bedarf. Zum Einkaufen müssen die Bewohner in den Nachbarort Creuzburg fahren. Allerdings besteht die Aussicht, dass der Ort demnächst über einen Dorfladen verfügt. Ifta war auch Schulstandort. In der Schule befindet sich heute das Bürgerhaus und auf dem Schulhof wurde eine Turnhalle errichtet. Früher fand der Sportunterricht im Winter auf dem Saal statt, wo sonst auch Kinofilme gezeigt und zu Festen getanzt wurde.

Zum Abschluss muss unbedingt noch darauf hingewiesen werden, dass Ifta eines der wenigen Dörfer ist, die noch einen Dorffunk besitzen. Im Dorffunk werden Nachrichten, Informationen und Aktuelles aus dem Ortsgeschehen gesendet. Zur Kirmes überträgt der Dorffunk die Reden vom Pfarrer und vom Bürgermeister. Zu Beginn der Durchsagen wird das Lied „Alte Kameraden" gespielt. Damit wird die Aufmerksamkeit der Bewohner geweckt. Übrigens wurden die Ergebnisse der Entwicklung des Landlebens in Ifta auch schon im Fernsehen des Mitteldeutschen Rundfunks präsentiert.

Landleben ist mehr als nur Landwirtschaft

Etwa sechs Kilometer nordöstlich der Erfurter Altstadt liegt **Kerspleben**. Die Gemeinde befindet sich im Thüringer Becken, für das die fruchtbaren Lössböden und die fehlenden Wälder landschaftsprägend sind. Zur Natur, die den Ort umgibt, gehört auch eine Hügelkette in Richtung Schwerborn. Hier finden wir Trockenbiotope und Streuobstwiesen. Die höchste Erhebung dieses Bereiches ist der Kleine Katzenberg mit einer Höhe von 236 Metern.

In der Historie war Kerspleben eng mit Erfurt verbunden. Erstmals urkundlich erwähnt wurde Kirpersleybin im Jahr 1104 im Güterverzeichnis des Erfurter Petersklosters. Der Ortsname gibt den Hinweis, dass Kerspleben in der Zeit der Völkerwanderung entstanden sein muss. Ortschaften mit der Endung „leben" – was so viel wie bleiben, sesshaft machen bedeutet – sind Gründungen des dänischen Volksstammes der Warnen, die mit den Angeln um 400/500 nach Christi auf der Wanderfahrt von Nord nach Süd durch unser Gebiet kamen. Seit 1343 gehörte die Grafschaft Vieselbach mit Kerspleben zum Gebiet der Stadt Erfurt.

Der Kirchturm mit dem Fachwerkhaus im Vordergrund ist für viele Kersplebener und Besucher ein beliebtes Fotomotiv

Kerspleben spielte auch während der Bauernkriege 1524 und 1525 ein Rolle. Am 26. April 1525 wird in einer Bauernversammlung in der Schenke von Kerspleben, zu der Teilnehmer aus 14 Dörfern zusammengekommen waren, die Erhebung der Bauern beschlossen. Zum Führer der Bauernschaft wurde Hans Tunger gewählt. Hans Tunger war ein Kersplebener Bauer. Am 27. April 1525 standen die „Bauernhaufen" aus den Dörfern um Kerspleben sowie aus Tonndorf im heutigen Kreis Weimarer Land und Mühlberg im heutigen Landkreis Gotha als vereintes Bauernheer vor Erfurt. Am 28. April mittags wurde ihnen das „August-Tor" (dort befindet sich heute die Kreuzung Bahnhofstraße/Juri-Gagarin-Ring) geöffnet. Für etwa acht Tage übernahmen die Bauern die Herrschaft in der Stadt. Dabei kam niemand zu Tode.

In den 1930er Jahren existierten in Kerspleben viele Handwerks- und Dienstleistungsbetriebe. So gab es je eine Stellmacherei, Bau- und Möbeltischlerei, Glaserei, Schuhmacherwerkstatt, Schäferei und Fleischerei. Dazu kamen je zwei Dorfschmiede, Maurerbetriebe, Gärtnereien und Schneidereien. Auch eine Landmaschinenwerkstatt mit Tankstelle, ein Brunnenbaubetrieb und drei Gaststätten waren vorhanden. So viele Handwerker und Gewerbetreibenden gibt es heute zwar nicht mehr in Kerspleben, aber im Vergleich zu anderen ländlichen Regionen sind in dem Ort auch im 21. Jahrhundert noch zahlreiche Handwerker und Gewerbetreibende angesiedelt. Die gut entwickelte Infrastruktur und die Nähe zur Landeshauptstadt waren sicher auch für viele ehemalige Städter ein Grund, sich in der neuen Wohnsiedlung ein Eigenheim zu errichten.

Noch bis 1990 gab es in Kerspleben eine LPG Pflanzenproduktion und eine LPG Tierproduktion. Damit war das Dorf vorwiegend landwirtschaftlich geprägt. Das hat sich in den letzten 30 Jahren grundlegend geändert. Durch neue Wohngebiete hat sich die Einwohnerzahl verdoppelt. Heute leben hier fast 1.800 Menschen. Westlich des Dorfes entstand das vierzig Hektar große Gewerbegebiet Unterm Fichtenwege. Hier haben sich etwa sechzig Unternehmen angesiedelt und es arbeiten mehr als 1.000 Menschen hier. Diese Ansiedlung hängt auch mit der guten Verkehrsanbindung des Ortes zusammen. Kerspleben liegt an der Landesstraße zwischen Erfurt und Buttelstedt. Das ist ein Teilstück der ehemaligen Via regia. Westlich des Ortes verläuft der Erfurter Ring, der über die Anschlussstelle Ringelberg eine schnelle Verbindung zu den Bundesautobahnen 4 und 71 herstellt. Der nächstgelegene Bahnhof befindet sich im südöstlich von Kerspleben gelegenen ländlichen Erfurter Ortsteil Vieselbach.

Das kulturelle Leben des Dorfes wird maßgeblich von den zahlreichen Vereinen geprägt. Dabei bilden der Heimat- und Geschichtsverein, der Feuerwehrverein und der Sportverein die tragenden Säulen. Hinzu kommen der Gewerbeverein, der Bläser- und Frauenchor der Kirchgemeinde, der Kleingartenverein sowie die Fördervereine von Schule und Kindergarten.

Darüber hinaus gibt es in Kerspleben etwas, was es in den meisten Dörfern hierzulande nicht gibt: Regelmäßig finden im Ort Theateraufführungen statt. Das Theater bespielen aber nicht etwa professionelle Schauspieler von den großen Häusern aus Erfurt oder Weimar, sondern es sind Laienkünstler aus Kerspleben.

Nachdem Kerspleben zu DDR-Zeiten zum Kreis Erfurt-Land gehörte, wurde der Ort im Zuge der Thüringer Kommunalreform im Jahr 1994 nach Erfurt eingemeindet und ist seitdem ein ländlicher Ortsteil von Thüringens Landeshauptstadt. Alles in allem kann man einschätzen, dass es in Kerspleben ein breites Angebot für ein modernes Landleben gibt.

Handelsplatz und Wirtshäuser zwischen Seen und Wäldern

Im Zentrum des Wartburgkreises, zirka 15 Kilometer südlich von Eisenach, liegt **Marksuhl**. Seit 2018 ist Marksuhl ein Ortsteil der Gemeinde Gerstungen im Wartburgkreis. Der Ort ist umgeben von einige Seen. Dazu gehören der Wilhelmstaler See am Jagdschloss Wilhelmstal, der Altenberger See in der Gemarkung Eckardtshausen sowie der Hautsee mit seiner schwimmenden Insel an der Gemarkungsgrenze zu Dönges, einem Ortsteil von Bad Salzungen – der Kreisstadt des Wartburgkreises.

Aus der Geschichte des Ortes gibt es einige interessante Begebenheiten zu berichten. Das Marksuhler Gebiet um 900 ist in Urkunden des Klosters Fulda genannt. Die mit Sulaha als Name vom heutigen Marksuhl bezeichneten Abgaben und Rechte sind noch gering. In der Ortschronik ist nachzulesen, dass die Geschichte des Ortes untrennbar mit der alten Frankfurter Handelsstraße verbunden ist. Diese führte schon seit über 1.300 Jahren – von Hessen kommend – über Thüringen nach Leipzig. Durch sie entwickelte sich Marksuhl schon früh zu einem bedeutenden Handelsplatz in Westthüringen und stand schon vor der Gründung Eisenachs in Blüte. Von Bedeutung war dabei der im 13. Jahrhundert erfolgte Bau der Werrabrücke bei Vacha. Der Ort wurde somit Rastplatz und Etappenort an der Handelsstraße.

Als wirtschaftliche Grundlage der Siedlung hatte der Warenverkehr große Bedeutung Die zahlreichen steilen Hohlwege nördlich und südlich des Dorfes erforderten mehrfache Fuhr- und Vorspanndienste. Es siedelten sich Schmiede, Wagner, Seiler, Sattler, Gerber und andere Handwerker an. Die Eintreibung der Straßenzölle und Geleitsabgaben hatte der Marksuhler Dorfschulze zu betreiben. Das Geleitshaus war das erste Amtsgebäude im Ort. Die Handelsader wurde im zersplitterten Thüringen auch ihrer Funktion als Kaiserliche Heeresstraße nur allzu oft gerecht. Mehrere Male lag das Dorf in Schutt und Asche.

Mit dem Bau des großherzoglichen Schlosses im Jahre 1587 begann für Marksuhl eine große Zeit.

Für mehrere Jahre war es nun fürstliche Residenz. Nachdem die Herrschaften im Jahr 1670 Marksuhl verließen, diente das Anwesen noch bis Ende des 19. Jahrhunderts als Jagdlager der Herzöge von Sachsen-Weimar-Eisenach. Auch Johann Wolfgang von Goethe war – wie andere Persönlichkeiten von Rang und Namen – mehrere Male hier.

Während des Dreißigjährigen Krieges wurde Marksuhl schwer heimgesucht. Zunächst brach 1634 eine Fieberepidemie aus und forderte 139 Tote. Ein Jahr später folgte die Pest mit mehr als 150 Toten. Mehrfach wurde das Dorf im Kriegsverlauf überfallen und angezündet. Die Bewohner flohen über Monate in die Wälder. Es folgten Hungersnöte. Im Jahr 1639 waren kaum noch Einwohner in Marksuhl anzutreffen. Nach dem Krieg waren von 163 Wohnhäusern nur noch 31 bewohnt, nur 44 Männer waren am Leben geblieben, der Viehbestand war aufgezehrt.

Bekannt war Marksuhl schon seit Alters her für sein reges Wirtshausleben. Selbst die Ortschronik bemerkt dazu: „... und wo am Markte kein amtliches oder herrschaftliches Gebäude steht, da steht eben ein Wirtshaus." Als Namen der Wirtshäuser sind überliefert: Goldener Engel, Goldene Krone, Zum Hirsch, Halber Mond, Goldener Stern und Grüner Baum. Die Marksuhler Bevölkerung besaß auch eine Gemeindeschenke und einen Weinkeller. Das Älteste, das „Gasthaus zum Goldenen Engel", wurde bereits 1521 erwähnt, als Martin Luther zur Zeit seiner Verbannung als Ritter getarnt in Marksuhl weilte. In der „Herberge zum Goldenen Engel" verbot ihm damals sein Reiterknecht, das Schwert abzulegen und über die Bücher zu laufen, da er sonst leicht für einen Schreiber angesehen und erkannt werden könnte. Auch in späteren Jahren stand der „Goldene Engel" im Mittelpunkt des Orts. In einem mehrere Jahre andauernden Steuerstreit mit der Obrigkeit in Eisenach wird schon 1732 der „Goldene Engel" im Familienbesitz beurkundet.

Bereits um 1700 besaß der Marksuhler Marktplatz eine außergewöhnliche Sehenswürdigkeit. Die in der Mitte des Platzes angepflanzten Lindenbäumchen waren als Tanzlinde hergerichtet worden. Die Zweige überdeckten den größten Teil des Marktplatzes. Im Jahr 1736 wurde zwischen dem Schloss und der Kirche eine überdachte hölzerne Verbindungsbrücke errichtet. Diese ermöglichte es, die adeligen Kirchenlogen ohne Kontakt zur Bevölkerung aufzusuchen.

Das bereits erwähnte Schloss befindet sich im Zentrum des Ortes. Zunächst war es als ein Jagd- und Wohnschloss im Baustil der Renaissance errichtet worden. Von 1672 bis 1686 diente es als Residenzschloss des Herzogtums Sachsen-Eisenach. Ab 1741 wurde es nochmals beträchtlich erweitert

Der Marktplatz prägt das Ortsbild von Marksuhl.

und wieder als Jagdschloss genutzt. Das Schloss in Marksuhl bildet mit der benachbarten Kirche St. Hubertus das Wahrzeichen der Gemeinde Marksuhl und wird deshalb im Ortswappen zitiert.

Nachdem bereits 1758 die erste Wollspinnerei-Manufaktur entstand sowie 1833 eine Textilfabrik und an der Kaserne ein Ziegelbrennofen erbaut wurde, nahm die wirtschaftliche Entwicklung in Marksuhl erst nach 1990 so richtig Fahrt auf. Im über 20.400 Hektar großen Gewerbegebiet „Im Meilesfelde" am östlichen Ortsrand haben sich international agierende Unternehmen des Maschinenbaus und der Metallverarbeitung angesiedelt. Auch die Thüringer Forstverwaltung hat sich mit dem Thüringer Forstamt Marksuhl hier in dem Ort, der von einer ansehnlichen Natur umgeben ist, niedergelassen.

Handel mit Eibenholz und Quarzsand

Für Naturfreunde, die in Thüringens Berglandschaft Erholung suchen, ist **Martinroda** mit seinen rund 900 Einwohnern ein geeigneter Aufenthaltsort. Der Ort liegt am Nordhang des Thüringer Waldes ganz in der Nähe der Goethestadt Ilmenau im Ilm-Kreis. Martinroda befindet sich am Fuße des 556 Meter hohen Veronikaberges im Naturschutzgebiet Veronikaberg. Das Naturschutzgebiet ist weitestgehend deckungsgleich mit dem Vogelschutzgebiet Große Luppe-Reinsberge-Veronikaberg. Der Veronikaberg ist die südlichste Spitze der Reinsberge. Er besteht aus Muschelkalk und ist von Buchen bewachsen. Auf dem Veronikaberg kann man eine Vielzahl der verschiedensten unter Naturschutz stehenden Pflanzen entdecken. Besonders markant sind der Eibenbestand und eine Vielzahl von Orchideen. Geführte Orchideenwanderungen und Seminare sind nicht nur für Botanikliebhaber ein besonderes Erlebnis. Martinroda ist für wanderfreudige Touristen der ideale Ausgangspunkt für Wandertouren. Bequeme und gut ausgeschilderte Wanderwege führen u. a. zur „Hohe Warte" bei Elgersburg oder in das Goethehäuschen bei Ilmenau.

Lohnende Ziele gibt es auch bei einem Rundgang durch die Gemeinde zu bestaunen. Dazu gehören das Rathaus und die Kirche mit dem freistehenden Glockenturm. In der kleinen Porzellanmanufaktur „Eger & Co." kann man erleben, wie kunstvoll Meisterstücke aus Porzellan entstehen. Eine Sehenswürdigkeit ist auch das älteste Haus im Ort. Es wurde liebevoll restauriert und ist für alle Kräuter- und Teeliebhaber eine kleine Oase.

Martinroda hat auch einige Kulturdenkmale zu bieten. Dazu gehören u. a. vier Wohnhäuser in der

Der Dorfteich im Dorfzentrum von Martinroda befindet sich unweit vom Rathaus.

Arnstädter Straße sowie drei Wohnhäuser und ein Gehöft in der Elgersburger Straße. Darüber hinaus befinden sich der Bahnhof, der Brunnen am Kirchhof, das Pfarrhaus mit seinen Nebengebäuden, die Kirche und das Stollenrundloch auf der Liste der Kulturdenkmäler. In Angelroda – einem Ortsteil von Martinroda – gehören das Eisenbahnviadukt, der Felsenkeller, das Mühlengehöft, die Kirche sowie drei Wohnhäuser zu den Kulturdenkmälern.

Zur Geschichte von Martinroda: Die Gemeinde wurde im Jahr 1219 erstmals als Mainharderode erwähnt. Hier soll ein Ritter Mainhard aus Arnstadt ein Gut gegründet haben. In der Folgezeit wandelte sich der Ortsname mehrfach. So hieß man auch schon Merdenroda, Meinhart Rote und Marterott. Die Geschichte des Ortes ist eng mit der Geschichte von Ilmenau verknüpft. So gehörte Martinroda immer zum gleichen Staat wie Ilmenau. 1583 kam Martinroda an Sachsen. Die längste Zeit (von 1669 bis 1920) gehörte der Ort zum Amt Ilmenau und dessen Nachfolger im Großherzogtum Sachsen-Weimar-Eisenach.

Wichtigster Erwerbszweig im 16. Jahrhundert war damals die Bearbeitung und der Handel mit Eibenholz und den daraus gefertigten Gegenständen. Dazu gehörten Eimer, Bestecke, Schöpfgefäße, Dosen, Kästen, Bögen und Armbrüste. Die Bürger von Martinroda bauten früher auch Quarzsand ab, der sich rund um den Ort befand. Quarzsand wurde unter anderem in der Glas- und Porzellanfabrikation benötigt. Man verkaufte den Bodenschatz auf den Märkten in der Umgebung. Das brachte den Einwohnern den Namen Sandhasen ein. Es existieren zahlreiche volkstümliche Lieder und Gedichte über die Martinrodaer Sandhasen.

Im Mittelalter lag Martinroda an der wichtigen Handelsstraße Erfurt-Nürnberg. Diese Straße wurde von 1805 bis 1809 zwischen Plaue und Ilmenau befestigt. Sie trug den Namen Marienstraße nach der Herzogin Maria Pawlowna, die den Bau der Straße finanzierte. Im Martinrodaer Ortsgebiet heißt die Hauptstraße noch heute Marienstraße. Im Jahr 1879 bekam Martinroda einen Bahnanschluss an der Bahnstrecke zwischen Erfurt und Ilmenau. Vier Jahre später gab es im Ort ein Schulgebäude. Dieses wurde 1901 nochmals erweitert. 1911 erfolgte der Anschluss an das Stromnetz. 1919 wurde ein Postamt gegründet.

Zum Abschluss gibt es noch die Legende vom versteckten Fass. Im Jahr 1813 sollen die Bauern von Martinroda und Neusiß den durchziehenden französischen Soldaten von den stark bewachten Planwagen ein Fass Gold gestohlen und in dem Flüsschen Trockene Gera versteckt haben. Nach Abzug der Soldaten suchten die Bauern nach dem Fass, konnten es aber nicht mehr finden. Angeblich liegt der Schatz noch heute unter einer Brücke. Vielleicht handelt es sich aber auch um eine Legende. Diese könnte man das Loch Ness von Martinroda nennen.

Ein Dorf mit zwei Schlössern

Den Autor dieses Buches verbinden mit der Gemeinde **Mihla** im Wartburgkreis ganz persönliche Erinnerungen. Als ich in meinen jungen Jahren mit meiner Heimatmannschaft Empor Ifta in Mihla Fußball spielte, war es mir als Torwart öfters „vergönnt", den Ball aus der Werra zu „fischen", wenn ihn der Gegner am Tor vorbei schoss. Der Sportplatz befand sich nämlich nur unweit vom Ufer der Werra.

Mit dieser Schilderung finden wir einen schnellen Übergang zur geografischen Lage von Mihla. Die historische Ortslage liegt in einem Talkessel der Werra. Sie befindet sich im Zentrum der Gemarkung von Mihla auf einer geschützten Anhöhe über dem Werraknie. Der Ort erstreckt sich auf der Westseite des Hainich am Ostufer der Werra. Durch den Ort fließt der Lauterbach. Dicht unterhalb von Mihla mündet auch der Lempertsbach, von der Gemeinde Nazza kommend, in die Werra. Auf dem Westufer der Werra liegt das frühere Vorwerk Sandgut.

Zur Geschichte von Mihla: Der Ort Mihla wurde urkundlich erstmals in den Jahren zwischen 780 und 802 in einer Schenkungsurkunde des Klosters Fulda erwähnt. Damit ist der Ort eine der ältesten Siedlungen Thüringens. Der Vorgängerbau der Ortskirche soll als Urpfarrei der Region bereits in der Zeit der Christianisierung – der Verbreitung der christlichen Lehre – entstanden sein. Für Deutschland weisen die Geschichtsbücher die Zeit um 500 als Beginn der Christianisierung aus. Auf dem Hügel über der Werra bei Mihla stand schon sehr zeitig eine Kirche der Urpfarrei. Diese wurde vom Kloster Hersfeld und später vom Kloster Fulda betreut. Der Turm dieser Kirche ist aus dem 12. Jahrhundert. An das romanische Wahrzeichen lehnt sich seit 1711 ein einschiffiger Kirchenbau.

Bis 1933 galt Mihla, mit einem SPD-Bürgermeister, als „Rotes Dorf". In der Zeit des Nationalsozialismus kam es, parallel zum Abflauen der Weltwirtschaftskrise, zu einem wirtschaftlichen Aufschwung. Ein Schwerpunkt waren elf Zigarrenfabriken mit insgesamt rund 700 Beschäftigten. Es entstanden Siedlungen und neue Straßen, eine große Schule und der erste Kindergarten. Über die Werra wurde eine moderne Stahlbetonbrücke gebaut.

Während des Zweiten Weltkrieges führte Pfarrer Moritz Mitzenheim eine „Kriegschronik". Darin musste er u.a. 146 gefallene Mihlaer Soldaten vermerken. Zudem wurde ein Teil der Betriebe auf Rüstungsproduktion umgestellt. Man stellte Zünder her. Mehr als 80 Frauen und Männer aus verschiedenen Nationen mussten in hiesigen Betrieben Zwangsarbeit verrichten. Auch bei den Bauern und im Straßenbau waren Kriegsgefangene eingesetzt. Auf dem Mihlaer Friedhof befinden sich mehrere deutsche Soldatengräber. An der Alten Post steht ein Gedenkstein für die gefallenen Amerikaner.

Die Gemeinde Mihla hat einige Sehenswürdigkeiten zu bieten. Das Graue Schloss stammt aus dem 16. Jahrhundert und ist von einem kleinen Schlosspark umgeben. Umbauten erfolgten im 17. Jahrhundert. Heute ist das Schloss eine Gaststätte mit Fremdenzimmern. Das Rote Schloss stammt ebenfalls aus dem 16. Jahrhundert. Es zählt zu den bedeutendsten Renaissance-Fachwerkbauten des Wartburgkreises und hat eine bewegende Geschichte zu bieten. Im 17. und 18. Jahrhundert wurden Umbauten vorgenommen. Nach Kriegsende 1945 ging die kunstgeschichtlich wertvolle Inneneinrichtung verloren. Seit 1952 wurde das Schloss viele Jahre als Alters- und Pflegeheim genutzt. Mehr zum Roten Schloss kann man im Kapitel 5 unter dem Stichwort Schlösser nachlesen. Eine Sehenswürdigkeit ist zweifellos auch die evangelische Kirche St. Martin. Sie ist eine barocke Saalkirche aus dem 18. Jahrhundert und besitzt eine Rokokoausstattung. Der niedrige Turm mit charakteristischem flachen Helm stammt noch vom romanischen Vor-

Das Rote Schloss in Mihla ist als Fachwerkhaus eine Augenweide.

gängerbau aus dem 12. Jahrhundert. Von der Kirche in Richtung Anger befindet sich ein offener Fachwerkbau mit drei Glocken. Vom früheren Kirchhof stammen noch einige historischen Grabsteine.

Neben der Kirche steht ein Obelisk zur Erinnerung an die im Deutsch-Französischen Krieg 1870/71 gefallenen Mihlaer Soldaten.

Der Mihlaer Dorfanger war seit dem 13. Jahrhundert der Dorfmittelpunkt und Stätte der Dorfgerichtsbarkeit. Der Anger ist umgeben von der Kirche, dem früheren Rittersitz, der Gemeindeschenke und dem früheren Gemeindebackhaus. An der Kirchmauer in Richtung Anger hat die Gemeinde nach dem Ersten Weltkrieg ihr Kriegerdenkmal errichtet. Das Rathaus ist ein schlichter Fachwerkbau. Als Nebengebäude des Rathauses dient das benachbarte Gebäude der früheren Carl-Alexander-Schule. An der Fassade ist der Sinnspruch zu lesen: „Ohne Zucht keine Furcht, ohne Fleiß kein Preis." Der Ort besitzt viele denkmalgeschützte Fachwerkhäuser aus dem 17. Jahrhundert. Berühmt ist das Hölzerkopfhaus. Das ist ein repräsentatives Fachwerkhaus neben weiteren aus der Zeit der Werraflößerei.

Einer der ältesten Orte von Thüringen

Im östlichen Teil des Landkreises Gotha liegt **Mühlberg**. Seit 2009 ist die ehemals selbständige Gemeinde ein Ortsteil der Landgemeinde Drei Gleichen. Das typische Haufendorf ist zusammen mit der Stadt Arnstadt im Ilm-Kreis und dem Ort Großmonra im Landkreis Sömmerda der älteste urkundlich erwähnte Ort Thüringens. Mühlberg wurde im Jahr 704 in einer Schenkungsurkunde des Herzog Hedan an den Bischof Wilibord von Utrecht erstmalig urkundlich erwähnt. In einer Mönchschronik ist der Ort aber schon im Jahr 319 genannt worden. Die Historie von Mühlberg ist vielseitig und lesenswert, würde aber für diesen kurz gedachten Abriss über den Ort den Rahmen sprengen.

Die bedeutsamste Sehenswürdigkeit ist die Mühlburg am Ortsrand. Sie ist gemeinsam mit der Burg Gleichen und der Veste Wachsenburg eine der Drei Gleichen. Sehenswert ist auch die Karstquelle „Spring" am Südwestrand des Ortes. Sie fördert zirka 2.000 Liter Wasser pro Minute aus einer 6,5 Meter tiefen Grotte zu Tage. Das glasklare Wasser hat eine konstante Temperatur von 8 bis 9 Grad Celcius. Früher hat der „Spring" sieben Mühlen angetrieben. Heute ist die Öl- und Graupenmühle am Ortsrand von Mühlberg ein Besuchermagnet.

Eine wechselvolle Geschichte verbinden die Mühlburg und der Ort ebenso miteinander wie die vielen verschiedenen Besitzverhältnisse, welche die Entwicklung des Ortes im Laufe der letzten Jahrhunderte bestimmten. Bereits 1242 wurde Mühlberg das Marktrecht erteilt. Das hatte in der damaligen Zeit großen Einfluss auf die Entfaltung und Entwicklung von Handwerk und Handel. Heute wird auf dem rekonstruierten Marktplatz wieder wie früher Markt abgehalten. Der Marktplatz ist von vielen Fachwerkhäusern, einem alten Laufbrunnen und dem nach dem Brand von 1894 neu erbauten Rathaus umrahmt. Das Rathaus am Marktplatz wurde 1525 erstmals erwähnt. 1992 und 1993 erfuhr es eine komplette Sanierung und Modernisierung. Heute beherbergt es eine Gaststätte, Privatwohnungen und Vereinsräume. Vor dem Rathaus stand als Naturdenkmal bis zum Juli 2014 eine Dorflinde. In diese schlug jedoch der Blitz ein. Da sich nach dem Einkürzen kein neuer Austrieb feststellen ließ, wurde die Linde im Juli 2017 gefällt. Eine Ersatzpflanzung gab es im November 2017 in der Nähe des alten Standortes. Zur Ortsgeschichte gehört auch, dass man im Jahr 1825 im Apfelstädter Ried mit dem Torfstechen begann. 1875 wurde die Feuerwehr gegründet. 1899 erfolgte der Umbau der ehemaligen Springmühle zur Holzwarenfabrik. In den Räumen des Vorwerks kam es 1904 zur Gründung einer Molkerei.

Neben der Mühlburg stehen heute über vierzig Objekte auf der Denkmalliste des Ortes. Stellvertretend dafür genannt werden soll die Lukaskirche mit Wandmalereien aus dem 15. Jahrhundert, eindrucksvollen Deckenmalereien von 1704 und einer

Das Rathaus ist ein Wahrzeichen von Mühlberg.

Volklandorgel von 1729. Neben den Objekten auf der Denkmalliste hat Mühlberg viele verträumte Gässchen und malerische Winkel zu bieten. Sie prägen das historische Ortsbild ebenso wie die zum Teil noch gut erhaltene Ortskernmauer.

Die größten Betriebe des Ortes sind die Agrargenossenschaft Drei Gleichen e.G. und die Biorecycling Spezialerdenproduktion und Vertriebs GmbH. Die Agrargenossenschaft betreibt neben dem üblichen Agrargeschäft – der Pflanzenproduktion und der Putenaufzucht – auch Handel mit Traktoren und Landmaschinen. Darüber hinaus bewirtschaftet die Genossenschaft das Gut Ringhofen mit der Gaststätte „Taubennest“ und einen 18-Loch-Golfplatz mit Golfschule, Pension, Reiterhof und Campingplatz. Übrigens war der legendäre „Fußball-Kaiser“ Franz Beckenbauer hin und wieder zum Golfen auf dem Golfplatz. Zur intakten Infrastruktur in Mühlberg gehören auch zwei Schlachthöfe, ein weiterer Reiterhof und eine Tankstelle. Darüber hinaus gibt es mehrere Gastronomiebetriebe, Pensionen und Privatquartiere.

Besonders ausgeprägt ist in Mühlberg das Vereinsleben. In nahezu zwanzig Vereinen wird ein interessantes und erfülltes Dorfgemeinschaftsleben praktiziert. Dazu gehören der Angelverein, die Freiwillige Feuerwehr, der Fußballsportverein, der Geflügelzuchtverein, der Thüringer Golfclub, die Kirmesgesellschaft, der Carneval Club, der Kunst- und Kulturverein, der Förderverein der Kinder-tagesgaststätte, der Förderverein der St. Lucas Kirche, der Schützenverein, der Kegelsportverein, die Reitsportgemeinschaft „Thüringer Burgenland“, der Reitverein Ringhofen, der Bouleclub, der Ortsverein des VdK sowie der Fachschulsportverein FSV Gotha, der in Mühlberg seinen Sitz hat.

Industriestandort und Wirkungsstätte von Persönlichkeiten

Das Landleben in **Neudietendorf** im Landkreis Gotha unterscheidet sich um einiges von dem Landleben in den umliegenden Orten. Das hat seine Ursache darin, dass im Jahr 1847 der Ort an das Streckennetz der Thüringischen Eisenbahn angeschlossen wurde. Für Waren aus Süd-, West- und Ostdeutschland war der Güterbahnhof ein wichtiger Rangierplatz. Mit dem fortschreitenden Ausbau des Personen- und Güterbahnhofs als Eisenbahnknotenpunkt wandelte sich die Struktur des Ortes. Neudietendorf entwickelte sich von einem Dorf mit landwirtschaftlicher Prägung immer mehr zu einem Industriestandort. Zu DDR-Zeiten galt Neudietendorf als der Ort mit den meisten

Dem Zinzendorfhaus sieht man sein Alter von über 230 Jahren nicht an.

Produktionsbetrieben im Kreis Erfurt-Land. Von den Führungspersönlichkeiten des Kreises konnte man öfter den Satz hören: „Die Industrie unseres Landkreises befindet sich in Neudietendorf".

Heute ist die Industrie im Wesentlichen aus der Ortslage verschwunden. Dafür gibt es im Nachbarort Kornhochheim ein großes Gewerbegebiet, wo sich neben Industriebetrieben vor allem Unternehmen aus der Logistik- und Dienstleistungsbranche angesiedelt haben.

In dem Ort, der am Südrand des Thüringer Beckens im Tal der Apfelstädt liegt, leben heute knapp 2.200 Menschen. Viele von ihnen arbeiten im Gewerbegebiet in Kornhochheim oder sind in den Schulen der Gemeinde als Lehrkräfte tätig. Neudietendorf besitzt große Traditionen als Schulstandort. Hier gab es früher eine höhere Mädchenschule, eine Haushaltsschule und die erste Thüringer Bauernhochschule. Heute bildet der Ort mit der Grund- und Regelschule „Prof. Herman Anders Krüger" und dem „von-Bülow-Gymnasium" das Zentrum der schulischen Bildung auch für die umliegenden Gemeinden.

Neudietendorf ist reich an Persönlichkeiten, die im Ort ihre Wirkungsstätte hatten. Hier wuchs der Pianobauer Carl Bechstein auf, hier lebten die Schriftstellerinnen Frieda und Margarete von Bülow. Sie prägten ebenso wie Hermann Anders Krüger prägte das geistige Klima der Gemeinde. Hier entwickelte der Apotheker Theodor Lappe den Aromatique Likör, schuf der Kunstmaler Artur Rose seine Werke und der Malermeister Wolfgang Feige erforschte die Wirkungsweise des Waids. Auch der Spitzenverband der Freien Wohlfahrtspflege Thüringens, der PARITÄTISCHE, siedelte sich hier an. Unter seinem Dach befinden sich Behinderteneinrichtungen, Pflegeheime, Kinder- und Jugendzentren, Frauenhäuser, Schuldnerberatungen, Interessengemeinschaften und Selbsthilfeinitiativen.

Geprägt wurde Neudietendorf seit 1743 von der Niederlassung der Herrnhuter Brüdergemeine. Das ist eine christliche Glaubensgemeinschaft. Auf die Darstellung ihrer umfangreichen Geschichte soll hier verzichtet werden. Auf zwei Fakten muss jedoch hingewiesen werden. Mit der Herrnhuter Brüdergemeine erlangte auch das Zinzendorfhaus Bedeutung. Früher war es das Schwesternhaus der Brüdergemeine. Heute befindet sich dort ein modernes christliches Tagungszentrum. Auch die Gestaltung des Ortskerns spiegelt den Einfluss der Brüdergemeine wider. Die Häuser haben durchgehende Fassaden und sind um den zentralen Zinzendorfplatz gebaut. Typisch für die brüderische Architektur sind auch die Freitreppen in der Bahnhofstraße, am Kirchsaal und am Zinzendorfhaus.

Bezüglich des örtlichen Vereinslebens sind in Neudietendorf zwei Vereine beheimatet, die es sonst in unseren Dörfern nicht gibt. Hier befindet sich das Pfadfinderzentrum Drei Gleichen. Eine Fläche von 4.500 Quadratkilometer bietet Raum für eine vielfältige Kinder- und Jugendarbeit nach den Grundsätzen der Pfadfinderbewegung. Der gleichnamige Verein „Pfadfinderzentrum Drei Gleichen e.V. ist Träger der Einrichtung. Und da gibt es noch den Verein „Prof. Herman A. Krüger e.V.". Der Krügerverein kann auf mehrere Jahrzehnte soziales Engagement zurückblicken. Ursprünglich wurde der Verein gegründet, um das Erbe von Prof. Herman Anders Krüger zu wahren.

Im Laufe der Zeit entwickelten sich jedoch auch Arbeitsbereiche wie Berufsorientierung, Integrationsbegleitung, Beschäftigungsprojekte und soziale Unterstützung. Das Frauen- und Familienzentrum ist Initiator von Veranstaltungen der Kunst, Kultur und Bildung und unterbreitet Angebote in der Gesundheitsförderung.

Abschließend soll noch ein Ereignis aus der jüngeren Geschichte des Ortes erwähnt werden. Im Jahr 2000 stellten Bürger von Neudietendorf und Kornhochheim anlässlich des 10. Jahrestages der Deutschen Einheit auf der Kummel – das ist eine Anhöhe in der Flur von Kornhochheim – ein fünf Meter hohes Eichenkreuz auf. Es trug die Inschrift „Gott schütze unser Land". Seitdem findet alljährlich am 3. Oktober dort eine ökumenische Feierstunde mit hochrangigen kirchlichen Festpredigern statt.

Thüringens Wintersportzentrum

Am Kamm des Thüringer Waldes auf 815 Meter über dem Meeresspiegel liegt die Landstadt **Oberhof**. Sie gehört zum Landkreis Schmalkalden-Meiningen. Hier leben rund 1.600 Einwohner. Oberhof wurde 1470 erstmals urkundlich erwähnt. Der Ort gehörte zu verschiedenen Ernestinischen Herzogtümern, zuletzt von 1826 bis 1918 zum Herzogtum Sachsen-Coburg und Gotha. 1830 ließ Herzog Ernst I. ein Jagdschloss errichten. 1861 kamen die ersten Feriengäste in den Ort. Mit der Fertigstellung des Brandleitetunnels der Bahnstrecke Neudietendorf-Ritschenhausen erhielt Oberhof 1884 einen Bahnanschluss, der den Ausbau des Fremdenverkehrs ermöglichte. Im Jahr 1901 besuchten fast 4.500 Gäste den Ort. 1913 waren es bereits über 12.700.

Nach der Gründung des Oberhofer Wintersportvereins im Februar 1904 entwickelte sich der Ort zu einem Mittelpunkt des Wintersports. Unter dem Einfluss des Herzogs Carl Eduard wurde Oberhof ein mondäner Wintersportort. Der Herzog trieb selbst Wintersport und ließ ein Schlosshotel und ein Golfhotel bauen. Im Jahr 1906 wurden die erste Bobbahn und die erste Skisprungschanze eingeweiht. 1931 war Oberhof erstmals Austragungsort der Weltmeisterschaften im Zweierbob und in der Nordischen Kombination. 1939 erfolgte der Eintrag als Luftkurort in die amtliche Liste der Großdeutschen Heilbäder. Von 1951 bis 1956 fanden die Wintersportmeisterschaften der DDR in Oberhof statt. 1964 wurde der Bau der Großschanze am Rennsteig für das Skispringen abgeschlossen und 1971 die Rennschlittenbahn fertiggestellt. Auf dieser Bahn fanden 1973 erstmals Weltmeisterschaften im Rennrodeln statt.

Von 1968 bis 1978 fand unter Flächen greifendem Abriss der vorhandenen Bausubstanz ein Um- und Ausbau Oberhofs statt. Die Aufnahmekapazität der Hotels und Heime erfuhr eine Vergrößerung auf 4.500 Betten. Es entstanden die großen Hotelanlagen „Panorama" in Form von zwei 56 Meter hohen Sprungschanzen, „Rennsteig" in der Form eines Rennsteigsteins und „Fritz Weineck". In der Ortsmitte wurde das Erlebniszentrum der „Obere Hof" errichtet. Das war mit sieben Restaurants der größte Gaststättenkomplex der DDR. Nach der Wende erfolgte in den Jahren 2002 und 2003 der Abriss der zwei großen Hotels „Rennsteig" und „Fritz Weineck" und es wurden wieder kleinere Hotels und Pensionen geschaffen. Im Jahr 2011 hatte der Ort 3.500 Gästebetten. Zwischen 2019 und 2022 errichtete eine österreichische Unternehmerfamilie am Schützenberg das Familien Ressort The

Grand Green mit über 500 Betten in mehr als 100 Familiensuiten und 15 Chalets (ein im Alpenraum verbreiteter ländlicher Haustyp).

Oberhof hat auch einige Naturdenkmäler zu bieten. Im Norden der Landstadt befindet sich auf dem Schloßberg ein Naturschutzgebiet mit den ältesten Fichten, den sogenannten Schloßbergfichten. Das ist eine sehr widerstandsfähige und den klimatischen Bedingungen angepasste Fichtenart. Die Schuderbachwiese ist ein Flächennaturdenkmal. Hier finden wir zahlreiche seltene und vom Aussterben bedrohte Pflanzen. Zudem befindet sich hier das größte Arnikavorkommen von ganz Thüringen. Am Südostrand des Ortes bietet der Rennsteiggarten Oberhof als Botanischer Garten für die Gebirgsflora auf sieben Hektar einen Überblick über 4.000 verschiedene Pflanzenarten. Diese kommen aus vielen Gebirgsregionen der Erde. Den höchsten Punkt des Rennsteiggartens bildet der Gipfel des 868 Meter hohen Pfanntalskopfes.

Oberhof ist ein staatlich anerkannter Erholungsort. Die Wirtschaft des Ortes ist einzig und allen auf den Tourismus gestützt. Somit sind die größten Arbeitgeber verschiedene Hotels. Außerdem gibt es zahlreiche Gaststätten, Sportgeschäfte, ein Spaßbad, ein Exotarium sowie weitere für den Tourismus benötigte Infrastruktureinrichtungen. Dazu zählt auch der Obere Hof – ein Event- und Shoppingcenter – als Stadtkern. Auch die Wintersportstätten schaffen Arbeitsplätze.

Womit wir einen nahtlosen Übergang zu Thüringens Wintersportzentrum geschaffen hätten. Zu den Besonderheiten von Oberhof gehört die Konzentration vieler Sportanlagen, vor allem vieler Wintersportanlagen, auf engstem Raum. Dazu gehören die Sprungschanzen in der Schanzen-anlage im Kanzlersgrund und die Jugendschanze ebenso wie das Biathlonstadion, die Rennrodelbahn und die Skihalle in Oberhof. Die Rennrodelbahn kann im Winter, wenn gerade keine Wettkämpfe auf ihr stattfinden, von jedermann für Ice-Rafting oder zum Bobfahren genutzt werden. Von Mai bis September gibt es auch Angebote für Sommerbobfahrten. Für Abfahrtsläufer und Snowboarder wurde 1998 ein 800 Meter langer Hang einschließlich Sessellift, Beschneiungsanlage und Flutlichtbetrieb geschaffen. An jedem Sessel können ein oder zwei Fahrräder angehängt werden, mit denen in der wärmeren Jahreszeit Downhill-Fahrer direkt von der Bergstation des Sessellifts auf eigenen Trails talabwärts fahren können. Im Jahr 2009 wurde die Skisporthalle Oberhof in Betrieb genommen. Auf dem 1,9 Kilometer langen Rundkurs mit bis zu 12 % Steigung kann man hier auch im Sommer Langlaufskisport betreiben.

Die Umgebung von Oberhof eignet sich im Winter auch besonders für Skilangläufer auf vielen Kilome-

Der Rennsteiggarten ist eine einzigartige Gartenanlage in Oberhof.

tern gespurter Loipen. Im Sommer ist die Gegend gut für Wanderungen geeignet. Auch der Rennsteig-Radfernweg führt durch den Ort. In Oberhof beginnen zudem der Rhön-Rennsteig-Radweg und der Haseltal-Radweg. Die ehemaligen Rennsteig-Thermen, die im Jahr 2008 wegen Unrentabilität geschlossen wurden, firmieren nach dem Umbau und der Wiedereröffnung im Jahr 2014 unter dem neuen Namen H2Oberhof. Mit dem Herzoglichen Golfclub Oberhof besitzt die Landstadt nicht nur einen der ältesten, sondern auch den einzigen denkmalgeschützten Golf-Club in Deutschland.

Eine wasserreiche Geschichte

Malerisch liegt die ländliche Kleinstadt **Rastenberg** mit ihren rund 2.500 Einwohnern im Landkreis Sömmerda am Südrand des Landschaftsschutzgebietes Finne und Hohe Schrecke. Der bewaldete Finnerücken, welcher den Ort im Norden und Osten umgibt, schützt vor rauen Winden. In dem Landstädtchen, was bereits im 17. Jahrhundert ein Kurort gewesen ist, erwartet die Besucher mildes Klima, viel Wald und saubere Luft. Die Region ist Anziehungspunkt für Naturfreunde, Wanderer und Radfahrer.

Die Ersterwähnung der ländlichen Kleinstadt gab es bereits im Jahr 1070. In diese Zeit fällt vermutlich der Bau der Raspenburg durch die Ludowinger. Um 1313 stand die Burg im Ruf einer Raubritterburg und wurde deshalb 1321 durch Friedrich den Gebissenen mit Hilfe der Mühlhäuser und der Erfurter Kaufleute zerstört. Später erfolgte für die Burgruine mit dem zugehörigen Landsitz durch die Grafen von Orlamünde als wettinisches Lehen eine teilweise Erneuerung. 1378 wurde das Dorf Rastenberg von den Wettinern zur Stadt erhoben. Am 28. Oktober 1464 bekam Rastenberg von den Söhnen Ernst und Albrecht des sächsischen Kurfürsten Friedrich der Sanftmütige das Stadtrecht nochmals ausdrücklich bestätigt.

Zum Ende des Dreißigjährigen Krieges zählte Rastenberg 150 Haushaltungen und 545 Einwohner. Die beiden im Jahr 1646 entdeckten eisenhaltigen Heilquellen erweckten beim damaligen Bürgermeister die Hoffnung, in der Stadt einen Kurbetrieb eröffnen zu können. Doch schon 1648 versiegten diese ersten Mineralquellen schon wieder. Mit neu erbohrten Quellen kam das Städtchen bis 1822 zu einem gewissen Einkommen durch den Badebetrieb.

In Rastenberg gibt es einige sehenswerte Orte, welche auf die ereignisreiche Geschichte der Kleinstadt hinweisen. Da wäre zunächst die Klefferquelle. Dazu steht in der Ortschronik, dass Rastenberg mit der Errichtung eines Kalibergwerks einen wirtschaft-

Das Waldschwimmbad ist der Stolz der Rastenberger.

lichen Aufschwung erlebte. Die Stadt konnte es sich 1909 leisten, im gesamten Ort ein Wasser- und Abwassernetz zu verlegen und alle Haushalte anzuschließen. Das Trinkwasser wurde von der Klefferquelle in das Wasserwerk auf den Burgberg geleitet. Da der Wasservorrat auf dem Berg höher als die gesamte Stadt gelegen war, lag an den Abnahmestellen genug Wasserdruck vor.

Ein besonderes Highlight von Rastenberg ist das Waldschwimmbad. Das Schwimmbad liegt am Rande der Hohen Schrecke, eingebettet ins Mühltal, und ist von Wald umgeben. Seit der Eröffnung 1925 wurden viele historische Gebäude errichtet. Dazu gehören die Umkleidekabinen und die Wandelhalle. Der Verein „Rastenberger Waldschwimmbad" hat sich dafür eingesetzt, dies alles zu erhalten. Die Besucher erwarten 5.000 Quadratmeter Wasserfläche für ein garantiert entspanntes Schwimmvergnügen. Mit einem Flachwasserbereich, einer Kleinkindrutsche, einem Wasserspielplatz und einer 70-m-Rutsche ist auch für die Kinder genug Gelegenheit zum Austoben. Seit 2003 ist das Waldschwimmbad denkmalgeschützt.

Eine interessante Erzählung gibt es vom Brunnenhäuschen Rastenberg. Am 18. Juni 1646 entdeckten Schäfer im Mühltal eine „helle Quelle" und berichteten umgehend dem Bürgermeister davon. Dieser besichtigte die Quelle, trank von ihrem Wasser und wusch sich damit. Wenige Tage später stellte er fest, dass er von seinen Leiden – den Schmerzen in den Hüften – geheilt war. Nach den Berichten der Chronisten sollen auch andere Krankheiten wie offene Wunden, Gliederschmerzen, Knochenbrüche und schlechtes Gehör behandelt worden sein. Die Kunde der Heilkraft dieses Wassers hatte sich schnell verbreitet, sodass täglich viele Menschen von den Quellen Linderung ihrer Leiden erhofften.

Interessantes gibt es auch von der Stadtmauer Rastenberg zu berichten. Im Jahr 1711 wurde die alte Stadtwand – eine Lehmschutzwand mit Holzschindeldach – erneuert und durch eine massive Steinwand ersetzt. Die Stadtmauer erstreckte sich von unterhalb des Friedhofes an das Streitholz. Hauptsächlich schützte die Mauer die Süd- und Westseite der Stadt und verhinderte somit den ungehinderten Zugang.

Begeben wir uns nun zum Rathaus. Im Jahr 1565 erfolgte der Bau des Rathauses im Renaissance-Stil. Dieses brannte jedoch in den Wirren des Dreißigjährigen Krieges am 14. Mai 1636 neben vielen Wohn- und Wirtschaftsgebäuden nieder. Die Gebäude waren zu dieser Zeit mit Stroh eingedeckt. So konnten sich die Feuerbrünste in kürzester Zeit entwickeln. Später wurde das Dach mit Holzschindeln eingedeckt und schließlich mit einer Ziegeleindeckung versehen.

Kommen wir noch auf die Raspenburg bei Rastenberg zu sprechen. Ein Pavillon und eine Informationstafel weisen auf den vermutlichen Standort der Raspenburg hin. Früher hatten sich die Häuser Rastenbergs um den Burghof geschart. Hier suchten die Bewohner auch Schutz. Scherbenfunde bestätigten die Vermutung einer vorgeschichtlichen Wallburg an diesem Standort. Der Bau der Raspenburg auf dem Burgberg fällt wahrscheinlich auf die Jahre 1070 bis 1078 zurück. Über die Historie der Burg sind die vorhandenen Angaben allerdings widersprüchlich.

Eine Vorstellung von Rastenberg ist unvollständig, ohne etwas über die Stiftung Finneck berichtet zu haben. Die diakonische Stiftung Finneck ist ein regionaler Träger der Behindertenarbeit, der Kinder- und Jugendhilfe sowie eine Bildungseinrichtung. Die Stiftung ist ein bedeutender Akteur in der Region. Hier hat man sich auf Angebote für Menschen mit und ohne Beeinträchtigung an den Standorten Rastenberg, Buttstädt, Sömmerda und Artern spezialisiert. Mit dem engagierten Team von über 500 Mitarbeitern trägt die Stiftung Finneck zur aktiven Verbesserung der Lebensqualität von über 1.250 Klientinnen und Klienten bei. Zur Stiftung Finneck gehören Einrichtungen wie die Finneck-Schulen „Maria Martha", Arbeitsangebote für Menschen mit Behinderung, Kinder- und Jugendhilfeeinrichtungen, Angebote im frühkindlichen Bereich sowie passgenaue Wohnmöglichkeiten.

Früher Solebad – heute Strandbad

Stotternheim ist heute ein Ortsteil von Thüringens Landeshauptstadt. Es ist der flächenmäßig größte Ortsteil von Erfurt, der mit zirka 3.500 auch die meisten Einwohner aller Erfurter Ortsteile hat. Zudem ist es der am nördlichsten gelegene Ortsteil. Zu DDR-Zeiten war Stotternheim das größte Dorf im Kreis Erfurt-Land. Die waldarme und flache Umgebung ist gekennzeichnet von der Seenlandschaft der Erfurter Seen, die durch den Kiesabbau entstanden ist.

Die Geschichte des Ortes ist von mehreren prägenden Ereignissen gekennzeichnet. 1827 wurde in Stotternheim bei Bohrungen eine Sole mit beträchtlichem Salzgehalt erbohrt. Durch die Vertiefung der Fundbohrung wurde 1829 das Steinsalzlager erschlossen. Die Rohstoffgrundlage der Saline war gesichert. Ab etwa 1840 produzierte die Saline in fünf Siedepfannen rund eintausend Tonnen Salz jährlich. Die reichlich vorhandene Sole fand auch für Heil- und Badezwecke ihre Verwendung. So besuchten ab 1847 viele Badegäste das Solebad Louisenhall in Stotternheim. Die Saline Louisenhall wurde allerdings schon 1935 geschlossen. Die Saline Neuhall in Stotternheim, welche erstmals 1887 Sole förderte, stellte erst 1951 ihre Produktion ein. Die meisten Anlagen wurden in den folgenden Jahren abgerissen. Dass aufgrund dieser Geschichte der Ort Stotternheim heute nicht „Bad Stotternheim“ heißt, haben wir den Gemeindevätern aus dem 19. Jahrhundert zu verdanken. Sie stimmten trotz Kurgästen im Solebad Louisenhall dem Antrag nicht zu, weil damit zu viele Probleme verbunden seien. Probleme ganz anderer Art bekam man mit dem Kiesabbau rund um Stotternheim. Der Kiestransport durch die Ortslage beeinträchtigte die Lebensweise der Anwohner in starkem Maße.

Ein weiteres Ereignis in der Geschichte ist bis heute für Stotternheim prägend. Es war am 2. Juli 1505, als sich der spätere Reformator Martin Luther auf dem Rückweg von seinen Eltern in Mansfeld zur Universität Erfurt befand. Auf der Flur von Stotternheim geriet der Jurastudent in ein schweres Gewitter. In seiner unmittelbaren Nähe schlug ein Blitz ein. Von der Druckwelle zu Boden geschleudert, rief er: „Hilf Du, St. Anna, ich will ein Mönch werden.“ Er hielt sich an sein gesprochenes Wort, er wechselte an der Universität Erfurt das Studienfach von Jura auf Theologie und trat ins Augustinerkloster ein. Martin Luther leistete durch die Übersetzung der Bibel Bedeutendes zur Reformation der Kirche. An diese Legende erinnert heute der Lutherstein östlich von Stotternheim.

Ein Alleinstellungsmerkmal besitzt Stotternheim mit seinem Strandbad am Stotternheimer See, mit dessen Errichtung Mitte der 1980er Jahre begonnen

Ein Strandbad unmittelbar vor den Toren der Landeshauptstadt – hier fühlen sich auch viele Erfurter wohl.

wurde. Zu dieser Zeit war übrigens der Autor dieses Buches der Bürgermeister von Stotternheim. Auch wenn viele ältere Bewohner der Schließung des ehemals beliebten Freibades nachtrauern, durch das Strandbad kommen jedes Jahr zur Badesaison Tausende Besucher aus nah und fern hierher. Darüber hinaus haben sich das Urboot-Rennen und das Langstreckenschwimmen fest im Veranstaltungskalender des Naherholungszentrums etabliert. Offensichtlich reicht das aber auch den heutigen Stadtvätern noch nicht aus, um den Ort in „Bad Stotternheim" umzubenennen.

Außer dem bereits erwähnten Lutherstein hat Stotternheim noch einige weitere Sehens- würdigkeiten zu bieten. Dazu gehört die Evangelische Kirche St. Peter und Paul aus dem Jahr 1704. Die spätromanische Orgel von 1902 stammt aus der Werkstatt von Walcker in Ludwigsburg und wurde 2002 bei einem Sturm beschädigt. Nach einer aufwändigen Restaurierung erfolgte im Mai 2009 die neue Weihe. Auf dem Friedhof befinden sich historische Grabsteine und ein Gemeinschaftsgrab für 13 Soldaten der Wehrmacht, die am 11. April 1945 bei der amerikanischen Besetzung des Ortes erschossen wurden.

Der Felsenkeller am Ortsausgang in Richtung Alperstedt ist eine parkähnliche Anlage. 1837 wurde dort ein Gewölbekeller zur Getränkekühlung der ortsansässigen Wirte gebaut. Die Maße betrugen 30 x 8 Meter. Nach dem Ersten Weltkrieg entstand über dem Felsenkeller in einem Ehrenhain eine Gedenkstätte für die gefallenen Stotternheimer Soldaten. Der Ehrenhain ähnelte einer kleinen Burganlage. Zwischenzeitlich missbrauchte man den Felsenkeller als Müllablage. Nach der politischen Wende 1990 wurde er wieder freigelegt.

Zum Abschluss noch eine eher amüsante Geschichte: Es gibt nicht wenige Erfurter, die Stotternheim auch Sprachfehlerhausen nennen. Zur Ehrenrettung der Stotternheimer sei darauf verwiesen, dass die hiesigen Bewohner nie an einem Sprachfehler litten. Vielmehr ist es wahrscheinlich, dass sich der Ortsname von einer Menschengruppe ableitet, die bis in unsere Gegend kam. Es handelt sich um die Stottern, einem Zweig der Wenden in der Lausitz.

Das Rundlingsdorf

Das am besten erhaltene Rundlingsdorf in Thüringen ist ein Ortsteil der Stadt Bad Berka im Landkreis Weimarer Land und heißt **Tiefengruben**. Seit 1976 steht der Ort unter Denkmalschutz. Die meisten Höfe stammen in ihrer heutigen Form aus dem 18. und 19. Jahrhundert. Sie gruppieren sich als Winkel- oder Dreiseitenhöfe – vereinzelt auch als Vierseitenhöfe – wie Tortenstücken um den parkähnlichen Dorfinnenraum mit der Dorfkirche. Die Scheunen, die den Hofraum abschließen, ziehen sich wie ein Schutzring um die Dorfanlage. Gärten und Streuobstwiesen runden den Ort ab.

Wegen seiner Einzigartigkeit und seines gepflegten Zustandes erhielt Tiefengruben zahlreiche Auszeichnungen. Darunter waren die Goldmedaille im Bundeswettbewerb „Unser Dorf hat Zukunft" im Jahr 2001, der erste Platz im Landeswettbewerb „Unser Dorf hat Zukunft" im Jahr 2000 sowie der zweite Platz im Bundeswettbewerb „Unser Dorf soll schöner werden" im Jahr 1993, und der zweite Platz im Landeswettbewerb „Unser Dorf soll schöner werden" im Jahr 1992.

Der Talkessel befindet sich in einer Höhe von 335 Meter über NN in einer Mulde der nördlichen Muschelkalkstufe des Tannrodaer Sattels. Die aus Wellenkalk bestehenden Hänge, die sich an drei Seiten um Tiefengruben ziehen, erreichen eine Höhe von bis zu 418 Meter am Sumpfberg und 468 Meter am Kesselberg. Aufgrund der geologischen Besonderheit entdeckten schon unsere Vorfahren hier Naturprodukte, die man an anderen Orten so leicht nicht findet. Eine Wiese – sie wird Gotteswiese genannt – liefert viel Torf. Am Kesselberg kommen roter, grüner und grauer Alabaster sowie Gips vor. Auch Johann Wolfgang von Goethe wusste um die geologischen Besonderheiten von Tiefengruben. Er schrieb: „Nach dem Dorfe Tiefengruben zu werden häufig abgerundete Bergkrystalle ausgepflügt und nach starken Regengüssen aufgelesen, die den böhmischen Steinen den Vorzug streitig zu machen scheinen." Im 18. Jahrhundert verkaufte man diese auch als „Tiefengrubener Diamanten" bezeichneten wasserklaren Quarze sogar an die Italiener. Aus dem sogenannten „Tiefengrubener Marmor" - dem oben erwähnten Alabaster – wurden Tische und Ornamente für die kurfürstliche Residenz Mainz, aber auch Zimmertäfelungen und Türverkleidungen für das Weimarer Schloss gefertigt. Ab 1800 ging der Abbau jedoch immer mehr zurück und wurde schließlich eingestellt.

In Tiefengruben sind auch einige Bauwerke sehenswert. Dazu gehört die Kirche St. Nikolaus, die sich im Zentrum des Ortes neben einem Teich befindet. Sie wurde wahrscheinlich schon im 15. Jahrhundert erbaut und 1686 modernisiert. Eine Bürgerinitiative bemüht sich aktuell um die Sanierung des Gotteshauses. Das älteste Wohnhaus von Tiefengruben wurde um 1750 erbaut. In dem einst abbruchreifen Haus entstand nach der Sanierung ein kleines Cafe namens „Zur schwarzen Küche". Beachtenswert ist der wieder errichtete „alte" Dorfbrunnen. Im Volksmund ist das der „Born". Am Dorfteich befindet sich das Denkmal für die Gefallenen und Vermissten des Ersten Weltkrieges. Das Denkmal wurde aus Bad Berkaer Sandstein errichtet

Die Ortslage von Tiefengruben ist von Streuobstwiesen umgeben. Der historische Bestand wurde in den 1990er Jahren wissenschaftlich dokumentiert. Dabei stellte man fest, dass von den untersuchten 920 Bäumen eine ungewöhnlich große Anzahl älterer und sehr alter Obstbaumsorten vorkam. Es wurden 55 Apfelsorten, 27 Birnensorten und 6 damals unbestimmte Sorten gezählt. Die älteste bestimmte Apfelsorte wurde im Jahr 1613 erstmals als Königlicher Kurzstiel erwähnt.

Der Ringweg, der sich durch die Streuobstwiesen rings um Tiefengruben zieht, ist seit einigen Jahren als Lehrpfad gestaltet. Er bietet viele wissenswerte Einblicke in die wirtschaftliche Nutzung dieser Flächen, aber auch schöne Ausblicke auf das mit rund 250 Einwohnern eher kleine Dorf.

Im kleinen Hofladen und der Mosterei in der Ortslage gibt es Leckereien vom heimischen Obst und Gemüse. Hier können Liköre, Obstbrände und Obstweine erworben werden. Weitere Köstlichkeiten sind Holunder mit Honig, Rote Johannisbeere mit Vanille und Tiefengrubener Blütenhonig. Alljährlich findet im Ort zu Himmelfahrt ein Blütenfest und am 3. Samstag im Oktober ein Obstmarkt statt. Zu beiden Festen kommen immer wieder zahlreiche Besucher aus nah und fern.

Ein Blick auf das schöne Dorfzentrum von Tiefengruben.

Kulturdenkmale und Kunstfest

Im Jahr 1104 wurde **Tiefthal** erstmals als „Diffentale" urkundlich erwähnt. 1361 kam das Dorf unter die Kontrolle der Mainzer Statthalterei in Erfurt, die es als Küchendorf benutzte. Bis 1802 gehörte Tiefthal wie Erfurt zu Kurmainz und anschließend von 1815 bis 1945 zu Preußen. Seit 1994 ist Tiefthal ein ländlicher Ortsteil von Erfurt. Das Dorf liegt am östlichen Hang der Alacher Höhe und wird vom Weißbach durchflossen. Dieser hat, bevor er in einem steinernen Bett gezähmt wurde, sein tiefes Tal und das Dorf mehrmals unter Wasser gesetzt. Die Tiefthaler Umgebung wird intensiv landwirtschaftlich genutzt, vor allem zum Obst- und Gemüseanbau. Mehr dazu erfährt der Leser im Kapitel 5 unter dem Stichwort Obst und Gemüse. Im Mittelalter und der frühen Neuzeit wurde hier auch Wein angebaut.

Zweifellos gehört Tiefthal zu den schönsten Orten im Thüringer Becken. Unweit von Tiefthal liegt im Westen ein Waldgebiet und im Norden das Biotop Schwellenburg. Ansonsten ist die Gemarkung unbewaldet und wird landwirtschaftlich genutzt. Die ruhige Lage ohne Durchgangsstraße und die Umgebung mit Natur pur waren sicher für viele Häuslebauer ein Beweggrund, ihr Zuhause in der zwischen 1993 und 1996 entstandenen neuen Wohnsiedlung von Tiefthal zu errichten. Dadurch hat sich die Einwohnerzahl in den letzten Jahren verdoppelt. Heute leben hier fast 1.100 Menschen.

Doch Tiefthal hat nicht nur die ruhige Lage und eine schöne Natur in der Umgebung zu bieten, auch im Ortskern gibt es allerhand Sehenswürdigkeiten. So beherbergt der Ort allein zehn Kulturdenkmale. Zu den vom Thüringischen Landesamt für Denkmalpflege und Archäologie als Bau- und Kunstdenkmale erfassten Objekten gehören das Gasthaus „Jägerschmaus" in der Alten Mühlhäuser Straße, die Gehöfte An der Leite 2 und Am Weißbach 8, die Haustüren in der Bachgasse 7 und Am Weißbach 7, der Turm in der Bachgasse sowie die Wohnhäuser in der Langen Straße 5, 10 und 11.

Tiefthal liegt am östlichen Rand der Fahner Höhen und ist von Obstplantagen umgeben. Von hier aus starten Wanderer gern zu einer Wanderung in die schöne Umgebung. Ein beliebtes Ausflugsziel von Tiefthal aus ist die Grundmühle. Der Weg führt durch den Talgrund, geht durch dichten Wald, über Wiesen und an Obstbäumen entlang. Nach rund zwei Stunden Wanderung auf einer mittelschweren Strecke mit einem Höhenunterschied von neunzig Metern hat man die Mühle erreicht. Die Grundmühle war lange Zeit die einzige Gaststätte in Thüringen, die ohne elektrischen Strom funktionierte. Das hat sich inzwischen allerdings geändert. Hier kann man

Monika Besser präsentiert nicht nur zum Kunstfest von Tiefthal die Werke ihrer kunstvollen Textilgestaltung.

sich am Wochenende Speis´ und Trank munden lassen. Im Schankraum der Grundmühle gibt es ein Wandbild, das eine Phantasieansicht des ehemaligen Orphalklosters zeigt. Das lag nur etwa einhundert Meter entfernt.

Bei einem Spaziergang entlang des durch den Ort fließenden Weißbaches, vorbei an Kastanien- und Lindenbäumen sowie alten Weiden, richtet man den Blick unweigerlich auf die Kirche. Im Jahr 2010 beging die Kirchgemeinde das 500-jährige Bestehen der Kirche St. Peter und Paul. Die spätgotische Kirche – die auch zu den Kulturdenkmalen des Ortes gehört – ist weitgehend original erhalten. Ihre Ausstattung ist u. a. gekennzeichnet von der spätgotischen Altarmensa, dem Kruzifix von 1600, dem Kanzelaltar von 1737 mit Gehängen von Trauben und Rosen, dem Taufstein von 1618 und von zwei sechsarmigen Bronzeleuchtern aus dem 17. Jahrhundert.

Tiefthal verfügt nicht nur über zehn Kulturdenkmale, im Ort nehmen Kunst und Kultur ohnehin einen breiten Raum ein. Mehrere Künstler haben sich hier niedergelassen. Dazu gehören sowohl Bildhauer als auch Textilgestalterinnen, Kabarettisten und Clowns. Zudem gibt es seit 2003 alljährlich im Frühsommer an einem Wochenende das Tiefthaler Kunstfest. Das Kunstfest bietet ein vielfältiges Programm. Mit Musik, Kabarett, Clownerie, Chansons, Chorgesang, Puppenspiel, Lesungen, Geräuschpantomime und einer Rocknacht ist für viele Interessengruppen etwas dabei.

Großen Anklang finden die Ausstellungen der Profi- und Hobbykünstler. Mit dabei ist auch immer der Tiefthaler Männerchor „Liedertafel", der schon 1857 gegründet wurde.

Das vielfältige Vereinsleben wird u.a. vom Frauenchor, dem Feuerwehrverein, dem Kegelverein, dem Schützenverein, dem Seniorenverein, der Frauen-Fitness-Gruppe und der Kirmesgesellschaft vervollständigt. In den Vereinen sind alteingesessene und neu hinzugezogene Tiefthaler gemeinsam aktiv.

Die fünfte Jahreszeit ist pitsch nass

Etwa zehn Kilometer in nördlicher Richtung vom Stadtzentrum von Erfurt entfernt liegt **Walschleben** im westlichen Teil des Landkreises Sömmerda. Der Ort ist eingebettet zwischen dem Flüsschen Gera und dem Walschberg.

Die Chronik von Walschleben hat einige Besonderheiten zu bieten. So gibt es darin zwischen 1263 und 1802 wiederholt Erwähnungen über den Weinanbau auf dem Walschberg zu lesen. Der Ort hatte sich im Mittelalter bereits zu einer recht umfangreichen Ortsanlage entwickelt. Es gab größere freie Plätze wie den Fronstein, den Marktplatz, den Salzplatz und den Nikolaikirchplatz. Darum gruppierten sich die Gehöfte. Vom frühen Mittelalter bis 1809 war Walschleben in Unterdorf und Oberdorf geschieden. Jedes hatte seinen eigenen Bäcker, Müller, Schäfer, Hirten und Wächter.

Interessant ist auch ein Auszug aus der Walschlebener Viehordnung von 1708. Dort stand u. a.: „Eine Kuh darf halten ein Einwohner so er ein bloßes Häuschen besitzt, wenn er auch nicht begütert ist. Zwei Kühe desgleichen und zehn Schafe darf auf eine Hufe Land gehalten werden. Ein Miethmann, welcher kein Haus, auch keinen Acker hat, darf weder Rinder noch Schafvieh noch Tauben halten."

In der Chronik steht aber auch, dass es in früheren Jahren in Walschleben allerlei Ungemach gab. 1322 wurde der Ort von der Pest heimgesucht. 1370 verkaufte der Graf von Gleichen das Dorf an die Stadt Erfurt. Nach dem Dreißigjährigen Krieg gab es noch 44 von 305 Häusern im Dorf. 1683 herrschte erneut eine Große Pest.

Aber das Landleben in Walschleben hatte auch gute Seiten zu bieten. In der Zeit zwischen 1873 und 1990 gab es hier eine Zuckerfabrik. Das war zu DDR-Zeiten einer der größten Industriebetriebe im Kreis Erfurt-Land. In den 1970er Jahren wurde ein Sportzentrum geschaffen, was damals seinesgleichen suchte. Zudem ist Walschleben als Schulstandort eine feste Größe. Der Ort besitzt eine staatliche

Grundschule und eine Bibliothek. In der DDR diente die Schule in Walschleben als Polytechnische Oberschule. Sie konnte als Grundschule erhalten werden. Im Laufe der Jahre war sie sehr sanierungsbedürftig geworden. Deshalb gab es 2004 einen Ersatzneubau. Dazu kam noch eine Sporthalle. Somit konnte man auch die Schüler aus den umliegenden Orten aufnehmen. Die Grundschule trägt jetzt den Namen des dänischen Schriftstellers „Hans Christian Andersen". Außerdem verfügt Walschleben über einen großzügig angelegten Kindergarten.

Gut aufgestellt ist man auch bei der Gesundheitsversorgung. Im Ort gibt es eine Arztpraxis, eine Zahnarztpraxis, eine Praxis für Physiotherapie und Osteopathie sowie ein Neuro-Zentrum. Zur positiven Infrastruktur zählt auch die Verkehrsanbindung. Durch die frühere Zugehörigkeit zum Kreis Erfurt-Land und die Stadtnähe zu Erfurt ist Walschleben verkehrsmäßig gut angebunden und gut zu erreichen. In Walschleben gibt es einen Haltepunkt an der Bahnstrecke zwischen Wolkramshausen und Erfurt. Mit dem Regionalexpress ist Erfurt in siebzehn Minuten zu erreichen. Zudem befindet sich der Ort unmittelbar an der Bundesstraße 4. Die nächste Anschlussstelle zur Bundesautobahn 71 ist nur zirka sechs Kilometer entfernt. Darüber hinaus gibt es einen festen Buslinienverkehr zwischen Erfurt und Walschleben sowie zwischen Walschleben und Sömmerda.

Als man sich 1975 dazu entschloss, auch hier vor Ort Fasching zu feiern, so schrieb der Faschingsclub WFC in seine Satzung, dass man die fünfte Jahreszeit ohne Elferrat und Prinzenpaar begeht. Hier ruft man auch nicht Helau, sondern „Pitsch Nass". Zu einem regen geistig-kulturellen Leben trägt auch der hiesige Männerchor bei. Er trägt den markanten Namen „Lindenkehlchen". Das rührt daher, weil in der Walschlebener Lindenstraße die meisten Linden weit und breit stehen. Doch der Faschingsclub und die Lindenkehlchen sind nicht die einzigen Vereine in der breit gefächerten Vereinslandschaft von Walschleben. Dazu gehören die Freiwillige Feuerwehr, die Jugendfeuerwehr, die Sportvereinigung Empor mit den Abteilungen Fußball und Kegeln, die Laufgruppe Walschberg Runners, die Kirmesgesellschaft, der Jagdverein, der Schützenverein, die Ortsgruppe des Deutschen Roten Kreuzes, der Schulförderverein, der Förderverein der Kita „Walschberg Knirpse", der Förderverein der Diakonie Sozialstation „St. Elisabeth" und gleich drei Kleingartenvereine.

Ein solches Sportzentrum wie in Walschleben haben nicht viele Dörfer hierzulande.

Kapitel 5

Thüringer Landleben gestern und heute von A bis Z

Es ist unbestritten, dass sich das Leben in Thüringens Dörfern im Verlaufe der Zeit in vielfältiger Form verändert hat. Die Veränderungen gibt es im Vergleich vom Mittelalter zur Neuzeit, sie gibt es aber auch zwischen der Zeit vor dem Zweiten Weltkrieg und der Nachkriegszeit. Unübersehbar sind die Veränderungen zwischen der DDR-Zeit und der Zeit nach der Wiedervereinigung der beiden deutschen Staaten 1990.

Das Landleben im Wandel der Zeit soll in diesem Kapitel anhand von mehr als vierzig ausgewählten Stichworten dargestellt werden. Die Darstellung erfolgt in alphabetischer Reihenfolge der ausgewählten Stichworte.

5.1 Das Thüringer Landleben von A bis G

Altenpflege

In unserer Region wird die Lebensleistung der älteren Menschen geachtet. Die Erfahrung der Älteren am Arbeitsplatz ist ebenso gefragt wie der Rat der Opas und Omas innerhalb der Familie. Die Achtung der Lebensleistung der älteren Menschen spiegelt sich auch in der Altenpflege wider. In vielen Haushalten kümmern sich die „Jungen" um die „Alten". Doch auch staatliche, kirchliche und andere gemeinnützige Einrichtungen leisten ihren Beitrag für eine Altenpflege auf hohem Niveau.

Bereits zu DDR-Zeiten gab es im Territorium des heutigen Thüringen Pflegeheime, wo ältere Menschen untergebracht und gepflegt wurden. Ein Beispiel ist das Pflegeheim auf dem Amtsberg im heutigen ländlichen Erfurter Ortsteil **Vieselbach**. Hier widmete man sich schon 1955 der Altenpflege. Im Jahr 1998 baute die Arbeiterwohlfahrt auf den Grundmauern des ehemaligen Pflegeheims das neue Seniorenpflegeheim. Im Heim leben rund 80 Heimbewohner in Doppel- und Einzelzimmern. Im Jahr 2006 wurde das Haus 2 eröffnet. Hier konzentriert man sich ausschließlich auf die Arbeit mit dementen Bewohnern. 33 Menschen finden hier Platz. Der Erfüllung der Wünsche der Bewohner wird eine große Bedeutung beigemessen. Dazu gehört auch die persönliche Wohnraumgestaltung. Die Grundausstattung kann durch vertrautes Mobiliar vom früheren Zuhause ergänzt bzw. ersetzt werden.

Im Jahr 2009 wurde die AWO-Seniorenresidenz „Drei Gleichen" in **Apfelstädt** im Landkreis Gotha eröffnet. In diesem Haus stehen 65 Pflegeplätze in vier Hausgemeinschaften und einem Pflegebereich zur Verfügung. Hier hat jede der drei Etagen einen eigenen Namen. Das Erdgeschoss mit zwei Hausgemeinschaften bietet 26 Bewohnern Platz und heißt „Zur Mühlburg". „Zur Wachsenburg" befindet sich im ersten Obergeschoss. Hier gibt es ebenfalls Wohnraum für 26 Bewohner in zwei Hausgemeinschaften. Im Dachgeschoss ist ein Pflegebereich mit 13 Betten vorhanden. Der Bereich heißt „Zur Burg Gleichen". Das Pflegeleitbild des Hauses wird bestimmt von der ganzheitlichen Pflege von Körper, Seele und Geist. In der Seniorenresidenz findet selbstbestimmtes und selbständiges Leben im Alter eine breite Unterstützung. Jede Bewohnerin und jeder Bewohner wird als Persönlichkeit mit individuellem Lebensweg und einem eigenen sozialen, kulturellen und religiösen Hintergrund verstanden und angenommen. Das Pflegepersonal vermittelt den anvertrauten Bewohnern das Gefühl von Sicherheit und Geborgenheit.

Aus **Döllstädt**, unweit der Fahnerschen Höhen im Landkreis Gotha gelegen, gibt es Folgendes zu berichten: Die Gemeinde hatte einst ein Schloss. Zu DDR-Zeiten wurde es seit 1950 als staatliches Altenpflegeheim genutzt. Nach der politischen Wende blieb die Einrichtung erhalten.

Sie wird seit 1990 als Evangelisches Altenpflegeheim „Sankt Peter und Paul" durch den Diakonieverein Döllstädt e.V. betrieben. Seit 2001 steht neben den historischen Gebäuden ein Neubau, der in zweijähriger Bauzeit fertiggestellt wurde. Das Altenpflegeheim bietet für 60 alte und pflegebedürftige Menschen aus der Region optimale Bedingungen.

Einen breiten Raum nimmt auch die Ambulante Pflege ein. In Thüringen gibt es über 400 Ambulante Pflegedienste. Die Aufgabe der Pflegekräfte ist es, die Selbständigkeit des Pflegebedürftigen trotz hohem Alter, Krankheit oder Behinderung so lange wie möglich zu erhalten. Durch eine häusliche Pflege kann oft eine Heimunterbringung oder ein Krankenhausaufenthalt verkürzt oder ganz vermieden werden. Die ambulanten Dienste bieten je nach dem individuellen Pflege- und Hilfsbedarf sowohl körperbezogene Pflegemaßnahmen als auch Behandlungspflege an. Zu den körperbezogenen Pflegemaßnahmen gehören u. a. die Körperpflege im Bett, am Waschbecken, unter der Dusche oder in der Wanne. Bestandteil der Pflege sind darüber hinaus die Haut- und Haarpflege, das Aus- und Ankleiden, die Mundpflege und Rasur, die Lagerung und Krankenbeobachtung sowie die Hilfe bei der Nahrungsaufnahme. Die Behandlungspflege umfasst die Ausführung ärztlicher Verordnungen bzw. medizinischer Maßnahmen zur Sicherung der ärztlichen Behandlung. Dazu gehören Verbände, Injektionen, Katheter legen und wechseln, Augentropfen verabreichen, Absaugen sowie Medikamentenkontrollen und Medikamentenverabreichung. Das ist nur mit ausgebildetem Fachpersonal möglich.

Seit 1990 gibt es die Häusliche Kranken- und Altenpflege Schmid/Möller. Inzwischen sind hier bis zu 80 Mitarbeiterinnen im Einsatz. Die Einrichtung hat ihren Hauptsitz in Erfurt. Doch mit dem Pflegestützpnkt in Großrudestedt gehören auch die angrenzenden Orte im Landkreis Sömmerda zum Versorgungsgebiet. Bereits seit 1990 wird die Betreuung und Pflege im häuslichen Bereich betrieben. Das Leistungsspektrum des Teams reicht von der einfachen häuslichen Hilfe bis hin zur intensiven pflegerischen und medizinischen Versorgung. Den Menschen mit pflegerischem Unterstützungsbedarf wird eine aktive und abwechslungsreiche Freizeitgestaltung ermöglicht. Dazu gehören auch Kontakte mit anderen Menschen entweder in der Tagesstätte oder in den Seniorentreffs, die das Team unterhält.

Ansprechpartnerin für die 24-Stunden-Betreuung im Gebiet Jena-Apolda und Umgebung ist Ute Muckisch. Die Rundum-Betreuung für Seniorinnen und Senioren reicht von der Körperpflege über die Haushaltshilfe und die Verköstigung bis hin zur Mobilität. Darüber hinaus gibt es Ambulante Pflegedienste im ländlichen Raum unter anderem in Buttstädt und Kölleda im Landkreis Sömmerda, in Creuzburg und Treffurt im Wartburgkreis, in Mönchenholzhausen und Oßmannstedt im Kreis Weimarer Land, in Langewiesen im Ilm-Kreis und in Siebleben im Landkreis Gotha.

Backhäuser

Historiker vermuten, dass das Gemeindebackhaus nach dem Jahr 531 von Franken nach Thüringen kam. Zu dieser Zeit wurde in den Dörfern vieles gemeinschaftlich bewirtschaftet, so die Äcker, die Weiden und der Wald. Die Ernte wurde geteilt. Auch sonst strebte man im Dorf nach gemeinschaftlicher, also genossenschaftlicher, Organisation. Das drückte sich in den Beschlüssen der Gemeinde aus, dass zum Beispiel die Arbeits- und Bebauungspläne für die Felder und auch die Jagd- und Fischereirechte gemeinschaftlich errichtet wurden. Dazu gehörte auch ein gemeinschaftlicher Backofen. Dieser wurde in den meisten neugegründeten Ansiedlungen in einem Gemeindebackhaus aufgestellt. Später gingen mit dem Besitz des Bodens durch die Lehnsherren die genossenschaftliche Nutzung vom Weiderecht, vom Fischfang und von der Jagd an den Grundherren über – ebenso das Gemeindebackhaus.

Die Grundherren erhoben für die Benutzung der Backhäuser eine Gebühr in Geld oder Naturalien. Sie hatten somit eine neue Einnahmequelle. Um diese Einnahmen sicher zu stellen, wurde die Errichtung und Nutzung privater Backöfen für die Gemeindemitglieder verboten. Damit entstand der Zwangsbackofen. Das scheint in Thüringen im Mittelalter allgemein üblich gewesen zu sein. Eine Urkunde, welche das bestätigt, stammt aus dem Jahr 1349. Einige Jahrhunderte später wurden die Backhäuser ebenso wie die Bauerngüter gegen Geldabgaben und Naturalabgaben sowie Fronverpflichtungen verpachtet. So zahlte der Pächter des Zwangsbackofens in **Witterda**, das heute zum Landkreis Sömmerda gehört, an den Grundherren im Jahr 1.496,40 Groschen, einen Fisch und ein Christbrot (Stollen). Außerdem stand dem Lehnsherren die Hälfte aller Backlohneinnahmen zu.

Die lehnsrechtliche Organisation der Zwangsbacköfen blieb im allgemeinen bis in das 19. Jahrhundert hinein unverändert erhalten. Erst mit dem Ende der Wirtschaftsform der Feudalzeit am Anfang und in der Mitte des 19. Jahrhunderts änderten sich diese Zustände. Es begann der Übergang vom Zwangsbackofen wieder zum Gemeindebackhaus oder den Privatbacköfen der größeren Bauern. Zumeist wurden die bestehenden Backhäuser an die Gemeinden verkauft. Mitunter verpachteten diese das Gemeindebackhaus an einen Landwirt, der nebenberuflich Bäcker war oder backen konnte. Ansonsten haben verschiedene Historiker verschiedene Entwicklungen der Backhäuser im 17. bis 19. Jahrhundert beschrieben. Auf diese Darstellungen soll hier verzichtet werden. Mit Sicherheit wurden Privatbacköfen im 19. und 20. Jahrhundert in den größeren Bauernwirtschaften betrieben. Hingegen backen nach der Industrialisierung die Arbeiter und Handwerker mit geringen Landbesitz entweder bei einem Nachbarn oder beim Berufsbäcker. Die Berufsbäcker hatten sich inzwischen in fasst allen der gemischten Bauerndörfer und Arbeiterwohndörfer niedergelassen.

Aus der Chronik von **Azmannsdorf**, das heute ein ländlicher Ortsteil von Erfurt ist, geht hervor, dass die Backhäuser hier eine große Tradition hatten. Zu manchen Zeiten gab es deren sechs gleichzeitig. 1862 wurde das alte Gemeindebackhaus abgerissen und in der Gemeindeschenke ein neues Backhaus errichtet. Den Backofen nutzten bis 1957 ein Bäcker und die Einwohner des Dorfes. Im „Backsch“ konnte jeder sein Brot und seinen Kuchen backen lassen.

Heutzutage gibt es in keinem unserer Dörfer mehr ein Gemeindebackhaus. Entweder haben sich hier Privatbäcker niedergelassen oder die Menschen backen ihre Backwaren im eigenen Haushalt. Wer des Backens nicht mächtig ist oder durch den Alltagsstress keine Zeit dafür findet, der kauft seine Backwaren beim Bäcker oder im Supermarkt. Die Bäckerei um die Ecke ist in Thüringen längst keine Selbstverständlichkeit mehr. Etwa ein Viertel der Betriebe hat in den vergangenen sechs Jahren die Bäckerei aufgegeben. Derzeit gibt es noch 330 Handwerksbäckereien in Thüringen. Darin sind die Bäckereien in den Städten eingeschlossen. Auf dem Land hat – statistisch gesehen – nur noch jede zweite Gemeinde bzw. Kleinstadt eine Bäckerei, wo Brot, Brötchen,

Kuchen, Plätzchen und zur Weihnachtszeit auch Stollen frisch hergestellt werden.

In der Landgemeinde **Buttstädt** im Landkreis Sömmerda ist Celestina Brandt zu Hause. Sie ist Inhaberin einer Vollkornbäckerei, Thüringens erste zertifizierte Brotsommeliere und zugleich Landesinnungsmeisterin des Thüringer Bäckerhandwerks. Sie belässt es nicht nur beim Brot backen, sondern sie betreibt auch mobile Verkaufswagen, ein Cafè mit Driv-in-Schalter und veranstaltet Brot-Genuss-Abende. Ihr neuestes Engagement gilt einem Verkaufsautomaten. Seit März 2023 kann sich, wer beim Einkaufen etwas vergessen hat oder plötzlich Brothunger bekommt, aus dem „Schrank" bedienen. Die Marktbox wird gut angenommen. Vor allem an den Wochenenden und zu den Feiertagen ist die Nachfrage nach frischen Backwaren aus den Regalfächern groß.

Bäder

In Thüringen ist eine ausgeprägte Bäderlandschaft vorhanden. Das ist vor allem der Tatsache geschuldet, dass es im Freistaat zahlreiche Kurorte gibt, von denen die meisten über Heilbäder verfügen. Auch wenn es sich bei den Standorten mehrfach um Kleinstädte handelt, so sind die Bäder doch auch für die Landbevölkerung da. So gibt es in Bad Frankenhausen, in **Bad Salzungen**, in **Bad Sulza** und im **Heilbad Heiligenstadt** Sole-Heilbäder. Ein Heilbad ist in **Bad Klosterlausnitz** und in **Bad Liebenstein** vorhanden, ein Schwefel-Sole-Bad in **Bad Langensalza**. **Bad Lobenstein** verfügt über ein Moorheilbad und **Bad Tabarz** ein Kneipp-Heilbad. Heilklimatische Kurorte sind **Friedrichroda**, **Masserberg** und **Neustadt** im Harz. **Saalfeld** ist ein Ort mit Heilstollenkurbetrieb. Orte mit Heilquellenkurbetrieb sind **Bad Berka**, **Bad Colberg** und **Bad Tennstedt**. **Stützerbach** und **Tambach-Dietharz** sind Luftkurorte. Von diesen 18 Orten sind 17 Mitglieder im Thüringer Heilbäderverband. Nur Tambach-Dietharz fehlt noch. Bemerkenswert ist, dass der Tourismus in den Thüringer Heilbädern und Kurorten einen Umsatz von 770 Millionen Euro pro Jahr erbringt. Dafür sorgen etwa 11.600 Beschäftigungsverhältnisse.

Doch die Bäderlandschaft beschränkt sich nicht nur auf die Bäder in den Kurorten. So ist das Freibad in **Großbreitenbach** mit 4.000 Quadratmeter Wasserfläche das größte Freiflächenbad des Ilm-Kreises. Das Bad liegt in einer schönen baumreichen Anlage mit großen gepflegten Rasenflächen. Die teils beschatteten Liegewiesen bieten Platz für viele Badegäste. Das „Alexandra-Bad" in **Leutenberg** im Landkreis Saalfeld-Rudolstadt ist solarbeheizt und verfügt über eine 18 Meter lange Rutsche, eine Wasserfontäne sowie Schwimm- und Erlebnisbecken. Für kleine Badegäste stehen ein separates Becken und ein Spielplatz bereit. Sportbegeisterte können sich bei Beachvolleyball, Basketball oder Tischtennis vergnügen.

In **Gierstädt**, im Landkreis Gotha gelegen, befindet sich eines der ältesten Freibäder von Thüringen. Bereits 1929 wurde das Bad unweit des

Kirchberges eingeweiht. Zum 80-jährigen Jubiläum im Jahr 1989 erlebte das Bad ein Vergrößerung. In den Jahren 2004 und 2005 bekam es eine Kur verordnet und wurde grundlegend saniert. Ebenfalls im Landkreis Gotha liegt **Dachwig**. Dort gibt es seit 1969 ein Freibad. Seitdem ist es das größte Freibad im Erfurter Umland. Ein Drittel der damals 1,8 Millionen Mark teuren Baukosten erbrachten die Dachwiger Bürger durch handwerkliche Eigenleistungen. Noch heute ist am Eingang ein Spruch zu erkennen, der auf die großartigen Leistungen der Dachwiger Bürger im „Nationalen Aufbauwerk" hinweist. Sehr beliebt ist hier das Neptunfest.

Über eine bemerkenswerte Geschichte bezüglich der Bäderlandschaft verfügt **Stotternheim**. Der Ort war zu DDR-Zeiten das größte Dorf des Kreises Erfurt-Land und ist heute ein ländlicher Ortsteil von Erfurt. Bereits im 19. Jahrhundert gab es in der Stotternheimer Flur Louisenhall ein Solebad. Im März 1775 hatte Graf Leopold von Beust bei Stotternheim im Bruch nach Torf stechen lassen. Dabei stieß er auf eine Salzquelle. Die sofort genommenen Proben enthielten 3 Grad Salz. 1823 begann der Bergrat Glenk mit seinen Arbeitern nach Salz zu bohren. 1825 stieg die Wertigkeit der Sole auf 27 Grad an. Im Jahr 1827 wurde das erste Siedehaus erbaut, am 1. Januar 1829 zum ersten Mal Salz gesotten. 1842 errichtete man ein neues Siedehaus sowie ein neues Trockenhaus. Mit Beginn der 1850er Jahre standen für Besucher mehrere Badezellen und eine Wohnung für Badegäste bereit. 1861 erfolgte der Einbau einer neuen Siedepfanne. 1864 legte man einen Promenadenweg an. Er verlief unmittelbar am Mühlbach entlang. Die angrenzenden Bäume spendeten Schatten. 1886 trafen die ersten Badegäste aus Berlin ein. Mit der Verbesserung, Erneuerung und Erweiterung im Jahr 1890 wurde auch ein größerer Inhalationssaal gebaut. Bei einem Brand am 27. März 1903 gingen mehrere Gebäude in Flammen auf. Somit war es vorübergehend zu Ende mit der Stotternheimer Bade- und Kurherrlichkeit.

1934 begann man in Stotternheim mit dem Bau eines Freibades. Bis in die 1990er Jahre wurde das Bad mehrfach saniert und rekonstruiert. Es gehörte lange Zeit neben dem Freibad von Dachwig zu den schönsten Freibadanlagen im Kreis Erfurt-Land. Mit dem Ausbau des Strandbades am Stotternheimer See kam das Ende des Freibades. Das Strandbad wurde 1984 eröffnet. In den Jahren 2004 und 2005 erfolgte die Umgestaltung zu einem attraktiven Strandbad mit moderner Badelandschaft für alle Altersgruppen. Das Strandbad ist mit Liegewiesen, Sandstrand, Badeufer für Textilbereich und FKK-Bereich, einen Badebereich für Kleinkinder mit Rutsche und Beachvolleyballfeldern ausgestattet. Die Erholungsfläche ist zirka 4 Hektar und die Wasserfläche im Badebereich zirka 3 Hektar groß. Die regelmäßigen Kontrollen des Stotternheimer Sees durch das Gesundheitsamt Erfurt ergaben immer die beste Gütestufe für Badegewässer. Das Strandbad erhält seit Jahren von der Europäischen Umweltagentur das Prädikat „Ausgezeichnete Badegewässerqualität" mit der Bestnote von drei Sternen.

Bekanntmachung

„Bekanntmachung, Bekanntmachung" – so begann noch in den 1950 und 1960er Jahren in vielen Dörfern Thüringens die Ansprache des Ausbimmlers, der durch das Dorf zog und die amtlichen Nachrichten der Gemeinde überbrachte. Diese Form der Überbringung von Nachrichten hat hierzulande eine lange Tradition. Überlieferungen belegen, dass die Obrigkeiten großen Wert darauf legten, die Gemeinden über die geltenden Vorschriften zu informieren. In einer Anordnung des damaligen Landrates im Umland von Erfurt hieß es 1819: „Verfügungen und Bekanntmachungen wurden bisher den Dorfgerichten durch Umlaufschreiben übermittelt, welche von Kreisboten von Ort zu Ort getragen und in jeder Gemeinde abgeschrieben wurden. Deshalb werde ich für die Zukunft die Umläufe drucken lassen und jeder Gemeinde stets fünf Abdrucke mitteilen, von welchen eines zum Protokoll, eines in der Schankstube angeheftet werde, drei aber zum Gebrauch für den Schulzen und die Schöppen bestimmt sein sollen. Jeder soll erfahren, was befohlen und was verboten ist, was er zu leisten und was er zu fordern hat. Damit er sich selbst überzeugen könne, dass ihm alles gewährt wird, worauf er Anspruch machen darf."

In einer weiteren Anordnung vom 30. September 1824 stand, „... dass von jedem Kreisblatte in jeder Gemeinde ein Exemplar an dem schicklichsten Orte zu jedermanns Einsicht öffentlich ausgehangen werden muss". Der „schicklichste Ort" war offensichtlich ein zentraler Platz im Dorf. Dort wurde ein Brett angebracht und daran das Kreisblatte jedermann öffentlich zugänglich macht. Daher stammt „Das schwarze Brett". Später wurde in den Dörfern unserer Region eine weitere Form der Überbringung von wichtigen Nachrichten eingeführt. In den Orten beauftragte man einen sogenannten Ausbimmler. Dieser zog mit einer Bimmel durch das Dorf und überbrachte der Dorfbevölkerung wichtige neue Nachrichten zum Dorfgeschehen.

Zu DDR-Zeiten war der Dorffunk weit verbreitet. An mehreren Stellen des Ortes wurden Lautsprecher installiert. Vom Gemeindeamt gab der Bürgermeister oder ein von ihm Beauftragter die Nachrichten per Lautsprecher bekannt. Zumeist wurden die Bürger mit einer Erkennungsmelodie darauf aufmerksam gemacht, dass jetzt eine amtliche Bekanntmachung folgt. In **Ifta** – das im Wartburgkreis an der Grenze zur früheren Bundesrepublik Deutschland liegt – ist das noch heute der Fall. Regelmäßig informiert der Bürgermeister die Bevölkerung über den Dorffunk über das aktuelle Ortsgeschehen.

Im Jahr 1987 führte der damalige Bürgermeister von **Stotternheim** eine neue Form der Überbringung der amtlichen Mitteilungen ein. Jeden Monat gab es den Stotternheimer Ortskurier. Was heute mit den Amts- und Heimatblättern selbstverständlich ist, war damals eine revolutionäre Veränderung in unserer Region. Es soll auch nicht verschwiegen werden, dass der Ortskurier vor jedem Druck bei der Abteilung Kultur des Rates des Kreises durch die Zensur musste und dass er schon bald auf Geheiß der Funktionäre des Kreises „Ratgeber für den Bürger" hieß. Heute hat diese Form der Bekanntmachung längst in mehreren Orten schon eine gewisse Tradition erworben, wobei der Name der Mitteilungsblätter von Region zu Region unterschiedlich ist.

Burgen

Thüringen ist nicht nur das „Grüne Herz Deutschlands", es ist auch das „Land der Burgen und Schlösser". Zu den Schlössern kommen wir im späteren Verlauf dieses Kapitels. An dieser Stelle werden einige der zahlreichen Burgen unseres Landes vorgestellt.

Wir beginnen mit den Drei Gleichen. Die Drei Gleichen befinden sich beiderseits der Autobahn 4 und sind die wohl die bekannteste Burgengruppe Deutschlands. Bestandteile der Drei Gleichen sind die Burg Gleichen bei **Wandersleben** im Landkreis Gotha, die Mühlburg bei **Mühlberg** im Landkreis Gotha und die Wachsenburg bei Holzhausen im Ilm-Kreis. Jede der drei Burgen ist von einem Naturschutzgebiet umgeben. Auf drei aufragenden Hügeln errichtet, prägen sie die umgebende Landschaft. Alle drei Burgen lassen sich erwandern. Besonders schön ist dies im Frühjahr, wenn an den Burghängen die Märzenbecher erblüht sind. Die Burgen wurden zwischen dem 8. und dem 11. Jahrhundert errichtet. Sie hatten nie dieselben Besitzer und sind auch äußerlich ungleich. Der Sage nach entstand der Begriff Drei Gleichen nach einem Kugelblitz-Einschlag am 31. Mai 1231. Danach brannten die Burgen wir drei gleiche Fackeln.

Die Mühlburg ist die älteste Burg der Drei Gleichen und zugleich die älteste Burg Thüringens. Die Burg Gleichen aus dem 11. Jahrhundert wurde berühmt durch die literarisch und musikalisch verarbeitete Sage, wonach der bereits verehelichte Graf von Gleichen auf einem Kreuzzug in Gefangenschaft geriet, von einer schönen Sultanstochter gegen ein Heiratsversprechen befreit wurde und fortan mit beiden Frauen glücklich auf der Burg Gleichen gelebt haben soll. Die Wachsenburg wurde mehrfach umgebaut, unter anderem durch Herzog Ernst den Frommen als Gefängnis und als Waisenhaus. Seit 1861 werden auf der Burg Gäste bewirtet. Heute ist die Burg ein Hotel mit Restaurant und Museum.

In der Nähe des 200-Seelen-Dorfes **Seitenroda** im Saale-Holzland-Kreis steht die Leuchtenburg. Die sanierte mittelalterliche Burganlage wird touristisch genutzt und beherbergt die Ausstellung Porzellanwelten Leuchtenburg und ein Museum. Als Teil eines modernen Anbaus ragt ein begehbarer Steg der Wünsche ins Tal hinaus. Die Burg gewährt auf einem weithin sichtbaren Bergkegel mit einer Höhe von 395 Meter über NN einen weiten Rundblick auf das mittlere Saaletal sowie das Thüringer Holzland. Die Leuchtenburg gilt als die „Königin des Saaletals". In ihrer langen und wechselvollen Geschichte war die Burganlage mittelalterlicher Amtssitz, Armenhaus, Irrenhaus und Zuchthaus. Die touristische Nutzung erfolgt seit Ende des 19. Jahrhunderts. Seit 2007 befindet sich die Burg in Verwaltung der Stiftung Leuchtenburg. Der Name der Burg geht auf den umgebenden lichten, nicht bewaldeten Berg zurück. Zusammen mit dem Pfaffenberg und dem Dohlenstein bildet er einen Bergstock von drei markanten Muschelkalk-Härtlingen.

Im April 1221 wurde die Burg das erste Mal urkundlich erwähnt. Damals legte Hartmann IV. von Lobdeburg-Leuchtenburg einen Rechtsstreit bei. Neben der Lobdeburg wurde die etwa zehn Kilometer entfernte Leuchtenburg zum wichtigsten Stützpunkt der Herren von Lobdeburg beim Vorstoß nach Südosten und zur oberen Saale. In der zweiten Hälfte des 13. Jahrhunderts wurde die Burg erheblich ausgebaut. Im Verlauf der Geschichte war die Festung in wechselnden Händen. Erwähnenswert ist, dass 1460 die Wehranlage mit vier Wehrtürmen gebaut wurde und 1489 die Burgkapelle erstmals Erwähnung fand. In der Historie der Burg machen wir nun einen Sprung bis in die zweite Hälfte des 19. Jahrhunderts. Von 1873 bis 1951 diente ein Teil der Leuchtenburg vorübergehend als Hotel und bis heute als Gaststätte. Seit 1906 beherbergt die Burg ein Museum. Das befand sich anfangs nur um Torgebäude, wurde aber im Laufe der zeit in mehreren Etappen vergrößert. Die Sammlung des Kahlaer Geschichts- und Altertumsverein fand zunächst im Torhaus Platz. Das Kreisheimatmuseum Leuchtenburg etablierte sich später in der Kernburg und ist seitdem dort zu besichtigen. Im Jahr 1921 wurde die erste Jugendherberge Thüringens im Torhaus der Burg gegründet. Diese gibt es seit 1997 nicht mehr. Die Schließung erfolgte wegen nicht zeitgemäßer Ausstattung.

„Eine der außergewöhnlichsten und modernsten Ausstellungen", lobt die internationale Jury des Europäischen Museumsrates die Ausstellung „Porzellanwelten" auf der Leuchtenburg. Künstler aus der ganzen Welt haben sieben Erlebniswelten entstehen lassen. Diese verleihen einem Material Zauber – dem Porzellan. Hier wird in spektakulär inszenierten Räumen das „Weiße Gold" von seinen Anfängen im alten China über die Entschlüsselung seiner Rezeptur in Europa bis hin zum Alltagsleben dargeboten. Die Porzellanwelten Leuchtenburg befinden sich auf 3.000 Quadratmeter. Besonders hervorzuheben sind die größte Porzellan-Vase der Welt mit acht Metern Höhe und die kleinste Teekanne der Welt mit 3x3x4 Millimeter. Darüber hinaus kann man hier die weltweit einzigartige Porzellankirche bestaunen. Man kann also mit Fug und Recht behaupten: In Thüringen lebt eine über 260-jährige Porzellantradition fort und sie strahlt weltweit aus.

Die nächste Burg führt uns nach **Kapellendorf** im Landkreis Weimarer Land. Dort steht die Wasserburg. Sie befindet sich in einer Talsenke des Sulzbaches im Ortszentrum der Gemeinde Kapellendorf. Der Ort liegt in der Mitte des Städtedreiecks Jena-Weimar-Apolda. Die Wasserburg gehört zu den größten und besterhaltenen Burgen Thüringens. Die Gründung der Burg erfolgte im 12. Jahrhundert unter den Burggrafen von Kirchberg. Der Niedergang der Burggrafen von Kirchberg setzte schon Anfang des 14. Jahrhunderts mit der Zerstörung der drei Burgen auf dem Hausberg bei Jena an. Im Jahr 1348 musste Burggraf Hartmann von Kirchberg sogar den Stammsitz Kapellendorf aus Finanznöten an einen Mittelsmann der Stadt Erfurt verkaufen. Im Jahr 1350 erwarb die Stadt mehrere Dörfer im Umland, zwei Jahre später auch die Gerichtsherrschaft. Sie ließ sich daraufhin einen Teil der Herrschaft Kapellendorf von König Karl IV. als Reichslehen verleihen. Daraufhin erfolgten die Errichtung eines Amtssitzes und eine wesentliche Erweiterung der Burganlage. Der Baubestand dieser Ausbauphase in der zweiten Hälfte des 14. Jahrhunderts ist im Wesentlichen bis heute erhalten geblieben. Hierzu gehören der fünfstöckige Wohnturm, die sogenannte Kemenate, und das Küchengebäude mit großem Kamin im Zentrum der Burganlage.

An dieser Stelle möchten wir es mit dem Einblick in die frühere Geschichte der Wasserburg bewenden lassen und uns der Burg im 20. Jahrhundert und heute zuwenden. Bis 1918 blieben die Großherzöge von Sachsen-Weimar-Eisenach im Besitz von Kapellendorf. Im Jahr 1922 wurde die Burg von der Thüringischen Staatsregierung an einen Privatmann verkauft. 1929 gelangte sie nach über 400 Jahren an einen Erfurter Bürger. 1930 wurde die vom Verein für Geschichte und Altertumskunde von Erfurt gegründete „Burggemeinde Kapellendorf" Besitzerin der Burg. Sie begann 1932 mit der Freilegung und Sicherung der Anlage für eine touristische Nutzung. Die Burg war zum damaligen Zeitpunkt nahezu eine Vollruine.

Zu Zeiten der DDR wurden der Ausbau und die Restaurierung der Burg durch den „Arbeitskreis Wasserburg Kapellendorf" vorangetrieben. Es erfolgten weitreichende Renovierungen und eine Neugestaltung des Burgmuseums. Zu den Arbeiten gehörten auch die Neueindeckung der Dächer der Kemenate und des Prinzessinenbaus. Zudem wurde die mittelalterliche Kaminküche vor dem Verfall gerettet. Im Jahr 1975 erfolgte in der Kemenate die Eröffnung einer Ausstellung zur Burg im Mittelalter. Seit 1998 ist die Burg Eigentum der Stiftung Thüringer Schlösser und Gärten und beherbergt ein Museum. Dieses wird von der Stadt Erfurt betrieben und zeigt wechselnde Ausstellungen. Gleichzeitig dient die Wasserburg Kapellendorf als Veranstaltungsort für verschiedene Feste, Theateraufführungen und Kinderprojekte.

Jetzt begeben wir uns in den äußersten Süden von Thüringen nach **Heldburg**. Die Kleinstadt hat insgesamt rund 3.500 Einwohner, wovon rund 1.000 auf den Ortsteil Heldburg entfallen. Dort befindet sich die Veste Heldburg. Diese war eine hochmittelalterliche Höhenburg, die im 16. Jahrhundert als Schloss im Stil der Renaissance umgebaut wurde. Die Veste Heldburg wird wegen ihrer exponierten Lage auch „Fränkische Leuchte" genannt. Damit bildet sie quasi das Pendant zur Veste Coburg, die man „Fränkische Krone" nennt. Die Veste Heldburg zählt als einzige thüringische Anlage zu den Sehenswürdigkeiten der Burgenstraße. Im Französischen Bau der Veste befindet sich das im September 2016 eröffnete Deutsche Burgenmuseum.

Die ursprüngliche Wehranlage aus dem 13. Jahrhundert bildet den Grundriss der Veste Heldburg, deren äußere Mauern im 19. Jahrhundert noch vorhanden waren und auch heute noch erkennbar sind. Der Zugang führt über die Zugbrücke der ersten Toranlage in den Zwinger. Von dort gelangt man durch ein weiteres Tor und ein Torhaus in den inneren Schlosshof. Der Innenhof wird vom Heidenbau, dem Französischen Bau und dem runden Treppenturm umschlossen. Der Heidenbau ist ein sogenannter Kommandantenbau mit dem Marstall. Der Französische Bau verfügt über reich geschmückte Erker. Der Treppenturm ist der Große Wendelstein. Der in seinen Fensterachsen klar gegliederte Französische Bau gilt mit den nach 1560 datierten Erkern als kunsthistorisch bedeutendster Teil der Veste Heldburg. Er bestimmt den Schlosscharakter der Burg auch nach außen. Der Französische Bau verfügt über ein Hauptgeschoss mit den früheren herzoglichen Stubengemächern, ein Obergeschoss mit dem ehemaligen Hauptsaal, zwei Untergeschosse sowie ein Kellergeschoss. In den Innenräumen haben sich fragmentarische Relikte der Renaissance, des Barock und des 19. Jahrhunderts erhalten. Sie wurden bei der im Jahr 2013 abgeschlossenen Restaurierung in die Raumfassungen einbezogen. Die Räume werden für den Rundgang des Deutschen Burgenmuseums genutzt.

Die nächste Burg befindet sich nordwestlich von Eisenach im gleichnamigen Ort im Wartburgkreis. Die Rede ist von der Creuzburg in der ländlich geprägten Kleinstadt **Creuzburg**. Die mittelalterliche Höhenburg liegt 225 über NN auf einer Anhöhe oberhalb der Ortslage im Werratal und ist als „Schwesterburg der Wartburg“ bekannt. Die Creuzburg war einer der Residenzorte der Ludowinger und bevorzugter Aufenthaltsort der Landgräfin Elisabeth von Thüringen, die als Heilige Elisabeth zur deutschen „Nationalheiligen“ des Mittelalters wurde. Sie gebar auch ihren Sohn Hermann im Jahr 1222 auf der Burg. Errichtet wurde die Burg von 1165 bis 1170 im Auftrag von Landgraf Ludwig II. Die Burg war als Festungsanlage nördlich von Eisenach zum Schutz der landgräflichen Besitzungen, des 1213 gegründeten Städtchens Creuzburg und der dortigen Werrabrücke bestimmt. Ihre Blütezeit erlebte die Burg im 12. und 13. Jahrhundert, als sie eine der Nebenresidenzen der Landgrafen von Thüringen war. Im 18. Jahrhundert wurde die Creuzburg als Schlossanlage umgebaut. Aus dieser Zeit stammen das Herzoghaus, die Remisen und wahrscheinlich auch die im Schlosspark befindlichen Skulpturen. Im Jahr 1779 war Johann Wolfgang von Goethe zum ersten Mal dienstlich auf der Creuzburg.

Die Gesamtanlage umfasst heute die romanische Burg, die terrassenartige Parkanlage am Süd- und Osthang des Burgberges sowie die Zufahrtswege und einen Teil der Stadtmauer. Der Umfang der Burgmauer beträgt 340 Meter, die Innenfläche misst etwa 7.400 Quadratmeter. Damit gehört die Creuzburg in Thüringen zu den größeren erhaltenen Steinburgen aus der Romanik. Heute befinden sich in den Räumlichkeiten der restaurierten Burg ein Hotel mit Gaststätte, das Trauzimmer des Creuzburger Standesamtes, eine private Töpferei sowie das Creuzburger Heimatmuseum. Das Museum hat verschiedene Sammlungsschwerpunkte in der Michael-Praetorius-Stube, der Elisabethkemenate, dem Folterkeller und dem sogenannten Heimatkabinett. Der Burghof mit einem kleinen Barockgarten, einem hölzernen Bonifatiuskreuz, einem tiefen Burgbrunnen sowie der prägenden Sommerlinde ist frei zugänglich.

Nun begeben wir uns nach Ostthüringen in den Landkreis Altenburger Land. Dort steht die Burg Posterstein. Sie ist eine Höhenburg auf einem Felsvorsprung über dem rechten Ufer der Sprotte in der Gemeinde **Posterstein**. Die Höhenburg ist aus einer kleinen Ministeralenburg aus dem späten 12. Jahrhundert hervorgegangen, die in der Renaissancezeit überbaut wurde. In der Burg befindet sich seit 1952 das kulturhistorische Museum des Landkreises Altenburger Land. Die Burg ist von außen frei zugänglich und kann besichtigt werden. In den barocken Räumen werden Ausstellungen zur Geschichte der Region gezeigt. Hier trifft man auf bekannte Persönlichkeiten, aber auch auf Bauern, Burgherren und Pioniere der Industrialisierung.

Einen besonderen Ausstellungskomplex bildet die Exposition zur Geschichte des Musenhofes der Herzogin Dorothea von Kurland. Dieser Salon im nahe gelegenen, 2009 abgerissenen, Schloss zu Löbichau war einer der interessantesten seiner Art um 1800.

Im Jahr 2011 wurde zum 250. Geburtstag der Herzogin von Kurland eine Ausstellung eröffnet, welche die Herzogin im Spiegel ihrer Zeitgenossen zeigt. Die Ausstellung und die begleitenden Publikationen zeigen auf, wie es Frauen zu Beginn des 19. Jahrhunderts gelang, gesellschaftliche und kulturelle Netzwerke zu knüpfen, Einfluss zu nehmen und mitzugestalten. Einen Schwerpunkt bildet die Rolle des weiblichen Geschlechts bei der Gestaltung nationaler und internationaler Beziehungen in der napoleonischen Zeit. Im Museumsbereich inbegriffen sind die Besichtigung des Burgverlieses und die Besteigung des 25 Meter hohen Bergfriedes der Burg. In der Galerie des Museums werden mehrmals im Jahr wechselnde Ausstellungen gezeigt. Sehenswert ist die spätgotische Burgkirche mit dem einmaligen barocken Schnitzwerk von 1689.

Die Vorstellung von Burgen in Thüringen wäre natürlich unvollständig ohne die Wartburg. Da diese aber in der Gemarkung der Stadt **Eisenach** liegt, ist sie eigentlich kein Bestandteil des Thüringer Landlebens. Außerdem gibt es über die Wartburg eine Vielzahl von Publikationen, sodass wir uns an dieser Stelle recht kurz fassen können. Die fast 1.000 Jahre alte Wartburg ist eine der bekanntesten Burgen Deutschlands. Ihre außergewöhnliche Strahlkraft verdankt die Wartburg nicht nur ihrer besonderen Architektur, sondern auch den historischen Ereignissen und Persönlichkeiten, die eng mit ihr verbunden sind. Als erste Burg in Deutschland wurde sie im Jahr 1999 von der UNESCO auf die Welterbeliste gesetzt. Wie kaum eine andere Burg Deutschlands ist die Wartburg mit der Geschichte Deutschlands verbunden. 1211 bis 1227 lebte die später heiliggesprochene Elisabeth von Thüringen auf der Burg. 1247 starb der deutsche Gegenkönig Heinrich Raspe IV. auf der Wartburg. 1521/1522 hielt sich der Reformator Martin Luther als „Junker Jörg" hier versteckt und übersetzte während dieser Zeit das Neue Testament der Bibel in nur elf Wochen ins Deutsche. Johann Wolfgang von Goethe weilte mehrfach hier, erstmals im Jahr 1777. Am 18. Oktober 1817 fand auf Einladung der Jenaer Urburschenschaft anlässlich des 300. Jahrestages des Thesenanschlags Martin Luthers am 31. Oktober 1517 und im Gedenken an die Völkerschlacht bei Leipzig vom 15. bis 19. Oktober 1813 auf der Burg das erste Wartburgfest statt. Das zweite Wartburgfest wurde im Revolutionsjahr 1848 veranstaltet. Somit ist es nicht verwunderlich, dass die Burg bereits im 19. Jahrhundert als nationales Denkmal galt.

Bei einer Entdeckungsreise auf der Wartburg kann der Besucher folgendes bestaunen:

- das Thüringer Erlebnisportal im historischen Chauffeurshaus,
- das im Kern mittelalterliche Torhaus,
- die Vorburg bzw. den ersten Burghof,
- die Hofburg bzw. den zweiten Burghof,
- der auch Bergfried genannte Hauptturm,
- das Palas als mittelalterliches Wohn- und Repräsentationsgebäude der Landgrafen von Thüringen,
- das 1890 vollendete Ritterbad,
- der im 14. Jahrhundert errichtete und 22 Meter hohe Südturm – er bietet einen herrlichen Ausblick auf den Thüringer Wald,
- der Kräutergarten,
- der Tugendpfad am Fuße der Wartburg – hier gründete die Heilige Elisabeth ein Hospital,
- die Elisabethkemenate,
- der Sängersaal,
- das Landgrafenzimmer,
- der Festsaal,
- das Museum,
- die Lutherstube,
- die Kanonen,
- der Drache an der Sängerlaube,
- die Fahne der Jenaer Urburschenschaft.

Dorferneuerung

In den vergangenen Jahren haben sich in vielen Gemeinden von Thüringen die Arbeits-, Lebens- und Wohnbedingungen verbessert. Es gab zahlreiche Maßnahmen zur Erneuerung der Infrastruktur. Kurzum: Es hat sich viel getan bei der Dorferneuerung und der Dorfentwicklung. Die ländliche Entwicklung ist ein Schwerpunkt der Strukturpolitik des Freistaates. Dafür werden stets neue Förderprogramme aufgelegt. Mit der Förderung werden den Regionen wirtschaftliche Impulse gegeben. Dies soll zur Verbesserung der Lebens- und Arbeitsbedingungen der Menschen im ländlichen Raum beitragen. Gegenwärtig läuft ein Förderprogramm für die Jahre 2022 bis 2026. Darin sind 51 Orte aufgenommen worden. Das Land stellt dafür jährlich rund 30 Millionen Euro zur Verfügung. Mit der Dorferneuerung und Dorfentwicklung werden vor allem soziale Projekte, Vorhaben für eine bessere Nahversorgung und eine nachhaltige Gemeindeentwicklung unterstützt.

Als Förderschwerpunkte wurden ausgewählt:

- die Dorfregion **Weinstraße** mit ihren Ortsteilen aus dem Landkreis Weimarer Land,
- die Dorfregion **Zeitzgrund** mit ihren Ortsteilen und die Gemeinde **Rothenstei**n mit ihren Ortsteilen aus dem Saale-Holzland-Kreis,
- die Dorfregion **Hohe Schrecke Nord** mit ihren Ortsteilen aus dem Landkreis Kyffhäuser,
- die Dorfregion **Dingelstädt** mit ihren Ortsteilen aus dem Landkreis Eichsfeld,
- die Dorfregion **Ehemaliges Vogtländisches Oberland** mit ihren Ortsteilen aus dem Landkreis Greiz,
- die Dorfregion **Hohe Schrecke Süd** mit ihren Ortsteilen sowie die Dorfregion **Haßleben**, **Riethnordhausen**, **Werningshausen** und **Wundersleben** aus dem Landkreis Sömmerda.
- Dazu kommt noch der Ortsteil **Hämbach** der Stadt Bad Salzungen im Wartburgkreis.

Dieser Festlegung gingen Entwicklungskonzepte voraus, welche die Gemeinden in Abstimmung mit den Bürgerinnen und Bürgern des Ortes erstellte. Die Dokumente dienten als konzeptionelle Grundlage für die Aufnahme als Förderschwerpunkt in das Programm der Dorferneuerung und Dorfentwicklung.

Das Landesamt für die Landwirtschaft und den ländlichen Raum formulierte das Ziel der Dorferneuerung so: „Das Ziel der Dorferneuerung und der Dorfentwicklung ist es, die Entwicklung vitaler Dörfer und Gemeinden zu unterstützen. Neben einer nachhaltigen Verbesserung der Wohn-, Arbeits- und Lebensverhältnisse gehört dazu der Erhalt der dörflichen Strukturen und historischer Bausubstanz. Dorferneuerung bzw. Dorfentwicklung als Instrument der integrierten ländlichen Entwicklung beinhaltet prozessbegleitende und investitionsorientierte Elemente“.

Ergebnisse der Dorferneuerung kann man u.a. sehen:

- in Schwarzhausen, einem Ortsteil von Waltershausen im Landkreis Gotha.
  Hier wurde mit Hilfe der Fördermittel zur Dorferneuerung der Umbau des „Alten Schlosses“ in einen Kindergarten ermöglicht.

- in Bischofferode im Landkreis Eichsfeld.
  Hier erhöhte sich mit einer Straßeneinweihung in der Thomas-Müntzer-Siedlung die Lebensqualität der dort lebenden Menschen.

- in Haßleben im Landkreis Sömmerda.
  Hier sind die Bürger besonders dankbar für ein neues multifunktionales Gebäude, das mithilfe von Fördermitteln der Städtebauförderung errichtet wurde. Es passt an zentraler Stelle gut in das Dorfbild und trägt zur Dorfverschönerung bei. Dort hat nun auch der Bürgermeister mit seinen drei Mitarbeitern bessere Arbeitsbedingungen. Es handelt sich um das erste Projekt , das die Gemeinde mit Hilfe der Dorferneuerung realisieren will.

Da Haßleben gemeinsam mit **Wundersleben**, **Riethnordhausen** und **Werningshausen** ins Förderprogramm aufgenommen wurde, besteht nun bis 2026 die Chance, weitere Fördermittel zu erhalten. Einsetzen will man diese in Haßleben zur Neugestaltung des sonst ungenutzten kleinen Parks am Brauhausplatz.

Im August 2023 übergab die Thüringer Landesregierung die Anerkennungsurkunden für zehn neue Förderschwerpunkte der Dorferneuerung und Dorfentwicklung. Diese umfassen insgesamt 41 Ortsteile. Die Anerkennung als Förderschwerpunkt gilt für den Förderzeitraum von 2024 bis 2028. Bei der Übergabe der Anerkennungsurkunden sagte Ministerin Karawanskij: „Dörfer sind die Herzkammern unserer ländlichen Räume und sie werden als Lebensmittelpunkte wieder interessant. Seit einiger Zeit beobachten wir, dass in vielen ländlichen Gemeinden mehr Menschen zuziehen als wegziehen. Diesen Trend unterstützen wir mit unserer Förderung, die Dörfer als Wohnort attraktiver zu machen. Der Förderfokus liegt auf dem bürgerschaftlichen Engagement. Der Thüringer Landesregierung ist bewusst, dass Dörfer mit nachwuchsstarken Vereinen und engagierten Ehrenamtlichen eine größere Anziehungskraft haben, denn das soziale Miteinander stärkt die Identifikation mit dem Heimatort und macht ihn für Menschen attraktiver, denen die Stadt manchmal zu anonym ist. Die Mittel für die Dorfentwicklung sind langfristig gut angelegt. Damit werden öffentliche Aufenthaltsräume verschönert, Kindergärten und Jugendclubs ausgebaut oder Gebäude saniert, die das Ortsbild prägen. Das Dorferneuerungsprogramm ist eines der zentralen Instrumente der Landesregierung zur Unterstützung und Entwicklung des ländlichen Raumes in Thüringen.

Essen, Trinken, Einkaufen

Es gibt wohl kaum eine Feststellung, die Generationen übergreifend so zutreffend ist wie die, dass der Mensch essen und trinken muss, um zu leben. Demzufolge gibt es über das Backen, das Brauen, das Kochen und andere Formen der Lebensmittelherstellung auch in Thüringen einiges zu erzählen. Wir wollen es an dieser Stelle bei einigen Beispielen belassen.

In vielen Dörfern gab es Gemeindebackhäuser. Die Betreibung geschah zumeist auf der Grundlage eines Pachtvertrages zwischen dem Dorfschulzen, dem heutigen Bürgermeister, und dem Gemeindebäcker. In **Kleinrettbach** im Landkreis Gotha wurde das Backhaus in der Regel jährlich neu verpachtet. In **Azmannsdorf**, heute ein ländlicher Ortsteil von Erfurt, hatten die Backhäuser eine große Tradition. Zu manchen Zeiten gab es sechs Backhäuser gleichzeitig. Im „Backsch" konnte jeder sein Brot und seinen Kuchen backen lassen.

Beim Brauen von Bier zählten hierzulande die Mönche in den Klöstern zu den ersten, die Bier nicht nur für den eigenen Bedarf, sondern in zunehmendem Maße auch für den Ausschank in Klosterstuben brauten. Ab dem 13. Jahrhundert ging das Braurecht größtenteils auf die Städte und später auch auf die Dörfer über. Die Erteilung des Braurechts an die Bürger durch die Obrigkeit war an das Vorhandensein eines Grundstückes (den Bierhof) oder eines Hauses (das Brauhaus) gebunden. In vielen Orten in Thüringen gab es sowohl ein Gemeindebrauhaus als auch das Braurecht für Privatpersonen.

Eine bedeutsame Aufgabe der Bäuerlichen Wirtschaft war das Zubereiten von Speisen. Diese kam zumeist der Frau zu. Darin steckte viel Handarbeit. Noch bis in die zweite Hälfte des 20. Jahrhunderts spielte die Zubereitung von Butter und Käse in den bäuerlichen Haushalten eine große Rolle.

In den Dörfern wird das Essen nicht selten mit deftiger Hausmannskost in Verbindung gebracht. Dazu bedarf es natürlich der Fleischereien, die man mancherorts auch Metzgereien nennt. Hier wird zumeist die gesamte Palette der hausgeschlachteten Wurst produziert. Das geschieht oft noch nach den alten Rezepten der früheren Generationen. Die Rezepturen stammen meist von den eigenen Ideen der Fleischer bzw. Metzger und werden von Generation zu Generation weitergegeben.

Es ist überliefert, dass sich über Jahrhunderte hinweg die Landbevölkerung selbst ernährte. Einkauf und Verkauf kamen erst in Mode, als sich gegen Ende des 19. Jahrhunderts und zu Beginn des 20. Jahrhunderts der Warenaustausch weiterentwickelte. Nach dem Zweiten Weltkrieg herrschte auch in Thüringen Armut. Es gab nicht genug Lebensmittel, das Heizungsmaterial war knapp. Deshalb wurden Lebensmittelkarten und Hausbrandkarten ausgegeben. Damit ging man einkaufen.

Mit der Gründung der DDR wurde der Handel mit Waren des täglichen Bedarfs zu wesentlichen Teilen verstaatlicht bzw. Genossenschaften wurden damit beauftragt. Zwar wurden auch noch private Händler zugelassen, diese waren jedoch in der Unterzahl. Während in den Städten vorwiegend die staatliche Handelsorganisation HO das Handelsnetz bestimmte, war für die Dorfbevölkerung vorwiegend die Konsumgenossenschaft – KONSUM – zuständig. In Thüringen hatten die meisten Orte einen Konsum. Dort gab es vorwiegend Lebensmittel und Haushaltwaren, zum Teil auch Textilien. In vielen Orten wurde zu DDR-Zeiten eine Mahlzeit für große Teile der Dorfbevölkerung in einer Gemeinschaftsküche gekocht. Zumeist befand sich diese Küche in der LPG. Hier gab es nicht nur das Essen für die Genossenschaftsbauern, sondern vielerorts wurden von hier auch die Kinder in den Schulen und Kindergärten sowie die Rentner des Dorfes bekocht.

Mit der Deutschen Einheit entstand in den Dörfern eine völlig neue Situation für das Einkaufen. Die HO wurde aufgelöst, der KONSUM nahm sich zurück und die westlichen Handelsketten begannen, unsere Region zu beherrschen. In vielen Dörfern machte der Satz die Runde „Es rechnet sich nicht mehr". Ein Laden nach dem anderen verschwand und an „guten Lagen" entstanden große Märkte auf der grünen Wiese. Ein Großteil unserer Landbevölkerung konnte nicht mehr vor Ort einkaufen, sondern musste dafür übers Land fahren. In die Dörfer kamen lediglich noch Verkaufswagen von privaten Bäckern oder Fleischern. Aber es gab auch mutige Menschen, die sich selbständig machten und die ehemalige Konsum-Verkaufsstelle übernahmen und mit einer Handelskette die Zusammenarbeit vertraglich regelten. Inzwischen entdeckten einige Handelsketten ihr Herz auch für die ländliche Region und errichteten „auf der grünen Wiese" neue Einkaufsmärkte. Beispiele dafür sind REWE in **Schloßvippach** im Landkreis Sömmerda und Netto in **Apfelstädt** im Landkreis Gotha.

Zu einem wichtigen Partner bei der Versorgung der Bevölkerung mit schmackhaftem Essen ist für weite Teile Thüringens die Kloßmanufaktur in **Heichelheim** im Landkreis Weimarer Land geworden. Mit der Produktion der Marke „Heichelheimer – Thüringer Kloßmanufaktur" kommen Qualität und Tradition direkt auf den Mittagstisch der Kloßliebhaber. Somit können Thüringer Klöße einfach und schnell zubereitet werden. Die Mitarbeiter fertigen mit viel Erfahrung und Geschick die Spezialitäten nach überlieferter Rezeptur. Die verwendeten Kartoffeln kommen selbstverständlich aus Thüringen.

Wenn über das Essen in einem Thüringer Buch geschrieben wird, dann darf neben den Thüringer Klößen natürlich auch die Thüringer Rostbratwurst nicht fehlen. Die Thüringer Rostbratwurst hat den Status eines bloßen Snacks längst hinter sich gelassen. Sie ist herkunftsrechtlich geschützt, hat einen eigenen Fan-Club und Museen beschäftigen sich mit dem in Schweinedarm gehüllten Brät. Als Speise mit Historie taugt die Wurst zu mehr als zur musealen Betrachtung. Früher befand sich das Thüringer Bratwurstmuseum in **Holzhausen** im Ilm-Kreis. Seit einiger Zeit hat es seinen Standort nun in **Mühlhausen**, der Kreisstadt des Unstrut-Hainich-Kreises. Auf der Grundlage von historischen Überlieferungen soll die Bratwurst schon im frühen 15. Jahrhundert im Großraum Thüringen hergestellt worden sein. Zum ersten Mal urkundlich erwähnt wird sie in einem Dokument, das aus dem Jahr 1404 stammt. Es handelt sich um eine Abrechnung aus dem Jungfrauen-Kloster in Arnstadt. Dort aufgeführt sind Därme für Bratwurst. Entdeckt wurde dieses Dokument erst im Sommer des Jahres 2000. Das hat ernsthafte Folgen für die Bratwürste aus Franken. Zuvor beanspruchte nämlich Nürnberg die älteste urkundliche Erwähnung einer Bratwurst für sich. Diese stammt aus dem Jahr 1595 und war ein Rezept für eine Wurst aus der Nürnberger Metzgerzunft. Übrigens: die Thüringer Bratwurstkultur ist im Jahr 2022 auch in das Landesverzeichnis des Immateriellen Kulturerbes aufgenommen worden. Geht es nach der Landesregierung, dann soll sie es auch auf die UNESCO-Liste schaffen.

Feuer und Brände

Das Feuer begleitet die Menschheit schon seit Urzeiten. Es bot seinen Besitzern Schutz vor wilden Tieren, spendete Wärme und half bei der Zubereitung der Nahrung. Man behütete und beschützte es – Feuer bedeutete Leben. Geriet das Feuer außer Kontrolle, konnte es auch den Tod bedeuten. Ursachen waren meist Naturgewalten, wie Blitzschlag oder starker Sturm, welche die offenen Feuer zum Lodern brachten. So gab es bereits im 11. Jahrhundert Anordnungen, nach denen die Feuer abends zu einer bestimmten Zeit gelöscht werden mussten. Brach aber ein Feuer aus, so stand in unglaublich kurzer Zeit alles in Flammen. Die Menschen flüchteten, versuchten ihr Leben und das ihrer Kinder und Kranken zu retten. Ans Löschen dachte niemand. In den Dörfern von Thüringen wüteten in früheren Jahren mehrfach Feuer und Brände. Oftmals wurden ganze Straßenzüge und halbe Dörfer Opfer der Flammen. Neben Leichtfertigkeiten im Umgang mit Feuer waren die Bausubstanz der Häuser und Höfe sowie die ungenügende Ausstattung mit Feuerkunst die Hauptursachen für die Feuerbrunst. Im Folgenden wird über vier verheerende Brände in Dörfern aus unserer Region berichtet.

Im Jahr 1725 brach in der Nacht vom 30. April zum 1. Mai in der Kirchgasse von **Dachwig** (heute im Landkreis Gotha gelegen) ein Feuer aus. Es vernichtete 26 Wohnhäuser, viele Nebengebäude, die Pfarrscheune und die Knabenschule. Auch Pfarr- und Kirchenakten fielen den Flammen zum Opfer. Brandstifter waren fünf Männer und eine Frau, die auch in der benachbarten Gemeinde **Döllstädt** Feuer legten. Bei einer Brandstiftung in der Gemeinde **Werningshausen** (heute im Landkreis Sömmerda gelegen) wurden die Täter gefasst. Sie büßten die Taten mit dem Tod.

Am 13. November 1736, nachmittags gegen 3 Uhr, wütete in **Alperstedt** (heute im Landkreis Sömmerda gelegen) die größte Feuerbrunst in der Geschichte des Ortes. 40 Häuser, welche südlich des Dorfausgangs nach Riethnordhausen standen, wurden vernichtet. Auch das Pfarrhaus und die Schule brannten ab. Die Ursache des Unglücks war eine Unbedachtheit einer Alperstedter Einwohnerin. Sie heizte, wie es damals üblich war, den Herd mit Stroh, denn Holz war knapp und Kohle unbekannt. Als sie Wasser am Brunnen holte, fing in der Stube umher liegendes Stroh Feuer. Schnell stand das ganze Haus in Flammen. Damals waren noch die Dächer mit Stroh gedeckt. Stürmischer Wind wehte die Flammen durch die Gassen des Dorfes. Alle Löschversuche scheiterten. Die Familie der unglücklichen Frau wurde daraufhin aus Alperstedt ausgewiesen. Im damaligen Sprachgebrauch bedeutete das „ins Elend geschickt".

Am 31. März 1843 bricht abends um 8 Uhr in **Andisleben** (heute im Landkreis Sömmerda gelegen) in der Scheune eines Bauern ein Feuer aus. Durch den heftigen Südwind sind binnen weniger Stunden 43 Häuser, 38 Scheunen und 37 Ställe in Schutt und Asche gelegt. Außer den Gebäuden fallen 40 Schafe, 21 Schweine, vieles Federvieh, 1.158 Scheffel Getreide, große Heu- und Strohvorräte sowie viele Wirtschaftsgeräte und Mobiliar den Flammen zum Opfer. Nach dem Brand trifft Hilfe von nah und fern ein. Darunter ist auch eine Hauskollekte des Landrates. Die Hilfsgüter werden an die Einwohner verteilt, deren Hab und Gut verbrannt ist.

Nach wochenlanger Hitze und Trockenheit brachte am 5. September 1929 ein Gewitter große Feuersnot über **Büßleben** (heute ein ländlicher Ortsteil von Erfurt). Dazu ist Folgendes überliefert: *„Der gelbschwarze Himmel sah beängstigend aus. Es herrschte eine unheimliche Stille. Kaum waren einige Regentropfen gefallen, traten ein greller Blitzstrahl und ein Donner ein. Gelber Schwefeldampf wälzte sich über die Unglücksstätte. Der Blitz hatte in die Scheune eines Landwirtes eingeschlagen. Diese brannte lichterloh. Der Sturm peitschte die Flammen auf die Scheunen von zwei benachbarten Familien. Diese brannten sofort lichterloh und waren nicht mehr zu retten. Auch ein sich weiter anschließendes Gehöft brannte in der Gesamtheit nieder. Die Häuser zweier weiterer Familien standen eine Stunde lang im Funkenregen und waren stark gefährdet. Wäre anschließend nicht ein ergiebiger Regen gefallen, hätte das gesamte Mitteldorf abbrennen können. Die Feuerwehren aus den benachbarten Orten* ***Urbich***, ***Dittelstedt***, ***Niedernissa*** *und* ***Rohda*** *sowie aus* ***Erfurt*** *eilten herbei und verhinderten Schlimmeres. Zum Glück war die Feuerwehr aus Erfurt damals schon mit einer Motorspritze ausgerüstet."*

In den Ortschroniken von zahlreichen Gemeinden spielen die Feuerwehren eine bedeutsame Rolle. Als ein Beispiel sollen Angaben aus **Markvippach** im Landkreis Sömmerda genannt werden. Dort beging die Freiwillige Feuerwehr im Jahr 2006 ihr 125-jähriges Gründungsjubiläum. In der damals vom hiesigen Feuerwehrverein herausgegebenen Festschrift wird auch über die historischen Feuerlöschgeräte und Spritzenhäuser berichtet. Nach diesen Überlieferungen ist der lederne Feuereimer das älteste spezielle Löschgerät. Nach den hölzernen Handspritzen wurde mit dem Bau von transportablen und später fahrbaren Feuerspritzen das Löschwesen revolutioniert. Diese Feuerspritzen bezeichnete man ehrbar als „Feuerkunst". Grundlage dieser Revolution war eine Weiterentwicklung der Kolbenpumpe. Mit ihr konnte man nun Druck erzeugen. Der sich durch ein sich verengendes Stahlrohr gepresste Wasserstrahl ermöglichte die zielgerichtete Bekämpfung des Brandherdes von einem entfernten Ort aus.

Die erste Feuerspritze wurde in Markvippach gegen Ende des 17. Jahrhunderts angeschafft (genauere Überlieferungen liegen nicht vor). Im Laufe der Zeit verbesserte sich die technische Ausstattung der hiesigen Feuerwehr zunehmend. So kaufte man 1883 eine neue vierrädrige Handdruckspritze mit Saugwerk. Dazu gehörten auch ein Schlauchwagen und 70 Meter Hanfschlauch. 1946 gab es in Markvippach die erste „Feuerwehrliste" nach dem Zweiten Weltkrieg. Es gab einen Ortsbrandmeister, einen sonstigen Führer und 19 Feuerwehrmänner. An Gerätschaften waren vorhanden: 1 Handdruckspritze mit Saugwerk, 1 Schlauchwagen, 2 Handlampen, 2 Hakenleitern, 1 Stützleiter, 3 sonstige Feuerleitern, 7 Feuerhaken, 1 Fangleine, 2 Äxte, 6 Beile, 1 Schlauchhalter, 13 Schlauchbinden, 5 Stahlrohre, 18 Druckschläuche, 3 Saugschläuche, 1 Spritzenplane, 1 Räumnadel, 2 Reservedichtringe, 1 Unfallverhütungsvorschrift, 1 Ausbildungsvorschrift. Die Alarmierung erfolgte mit Signalhorn.

Auf die Aufzählung der Ausrüstungsgegenstände der Freiwilligen Feuerwehren in der heutigen Zeit soll verzichtet werden. Wer sich für diese Angaben interessiert, dem geben die ortsansässigen Wehren dazu gewiss Auskünfte.

Mit Fug und Recht können wir einschätzen: In den Gemeinden von Thüringen sind heutzutage leistungsstarke Freiwillige Feuerwehren vorhanden. Auch wenn in manchen Orten die Löschtechnik nach dreißig Jahren erneuert werden muss, so ist doch die Einsatzfähigkeit gewährleistet. Zudem werden die Einsatzkräfte durch regelmäßige Übungen und Schulungen auf notwendige Einsätze vorbereitet. Unbedingt erwähnt werden muss noch, dass sich die Einsatzgebiete der Freiwilligen Feuerwehren in der heutigen Zeit nicht mehr nur auf das Löschen von Bränden beschränken, sondern dass die Feuerwehren u.a. auch bei Havarien, witterungsbedingten Umweltschäden und Verkehrsunfällen im Einsatz sind.

Gewollte Feuer gibt es seit mehreren Jahren an einem Samstag im August in der Region Drei Gleichen bei **Mühlberg** im Landkreis Gotha. Dann ist nämlich der „Drei(n)schlag" zu erleben. Dann schlagen – wie einer Sage nach in einer Mainacht anno 1231 – gleichzeitig Blitze in die Wachsenburg, die Burg Gleichen und die Mühlburg ein. Aber im Gegensatz zu damals setzen die Blitze die drei Burgen nicht in Brand. Vielmehr inszeniert ein Feuerwerker ab 22:30 Uhr das Spiel aus Blitz und Donner und ein Höhenfeuerwerk. Im August 2023 fand der „Drei(n)schlag" zum sechsten Mal statt. In der Regel gibt es das Feuerspiel aller drei Jahre, aber wegen der Corona-Pandemie fand es nunmehr nach sechsjähriger Unterbrechung erstmals wieder statt. Durch das Feuerwerk erleuchtete der Nachthimmel in allen Farben.

Feste

Volksfeste sind im Brauchtum verankerte regional typische Feste, die meistens eine sehr lange Tradition besitzen. Oft beziehen sie sich auf kirchliche Feste aus dem Mittelalter oder regional typische Bräuche. In Thüringen werden oft und gern Feste gefeiert. Die Feste sind sehr vielfältig. Es gibt Feste, die zumeist in Städten stattfinden und zu denen Besucher von nah und fern anreisen. Viele Bewohner der Landgemeinden von Thüringen machen sich dann auf den Weg, um bei diesen Festen Fröhlichkeit und Lebensfreude zu erleben.

Als Beispiele sollen hier nur das Krämerbrückenfest und das Oktoberfest in **Erfurt**, der Sommergewinn in **Eisenach**, der Zwiebelmarkt in **Weimar**, die Prinzenraubfestspiele in **Altenburg**, das Rolandfest in **Nordhausen**, das Mittelalterfest in **Bad Langensalza**, das Poppenröder Brunnenfest und die Stadtkirmes in **Mühlhausen** sowie das Vogelschießen und das größte Folk-Roots-Weltmusik-Festival in **Rudolstadt** genannt werden. In diese Kategorie kann man auch die Europeade in **Gotha** einordnen. Das ist Europas größtes Folklorefestival. Die Stadt Gotha war bisher in den Jahren 2013 und 2023 bereits zweimal Ausrichter dieses Festivals. Dabei tanzen, springen und singen die Folkloregruppen in farbenprächtigen Gewändern auf Plätzen und Gassen der Innenstadt.

In den Dörfern unserer Region finden aber auch zahlreiche für die jeweilige Region bedeutsame Feste statt. Dazu gehören u.a. Kinderfeste, Sommerfeste, Sportfeste, Erntefeste und Weihnachtsmärkte. Auch die Kirmes und der Karneval gehören dazu. Zu diesen beiden Festivitäten wird in diesem Kapitel an anderer Stelle ausführlicher berichtet. Im Folgenden wollen wir einige Beispiele von Festen in Augenschein nehmen.

Zum Osterfest gibt es in den Orten unserer Region unterschiedliche Bräuche. Verbreitet sind die Osterfeuer. In einigen Gemeinden laden Vereine zu Osterspaziergängen ein. So trifft man sich in **Rohda am Haarberg** – einem ländlichen Ortsteil von Erfurt – am Nachmittag vom Karfreitag mit

Kind und Kegel zum Osterspaziergang. Gemeinsam geht es durch Wald und Flur, man genießt die gesunde Landluft und erfreut sich an der sprießenden Natur. Für die Kinder hat der Osterhase Ostereier und Süßigkeiten versteckt. Mit großem Hallo freuen sich die Kids über ihre Funde. In **Zimmersupra** im Landkreis Gotha traf sich die Dorfgemeinschaft 2011 erstmals an der idyllisch gelegenen Quelle, dem Biedenborn, zu einem Osterfest mit allerlei Überraschungen für Klein und Groß. In **Döllstädt**, ebenfalls im Landkreis Gotha gelegen, gibt es seit 1996 ein Osterfeuer mit einem Umzug. Dann versammeln sich die Döllstädter vor der Kirche. Mit Fackeln und Laternen ziehen sie durch das ganze Dorf. Veranstalter ist die Freiwillige Feuerwehr des Ortes. Sie begleitet den Umzug und wacht am Feuerplatz.

Nur kurze Zeit nach Ostern wird weltweit der 1. Mai begangen. Zum ersten Mal war es 1890 der Fall, als man diesen „Protest- und Gedenktag" mit Massenstreiks und Massendemonstrationen beging. In Deutschland ist der 1. Mai seit 1933 ein gesetzlicher Feiertag. In der DDR war der 1. Mai der „Internationale Kampf- und Feiertag der Werktätigen für Frieden und Sozialismus". Man knüpfte an die Traditionen der internationalen Arbeiterbewegung an und organisierte Demonstrationen der Werktätigen und der anderen Bevölkerungsschichten. Der 1. Mai wurde in den meisten Dörfern unserer Region als herausgehobenes Ereignis im Dorfgemeinschaftsleben begangen. Nach der Demonstration fanden zumeist Volksfeste auf dem Dorfanger, dem Sportplatz oder im Gemeindesaal statt. Unvergessen bleiben wohl die „Bockwurstmarken", die von den Betrieben an die Werktätigen ausgegeben wurden und zum kostenlosen Verzehr einer Bockwurst berechtigten.

So wie in **Kleinmölsen** im Landkreis Sömmerda gab und gibt es in vielen Orten der Region die Tradition des Maifeuers. Zumeist wird das Maifeuer von der Gemeinde und der Freiwilligen Feuerwehr organisiert und ist für Groß und Klein im Ort immer wieder ein schönes Erlebnis. Der von engagierten Einwohnerinnen gefertigte bunte Maikranz – als Sinnbild des im Mai neu erwachenden Lebens – gehört als Blickfang dazu.

Die Bräuche anlässlich des 1. Mai haben sich im Laufe der Zeit in den Dörfern unserer Region verändert. Heute bestimmen das Setzen des Maibaumes und das gemeinsame gesellige Beisammensein beim Bestaunen des Maifeuers am Vorabend des 1. Mai sowie vereinzelte Dorf- und Kinderfeste den gesetzlichen Feiertag in den Dörfern. Eine Maikundgebung mit Festrednern gibt es nach Kenntnisstand des Autors in unseren Gemeinden heute nicht mehr.

In den Monaten April bis September finden in den Orten unserer Region eine Vielzahl von Festen statt. Die Feste werden von verschiedenen Vereinen – oft in Zusammenarbeit mit der Gemeinde – organisiert. In dieser Zeit pulsiert das Dorfgemeinschaftsleben.

Ende April, wenn die Obstbäume am Fuße der Fahner Höhe in voller Blüte stehen, steigt alljährlich in **Gierstädt** im Landkreis Gotha das Blütenfest. Dieses Fest hat eine große Tradition. Im Jahr 2009 gab es mit dem 111. Blütenfest ein Schnapszahljubiläum. Neben einem bunten Kulturprogramm werben beim Blütenfest die Zünfte des Thüringer Handwerks mit ihren Produkten. Die Betriebe von Fahner Obst und Fahner Frucht geben einen Einblick in ihre Produktpalette. Sehr beliebt sind die geführten Wanderungen durch die Obstplantagen und die geführten Wanderungen für die Vogelfreunde in die Natur und an den Speicher. Ein Höhepunkt des Blütenfestes ist alljährlich die Krönung der Kirschkönigin. Sie verfügt über allerlei Wissen vom Obstanbau und repräsentiert das Obstanbaugebiet an der Fahner Höhe auf den vielfältigen Veranstaltungen in ganz Thüringen und darüber hinaus.

In **Ringleben** im Landkreis Sömmerda hat das Brückenfest einen festen Platz im Veranstaltungskalender des Ortes. Ein Knüller des Brückenfestes ist das Bootsrennen auf der Gera. Hier werden viele Boote der Marke Eigenbau zu Wasser gelassen. Einen Preis gibt es nicht nur für das schnellste Boot, sondern auch für das originellste „Wasserfahrzeug".

Seit 1993 gibt es in **Kranichborn** im Landkreis Sömmerda den Heimatverein. Seitdem organisiert der Verein im Sommer ein Heimatfest. Dabei trifft sich die Dorfgemeinschaft und für alle Altersklassen ist bei dem bunten Programm etwas dabei. Mehrere Jahre war bei den Kindern das Seifenkistenrennen sehr beliebt. Dabei ging es sowohl um die schnellste als auch um die schönste Seifenkiste.

Rund um den Hofladen in **Kleinrettbach** im Landkreis Gotha findet alljährlich ein Hoffest statt. Das veranstalten die Agrar GmbH Gamstädt-Kleinrettbach, die Gemeinde und die hiesigen Vereine in Gemeinschaft. Bestandteil des Hoffestes ist neben Musik und Tanz eine Technikschau der Landmaschinen von gestern und heute. Auch Schauvorführungen an alten Dreschmaschinen oder an Spinnrädern gehörten schon zum Programm.

Ein gutes Beispiel für Feste auf dem Lande sind die Schützenfeste. In **Bad Berka** im Kreis Weimarer Land lädt die Privilegierte Schützengesellschaft 1775 e.V. alljährlich zum traditionellen Schützenfest in den Bad Berkaer Kurpark ein. Das Fest wird mit einem Frühschoppen im Festzelt und dem Gästekönigsschießen im Luftgewehrstand eröffnet. Ein weiterer Höhepunkt des Festes ist das Böller- und Kanonenschießen mit Proklamation und Prämierung des Gästeschützenkönigs. Bei Musik und Tanz feiern die Schützen gemeinsam mit Gastvereinen und Besuchern. Für das leibliche Wohl ist mit Bratwurst, Brätl, Fisch- und Lachsbrötchen sowie Fettbrot gesorgt. Am Nachmittag gibt es zudem Kuchen.

Der Schützenverein **Treffurt** 1516 e.V. aus dem Wartburgkreis feierte im Jahr 2016 sein 500-jähriges Bestehen. Neben dem Schießsport ist die Traditionspflege des deutschen Schützentums das Ziel des Vereins. Der Verein richtet jährlich das Treffurter Schützenfest aus. Die ersten Schützenfeste der Schützengilde fanden bereits im 15. Jahrhundert statt. Geschossen wird aus diesem Anlass traditionell auf Papierscheiben und einen aus Lärchenholz geschnitzten Holzvogel. Wenn dieser fällt, werden traditionell drei Böllerschüsse abgefeuert. Der siegreiche Schütze wird Schützenkönig. Damit pflegt der Verein auch klassische Traditionen der historischen Schützenbruderschaften.

Der Club maritim Erfurt veranstaltet jedes Jahr am Alperstedter See – der sich zwischen **Stotternheim** und **Alperstedt** befindet, aber zur Gemarkung von Nöda im Landkreis Sömmerda gehört – sein Neptunfest. Höhepunkt ist dabei stets die Neptuntaufe. Zur Taufe werden zunächst die Auserwählten von Häschern mit dem Netz eingefangen, ins Fass gesteckt, vom Doktor untersucht und einbalsamiert. Vom Schlamm gereinigt, rasiert und durch einen Trank gestärkt, empfangen sie untertänigst vom Gott der Meere, Beherrscher der Seen, Flüsse, Tümpel und Moraste die Taufe. Fortan tragen sie beispielsweise die Namen „Dummtuende Wassernixe", „Vertrockneter Dörrfisch", „Kämpfende Rennmaus", „Wassersüchtiger Weiberheld", „Finanztechnisches Rudermäuschen", „Heimlich trainierende Knotenfrau" oder „Schönwetter segelndes Optimoppelchen".

Über ein seltenes Fest wird in der Ortschronik von **Mönchenholzhausen** im Kreis Weimarer Land berichtet. Darin steht, dass seit etwa 1930 jeweils am Johannistag, dem 24. Juni, der Grasekönig gefeiert wird. In der Chronik heißt es:

„Am Ausgang des Dorfes ist unter den alten Linden die Schuljugend versammelt. Die Kinder sind mit einer sonderbaren Arbeit beschäftigt. Sie machen den Grasekönig, ein aus vier Ruten bestehendes Gestell, das unten durch Draht zusammengehalten und mit zwei Griffen versehen wird. Dieses Gerüst, das die Jungen anfertigen, umflechten die vier ältesten Mädchen mit Laub und Gezweig. Ebenso ist es Vorrecht der vier ältesten Knaben, das Gerippe herstellen zu dürfen. Das Ganze erscheint als Laubkuppel. Ihr wird eine ebenso geformte Krone aufgesetzt. Auch die Schleppe des Königs, bestehend aus Laubzweigen, fehlt nicht. Das Material wird in der Mittagsstunde zusammengetragen. Die ältesten Knaben und Mädchen, welche den Grasekönig machen, besorgen auch das Laub und die Weiden. Bei der eigentlichen Arbeit leisten die jüngeren Schulkinder kleine Handdienste. Sie reichen Laub zu oder erbitten sich im Dorf die Blumen für die Krone. Nach seiner Vollendung wird der Grasekönig in eine in

der Nähe befindliche Scheune gestellt. Dort bleibt er bis zur Frühabendzeit. Gegen sieben Uhr versammeln sich die Kinder abermals unter den Linden. Der König wird aus seinem Verlies geholt. Jetzt geschieht etwas eigenartiges: Ein Junge begibt sich unter das Laubgewölbe, völlig von ihm verdeckt. Er bleibt auch während des Umzuges durchs Dorf, der nun beginnt, unter der Blätterkuppel verborgen und wird nur ab und zu von einem anderen abgelöst. Getragen wird der Grasekönig von den vier ältesten Mädchen, je zwei und zwei abwechselnd.

Der Zug berührt jede Gasse. Vier Kinder – je zwei Mädchen auf jeder Straßenseite – mit Bändern geschmückt, gehen unterdessen von Haus zu Haus und sammeln Geld und Eier ein. Dabei sagen sie folgendes Sprüchlein auf:

Dort steht der kleine König.
Gebt ihm nicht zu wenig.
Lasst ihn nicht zu lange stehen.
Er will ein Häuschen weiter gehen.

Mit einem sonderbaren Akt endet der Umzug. Hat die Kinderschar das entgegengesetzte Dorfende erreicht, so wirft sie den Grasekönig, der mit so viel Liebe und Sorgfalt hergestellt worden ist, an der Brücke beim Gemeindegasthof unter lautem Jubel und Hallo in den Bachgraben. Erst jetzt kommt der unter der Laubkuppel verborgene Junge wieder zum Vorschein. Die Blätterhülle selbst wird von der Dorfjugend zertrampelt und zertreten. Die gesammelten Eier kocht die Lindenwirtin. Sie werden dem Alter der Schüler und der Größe ihrer Leistung an dem vollbrachten Werk entsprechend verteilt. Für das gesammelte Geld, meistens sind es Kleinmünzen, kaufen die Kinder köstlichen Gänsewein (Brause). Und nun fängt ein fröhlichen Schmausen an.“

Ein ganz besonderes Fest findet alljährlich im August an der Bleiloch-Talsperre bei **Saalburg** im Saale-Orla-Kreis statt. Dann steigt dort das Festival „Sonne, Mond und Sterne“. Es ist eines der größten Festivals der elektronischen Musik in Deutschland und Europa. Zumeist sind mehr als 50 Musiker aus vielen Genres der elektronischen Tanzmusik dabei. Im August 2023 fand dieses Highlight bereits zum fünfundzwanzigsten Mal statt. Die Bässe vibrierten zwei Tage lang Nonstop. Es war ein Wochenende voller tanzbarer Höhepunkte.

Etwas Besonders war Anfang des Jahres 2024 auch das Klubfest der Zeitung „Thüringer Allgemeine“. Die Zeitung hatte zur einzigartigen Glitzerwelt an den Stausee **Hohenfelden** im Landkreis Weimarer Land geladen. Die Glitzerwelt – das sind Fabel- und Märchenwesen aus fünf Millionen Lichtern in allen erdenklichen Farben. Über die dunkle Wasserfläche des Stausees ziehen dabei leuchtende Schwäne und schimmernde Boote. Wie auf eine Leinwand spiegelt sich das Leben im See. Kristallene Schlösser und Paläste, Eiswelten und Glitzerspielplätze, ein grün funkelndes Labyrinth voller magischer Wesen. Dazu kommen Pavillons, unter deren Kuppel Geschichten erzählt und Träume erfüllt werden. Das alles verwandelt das Seeufer in eine verwunschene Fantasielandschaft.

In manchen Fällen gestalten sich auch Märkte zu Volksfesten. Das beste Beispiel dafür ist der Thüringer Bauernmarkt in **Elxleben** im Landkreis Sömmerda. Lange Zeit hatte die Regionale Aktionsgruppe Sömmerda-Erfurt e.V. versucht, einen regionalen Bauernmarkt zu organisieren, um Händler und Unternehmen der Region zusammenzubringen. Am Tag der Deutsche Einheit 2012 ist dies in Elxleben erstmals gelungen. Inzwischen findet der Thüringer Bauernmarkt jedes Jahr statt. Im Jahr 2017 kamen 25.000 Besucher. Zum Bauernmarkt gab und gibt es vieles zu bestaunen, was die Region zu bieten hat. Dazu gehören Fleisch- und Wurstwaren, Backwaren, Honig, Obst und Gemüse, selbst gebrautes Bier, Spanferkel, Kaffee und Kuchen, Landwirtschaftstechnik, Informationen rund um die Region und ein attraktives musikalisches Rahmenprogramm.

Forstwirtschaft und Wälder

Die Forstwirtschaft ist in Thüringen ein bedeutender Wirtschaftszweig. Das liegt sicher auch daran, dass Thüringen einen relativ hohen Waldbestand hat. Immerhin ist mit 34 % rund ein Drittel der Landesfläche Thüringens bewaldet. Das sind rund 550.000 Hektar. Natürlich ist das zuerst dem schönen Thüringer Wald „geschuldet", aber auch die Waldgebiete im Südharz und im Hainich leisten ihren Beitrag dazu.

Der Mensch kann diesen Wald nicht sich selbst überlassen. Er muss bewirtschaftet werden. Darum gibt es die Forstwirtschaft. Die Forstwirtschaft ist ein zur Urproduktion gehörender Wirtschaftssektor, der das planmäßige Handeln der Menschen im Wald zum Ziel hat. In Deutschland sind die Waldbesitzer nach den Bundes- und Landeswaldgesetzen dazu verpflichtet, ihre Wälder ordnungsgemäß und nachhaltig zu bewirtschaften. Hierbei kommt es darauf an, dass die Funktionen des Waldes nicht nur als Rohstoffquelle, sondern auch als Grundlage für den Artenschutz, den Bodenschutz, den Klimaschutz und den Wasserschutz sowie für Freizeit und Erholung der Bevölkerung berücksichtigt werden. Das erfordert von der heutigen Forstwirtschaft ein ständiges Abwägen zwischen wirtschaftlichen und ökologischen Interessen, um die unterschiedlichen Ansprüche an den Wald berücksichtigen können.

Die volkswirtschaftliche Bedeutung der Forstwirtschaft kommt auch darin zum Ausdruck, dass sie für viele Tausend Menschen Arbeit und Einkommen bietet. Diese Arbeitskräfte sorgen dafür, dass über 90 % des Umsatzes eines Forstbetriebes durch den Verkauf des erzeugten Holzes erwirtschaftet wird. Jedoch werden auch andere Erzeugnisse des Waldes genutzt. Zu diesen Nicht-Holzprodukten zählen u. a. Pilze, Beeren, Kräuter und Wildfleisch. In der Thüringer Forst- und Holzwirtschaft arbeiten rund 23.000 Menschen. Diese reichen vom Waldarbeiter in der Landesforstanstalt über die Försterin im Kirchenwald bis hin zum Betreiber eines Sägewerkes. Zusammen erwirtschaftet die Branche einen Jahresumsatz von etwa 3 Milliarden Euro. Für die in der Forstwirtschaft Beschäftigten ist es wichtig, nicht nur für die Gegenwart zu arbeiten, sondern stets auch an die Zukunft des Waldes zu denken. Der Wald mit seinen multifunktionalen Eigenschaften wird auch in Thüringen seit Jahrzehnten durch die Gesellschaft wertgeschätzt. Das ist um so mehr der Fall, seitdem die Klimaschutzwirkung der Wälder bekannt ist.

Neben den wichtigen Schutz- und Erholungsfunktionen erhielt zudem auch der Rohstoff Holz eine neue Wertung. Als attraktiver Rohstoff findet er sich in vielen Industrie- und Handwerkszweigen wieder und wird immer beliebter. Holz und seine chemischen Inhaltsstoffe spielen eine zentrale Rolle auf dem Weg in eine nachhaltige, vor allem karbonfreie, Wirtschaftsweise. Die Deckung der stetig wachsenden Holznachfrage ist aber ohne den Einsatz moderner Waldpflege und Holzerntetechnik kaum möglich.

Der ThüringenForst handelt nach diesen Vorgaben und pflegt seine eigenen Waldbestände regelmäßig. Zudem setzt sich ThüringenForst für die Wälder Thüringens und damit für das gesellschaftliche Waldvermögen ein. Zur Holzernte werden deshalb auch nur bewährte und umweltschonende Verfahren angewendet. Dabei zielt das waldbauliche Leitbild auf einen artenreichen und strukturierten Dauerwald ab. Dieser minimiert durch seine Stabilität und Anpassungsfähigkeit die Risiken bei witterungsbedingten Schadereignissen wie Sturm, Schnee und Bränden. Auch Schädigungen durch Insekten, Pilze oder Mäuse halten strukturreiche Wälder besser aus. Die Waldentwicklung wird sozusagen vom naturnahen Waldbau begleitet.

Vielerorts bedarf es eines langwierigen Waldumbauprozesses zur Stabilisierung des Mischwaldes. Dabei ist die zielorientierte Ausübung der Jagd einer der wichtigsten Erfolgsfaktoren. In Thüringen wird auf Wildbestände hingewirkt, für die auch in harten Wintern ein ausreichendes natürliches Nahrungsangebot besteht. Dadurch soll die Verjüngung und Erziehung standortgerechter und stabiler Mischbestände auch ohne zusätzliche Schutzmaßnahmen, wie vergleichsweise teure Zäune, möglich werden. Somit werden in vielerlei Hinsicht Ressourcen nachhaltig geschont.

Die Verantwortlichen in den Forstämtern und die Arbeiter in den Forstwirtschaftsbetrieben arbeiten seit Jahren daran, durch den Waldumbau die Wälder für den fortschreitenden Klimawandel zu rüsten. Unsere Förster „bauen" deshalb den Wald um. ThüringenForst passt die Wälder dem Klimawandel an. Das Ziel ist ein standortgerechter, baumartenreicher, strukturierter und ungleichaltriger Wald, der auch Wetterextremen wie Dürren, Stürmen oder Überschwemmungen standhält und zugleich eine nachhaltige und multifunktionale Nutzung ermöglicht. Reine gleichaltrige Fichtenwälder haben ausgedient, da sie nicht für alle Waldstandorte und Waldrisiken geeignet sind. Fichten sind als Flachwurzler mit relativ breiten Kronen anfällig für Sturmwurf und Schneebruch.

Der Wald der Zukunft wird ein Mix von einheimischen Baumarten sein. Im Einzelfall werden diese je nach Standort um besonders gut geeignete nichtheimische Baumarten ergänzt. Es geht dabei um unterschiedliche Wurzeltypen, die sich gut im Waldboden festhalten, und die Kronenformen haben, welche dem Sturm und dem Schnee standhalten. Unsere Waldbesitzer und Förster machen den Wald stabil und widerstandsfähig, damit er auch in Zukunft viel Kohlendioxid in Sauerstoff umwandeln kann. Doch das ist keine Einbahnstraße. Mit den Folgeschäden, den der Klimawandel hervorgerufen hat (lange Trockenperioden, weniger Niederschläge) werden wir ebenso leben müssen wie mit dem Borkenkäfer. Dadurch erhöht sich das Aufkommen an Schadholz. Lag das Schadholzaufkommen in Thüringen im Jahr 2019 bei rund vier Millionen Festmetern, so waren es 2022 bereits über fünf Millionen Festmeter. Dieser Zustand setzte sich leider im Jahr 2023 fort. In diesem Jahr fielen sechs Millionen Festmeter Schadholz an. Besonders aktiv ist der Fichtenborkenkäfer. Er verursachte so viel Schadholz wie noch nie vorher.

Alles in allem kann man einschätzen, dass der Wald in Thüringen immer mehr an Vitalität verliert. Nur noch 18 % der Bäume gelten als gesund. Die Schadfläche im Freistaat hat inzwischen rund 110.000 Hektar erreicht. Seit 2018 sind dabei fast 28 Millionen Festmeter Schadholz durch Dürre, Sturm und Borkenkäfer angefallen. 87 % betreffen dabei die Fichte. Von diesen Fakten sind der Staatswald, der Körperschaftswald und der Privatwald gleichermaßen betroffen. Die größten Schäden gibt es in den Landkreisen Sonneberg, Saalfeld-Rudolstadt und Saale-Orla-Kreis. Die Bestrebungen, dieser Entwicklung Einhalt zu gebieten, sind in Thüringen vielfältig. Dazu gehört auch der „Aktionsplan" Wald, der mit 500 Millionen Euro untersetzt ist. Die angestrebte Naturverjüngung ist bereits in Gang gesetzt. Allein zwischen den Jahren 2021 und 2023 wurden durch die Landesforstverwaltung sechs Millionen Setzlinge gepflanzt. In der landeseigenen Forstbaumschule in **Breitenworbis** im Landkreis Eichsfeld werden 32 Arten für den Waldumbau kultiviert.

Abschließend zu den Stichworten Forstwirtschaft und Wälder soll noch auf das Forsthaus **Willrode** hingewiesen werden. Das ist ein Gebäudekomplex südöstlich von Erfurt. Die Anlage liegt im Willrodaer Forst auf dem Gebiet des ländlichen Erfurter Ortsteils **Egstedt**. Das Forsthaus besteht aus mehreren Gebäuden. Sie wurden als Gut errichtet und später als Jagdschloss umgebaut und erweitert. Danach dienten die Gebäude als Forsthaus. Am 9. September 2009 wurde zum Tag des Offenen Denkmals im Forsthaus Willrode das Ende der erfolgreichen Sanierung gefeiert. Gleichzeitig beging an diesem Tag der „Verein der Freunde und Förderer des Forsthauses Willrode e.V." sein 20-jähriges Bestehen. Das Gut ist heute im Besitz des Freistaates Thüringen und untersteht der Landesforstverwaltung. Es beherbergt das Thüringer Forstamt und es ist ein Ort kultureller Begegnung. Zugleich ist es ein beliebtes Ausflugsziel. Den Zugang zum Forsthaus findet man über eine Zugangsbrücke und das Eingangstor. Das wertvollste und älteste Gebäude der Anlage ist die Kapelle. Das ist ein gut erhaltener dreigeschossiger Quadersteinbau im romanischen Stil. Zu den

Bestandteilen der Anlage gehören der Stall und die Scheune, der Backofen und das Lapidarium. Stall und Scheune waren im Laufe der Jahre sehr baufällig geworden. Die Gebäude wurden saniert und erneuert und werden heute für das Vereinsleben genutzt. In der Scheune wird auch regelmäßig Wildverkauf durchgeführt.

Der altdeutsche Backofen aus dem 17. Jahrhundert wurde rekonstruiert und hat sich zu einer besonderen Attraktion beim monatlichen Tag der Offenen Tür entwickelt. Auf der Westseite des Hofes ist seit 2009 ein Lapidarium eingerichtet. Das ist eine Ausstellung Thüringer Grenzsteine. Hier sind mehr als ein Dutzend Grenz- und Gemarkungssteine mit gut beschrifteten Erläuterungstafeln zu bewundern.

Abschließend zum Stichwort Forstwirtschaft und Wälder sei noch auf eine besondere Baumpflanzaktion hingewiesen. Im Nachgang der Wald-Retter-Woche des Forstamtes Erfurt-Willrode pflanzten im November 2023 rund sechzig Helfer in der Apfelstädter „Buschwitte" über 600 Eichen, Ahorne und Wildobstbäume. Daneben sind zirka 100 Schwarz- und Hickorynüsse in den Boden gebracht worden. Diese Baumarten haben sich als klimaresistent erwiesen und überstehen auch starke Hitze und zeitweilige Trockenheit.

Garten und Gartenbau

Gärten gehören zum Landleben wie das Salz zur Suppe. Über Jahrhunderte diente der Garten zur Selbstversorgung der Dorfbevölkerung mit Obst und Gemüse. Diese Funktion hat im Laufe der Zeit zweifellos eine Veränderung erfahren. Besonders in den letzten dreißig Jahren sind aus mehreren Gemüsegärten Stätten der Erholung und Entspannung geworden. Schließlich haben viele Einkaufsmärkte stets ein frisches und reichhaltiges Angebot von Obst und Gemüse. Dennoch lassen es sich die meisten Gartenbesitzer auch heute nicht nehmen, ein ausgewähltes Sortiment für den Hausgebrauch noch selbst anzubauen.

Der Gartenbau hat in Thüringen eine große Tradition. Die Stadt **Erfurt** beherrschte um 1900 den Weltmarkt in Sachen Gartenbau und Samenzucht. Lange Zeit wurde Erfurt weit über die Stadtgrenzen hinaus auch als Blumenstadt wahrgenommen. Als „Wiege des Gartenbaus" gilt die feuchte und fruchtbare Gera-Niederung am Dreienbrunnenfeld nahe **Hochheim**. Dort wirkte bereits der Gartenbau-Pionier Christian Reichart im 18. Jahrhundert. Im 19. Jahrhundert siedelten sich in und um Erfurt weitere Gartenbauunternehmen an. So u. a. Benary, Chrestensen, Haage (Kakteen-Haage) und Schmidt (Blumenschmidt).

Zwischen 1950 und 1971 hielten einige Gartenbauunternehmen ihre Familientradition gegen die Kollektivierungsbestrebungen der DDR-Führung aufrecht. Im Jahr 1972 konnten die Firmen Chrestensen und Haage die Überführung in Volkseigentum nicht verhindern. Seit der Reprivatisierung im Jahr 1990 sorgen beide Firmen mit sehr viel Engagement dafür, dass Erfurt auch heute noch über Gartenbauunternehmen von internationalem Ruf verfügt.

In den ländlichen Ortsteilen von Erfurt war der Gartenbau zu DDR-Zeiten entweder in Gärtnerischen Produktionsgenossenschaften (GPG) oder Gärtnereiabteilungen der LPG angesiedelt. Heute wird die Gartenbautradition in diesen Orten erfolgreich weitergeführt. Beispiele dazu gibt es u.a. in **Dittelstedt**, **Mittelhausen** und **Tiefthal**. Seit 1993 gibt es in Tiefthal die Baum- und Rosenschule Kühr. In der Tiefthaler Flur wachsen auf mehr als einem Dutzend Hektar Obstbäume, soweit das Auge reicht. Bis zu 50.000 Zweijährige verlassen alljährlich das Firmengelände. Beliefert werden Obstproduzenten aus ganz Deutschland. Die zweite Spezialität der Kührs ist die Königin der Blumen – die Rose. Dem Familienbetrieb haben es vor allem englische Rosen angetan.

Ein prägendes Bild nehmen in vielen Orten hierzulande die Kleingartenanlagen ein. Die meisten Kleingartenanlagen wurden zwischen 1950 und 1980 angelegt. In den 1970er Jahren gab es im damaligen Bezirk Erfurt die staatliche Anordnung, dass unweit von den größeren Städten Kleingartenanlagen entstehen sollten. Hier sollte der Stadtbevölkerung die Möglichkeit gegeben werden, in Kleingärten Entspannung und Erholung zu finden und zugleich einen Beitrag für die Selbstversorgung mit Obst und Gemüse zu leisten. Dementsprechend waren auch die Auflagen an die Kleingärtner für die Produktion von Obst und Gemüse.

Die Kleingartenanlage „Geratal" in **Gebesee** im heutigen Landkreis Sömmerda beging 2021 ihr 60-jähriges Gründungsjubiläum. Die zwölf Hektar große Anlage mit 320 Parzellen ist für viele Gebeseer und Erfurter eine grüne Oase. Viele Vereinsmitglieder haben sich in zahlreichen Einsatzstunden für die Gestaltung und Verschönerung der Anlage engagiert.

Im April 1988 wurde dem Kleingartenverband Erfurt-Land vom damaligen Rat des Kreises Erfurt-Land in der Flur von **Bechstedt-Wagd** (der Ort gehört heute zum Ilm-Kreis) 53.000 Quadratmeter ehemaliges Weideland zur Errichtung einer Kleingartenanlage übergeben. Durch die Südhanglage und das nahe Waldgebiet waren der Erholungs- und der Wohlfühlfaktor vorprogrammiert. Die Vergabe an Interessenten erfolgte sowohl über den Kleingartenverband Erfurt-Land als auch über Betriebe. So erhielten u.a. die Deutsche Post 16 Parzellen, das Fernmeldeamt 14 Parzellen und die Wasserwirtschaft 33 Parzellen.

Im zweiten Teil der Informationen zum Stichwort Garten und Gartenbau möchte Sie der Autor mit einigen Gärten in Thüringen vertraut machen. Beginnen wollen wir mit den Schlossgärten. Thüringen verfügt über eine Vielzahl von Schlössern. Zahlreiche Schlösser hatten bzw. haben einen Schlosspark.

Unsere erste Reise führt uns in den Kyffhäuserkreis nach **Ebeleben**. Hier leben gegenwärtig rund 2.600 Menschen. Die Landstadt ist ländlich geprägt. Sie ist im Nordosten von der Hainleite, im Nordwesten vom Dün und im Süden von den Heilinger Höhen umgeben. Der Ort hatte seit dem Mittelalter eine Burganlage, die später vom Fürstenhaus Schwarzburg-Sondershausen großzügig zu einem barocken Schloss umgebaut wurde. Im 17. und 18. Jahrhundert entstand am Schloss eine Parkanlage. Auf einer Fläche von 24.000 Quadratmeter wurde ein Garten angelegt. Noch heute ist der Schlossgarten von 1775 in den Grundzügen nachvollziehbar. Seitdem ist vieles mit dem Anwesen passiert. Im Zweiten Weltkrieg zerstörten Bomber der US-Armee das Schloss und den Park. Nach dem Krieg wurden die Reste des Schlosses abgerissen. Für den Park gab es zu DDR-Zeiten die unterschiedlichsten Pläne. Aber alle Vorhaben blieben nur Pläne. Nach der politischen Wende 1990 wurde der Park als Ort für kulturelle Veranstaltungen neu entdeckt. Seit 1992 findet hier alljährlich das Schlossparkfest statt.

Ein weiterer sehenswerter Schlosspark befindet sich im beschaulichen Dörfchen **Großkochberg** im Landkreis Saalfeld-Rudolstadt. Das um 1600 erbaute Wasserschloss wurde bis zum 19. Jahrhundert mehrfach verändert. Es erlangte eine gewisse Bekanntheit durch die Besuche von Johann Wolfgang von Goethe auf dem Landsitz der Familie von Stein in Kochberg. Im ersten Drittel des 19. Jahrhunderts begann die Umgestaltung des nördlich vom Schloss gelegenen „Großen Garten" zu einem Landschaftspark nach klassisch-romanischer Prägung. Es wurde das Schöne mit dem Nützlichen verbunden. Die Umgestaltung dauerte zunächst bis 1840. In der zweiten Hälfte des 20. Jahrhunderts wurden Teile des Parks und der Parkarchitekturen auf der Grundlage eines Katasterplanes von 1869 rekonstruiert. Heute lockt die, in eine reizvolle Landschaft eingebettete, sechs Hektar große Parkanlage die Besucher mit seinem prächtigen Baumbestand. Verschlungene Wege führen zu einer Turmruine, zu einer Grotte mit einem Begräbnisplatz, zu einem Badesee und zum „Blumentheater". Das ist ein außergewöhnlicher Blumengarten mit Blumentreppe und ornamental angelegten Beeten. Oberhalb der Blumentreppe hat man vom Leinwandhäuschen eine gute Aussicht auf die Landschaft. Zudem geben originelle Wasseranlagen dem Park ein besonderes Flair. Dazu gehört auch eine Rinne aus Sandstein, durch die das Wasser vom Badeteich bis zum Brunnen vor dem „Liebhabertheater" fließt. Hier finden für die Besucher aus nah und fern regelmäßig Kammerkonzerte, Opern- und Theateraufführungen sowie Lesungen mit herausragenden Künstlern in einem authentischen Theater der Goethezeit statt.

In Thüringen gibt es zahlreiche Kureinrichtungen. Zu den meisten Kureinrichtungen gehört ein Kurpark. Er bietet den Kurgästen, den Ortsansässigen und Besuchern Entspannung und Erholung. Das trifft auch auf den Kurpark in **Bad Sulza** zu. Die Kleinstadt Bad Sulza ist eine Landgemeinde im Kreis Weimarer Land. Sie ist ein staatlich anerkanntes Heilbad. Am südlichen Randbereich der Saale-Unstrut-Region gelegen, zählt die Kur- und Weinstadt zu den wichtigsten Weinanbaugebieten in Mitteldeutschland. Die 4,6 Hektar große, unter Naturschutz stehende, Parkanlage entstand in der Mitte des 19. Jahrhunderts im Stil eines englischen Landschaftsparks. Die Erweiterung in Richtung Stadt erfuhr der Park im späten 19. Jahrhundert. Heute bildet der Landschaftspark im bewaldeten Ilmtal das verbindende Erholungselement zwischen Stadtzentrum und weiteren touristischen Höhepunkten des Sole-Heil-Bades. Zugleich ist der Kurpark ein idealer Ausgangspunkt für Wanderungen in die Ilmaue und zum Verweilen am beliebten Schwanenteich. Architektonische Kleinode im Park sind die Musikmuschel, das Wetterhäuschen und die Trinkhalle. Zu den botanischen Highlights zählen die sogenannte Luthereiche und die Birkenallee. Die Luthereiche wurde am 10. November 1883 anlässlich des 400. Geburtstages von Martin Luther gepflanzt. Zur Birkenallee gibt es folgende Überlieferungen: Einst waren entlang der Allee amerikanische Sumpfeichen gepflanzt worden. Da diese aber recht langsam wuchsen, setzte man kurzerhand die „schnellen Birken" dazwischen.

Bei einem Besuch des Weimarer Hofgärtners Schell äußerte dieser eher beiläufig. „Oh, was haben wir hier für eine schöne Birkenallee." So ist es bis heute, da sich die einheimischen Birken durchsetzten.

Die 3.500-Seelen-Gemeinde **Bad Klosterlausnitz** im Saale-Holzland-Kreis ist eine ausgesuchte Adresse für Erholung, Entspannung und Wohlbefinden. Das staatlich anerkannte Heilbad inmitten der abwechslungsreichen und reizvollen Landschaft des Holzlandes verwöhnt seine Gäste zu jeder Jahreszeit aufs Beste. Die waldreiche und offene Umgebung mit Mühltälern, Teichen, grünen Wiesen, einem mystischen Moor und tiefen Wäldern ermöglichen den Besuchern eine wohltuende und entspannende Zeit. Neben dem Klosterteich gehört der schön gestaltete Kurpark zu den Oasen der Entspannung. Er liegt an der nordwestlichen Peripherie des Ortes. Der Kurpark ist das Herzstück der Kurzone. Direkt unterhalb vom Kurmittelhaus und zwei Kurkliniken bietet er eine abwechslungsreiche und erholsame Wohlfühloase zugleich. Hier kann man im Duft- und Kräutergarten eine kleine Welt der Aromen erschnuppern und unsere Füße sammeln auf dem Fußfühl-Parcours ganz neue Erfahrungen des Wohlbefindens. Wir erfreuen uns an einer Vogelvoliere und an einem Goldfischteich. Das Gesamtbild wird abgerundet durch einen Heidepark mit Sonnendeck, ein Kneipp-Tretbecken, einem kleinen Fitnesspark sowie mehreren Wasserspielen. In den Sommermonaten erleben die Besucher auf der Parkbühne zahlreiche Konzerte und Veranstaltungen.

Oberhof im Kreis Schmalkalden-Meiningen ist bekanntlich das Wintersportzentrum Thüringens. In der Landstadt leben rund 1.600 Menschen. Hier befindet sich der Rennsteiggarten. Der Rennsteiggarten ist als Botanischer Garten für Gebirgsflora ein beliebtes Ausflugsziel und in den letzten Jahren weit über die Grenzen Thüringens hinaus bekannt geworden. Die Grundsteinlegung für für den Botanischen Garten im Gelände des ehemaligen Steinbruchs am Pfanntalskopf bei Oberhof erfolgte im September 1970. Zwei Jahre später gab es die ersten Anpflanzungen mit Pflanzmaterial des Botanischen Gartens in Jena und es begann die erste Pflanzenzucht. Zu dieser Zeit schufen Tausende Mitglieder des damaligen Kulturbundes in über 40.000 Arbeitsstunden gemeinnütziger Arbeit Pflanzflächen, bauten Wege, stellten Bänke und Sitzgruppen auf, gestalteten Aussichtspunkte, umzäunten das Gelände und sorgten für Wasser- und Energieanschluss.

Im Rennsteiggarten können die Besucher rund um den 868 Meter hoch gelegenen Pfanntalskopf auf einer Fläche von sieben Hektar zirka 4.000 verschiedene Pflanzenarten aus den Gebirgen Europas, Asiens, Nord- und Südamerikas, Neuseelands und den arktischen Region kennenlernen. Aus verschiedenen Hochgebirgen Mitteleuropas kommen u. a. die Karpaten-Schlüsselblume, die Alpen-Aurikel, der Cisius-Enzian, der Gift-Hahnenfuß und mehrere Gebirgsprimelarten. Das auf einer Steinplatte ausgebreitete Spalier des Bäumchen-Seidelbasts stammt aus den Westkarpaten. Die Götterblume, der Strauchige Bartfaden und zwei Blauheide-Arten haben ihre Heimat in Nordamerika. Die langhaarige Anemone, das Weiche Mannsschild und die Himalaja-Weide haben von den Gebirgen Asiens den Weg nach Oberhof gefunden. Somit zeigt sich an mehreren Stellen das internationale Flair des Rennsteiggartens.

Gaststätten, Hotels und Pensionen

Zunächst wollen wir zum Stichwort Gaststätten die Wirtshäuser in früheren Zeiten in Augenschein nehmen. So manches Gasthaus trägt einen gewichtigen Namen: Zur Krone, Zum Hirsch, Zur Traube. Solche Häuser sind meist schon sehr alt. Sie bestehen schon seit der Zeit, als es noch keine Straßen gab. Die wurden erst im 19. Jahrhundert gebaut. Vorher gab es unbefestigte Wege und Pfade. Man wanderte über die Höhen und vermied die sumpfigen Täler. Im Abstand von Tagesmärschen entstanden Gasthöfe. Darin konnte man essen und schlafen. Später kamen Pferdefuhrwerke in Mode und man reiste etwas schneller. Es entstanden weitere Gasthöfe auf halber Strecke. Zuerst waren Fuhrwerke ausschließlich der Post vorbehalten. Der Begriff Post kommt von Posten und er geht auf die alten Römer zurück. Auch noch im Mittelalter hatte man Posten, also Stationen für Pferdewechsel und Übernachtung. Die alten Poststationen, also die Gasthöfe, sind uns geblieben – auch wenn darin heute keine Liebesbriefe, Rechnungen und sonstige Schriftstücke transportiert werden. Ihre Namen „Zum Lamm“, „Zum Ochsen“, „Zur Traube“, „Zum Stern“ lassen uns das Wasser im Munde zusammenlaufen und uns nach einem dampfenden Teller mit zartem Fleisch, mit Klößen und feinem Gemüse zusammen mit einem Humpen frischen Bieres sehnen.

Noch heute versprechen die traditionellen Gasthofnamen viel. In früheren Zeiten durften sie diese Namen nur führen, wenn sie wirklich für beste Gastlichkeit standen. Tiernamen standen nur einem Haus zu, in dem der Reisende Essen und Trinken bekam und auch ein Bett für die Nacht und ein Platz im Stall für sein Pferd vorhanden waren. Daher die Namen „Zum Ochsen“, „Zum Bären“, „Zum Lamm“. Wer nur Mahlzeiten anbot, konnte sich mit Pflanzennamen schmücken, also „Zur Rose“, „Zur Traube“.

In der heutigen Zeit können wir eine Gaststätte so definieren:

Eine Gaststätte – auch Gasthaus, Gasthof, Wirtshaus, Gastwirtschaft, Wirtschaft, Kneipe oder Schänke – ist ein Betrieb im Gastgewerbe. Hier werden Getränke und Speisen zum sofortigen Verzehr verkauft. Der Betrieb bietet dafür eine Aufenthaltsmöglichkeit. Die Gaststätten, welche Speisen im Angebot haben, reichen dabei vom Gasthaus mit regionaler Küche über das internationale Spezialitätenrestaurant bis zum Gourmetrestaurant.

Die Thüringer Küche ist für ihre Gerichte und Spezialitäten weithin bekannt. Hier gibt es nicht nur Bratwurst und Klöße. Im Thüringer Wald wirbt man mit dem Slogan „Essen und Trinken am Rennsteig". Beliebt sind auch die vielen originellen Themenkneipen. Hier gibt es nicht nur etwas für den Gaumen, sondern diese Einrichtungen laden zum Verweilen ein, oftmals auch zu lockeren Unterhaltungen mit anderen Gästen. Manche Kneipen bieten auch musikalische Unterhaltung an. Leider sind im Laufe der Zeit die Gaststätten in den Dörfern immer weniger geworden. Vielerorts „rechnet es sich nicht mehr". Früher hatte jedes Dorf mindestens ein Gasthaus, manche sogar mehrere. Heutzutage gibt es in Thüringen viele Dörfer, in denen es keine Gaststätte mehr gibt. Außerdem ist zu befürchten, dass aufgrund der Erhöhung der Mehrwertsteuer auf Speisen von 7 % auf 19 % einige Gaststätten aus wirtschaftlichen Gründen ihr Geschäft aufgeben müssen, denn die Umlage der höheren Einkaufspreise auf die Angebotspreise wird so manchen Gast davon abhalten, die Gaststätte genau so oft zu besuchen wie bisher.

Kommen wir nun zu den Hotels. Ein Hotel ist ein Beherbergungs- und Verpflegungsbetrieb für Gäste gegen Bezahlung. Es ist ein touristisches, dem Hotel- und Gaststättengewerbe zugeordnetes, Unternehmen. Für die Branche gilt der Begriff Hotelgewerbe. Zumeist findet man Hotels in den Städten. In Thüringen gibt es aber auch im ländlichen Raum einige Hotels. Das ist z. B. in **Apfelstädt** und **Wandersleben** im Landkreis Gotha, in **Oberhof** und **Trusetal** im Landkreis Schmalkalden-Meiningen, in **Elgersburg** im Ilm-Kreis, in **Elxleben** im Landkreis Sömmerda, in **Masserberg** im Landkreis Hildburghausen, in **Nohra** im Kreis Weimarer Land, in **Rauenstein** im Landkreis Sonneberg, in **Treffurt** im Wartburgkreis und in **Wingerode** im Landkreis Eichsfeld der Fall.

Im Folgenden möchten wir einige Hotels vorstellen, ohne damit Werbung für die jeweiligen Objekte betreiben zu wollen. Im Thüringer Wintersportzentrum **Oberhof** wurde im Jahr 1969 das Hotel Panorama als Interhotel der DDR errichtet. Das Hotel hat eine außergewöhnliche Architektur. Sie ist in dieser Form sicher einmalig in Deutschland. Die Planung in Form von zwei Sprungschanzen stammte von jugoslawischen Architekten. Das Hotel ist 56 Meter hoch und steht fast am höchsten Punkt von Oberhof. Es besteht aus zwei nahezu identischen Hauptgebäuden, deren Längsschnitt dreieckig ist. Der Westbau hat sein abfallendes Dach nach Norden ausgerichtet, das aufgrund der geraden Fortsetzung der unteren Dreieckskante an die Abfahrtsrampe einer Skisprungschanze erinnert. Das Dach des östlichen Baus ist entsprechend in südlicher Richtung orientiert. Die beiden Hauptgebäude sind elf- bzw. zwölfgeschossig. Zur Überbrückung des unebenen Geländes verbindet ein massiver quadratischer Sockelbau beide Hauptgebäude, die zur Mitte hin auf diesem Sockelbau aufliegen und im überragenden Teil über eine Stelzenkonstruktion auf betoniertem Untergrund ruhen. Auf der Südseite des Sockelbaus erhebt sich ein weiterer achtgeschossiger Baukörper, der im rechten Winkel zum Westbau steht und mit ihm über einen vertikalen Versorgungstrakt verbunden ist. Übrigens thematisierte das Sandmännchen des DDR-Fernsehens in mehreren Folgen das Hotelbauwerk und 1973 entstand hier eine Filmszene des DDR-Mehrteilers „Eva und Adam".

In der 1.200-Seelen-Gemeinde **Elgersburg** im Ilm-Kreis gibt es gleich zwei Hotels. Da wäre zunächst das Schlosshotel. Das Schloss Elgersburg ist eine der schönsten, ältesten und am besten erhaltenen Burgen Thüringens. Sie wurde 1139 erstmals urkundlich erwähnt und diente damals als Schutz- und Trutzburg sowie zur Sicherung der über den Thüringer Wald führenden Handelsstraßen. Von 1437 bis 1802 war die Burg im ständigen Besitz der Herren von Witzleben. 1802 erfolgte der Verkauf an die herzogliche Kammer Gotha und 1838 wurde sie erstmals als Gästeunterkunft der Kaltwasserheilanstalt Ilmenau genutzt. Die heutige Erscheinungsform der Burg entstand zwischen 1905 und 1907 bei der Umgestaltung zum Wohnschloss durch den Freiherrn von Frege-Welzin. Aus dieser Zeit stammt auch das sogenannte Durchbruchfenster mit der Sitznische in der Westmauer. Von 1953 bis 1989 diente Schloss Elgersburg als FDGB-Ferienheim. Seit 1998 ist Schloss Elgersburg im Besitz der Gemeinde und nach umfangreicher Renovierung wieder der Öffentlichkeit zugänglich. Heute beherbergt die Burg das Schlossrestaurant sowie das Trauzimmer und entwickelt sich zunehmend zum geistig-kulturellen Mittelpunkt des Geratals mit Konzerten, Lesungen und Ausstellungen. Das Schlosshotel selbst erwartet die Besucher mit einem Garten, einer Terrasse, einer Bar und kostenfreiem WLAN. Das Hotel erhält stets hervorragende Bewertungen. Das zweite Hotel in Elgersburg ist das Hotel Garni „Am Wald". In malerischer Landschaft erwartet dieses 3-Sterne-Hotel seine Besucher mit einer Sauna, einem großen Garten und natürlich einem schmackhaften Frühstück.

Zwei Hotels gibt es auch in der ländlichen Kleinstadt **Treffurt** im heutigen Wartburgkreis. Sie liegt im Tal der Werra im äußersten Westen Thüringens unmittelbar an der Grenze zu Hessen. Ein Hotel trägt den nicht alltäglichen Namen „Hotel 1601 Inklusionsunternehmen". Es befindet sich in einem denkmalgeschützten Fachwerkhaus und ist eine Nichtraucherunterkunft. Das Haus bietet eine Gemeinschaftslounge, Allergiker freundliche Zimmer, und kostenfreies WLAN in allen Bereichen. Täglich wird ein kontinentales Frühstück in der Unterkunft serviert. Das zweite Hotel in Treffurt ist das „Hotel Waldblick". Es bietet Unterkünfte mit einem Garten, kostenfreien Privatparkplätzen, eine Terrasse und ein Restaurant.

In **Elxleben** an der Gera im Landkreis Sömmerda wurde 1994 das „Hotel Elxleben" erbaut. Das Hotel wirbt mit dem Slogan „Ein Haus Thüringer Gastlichkeit". Im Hotel gibt es insgesamt 29 Zimmer – darunter sind 4 Einzelzimmer, 7 Doppelzimmer, 2 Familienzimmer und 16 Zweibettzimmer. Mit dieser Bettenkapazität ist das Haus auch für die Bustouristik eine beliebte Reiseunterkunft geworden. Das Restaurant ist hell und freundlich eingerichtet und bietet in einer Wohlfühlatmosphäre für 60 Personen Platz zum Genießen.

Wenden wir uns nun den Pensionen zu. Eine Pension ist ein Beherbergungsbetrieb, der eine Unterkunft mit (im Vergleich zu den Hotels) eingeschränkten Dienstleistungen bereitstellt. Im ländlichen Raum von Thüringen gibt es eine Vielzahl von Pensionen. Ihre Anzahl hat in den letzten Jahre zugenommen. Das ist gewiss auch der Tatsache geschuldet, dass es in Thüringen viele Ziele für einen Mehrtages-Ausflug oder eine Kurzreise gibt. Andererseits sitzt bei vielen Menschen das Geld für einen mehrwöchigen Auslandsurlaub nicht mehr so locker. Aber auch bei Familienfeiern übernachten auswärtige Gäste gern in einer Pension.

Im Folgenden möchten wir einige Pensionen vorstellen, ohne damit Werbung für die jeweiligen Objekte betreiben zu wollen. In der im Landkreis Gotha gelegenen Gemeinde **Apfelstädt** gibt es gleich mehrere Pensionen. Eine von ihnen ist die Pension Rappteller. Das ist eine kleine familiengeführte Pension. Hier gibt es sieben Zimmer mit Dusche und WC. Im gemütlichen Frühstücksraum können die Besucher bei einem leckeren Frühstück den Tag entspannt beginnen. Die Unterkunft bietet kostenfreies WLAN in allen Zimmern und kostenfreie Privatparkplätze. Die Pension Alice bietet den Besuchern eine Terrasse, Zugang zu einem Balkon, kostenfreie Privatparkplätze und kostenfreies WLAN.

Eine besondere Pension – zugleich auch Landhaus – gibt es in der zum Landkreis Sömmerda gehörenden Gemeinde **Witterda** am Fuße der Fahner Höhen. Der Bauernhof mit Landpension heißt „Zum Ross" und bietet komfortable und gemütliche Ferienwohnungen mit einem und zwei Schlafzimmern sowie Einzel-, Zweibett- und Dreibettzimmer. Am Morgen starten die Besucher mit einem reichhaltigen und abwechslungsreichen Frühstück mit Wurst und Eiern vom Bauernhof in den Tag. In der rustikalen Gaststätte kann man die Original Thüringer Hausmannskost, Kaffee und selbstgebackenen Kuchen genießen. Die Halbpension wird je nach Personenzahl als 3-Gang-Menü oder als kalt-warmes Buffet serviert. Die Auswahl der Speisen erfolgt individuell nach Absprache oder als Themenabend. Darüber hinaus bietet die Pension auf der großzügigen Hofanlage Gelegenheit zum Tischtennisspielen. Hier gibt es auch einen Kinderspielplatz mit Holzspielgeräten und ein Reiterstübchen. Zudem sind viele Tiere zum streicheln und lieb haben vor Ort. Auf dem Reiterhof lernen Kinder und Erwachsene den Umgang mit dem Pferd, die Pferdepflege und natürlich das Reiten je nach Kenntnisstand der Besucher. Dafür gibt es einen Reitplatz, eine Reithalle und ein geräumiges Gelände. Bei Schlitten-, Kutsch- und Kremserfahrten können die Besucher die wunderschöne Flur der Fahner Höhen kennenlernen. Nicht zu vergessen: eine erholsame Entspannung bieten die Sauna und die Liegewiese.

Seite 31

Gesundheitsversorgung und Landarzt

Die Gesundheit ist das höchste Gut des Menschen. Das war so, das ist so und das wird auch immer so sein. Aus unserer Region gibt es bis zum 19. Jahrhundert nur spärliche Überlieferungen über die Entwicklung der Medizin und die Heilung kranker Menschen. Vereinzelt wird in Ortschroniken davon berichtet, dass Seuchen ausbrachen und viele Menschen an damals unheilbaren Krankheiten starben.

In der Chronik von **Andisleben**, im heutigen Landkreis Sömmerda gelegen, steht geschrieben, dass im Juni 1832 zwanzig Menschen an Cholera erkrankten, fünf von ihnen starben. Im Jahr 1844 starben in Andisleben sehr viele Kinder an Masern und Scharlach. Auch im heutigen ländlichen Erfurter Ortsteil **Gispersleben** erkrankten im Jahr 1832 Menschen an der Cholera. Fünf von ihnen starben im damaligen Kiliani und zwei im damaligen Viti. Zudem wurde Kiliani im Jahr 1881 von der Diphterie herimgesucht. Innerhalb kurzer Zeit starben 14 Kinder und so manche Familie wurde dadurch kinderlos. Zur Erklärung: das heutige Gispersleben bestand früher aus den Orten Kiliani und Viti.

Im heutigen ländlichen Erfurter Ortsteil **Büßleben** gab es über Jahrhunderte ein geschichtsträchtiges Gebäude, das mit der Gesunderhaltung der Menschen im Zusammenhang stand – das Hospital „St.Georg". Die Aufgaben des Hospitals wurden wie folgt beschrieben:

Kriegswirren und Hungersnöte brachten Krankheiten und Seuchen hervor, denen man hygienisch und medizinisch noch nicht gewachsen war. Um sich vor der Ansteckung zu schützen, wurden notgedrungen vor allem von der Lepra Betroffene in außerhalb der Ortschaften gelegene „Leprasorien" isoliert. Das „Spittel", wie das Haus im Volksmund genannt wurde, war in der ersten Hälfte des 19. Jahrhunderts längst nicht mehr ein Seuchenhaus, sondern eine „Versorgungsanstalt für alte, gebrechliche und aller Versorgung beraubter Personen".

In der Kirchenchronik von 1840 heißt es dazu: „Zur Unterhaltung der darin befindlichen Personen tragen außer Büßleben 18 weitere Dörfer – teils mit Brot, teils mit Geld – bei. Diese Dörfer hießen deshalb Brotdörfer. Das Altersheim hatte bis zum Ende des Zweiten Weltkrieges Bestand. 1945 wurde es wegen dringend benötigtem Wohnraum für die Umsiedler zu Wohnzwecken umgebaut.

In der DDR vollzog sich für das Gesundheitswesen ein deutlicher Wandel gegenüber früheren Zeiten, sowohl inhaltlich als auch strukturell. Das traf auch auf den ländlichen Raum in Thüringen zu. Das Grundanliegen bestand darin, die medizinische Versorgung zu den Bürgern zu bringen. Am Beispiel des damaligen Kreises Erfurt-Land soll diese Entwicklung verdeutlicht werden. Der Kreis wurde in vier Versorgungsbereiche aufgegliedert, deren Zentrum jeweils das Landambulatorium war. Landambulatorien befanden sich in **Gebesee** (gehört heute zum Landkreis Sömmerda), in **Neudietendorf** (gehört heute zum Landkreis Gotha) sowie in **Stotternheim** und **Vieselbach** (beide sind heute ländliche Ortsteile von Erfurt).

Den Landambulatorien waren die staatlichen Arztpraxen zugeordnet. Hier praktizierten zumeist Allgemeinmediziner und Zahnärzte. Fachärzte gehörten zumeist nicht zu den Landambulatorien. Diese befanden sich in den Städten. Die staatlichen Arztpraxen hielten getreu dem Versorgungsauftrag zahlreiche Außensprechstunden ab. Zwei Mal in der Woche waren die Ärzte somit in jedem Dorf. Es waren also Landärzte. In den Orten stellte ihnen die Gemeindeverwaltung das Arztzimmer zur Verfügung. Eine der beiden Sprechstunden war zumeist eine Spätsprechstunde, sodass auch Werktätige dem Arzt ihre Beschwerden vortragen konnten.

Einer dieser Landärzte war Dr. Günter Schlöffel. Der Allgemeinmediziner war 15 Jahre lang für die medizinische Versorgung in fünf Dörfern zuständig. Die Patienten kamen mit allen möglichen Wehwehchen zu ihm. Diese reichten vom Schnupfen über den gebrochenen Arm bis zum Kreiskaufkollaps.

Seine Praxis befand sich in **Töttelstädt**, das heute ein ländlicher Ortsteil von Erfurt ist. Neben seinen Sprechstunden in der Töttelstädter Praxis führte er auch Sprechstunden in den Nachbarorten **Alach** und **Salomonsborn** (beide sind heute ebenfalls ländliche Ortsteile von Erfurt) sowie **Bienstädt** und **Zimmernsupra** (beide gehören heute zum Landkreis Gotha) durch. Dazu kamen noch Hausbesuche. Sein Terminkalender war also stets gut gefüllt.

Wenn wir über die medizinische Versorgung der Landbevölkerung reden, so ist die Gemeindeschwester ein wesentlicher Bestandteil davon. Die Gemeindeschwestern hielten die medizinische Versorgung in den Dörfern aufrecht. Fast 40 Jahre waren sie in in den ländlichen Regionen in der DDR im Einsatz. Sie bildeten das Rückgrat der Gesundheitsversorgung auf dem Land. Das war auch in Thüringen so. Das Modell der mobilen Gemeindeschwester wurde vor allem ins Leben gerufen, weil zunächst ein krasser Ärztemangel bestand. Fortan wurden die Gemeindeschwestern das Bindeglied zwischen Patienten und Landarzt. Sie ersparten den Landärzten aufwändige Hausbesuche und den Patienten lange Wartezeiten in den Landambulatorien. Bei ihren Hausbesuchen kümmerten sie sich um bettlägerige und gebrechliche Patienten, sie maßen den Blutdruck, verabreichten Impfungen, brachten Medikamente vorbei und schauten nach den Schwangeren. Die Gemeindeschwestern waren Krankenschwester, Sozialarbeiter, Mutter, Anvertraute, Freundin und manchmal auch seelischer Mülleimer in einer Person. Leider wurde nach der Wiedervereinigung der beiden deutschen Staaten im Jahr 1990 der Beruf der Gemeindeschwester abgeschafft. Die Begründung dafür war, dass laut bundesdeutschem Recht ärztliche Verrichtungen allein ausgebildete Mediziner vornehmen dürfen.

Die Gesundheitsversorgung in der DDR kann man im Vergleich zur heutigen Zeit wie folgt zusammenfassen: Heute muss sich der Patient selbst kümmern, um medizinisch gut betreut zu werden. In der DDR war die ärztliche Betreuung hingegen „von oben“ geplant und bestimmt.

Die Strukturen im Gesundheitswesen änderten sich nach der politischen Wiedervereinigung der beiden deutschen Staaten im Jahr 1990 auch in Thüringen. Aus den Staatlichen Arztpraxen wurden Arztpraxen mit niedergelassenen Ärzten. Die Gemeindeschwestern fielen weg und die medizinische Versorgung der Landbevölkerung war grundsätzlich von der Niederlassung der Ärzte abhängig. Zunächst entstanden durch die Strukturveränderungen keine wesentlichen Einschnitte in die medizinische Versorgung. Viele der früheren Staatlichen Ärzte eröffneten eine private Praxis am alten Standort. In den kleineren Orten ging das medizinische Versorgungsniveau jedoch zurück, denn zumeist führte der Allgemeinmediziner hier jetzt keine Außensprechstunde mehr durch.

Ein positives Beispiel für die medizinische Versorgung der Landbevölkerung gibt es seit 1991 im Raum **Gebesee**. Durch den Wegfall der Gemeindeschwestern mussten andere Formen der häuslichen Krankenpflege gefunden werden. Für den Einzugsbereich des ehemaligen Landambulatoriums Gebesee im heutigen Landkreis Sömmerda – das waren immerhin 15 Gemeinden zwischen den Fahner Höhen und der Geraaue nahe Erfurt – nahm im April 1991 in Gebesee die Diakonie-Sozialstation „St. Elisabeth" ihre Arbeit auf. Seitdem engagieren sich gelernte Krankensachwestern, Hauswirtschaftspflegerinnen und Pflegefachkräfte bei der häuslichen Kranken- und Altenpflege. Das Leistungsspektrum der Diakonie-Sozialstation ist breit gefächert. Zum Leistungsangebot gehören u. a. die Behandlungspflege durch Spritzen und Verbände, die Hauswirtschaftliche Versorgung, die Hilfe für pflegende Angehörige, mobile Dienste und der Beratungsdienst rund um die Pflege und Betreuung.

Heutzutage gibt es immer weniger positive Beispiele für die Entwicklung der Gesundheitsversorgung auf dem Lande. Zu den positiven Beispielen gehört die Eröffnung einer neuen Arztpraxis mit zwei Ärzten in der zum Landkreis Gotha gehörenden Gemeinde **Gamstädt** im April 2023. Vorher gab es in Gamstädt seit über einem Jahr keinen Hausarzt mehr, nachdem der frühere Praxisinhaber in den Ruhestand ging. Positiv ist auch zu bewerten, dass die ebenfalls zum Landkreis Gotha gehörende Gemeinde **Apfelstädt** über eine halbe Million Euro investierte, um einen Teil des Bürgerhauses zu einer modernen Arztpraxis umzubauen.

Zu den positiven Entwicklungen gehört, dass es auch immer noch einsatzfreudige und fachlich gut ausgebildete Landärzte in Thüringen gibt. Einer von ihnen ist Dr. Ulf Zitterbart. Er ist Landarzt in der 3.000-Seelen-Gemeinde **Kranichfeld** im Kreis Weimarer Land. Für den Allgemeinmediziner sind es vor allem die Abwechslung und die Vielfalt, die ihn an seiner Arbeit begeistern. Seine Patienten sind zwischen 2 und 96 Jahre alt und die Krankheitsbilder seiner Patienten reichen von Schnittwunden über Sturzverletzungen bis zur Chronischen Bronchitis. An drei Tagen in der Woche nutzt er die Nachmittage für Hausbesuche.

Ein ambitioniertes Ziel verfolgt die Stiftung „Landleben" mit dem Projekt „Landengel" im Unstrut-Hainich-Kreis. Den Menschen in der Region **Seitenrain** soll ein besserer Zugang zu einer örtlich integrierten Gesundheitsversorgung eingeräumt werden. Mit dem Vorhaben werden alle Bürgerinnen und Bürger in der Region angesprochen. Insbesondere möchte „Landengel" aber Menschen mit einer chronischen Erkrankung sowie vereinsamt oder isoliert lebenden Menschen eine Perspektive bieten. Diese Menschen sollen wieder stärker am Alltagsleben teilnehmen und früher auf Veränderungen ihres Gesundheitszustandes reagieren können. Zudem möchte man der sogenannten „mittleren Generation", die zwischen Berufsleben und Pflege eines Angehörigen steht, ein Ansprechpartner sein und Hilfestellung bieten. Das Projekt setzt auf multiprofessionelle Zusammenarbeit sowie auf die Bündelung sozialer und ökonomischer Ressourcen in der Region. Vor Ort werden medizinische, therapeutische und pflegerische Leistungen vernetzt und niedrigschwellig zugänglich gemacht. Zu den Unternehmen, die bereits in einer Kooperation zusammengewachsen sind, zählen u. a. ein Gesundheitszentrum, eine Psychologin, eine Podologin, eine Zahnarztpraxis, eine Hebammenpraxis, eine Agrargenossenschaft, der Landesverband für Jugendhilfe und Sozialarbeit sowie ein Haar- und Kosmetikstudio.

Diesen positiven Beispielen steht die traurige Bilanz gegenüber, dass Thüringen in den vergangenen fünf Jahren zahlreiche Zahnarztpraxen verloren hat. Dazu kommt, dass aktuell mehr als siebzig Zahnärzte einen Nachfolger suchen. Die Engpässe in der zahnärztlichen Versorgung sind im Kreis Weimarer Land besonders ausgebreitet. In den Landkreisen Eichsfeld und Sonneberg sowie im Kyffhäuserkreis und im Saale-Holzland-Kreis gibt es einen Mangel an Kieferorthopäden. Die Ursachen für diese Erscheinungen liegen sowohl in der Demografie als auch beim Nachwuchsmangel. Jeder dritte Zahnarzt bzw. Kieferorthopäde ist über 60 Jahre alt und etwas mehr als ein Dutzend arbeitet noch mit 75 Jahren. Die kassenärztliche Vereinigung schätzt ein, dass sich die aktuell rund 1.200 Zahnarztpraxen bis zum Jahr 2040 auf rund 900 Praxen verringern werden. Davon sind natürlich nicht nur die Einwohner in den Städten betroffen, sondern ebenso unsere Landbevölkerung. Denn wenn es schon keinen Zahnarzt im Heimatort gibt, so möchte man doch den nächstgelegenen im Nachbarort oder in der Stadt aufsuchen.

Diesen negativen Trend kann man auch bei den Apotheken feststellen. Zu Beginn des Jahres 2023 gab es in Thüringen 507 Apotheken. Diese Zahl liegt deutlich unter dem Niveau von 2010. Damals gab es immerhin noch 583 dieses bedeutsamen Bestandteils der medizinischen Versorgung. 2022 wurden in Thüringen 11 Apotheken geschlossen. Ebenso viel waren es im Jahr 2023. In den letzten 13 Jahren sind die Apotheken unter anderem in folgenden ländlichen Orten für immer geschlossen worden: Barchfeld, Brotterode, Großfahner, Kirchheilingen, Körner, Lehesten, Plaue, Ranis, Schönbrunn, Stadtlengsfeld, Steinheid, Teichwolframsdorf, Warza und Ziegenrück. Damit ist die Gesundheitsversorgung und somit auch die Lebensqualität in diesen Ortschaften spürbar schlechter geworden.

Gewiss könnten hier noch weitere Beispiele aufgeführt werden, wo bei der Gesundheitsversorgung in den Dörfern Thüringens die Säge klemmt. An dieser Stelle möchten wir es bei den genannten Fakten belassen. Als Fazit und mit Ausblick auf die kommenden Jahre können wir konstatieren:

Die Sicherstellung der medizinischen Versorgung in unseren ländlichen Regionen bringt große Herausforderungen mit sich. Das trifft sowohl auf den ambulanten als auch auf den stationären Bereich zu. Es sind regionale Versorgungsmodelle erforderlich.

Diese müssen passgenau die jeweiligen Probleme adressieren, flexibel einsetzbar sein und die vor Ort existierende Versorgung sinnvoll ergänzen. Nur so kann die medizinische Versorgung im ländlichen Raum sichergestellt werden.

5.2 DAS THÜRINGER LANDLEBEN VON H BIS K

Handwerk

Das Handwerk hat in Thüringen eine lange Tradition. Nach der bäuerlichen Wirtschaft, die für die Dorfbevölkerung Haupterwerb war, stellte das Handwerk lange Zeit die zweitstärkste Berufsgruppe. Im Folgenden sollen einige Handwerksberufe mit ihren Tätigkeiten in früheren Zeiten vorgestellt werden.

Der Böttcher fertigte viele Behältnisse aus Holz für Haus und Hof. Darunter waren Bottiche, Holztröge, Holzeimer, Gurken-, Wein- und Pökelfässer. Die einzelnen Brettchen für die Fässer, die sogenannten Fassdauben, waren wegen der langen Haltbarkeit meist aus Eichenholz.

Der Bäcker war früher vorwiegend als Pächter im Gemeindebackhaus tätig. Die ersten privaten Bäckereien gab es im 19. Jahrhundert. Der Bäcker stellte eigene Backwaren her, vor allem Brot. Aber er backte auch die Kuchen, welche ihm die Dorfbevölkerung auf Blechen in die Bäckerei brachte.

Der Stellmacher reparierte das, was für den Transport benötigt wurde. Das waren Erntewagen, Ackerwagen, Handwagen und Schubkarren. Aber auch Kastenschlitten und Bockschlitten für die Zugtiere, Rodelschlitten für die Kinder sowie Sackschlitten für den Transport zur Mühle gehörten dazu. Neben den Reparaturen wurden auch neue Geräte hergestellt. Das waren neben Wagen und Schlitten auch Stiele für Hacken, Gabeln und Schaufeln.

Der Sattler arbeitete an Zuggeschirren für Pferde, Ochsen und Kühe, manchmal auch für Ziegen. Intaktes Geschirr war für jeden Bauern wichtig. Schließlich durften bei den Tieren keine Wundstellen entstehen.

Der Schmied war aus dem Dorfbild nicht wegzudenken. Er beschlug die Pferde und führte allerlei Reparaturen an den landwirtschaftlichen Geräten aus. Seiner handwerklichen Kunst entsprangen auch Feuerhaken und andere Haushaltsgeräte.

Neben den oben genannten Berufen waren früher auch solche Berufe wie Korbmacher, Schneider, Schuhmacher oder Weber Bestandteil des Landlebens. Mit der weiteren Veränderung der Wohn- und Lebensverhältnisse bereicherten weitere Berufsgruppen das Angebot für Handwerks- und Dienstleistungen. Dazu gehörten u.a. Dachdecker, Elektriker, Fußbodenleger, Kfz-Mechaniker, Glaser, Klempner, Maler, Maurer, Ofenbauer, Schornsteinfeger, Schlosser und Tischler.

Ein außergewöhnliches Handwerk wurde 200 Jahre in der heute zum Landkreis Gotha gehörenden Gemeinde **Dachwig** betrieben. Es handelt sich um den Orgelbau. Im Jahr 1760 gründete sich die Dachwiger Orgelanstalt. Dachwigs erster urkundlich erwähnter Orgelbauer war Johann Georg Kummer. Er schuf in Erfurter Kirchen beachtliche Klangkörper. Darunter ist auch die Orgel in der Andreaskirche, die von 1787 stammt und heute noch gespielt wird. Die Orgelbauanstalt stellte Kirchenorgeln, Karusellorgeln und die beliebten Leierkästen her. Die bekanntesten Dachwiger Orgelbauer entstammen der Familie Hesse. Das größte Werk von Ernst Siegfried Hesse ist eine Orgel mit 57 Registern, die der Meister 1835 für den Erfurter Dom schuf.

Ebenfalls nicht alltäglich ist die Handwerksleistung, die in **Weißenborn** im Thüringer Holzland angeboten wird. Von dort kommen seit Jahrhunderten handgefertigte Leitern. Sie sind vor allem bei Obstbauern und Handwerkern begehrt. In den 1980er Jahren gab es im Leitermacherdorf Weißenborn im heutigen Saale-Holzland-Kreis sechzig Firmen, welche dieses Handwerk betrieben. Heute sind es nur noch vier. Und diese Betriebe könnten unterschiedlicher nicht sein. Während in einem Betrieb an einer hochmodernen Produktionsstraße 30.000 Leitern im Akkord hergestellt werden, leimt der traditionelle Handwerksmeister jede Sprosse noch einzeln in die Holme. Aber handgefertigte Leitern sind rar geworden. Der Rohstoff wächst zwar vor der Tür, doch Dürre und Schädlinge zerstören den heimischen Wald. Somit geht manchem Leitermacher das Holz aus. Dennoch sind die Leitermacher eine Zunft, die auch ihre alten Traditionen weiterleben lassen.

Mit der Gründung der DDR wurde hierzulande das private Handwerk systematisch zurückgedrängt. Das Ziel der Partei- und Staatsführung bestand darin, das private Handwerk zu verstaatlichen bzw. in Genossenschaften einzubringen. In der Folge wurden Genossenschaften gegründet. So gab es im heutigen ländlichen Erfurter Ortsteil **Vieselbach** zwei Produktionsgenossenschaften des Handwerks (PGH) – nämlich die PGH Elektro und die PGH Möbelwerkstätten. In **Neudietendorf**, das heute zum Landkreis Gotha gehört, gab es die PGH Polstermöbel und die PGH Wohnraumleuchten. Beide gingen jedoch in den 1970er Jahren mit anderen Partnern in einen volkseigenen Betrieb (VEB) über.

Zu Beginn der 1980er Jahre wurden die strengen Reglementierungen bei der Förderung des Privaten Handwerks in der DDR, also auch in unserer Region, gelockert. Um die zunehmenden Engpässe bei der Versorgung der Bevölkerung mit Waren des täglichen Bedarfs, Reparaturen und Dienstleistungen zu mildern, wurde private Unternehmungen zugelassen. In mehreren Orten nutzten Handwerksmeister diese Gelegenheit und machten sich selbständig. Das betraf vor allem die Berufe Dachdecker, Elektriker, Klempner, Maler, Tischler und Friseure.

Seit 1990 hat sich die Handwerkerlandschaft in unserer Region wesentlich verändert. Es gibt keinen volkseigenen Betrieb und keine PGH mehr. In vielen Orten wagten Handwerksmeister und solche, die es werden wollten, den Schritt in die Selbstständigkeit. Als Beispiel dafür steht **Büßleben**, das heute ein ländlicher Ortsteil von Erfurt ist. Hier wurden Anfang der 1990er Jahre folgende neue private Handwerksunternehmen gegründet: drei Tischlereien mit Fenster- und Türenproduktion, drei Baugeschäfte sowie je ein Heizungs- und Sanitärinstallateur, Mechaniker, Dachdecker, Friseur, Fußbodenleger, Maler und ein Parkettmeisterbetrieb.

Das heutige Thüringer Handwerk in Zahlen heißt: Es gibt rund 29.900 Handwerksbetriebe mit zirka 149.000 Beschäftigten. Auch für die Zukunft des Handwerks wird gesorgt. Es gibt zirka 7.400 Lehrlinge. Im Jahr 2022 haben 478 Handwerker ihre Meisterprüfungen bestanden.

In **Bindersleben**, einem ländlichen Ortsteil von Erfurt, befindet sich das Berufsbildungszentrum der Handwerkskammer Erfurt. Das ist eine anerkannte Ausbildungsstätte, von der maßgebliche Impulse für die weitere Entwicklung des Handwerks in unserer Region ausgehen. Hier wird in den Berufszweigen Elektro, Bäcker und Konditor, Heizung-Lüftung-Sanitär, Friseur, Kfz, Metall, Maler und Zahntechnik ausgebildet.

Hausschlachtung

Als Hausschlachtung wird in Deutschland – also auch in Thüringen – eine Schlachtung außerhalb gewerblicher Schlachtstätten bezeichnet. In der Regel geschieht die Hausschlachtung am Hof des Tierbesitzers, wobei das geschlachtete Fleisch vorwiegend im eigenen Haushalt des Tierbesitzers verwendet wird. Das typische Tier für eine Hausschlachtung ist das Schwein. Doch es werden auch Rinder, Schafe, Ziegen, Pferde, Hühner, Kaninchen und Esel geschlachtet. Wer Tiere schlachtet, muss über die dafür notwendigen Kenntnisse und Fähigkeiten verfügen. Auch bei Hausschlachtungen hat die amtliche Schlachttier- und Fleischuntersuchung zu erfolgen. Wenn deren Fleisch für den menschlichen Genuss bestimmt ist, unterliegen sowohl die Paarhufer Rinder, Schweine, Schafe und Ziegen als auch die Einhufer Pferde und Esel, ebenso das Gehegewild, der amtlichen Schlachttier-und Fleischuntersuchung.

In früherer Zeit war die Hausschlachtung in den ländlichen Gebieten unserer Region die Regel. Bei größeren Tieren wurde hierzu meist ein Metzger ins Haus bestellt. Dieser tötete und zerlegte das Tier fachgerecht. Der Metzger sorgte dann auch gemeinsam mit Familienmitgliedern des Tierbesitzers oder anderen Helfern für die weitere Verarbeitung des Fleisches. So wurden mehrere Sorten Wurst gefertigt und der Schinken zugeschnitten und gewürzt. Die Eigentümerfamilie machte danach alle verwertbaren Teile durch Pökeln, Räuchern oder Einwecken haltbar. Auch Familien, die keine Landwirtschaft betrieben, hielten sich für den Eigenbedarf zumeist ein Schwein, da Fleisch und Wurst verhältnismäßig teuer waren. Noch bis in die 1970er Jahre versorgten sich die meisten Familien in den Dörfern unserer Region durch das Schlachten eines selbst aufgezogenen Schweines. Zumeist ab November kam der Metzger (auch Hausschlächter genannt) ins Haus und es wurde Schlachtfest gefeiert. Aus der Verwandtschaft oder Bekanntschaft wurden Helfer eingeladen, damit die Hausschlachtung auch zügig vonstatten ging.

Ich, der Autor, bin auf dem Dorf aufgewachsen. Meine Eltern hielten auch ein Schwein. Bei mehr als einem Dutzend Schlachtfesten war ich dabei. Deshalb kann ich aus eigenem Erleben berichten, wie so ein Schlachtfest abläuft. Zunächst mussten wir uns auf der Gemeinde einen Schlachtschein ausstellen lassen. Dieser berechtigte uns, das selbst gefütterte und großgezogene Schwein schlachten zu können. Am Vorabend des Schlachtfestes gab es allerhand zu tun. Der Kessel wurde ausgewaschen und mit Wasser gefüllt. Holz und Kohlen standen neben dem Kessel. Frisch gesäubert mussten Fleischbretter, Bleche, Schüsseln und Gläser zum Einkochen bereitgestellt werden. Zudem hatten wir noch die Aufgabe, das Schlachtzeug des Metzgers mit dem Handwagen zu holen. Der Metzger war bei uns der Bruder meines Vaters und zugleich mein Patenonkel. Er war einer von vier Hausschlächtern in meinem Heimatort **Ifta**, das heute im Wartburgkreis liegt. Das Schlachtzeug holte ich mit meinem Vater und meinem Bruder dort ab, wo der Metzger zuletzt geschlachtet hatte.

Am nächsten Morgen ging es dann los. Der Metzger kam pünktlich, die Helfer standen bereit. Schon im Stall wurde ein Strick an einem Hinterbein des Schweines angelegt. Wir trieben das Schwein vor den Stall. Dort wurde der Strick an einem eigens dafür angebrachten Haken befestigt. So sehr das Schwein auch quiekte und sich wehrte, der erste Betäubungsschuss des Metzgers saß meistens und das Schwein fiel um. Dann wurde das Schwein am Hals gestochen und das Blut kam geschossen. Das Blut wurde in einer Schüssel aufgefangen. Das war zumeist meine erste Aufgabe. Danach kam das Blut in ein Tongefäß. Es musste kräftig gerührt werden, damit es nicht gerann. Bis zu seiner Verwendung stellten wir es an einem nicht so warmen Ort ab.

Nun hievten wir, meistens zu viert, das Schwein auf den Brühbock. Spätestens jetzt musste das Wasser im Kessel kochen. Die harten Borsten wurden abgebrüht und wir kratzten sie mit den Schellen von der Schwarte. Doch das taten wir nur am Vorder- und Hinterteil des Schweins sowie unterm Bauch. Über den gesamten Schweinerücken hatte der Metzger mit einem Schnitt angezeigt, was als Schweinefell verblieb und abgabepflichtig war.

Als nächstes war wieder Kraft gebraucht. Das zumeist vier Zentner schwere Schwein musste an das Schlachtbrett aufgehängt werden. Mir ist bekannt, dass man dazu hierzulande als Alternative auch eine Schlachtleiter benutzte. Der Metzger schnitt nun mit scharfem Messer den Bauch des Tieres auf und nahm die Innereien heraus. Die Leber wurde beiseite gelegt. Wir brauchten sie für die Leberwurst. Jetzt gab es zumeist den ersten Schnaps. Dann reinigte der Metzger die Därme, die für die Würste gebraucht wurden. Die gereinigten Därme stellten wir in einem Eimer mit kaltem Wasser und mit ein paar Zwiebelstücken beiseite. Danach hatten wir uns das Frühstück redlich verdient. Inzwischen kam der Fleischbeschauer. Er begutachtete, ob das Schwein gesund war und keine Trichinen hatte. Ich kann mich nicht erinnern, dass es bei unseren Schweinen jemals Bedenken gab.

Nach dem Frühstück viertelte der Metzger das Schwein und wir trugen die Viertel in unsere Waschküche. Das war der „Schlachtverarbeitungsraum". Dort kochte im Kessel bereits wieder das Wasser für das Fleisch, das wir für die Garwurst (Rotwurst), Leberwurst und Sülze benötigten. Sülze haben wir aber nur sehr selten gemacht und wenn, dann nur in Gläsern. Während dieses Fleisch kochte, wurde das Fleisch für die Knackwürste zugeschnitten, in eine große Molle gegeben, gut gewürzt und durchmengt. Vorher hatte der Metzger die Schinkenteile herausgeschnitten. Das Fleisch für die Knackwürste drehten wir durch den Fleischwolf. Danach war kräftiges Kneten des Gehackten angesagt, damit die Masse richtig Bindung bekam und später im Darm keine Hohlräume auftraten. Andere Helfer beschäftigten sich mit dem Kochfleisch. Der Metzger nahm die garen Fleischstücke aus dem Kessel, löste die Schwarte ab und legte das Fleisch in die Schlachtmolle. Auf dieser befanden sich zwei Schnittbretter. Mit scharfen Messern ging es nun an die Zerkleinerung des Kochfleisches. Dabei wanderte nicht jedes Stück zurück in die Molle – man musste ja auch mal kosten. Vorher kamen bereits ausgewählte Fleischstücke in eine extra Schüssel. Sie wurden mit Zwiebeln und den Leberstücken durch den Fleischwolf gedreht und zu Leberwurst verarbeitet. Über das für die Blutwurst vorgesehene Fleisch goss der Metzger nun das Blut aus dem Blutgefäß und gab die Gewürze dazu.

Waren die bisherigen Arbeiten alles notwendige „Vorarbeiten", so ging es nun an die eigentliche Hauptarbeit – das Würstemachen. Zunächst kamen die Blut- und Leberwürste an die Reihe. Bei uns war es üblich, dass es Leberwurst nur in Gläsern gab. Die Blutwurst wurde mittels der Stopfmaschine vom Metzger in die Därme gestopft. Einige stopfte er auch mit der Hand mittels eines Trichters. Für die Blutwurst verwendeten wir vor allem die Naturdärme, die der Metzger am Vormittag dem Schwein entnommen und gereinigt hatte. Neben den länglichen „Kitteln" waren die runden „Blasen" sehr beliebt. Einige Schlenkerwürstchen gab es auch. Diese wurden zumeist an die Kinder der Verwandten und Bekannten verschenkt, die beim Schlachten halfen. Nach dem Stopfen und Abbinden kamen die Blutwürste zum Kochen in den Kessel.

Die Fertigung der Knackwurst geschah ebenfalls über die Stopfmaschine. Hier benötigte der Metzger viel Erfahrung beim Führen der Därme, damit die Würste fest gestopft waren und keine Blasen oder Hohlräume in den Würsten auftraten. Von Wichtigkeit war auch das doppelte Abbinden der Würste. Für zarte Hände waren die Wurstseile nicht geeignet. Die fertigen Knackwürste kamen auf die Wurststange und wurden zum Trocknen in eine Kammer gebracht. Später kamen sie in die Räucherkammer. Am Abend nahmen wir die Kochwürste aus dem Kessel und legten sie zum Trocknen ab. Damit war das Schlachtfest beendet. Natürlich hatte es zwischendurch für den Metzger und alle Helfer auch noch was zu essen und zu trinken gegeben.

Auf der Grundlage der Zahlen des Thüringer Landesamtes für Statistik sind die Hausschlachtungen in den vergangenen zwanzig Jahren deutlich zurückgegangen. Während 1991 rund 111.800 Schweine, Rinder, Schafe, Ziegen und Pferde privat geschlachtet wurden, waren es im Jahr 2021 nur noch rund 21.800.

Industrie und Gewerbe

Das Bundesland Thüringen ist heute wieder ein wirtschaftlich erfolgreiches Land. Thüringens Wirtschaftskraft hat sich positiv entwickelt. Bis Ende 2018 legte unser Brutto-Inlandsprodukt im Vergleich zu 2009 um 40 % zu. Das ist stärker als der bundesdeutsche Durchschnitt, der bei 37% liegt. Der Freistaat verfügt heute über eine hohe Lebensqualität. Das trifft auf die Städte, aber auch auf die ländlichen Regionen zu. Bahnstrecken und Autobahnen wurden modernisiert oder neu gebaut, es wurden attraktive Gewerbeflächen geschaffen sowie Universitäten und andere Bildungs- und Forschungseinrichtungen gegründet. Diesen und vielen weiteren Maßnahmen ist es zu verdanken, dass heute mehr Unternehmen in Thüringen investieren. In der Folge kommen auch immer mehr Menschen, die hier eine Perspektive suchen und finden. Das alles ist nicht selbstverständlich. Noch vor dreißig Jahren waren Produktionsstätten veraltet, die Löhne niedrig, privates und öffentliches Geld knapp. Auf der Suche nach besseren Chancen verließen viele Menschen das Land.

Dass es unserem kleinen, dynamischen Bundesland heute so gut geht, hat mit vielen erfolgreichen mittelständischen Unternehmen und motivierten Arbeitnehmerinnen und Arbeitnehmern zu tun. Gegenwärtig gibt es in Thüringen rund 806.000 sozialversicherungspflichtige Beschäftigte. Im Jahr 2005 waren das noch 107.000 weniger. Die Thüringer Wirtschaft ist allein zwischen 2014 und 2018 durchschnittlich um 1,8% pro Jahr gewachsen. Durch die Corona-Pandemie konnte sich dieser Trend nicht dauerhaft so fortsetzen, aber zuletzt war wieder ein Aufstieg zu verzeichnen. Trotz dieses Wachstums soll nicht verschwiegen werden, dass den Wirtschaftsunternehmen vor allem der Fachkräftemangel und die Bürokratie zu schaffen machen.

Ein besonderes Beispiel für die Ansiedlung von bedeutsamen Unternehmen in unserer Region ist der chinesische Batteriehersteller, der im Industrie- und Gewerbegebiet Erfurter Kreuz auf der Gemarkung vom **Amt Wachsenburg** nahe Arnstadt seinen Platz gefunden hat. Dieses Unternehmen ist einer der weltweit größten Hersteller von Lithium-Ionen-Akkumulatoren. Diese Ansiedlung ist für Thüringen eine der bedeutendsten Industrieinvestitionen des letzten Jahrzehnts.

Die Entwicklung der Industrie ist langfristig ein wesentlicher Motor für die Gesamtwirtschaft. Auch wenn die Perspektiven unter der eingetrübten Großwetterlage leiden, so bleibt die Industrie langfristig ein wichtiger Impulsgeber für die Gesamtwirtschaft – auch und vor allem wegen der Schlüsselbranchen. Das sind in Thüringen die Automobil- und Zulieferindustrie, der Maschinen- und Anlagenbau, die Elektrotechnik und Elektronik, die Nahrungsmittelindustrie und die Optik. Dabei sind die Automobil- und Zulieferindustrie und die Optik noch hervorzuheben. Die Erstere erwirtschaftet jährlich einen Umsatz von etwa neun Milliarden Euro. Das ist bis zu drei Mal so viel wie die anderen Schlüsselbranchen. Die Optik schließlich, die es um **Jena** herum konzentriert gibt, ist die Branche, wo Thüringen auch international ganz vorne mitspielt. Neben den Schlüsselbranchen prägen auch traditionelle Branchen wie die Glasindustrie den Wirtschaftsstandort mit. Mit rund 2.400 Betrieben und einem Anteil von 44% des steuerbaren Umsatzes ist die Industrie der Wirtschaftsmotor der Region.

In Thüringen hat sich die Industrie vorwiegend in Industrie- und Gewerbegebieten angesiedelt. Auch wenn mehrere dieser Industrie- und Gewerbegebiete in der Gemarkung von Städten angesiedelt sind, so sind doch viele Mitarbeiterinnen und Mitarbeiter der dort ansässigen Unternehmen in den umliegenden Dörfern beheimatet. Im Folgenden sollen einige Industriegebiete genannt werden:

Im Landkreis Saalfeld-Ruolstadt sind das der Industriepark **Schwarza** sowie das Industriegebiet Am Bahnbogen und das Gewerbegebiet Catharinau in **Uhlstädt-Kirchhasel**.

Im Wartburgkreis sind es das Gewerbe- und Industriegebiet **Behringen** und das Gewerbe- und Industriegebiet **Sättelstädt**.

Im Saale-Holzland-Kreis ist das der Industrie- und Gewerbepark **Bad Klosterlausnitz**.

Im Landkreis Sömmerda ist es das Gewerbegebiet Gebind in **Orlishausen**.

Im Landkreis Schmalkalden-Meiningen ist es das Industriegebiet „Thüringer Tor" in **Grabfeld**. In diesem Landkreis wird seit 2023 das künftige Industrie- und Gewerbegebiet „An der B19" erschlossen.

Aus dem Landkreis Altenburger Land gehört der Gewerbepark Am Flughafen in **Altenburg-Nobitz** dazu.

Zahlreiche Gewerbegebiete gibt es auch im Ilm-Kreis. Dazu gehören u.a. das Industrie- und Gewerbegebiet **Arnstadt-Rudisleben**, das Industriegebiet An der A 71 nahe **Geraberg**, das Gewerbegebiet **Geschwenda-Süd**, das Gewerbegebiet **Gehren-Ost**, das Gewerbegebiet In den langen Lehden in **Gräfinau-Angstedt** und das Gewerbegebiet **Wümbach-Ost**.

Auch im Erfurter Umland gab und gibt es Industriebetriebe. Die Gemeinde **Elxleben** im Landkreis Sömmerda hat seit 1982 ein Baudenkmal. Es handelt sich um das ehemalige Gipswerk. Dieses ging aus einem früheren Bauerngut hervor. Die Gebäude wurden zwischen 1879 und 1935 errichtet. Zu dem Gebäudekomplex gehörten sechs Gipsbrandöfen in Schachtbauweise und ein Fachwerkbau. In diesem befanden sich die Gipsmühle und die Einrichtung zum Verpacken des gebrannten und gemahlenen Gipses. Für viele Elxleber ist das Gipswerk heute noch als Kalkmühle in Erinnerung, denn im Volksmund hieß das Produkt dieser Anlage „Elxleber Sparkalk".

In der Gemeinde **Dachwig** im Landkreis Gotha waren Lehm- und Tonvorkommen vorhanden. Das war eine Grundlage für die Ziegelindustrie. Im 19. Jahrhundert gab es zwei Ziegeleien im Ort. Eine davon war die Dampfziegelei Heinrich Bögeholz. Hier stellten bis zu fünfzehn Arbeiter Dachziegel und Ziegelsteine her. Im Frühjahr 1945 fiel die Ziegelei nach einem Bombenangriff der amerikanischen Luftwaffe in Schutt und Asche.

Die Felder in und um **Walschleben** im Landkreis Sömmerda sollen in der zweiten Hälfte des 19. Jahrhunderts besonders für den Anbau von Zuckerrüben geeignet gewesen sein. Um die gut gewachsenen Rüben vor Ort zu verarbeiten, schlossen sich Interessenten zu einer Genossenschaft zusammen und erbauten in Walschleben eine Zuckerfabrik. Im Laufe der Jahre gab es in der Fabrik mehrere Umbauten und bedeutende Erweiterungen. Im Jahr 1921 wurde die Genossenschaft in eine Aktiengesellschaft umgewandelt. Die Fabrik firmierte seitdem unter dem Namen Thüringische Zuckerfabrik Walschleben Aktiengesellschaft. 1948 wurde die Fabrik in Volkseigentum überführt und hieß VEB Zuckerfabrik Walschleben. Zu DDR-Zeiten bot die Zuckerfabrik neben der LPG die meisten Arbeitsstellen in der Region. Auf der Grundlage von Kommunalverträgen unterstützte die Zuckerfabrik die Gemeinde Walschleben mit finanziellen und materiellen Mitteln bei der Entwicklung der Infrastruktur und des Vereinslebens. Seit 1991 gibt es die Zuckerfabrik nicht mehr.

In **Vieselbach**, heute ein ländlicher Ortsteil von Erfurt, befand sich Mitte des 19. Jahrhunderts die Spritzen- und Feuerwehrgerätefabrik. Hier wurden in einer Eisen- und Metallgießerei Pumpen aller Art für jeden Zweck gebaut. Darüber hinaus fertigte man hier Feuerwehrspritzen mit Hand-, Maschinen- und Wasserleitungsbetrieb in verschiedenen Bauarten und Größen. Die Feuerlöschgeräte aus Vieselbach wurden vielfach prämiert. Von 1893 bis 1963 gab es in Vieselbach eine Molkerei. In der „Generalversammlung" am 10. September 1892 gründeten 16 Herren aus Vieselbach und den Nachbarorten **Niederzimmern**, **Hopfgarten**, **Wallichen** und **Azmannsdorf** zum Zwecke des Baues einer Dampf-Molkerei in Vieselbach eine Genossenschaft. Bereits ein Jahr nach der Gründung der Genossenschaft wurde die Molkerei in der Vieselbacher Blumenstraße eröffnet. Die Molkerei erhielt für hervorragende Leistungen in der Milch-, Butter- und Käseproduktion mehrere Auszeichnungen. 1961 kam es zu einer Fusion der Molkereigenossenschaften aus **Alach**, **Erfurt**, **Schloßvippach** und **Vieselbach** zum VdgB Molkereikombinat Erfurt. Bis 1969 kamen aus Vieselbach aber immer noch Butter, lose Frischmilch, Sahneprodukte sowie Sahne- und Sauermilchquark.

Zu Zeiten der DDR war die Zahl der Industriebetriebe im Erfurter Umland überschaubar. Dem Kreis Erfurt-Land wurde ausdrücklich die Funktion eines Landwirtschaftskreises zugeordnet. Eine gewisse Konzentration von Industrie und Gewerbe gab des lediglich in **Neudietendorf**, was heute zum Landkreis

Gotha gehört. In Führungskreisen fiel dann schon mal die Formulierung „Die Arbeiterklasse des Kreises Erfurt-Land befindet sich in Neudietendorf". Hier gab es verschiedene Dienststellen der Reichsbahn, in denen rund 700 Menschen arbeiteten. In Neudietendorf befanden sich auch mehrere Betriebsteile von volkseigenen Betrieben, die ihren Hauptsitz in Erfurt hatten. Das traf für den VEB Kühlmöbelwerk ebenso zu wie für den VEB Optima Büromaschinenwerk. Die Optimaner hatten immerhin 200 Beschäftigte in Neudietendorf. Der VEB Gesundheitsschuh war geachteter und anerkannter Hersteller von orthopädischem Schuhwerk. Der VEB Bürochemie setzte in Neudietendorf als Hersteller von Siegellack und von Farbbändern die Traditionen der Liliendahlschen Siegellackfabrik fort.

Im letzten Abschnitt zu den Stichworten Industrie und Gewerbe sollen noch einige herausragende Standorte vorgestellt werden. Da wäre zunächst der Industriestandort „Erfurter Kreuz". Die Erfolgsgeschichte des Industriestandortes Erfurter Kreuz im **Amt Wachsenburg**, das zu Arnstadt gehört, beginnt im Jahr 2005 mit der Ansiedlung eines Unternehmens zur Wartung und Überholung von Fluzeugtriebwerken. Im März 2009 sind elf Firmen zusammengekommen und haben den Grundstein für eine vertrauensvolle Zusammenarbeit gelegt. Das Ziel dieser Zusammenarbeit war und ist, die Region um das Erfurter Kreuz zu einer national und international beachteten und anerkannten Region der Thüringer Wirtschaft zu entwickeln und als solche zu erhalten und auszubauen. Heute zählen mehr als 135 Mitgliedsunternehmen zum Verein „Industriegebiet Erfurter Kreuz". Dieser repräsentiert zirka 17.000 Mitarbeiter. Und weitere 700 Auszubildende.

Die „Wirtschaftsregion Erfurter Kreuz" befindet sich um das Autobahnkreuz A 4 und A 71. Das Industrie- und Gewerbegebiet „Erfurter Kreuz" ist das größte Gewerbegebiet in Thüringen mit großem Erweiterungspotential für weitere Gewerbe- und Industrieansiedlungen. Die sehr gute logistische Anbindung an das Straßennetz, die Nähe zur Landeshauptstadt Erfurt und zu den Gewerbezentren des Landkreises Gotha sowie die kurzen Wege zur Technischen Universität Ilmenau sowie der Universität und der Fachschule in Erfurt sind die herausragenden Standortvorteile. Ein gesunder Mix aus Infrastruktur, gut ausgebildeten Fachkräften, traditionsreichen Firmen und erfolgreichen Neuansiedlungen in Zukunftsbranchen machen den Wirtschaftsraum für neue Ansiedlungen interessant. Im Zentrum des Technologiedreiecks Jena-Erfurt-Ilmenau gelegen, etabliert sich die Wirtschaftsregion als aufstrebender Technologie- und Hightech-Standort. Traditionelle Branchen wie Maschinenbau, Glasindustrie und Elektrotechnik bieten Raum für Synergien mit neuen Technologiefeldern wie Automobilzulieferindustrie, Sensorik und der Solarindustrie.

Das Gewerbegebiet „Unterm Fichtenwege" liegt östlich vom Erfurter Stadtzentrum zwischen dem Erfurter Ring und dem Ortseingang von **Kerspleben**. Das 40 Hektar umfassende Areal wurde Anfang der 1990er Jahre von der damals noch zum Kreis Erfurt-Land gehörenden Gemeinde Kerspleben mit Fördermitteln erschlossen. Mit der Eingemeindung des Ortes im Jahr 1994 nach Erfurt fielen die Betreuung und die Vermarktung der Flächen in die Zuständigkeit der Stadtverwaltung und ihrer Wirtschaftsförderung. Aufgrund seiner Flächengrößen und Grundstückszuschnitte steht das Gewerbegebiet besonders für die Erfolgsgeschichte vieler mittelständischer Unternehmen, die nach der politischen Wende aus den vorhandenen Potentialen gegründet wurden. Die Unternehmen kommen besonders aus den Bereichen Metall- und Maschinenbau, Automatisierungstechnik und Softwaresteuerung sowie Handel und Großhandel. Dieser Mix macht das Gewerbegebiet aus.

In der Gemeinde **Hörselberg-Hainich** im Wartburgkreis befindet sich das Industriegebiet Kindel. Früher war hier die Kleinsiedlung Künkelhof. Diese wurde im Jahr 1080 erstmals erwähnt. Vor Beginn des Zweiten Weltkrieges entstand am Künkelhof ein etwa 300 Hektar großer Truppenübungsplatz.

Das Militärgelände diente zunächst als Erprobungs- und Schießplatz für in Eisenach gefertigte Artilleriegeschütze. Nach dem Zweiten Weltkrieg wurde der Schießplatz Kindel weiter ausgebaut und an die Gruppe der Sowjetischen Streitkräfte in

Deutschland als Panzerschießplatz übergeben. Als das Militär abgezogen war und eine Dekonterminierung der Fläche stattgefunden hatte, wurde mithilfe der Landesentwicklungsgesellschaft Thüringen das Industriegebiet Kindel erschlossen. Den Standort wählte man wegen des Flugplatzbetriebes aus. Im Westen grenzt das Industriegebiet an das Naturschutzgebiet Nationalpark Hainich. Dieses ist jetzt Bestandteil des UNESCO-Weltnaturerbes „Buchenurwälder und Alte Buchenwälder der Karpaten und anderer Regionen Europas".

Mitte der 1990er Jahre wurden am Südhang des Nessetals Hochspannungsleitungen und zwei Gasleitungen verlegt. Das waren Voraussetzungen für die Industrieansiedlungen. Im Jahr 2009 gab es durch die Autobahnverlegung an den Kindel eine Optimierung des Straßenverkehrsanschlusses. Inzwischen hat das Industriegebiet eine Größe von 120 Hektar erreicht. Im Endausbau können 620 Hektar verfügbar sein. Das Erscheinungsbild bestimmen Automobilzulieferbetriebe. Das Industriegebiet verfügt über einige Besonderheiten, die da wären: Der Flugplatz und angrenzende Bereiche werden für Messen, Konzert-Events und sportliche Großveranstaltungen genutzt. Zu den Höhepunkten zählt das jährliche Flugplatzfest mit Schauvorführungen und der Präsentation von Flugzeug-Veteranen. Zudem finden an mehreren Wochenenden im Jahr kommerzielle, privat organisierte Autorennveranstaltungen auf dem nicht für die Luftfahrt genutzten Teil des Flugplatzes statt. An gleicher Stelle bietet das Thüringer Fahrsicherheitszentrum Fahrsicherheitsübungen und Kurse für Berufskraftfahrer und Privatleute an. Auf dem Kindel werden spezielle Radlader für den Bergbau gefertigt. Diese kann man auf dem Freigelände der Firma besichtigen. Östlich an den Flugplatz schließt sich auf der ehemaligen Trasse der Nessetalbahn der Nessetalradweg an. Im Endausbau wird dieser das Nessetal von **Behringen** an mit der Stadt Erfurt verbinden. Ein Teil des ehemaligen Militärgeländes nördlich des Tanklagers am Flugplatz wurde zum Biotop umgestaltet. Hier haben Wanderer die Möglichkeit, einen Blick auf den südöstlichen Rand des Nationalparks Hainich zu werfen.

Auf der Gemarkung des ländlichen Erfurter Ortsteils **Stotternheim** befindet sich ein großes Gewerbegebiet – das Internationale Logistikzentrum (ILZ) Erfurt. Dort hat sich das größte Amazon-Logistikzentrum Deutschlands angesiedelt. Es hat eine Nutzfläche von 250.000 Quadratmeter auf vier Geschossen. Hier verlassen täglich rund 550.000 Pakete das Lager. Das Internationale Logistikzentrum steht symbolisch für die Spitzenstellung von Erfurt unter den Logistikstandorten in Europa. Hier sind bisher acht Unternehmen angesiedelt. In diesen Unternehmen arbeiten zirka 1.900 Arbeitskräfte. Die meisten kommen aus Erfurt und den umliegenden Dörfern. Das knapp 80 Hektar große Areal liegt im Norden des Erfurter Stadtgebietes zwischen der Sulzer Siedlung und der Ortschaft Stotternheim beiderseits der Erfurter Landstraße. Der Erfurter Ring, konkret die Bundesautobahn 71 mit der Anschlussstelle Erfurt-Stotternheim grenzt im Süden direkt an den Flächen des Gewerbegebietes. Zudem besteht die Möglichkeit eines Gleisanschlusses im Bereich östlich der Erfurter Landstraße. Hier liegt die Bahnstrecke in Richtung Sangerhausen an.

Diese optimale Lage erkannten mehrere bedeutsame Unternehmen. 2010 entschieden sich Netto und damals Eurogates (heute heißt das Unternehmen LGI Logistik Group International GmbH) für den Standort nahe Stotternheim. Dieses Unternehmen bewerkstelligt die Logistic für den Elektrogerätehersteller Panasonic. Besonders die Rekordansiedlung von Eurogates gilt als Musterbeispiel für die Wirtschaftsfreundlichkeit dieses Standortes. Vom ersten Kontakt des Investors zur Stadtverwaltung Erfurt als Eigentümerin der Flächen bis zur Schlüsselübergabe vergingen nur acht Monate – und das einschließlich der Erschließung des Grundstückes und der archäologischen Untersuchungen. Im Jahr 2019 siedelte sich Amazon im Internationalen Logistikzentrum mit einem Verteilzentrum für die letzte Meile an. Das Zentrum unterstützt den Online-Riesen bei der Lieferung der Kunden-Pakete bis zur Haustür.

Jagd

Die Jagd ist so alt wie die Menschheit selbst. Unseren Vorfahren diente sie als Nahrungserwerb. Im Verlauf der Menschheitsgeschichte änderte sich die Bedeutung der Jagd für das Leben der Menschen und es änderten sich auch die Zuständigkeiten und die Möglichkeiten. So stand bis 1848 das Jagdrecht den Landesherren zu. Nach der Revolution 1848 und 1849 war es nur noch auf dem eigenen Grund und Boden möglich. Durch die ungeregelte Möglichkeit der Jagdausübung bestand jedoch die Gefahr einer völligen Ausrottung des Wildbestandes. Zudem war die Existenz kleiner bäuerlicher Betriebe, die auch von den Jagdeinnahmen abhängig waren, gefährdet. Daher wurden um 1850 landesrechtliche Regelungen und Gesetze erlassen. Diese trennten das dem Grundeigentümer zustehende Jagdrecht und das Jagdausübungsrecht. Das Jagdausübungsrecht wurde entweder den Gemeinden oder der Gemeinschaft der Grundeigentümer zuerkannt.

In der DDR war die Jagd dem 1953 verkündeten „Gesetz zur Regelung des Jagdwesens" unterworfen. Es war die rechtliche Grundlage für das Jagdwesen in der DDR und es legte die Bewirtschaftung des Wildes und das subjektive Jagdrecht in die Hände des Staates. Die Jagdflächen wurden vom Staat zur Verfügung gestellt. Dem Waffenbesitz von Jägern wurden enge Grenzen gesetzt. Büchsen bekamen nur zeitweise die in den Jagdgenossenschaften organisierten Jäger. Auf der Grundlage dieses Gesetzes fungierte in der Region rund um Erfurt der Rat des Kreises Erfurt-Land als untere Jagdbehörde und teilte das Territorium in Jagdgebiete ein. So gehörten z. B. die Fluren der Orte **Apfelstädt**, **Ingersleben**, **Kleinrettbach**, **Kornhochheim**, **Molsdorf** und **Neudietendorf** zum Jagdgebiet „014 Ingersleben".

Die Jagdkollektive wurden zunächst von der Gesellschaft für Sport und Technik (GST) geleitet. Die GST bildete die Jäger aus. Das änderte sich mit einer neuen Durchführungsbestimmung zum bestehenden Gesetz ab dem Jahr 1962. Die Jagdkollektive wurden aufgelöst und Jagdgesellschaften gegründet. Die Jagdgesellschaften erhielten als juristische Personen mit gewählten Vorständen große Verantwortung bei der Durchführung der Jagd und der Wildbewirtschaftung. Zum jagdlichen Brauchtum gehörte zu dieser Zeit nach manchen Feldtreibjagden auch die sogenannte „Jagdgerichtsversammlung". So waren 5,00 Mark in die Jagdkasse zu zahlen, wenn man mit stark verschmutzten Stiefeln zur Jagd erschien oder wenn der Vorstehhund so unerzogen war und Waidgenossen benässte. 10,00 Mark betrug die Strafe, wenn man vor Beginn der Jagd an mehrere Jäger alkoholische Getränke verabreichte oder wenn während der Jagdpause aus einer Brauseflasche an frühstückende Jäger Alkohol ausgeschenkt wurde. Es ist überliefert, dass manche Jäger öfters einen Strafbetrag von 10,00 Mark zahlen mussten.

An dieser Stelle soll eine Episode über die sogenannte „Staatsjagd" zu Zeiten der DDR aufgezeigt werden. Die Gemeinde **Ollendorf**, die heute zum Landkreis Sömmerda gehört, war seit den 1970er Jahren weltweit bekannt. Der damalige Vorsitzende des Staatsrates der DDR, Erich Honecker, lud alljährlich im Dezember die in der DDR akkreditierten Botschafter und Diplomaten zu einer Hasenjagd ein. Mehrfach wurde dafür die Ollendorfer Flur ausgewählt. Im Vorfeld der Jagd sollen viele der vierbeinigen Mümmelmänner anderenorts eingefangen und hierher gebracht worden sein. Schließlich sollten doch die Staatsgäste reichlich Beute vor die Flinte bekommen.

Mit dem Thüringer Jagdgesetz von 1991 und der Verwaltungsvorschrift zur Durchführung dieses Gesetzes von 1992 wurde die rechtliche Grundlage der Jagd in Thüringen geschaffen. Die Rechtsvorschriften für die Jagdausübung der Mitglieder der Jagdgesellschaften der DDR erloschen am 31. März 1992. 1991 gründete sich der Thüringer Landesjagdverband. Ebenso 1991 gründeten sich in unserer Region die Jagdgenossenschaften. Die Jagdgenossenschaft ist eine Körperschaft öffentlichen Rechts und entsteht per Gesetz. Sie untersteht der Aufsicht der unteren Jagdbehörde. Die Jagdgenossenschaft „verwaltet" einen gemeinschaftlichen Jagdbezirk, zu dem auch die Eigentümer der Grundflächen gehören. Schließlich verpachtet die Jagdgenossenschaft die Jagd in ihrem gemeinschaftlichen Jagdbezirk an einen Jäger.

Thüringer Jäger erbringen täglich wertvolle Leistungen, die der Natur, dem Wald, der Land- und Forstwirtschaft, der Gesellschaft und nicht zuletzt dem Wild zugute kommen. Tausende Stunden werden dabei sowohl in die Wildhege und Wildregulierung als auch in die Biotoppflege sowie den Tier- und Artenschutz investiert. Das Engagement der Thüringer Jäger ist hierbei nicht hoch genug zu werten. Sie handeln mit ihrem Einsatz und ihrem Engagement voll und ganz im Sinne des Thüringer Jagdgesetzes. Dort heißt es u. a.: „Wesentlicher Bestandteil der Natur Thüringens ist die heimische Tierwelt. Sie ist als Teil der natürlichen Umwelt in ihrer Vielfalt zu bewahren. Mit der Hege, die jeder Jagdausübungsberechtigte durchzuführen hat, ist die Nachhaltigkeit der in Thüringen vorkommenden Wildtierarten zu gewährleisten. Hege und Jagd sind so auszuüben, dass

- das Wild mit anerkannten und gesetzlich zugelassenen Jagdmethoden unter Beachtung der tierschutzrechtlichen Vorschriften und allgemein anerkannten Grundsätzen der Waidgerechtigkeit erlegt wird;
- die Belange des Naturschutzes und der Landschaftspflege berücksichtigt werden;
- die Belange einer naturverträglichen Erholung in der freien Landschaft weitgehend unberührt bleiben."

Man kann also zusammenfassen, dass in unserer heutigen Kulturlandschaft die Erhaltung und der Schutz einer Vielfalt der Tier- und Pflanzenwelt zu den wichtigsten Aufgaben des Jägers gehören.

Jugend und Jugendweihe

Es ist nicht nur eine Floskel, sondern es ist ein weiser Satz: „Der Jugend gehört die Zukunft." Man kann sogar noch weiter gehen und kann sagen: „Junge Menschen sind eine entscheidende demografische Gruppe für die Zukunft unserer ländlichen Räume. Für unsere Region können wir mit Fug und Recht feststellen, dass die Entwicklung der ländlichen Räume maßgeblich von den dort lebenden jungen Menschen abhängt. Es stellen sich die Fragen:

- Kommen die jungen Menschen nach der Ausbildung oder dem Studium zurück ins Heimatdorf?
- Oder müssen sie gar nicht wegziehen?
- Wie zufrieden ist die Jugend mit dem Angebot an Wohnraum, erreichbaren Arbeitsplätzen, der Mobilität und den Freizeitangeboten vor Ort?

Zu diesen Fragen gab es in den letzten Jahren mehrere Studien. Dabei wurde u. a. herausgearbeitet, dass die große Mehrheit der Jugendlichen gern auf dem Land lebt. Viele junge Menschen können sich vorstellen, später einmal in einem Dorf zu wohnen. Viele von denen, die heute schon im ländlichen Raum leben, schätzen ihren Wohnort, weil sie dort Natur, Gemeinschaft, Ruhe und Nähe zu Freunden haben. Auch bei den Themen Vertrautheit, Sicherheit und Kriminalität sehen viele Jugendliche bei ihrem Aufwachsen im ländlichen Raum deutliche Vorteile gegenüber dem Leben in der Stadt. Was die Jugendlichen am ländlichen Leben stört, sind die eingeschränkten Freizeitmöglichkeiten, die teils mangelhafte Anbindung an den Öffentlichen Personennahverkehr, damit verbunden die Abhängigkeit vom Auto und die Tratscherei der Leute. Viele junge Menschen fühlen sich auch nicht ernst genommen, weil sich Freizeitangebote, Fahrpläne von Bussen und Zügen und die Möglichkeiten an politischer Teilhabe an den Älteren orientieren.

Bei allem Für und Wider: In den Dörfern von Thüringen gibt es zahlreiche Beispiele dafür, wie Ältere und Jüngere gemeinsam Einfluss auf ein interessantes und abwechslungsreiches Jugendleben nehmen. Darüber hinaus tun auch zahlreiche Schulen und Betriebe einiges dafür, die Jugend hier im Land zu behalten. Ein Beispiel dafür gibt es in **Dermbach**. Der Ort liegt im Wartburgkreis in der thüringischen Rhön und ist von einer malerischen Kulisse herrlicher Rhöner Bergkuppen umgeben. Hier haben die Schule, der Schulförderverein und die heimische Wirtschaft viel unternommen, um Wirtschaft und Technik wieder verstärkt an die Schule zu holen und junge Leute in diese Richtung zu orientieren. Damit hat man dem einstigen Trend, dass die meisten Schulabgänger Berufe im kaufmännischen Bereich anstrebten, entgegengesteuert. Es konnten mehr junge Menschen für Berufe in der Wirtschaft gewonnen und somit die Wirtschaft in der Region gestärkt werden.

Ein weiteres positives Beispiel liefert der Bund für Umwelt und Naturschutz Deutschland (BUND). Bei der BUND-Jugend engagieren sich junge Menschen unter 27 Jahren in Kampagnen, Protestaktionen und Projekten für ökologische und soziale Themen. Mit bunten Aktionen setzen sich die Jugendlichen für die Vielfalt der Natur sowie für einen fairen Welthandel, Klimagerechtigkeit und die Agrarwende ein. Den jungen Leuten ist bewusst, dass es um ihre Zukunft geht und diese nehmen sie selbst in die Hand.

In **Ebenshausen** im Wartburgkreis lässt sich die Kirmesjugend von dem Spruch leiten: „Erst die Arbeit und dann das Vergnügen." Sie legten fleißig Hand an und haben über mehrere Jahre folgende Maßnahmen realisiert: Die morsche, hölzerne Tanzfläche auf dem Anger wurde gegen eine wetterfeste aus Beton getauscht, die Open-Air-Bühne erhielt mittels Schraubendreher, Säge, Pinsel und Farbe ein neues Aussehen, für den Volleyballplatz gab es neuen Sand und die hölzernen Fassadenteile der Angerschänke wurden in die Kur genommen.

In vielen Orten von Thüringen spielt sich das Jugendleben heutzutage im Jugendklub bzw. Jugendtreff ab. Die jungen Leute haben hier einen Ort, an dem sie gemeinsam ihren Interessen nachgehen können. Inhalt und Ablauf der gemeinsamen Freizeitgestaltung sind breit gefächert. Sie reichen von thematischen Angeboten bis zu losen Treffs. Das war nicht immer so, denn viele Jahre gab es in den meisten Gemeinden keinen Raum, der vorwiegend der Jugend für ihre Freizeitaktivitäten zur Verfügung stand. In der Gemeinde **Andisleben** im Landkreis Sömmerda steht den Jugendlichen seit Beginn der 2000er Jahre ein Gebäude zur Verfügung, das als Jugendklub genutzt wird. Es wird von den Jugendlichen selbst erhalten und gepflegt.

In **Ermstedt**, einem ländlichen Ortsteil von Erfurt, hat man im Jahr 2009 einen neuen Jugendklub geschaffen. Bereits Anfang der 1970er Jahre war das frühere Bahnhofshäuschen der Kleinbahnstrecke Erfurt-Nottleben zum Jugendklub umfunktioniert worden. Und obwohl es keine Toiletten und keinen Wasseranschluss gab, wurde das Objekt von den Jugendlichen dreißig Jahre lang angenommen. 2009 ist in acht Monaten Bauzeit der bisherige Gebäudeteil saniert und durch einen Neubau mit Küche und Toiletten ergänzt worden. Der Wohlfühlfaktor hat sich seitdem für die Ermstedter Jugendlichen wesentlich erhöht.

Mitte der 1980er Jahre gründete sich in **Markvippach** im Landkreis Sömmerda ein Jugendklub. Dieser hatte sich zunächst die sinnvolle Freizeitgestaltung der Jugendlichen und ihre Integration in die Dorfgemeinschaft zum Ziel gesetzt. Aus den Gründungsmitgliedern sind inzwischen Familienväter und Familienmütter, ja sogar Opas und Omas, geworden. Doch das interessante und integrative Klubleben hat sich auch auf die nächsten Generationen übertragen. Die jungen Leute von Markvippach stehen aber auch an anderer Stelle der Dorfgemeinschaft ihren „Mann". Einige von ihnen sind in der Jugendgruppe der Freiwilligen Feuerwehr. Zudem legen sie bei der Dorfverschönerung fleißig Hand an. Bei den verschiedenen Dorffesten sind die jungen Leute nicht nur dabei, sondern mittendrin und helfen bei der Organisation.

Wir kommen aber nicht umhin festzustellen, dass sich die Interessen der heutigen Jugend sehr von den Interessen früherer Jugendgenerationen unterscheiden. Heute gibt es das Internet mit seinen verschiedenen Facetten. Die Jugendlichen verbringen heute viel Zeit am Computer oder dem Smartphone. Das ist in der Stadt ebenso wie auf dem Land – zumindest in den ländlichen Regionen, wo das Internet zugänglich ist. Wenn auch mancher Jugendliche durch die Nutzung der Internetangebote seinen Wissensumfang erweitern möge, so sagen doch viele Experten, dass darunter sowohl die körperliche Beweglichkeit als auch der Umgang mit den Mitmenschen leidet. Die mündliche Kommunikation mit der real existierenden Umwelt wird durch die verstärkte Nutzung des Internets stark eingeschränkt.

Kommen wir nun zur Jugendweihe. Die Jugendweihe ist ein weltliches Fest, bei dem zumeist junge Leute um das 14. Lebensjahr feierlich und symbolisch, aber zeit- und jugendgemäß, in den Kreis der Erwachsenen aufgenommen werden. In Thüringen wurde die Jugendweihe erstmals 1852 in Nordhausen gefeiert. Zur Zeit der DDR entwickelte sich die Jugendweihe zu einem Höhepunkt im Leben der jungen Menschen und ihrer Familienangehörigen. Vom Herbst bis zum kommenden Frühjahr gab es jeden Monat eine Jugendstunde in Vorbereitung auf die Jugendweihefeier. Die Jugendlichen unternahmen Exkursionen und beschäftigten sich mit politischen, naturwissenschaftlichen und kulturellen Themen. An der Jugendweihe nahm die überwiegende Mehrzahl der Schüler der 8. Klassen teil. Von der Partei- und Staatsführung wurde die Jugendweihe gern als Gegenpol zur Konfirmation propagiert. In den Dörfern von Thüringen gab es jedoch viele junge Menschen, die sowohl die Jugendweihe als auch die Konfirmation feierten. Der Buchautor gehört auch zu dieser Personengruppe.

Im Jahr 1990 gründete sich der Landesverband Thüringen der Interessenvereinigung Jugendweihe. Er wirkte darauf hin, dass es die Jugendweihe auch nach dem Ende der DDR weiterhin gab. Das ist auch heute noch so.

Die Feierstunde für die jungen Menschen aus der Stadt Erfurt und den Dörfern aus dem Erfurter Umland findet alljährlich im Erfurter Kaisersaal statt. Das erste Haus am Platz ist für die jungen Menschen und für diesen Anlass gerade gut genug.

Karneval

Der Karneval ist ein weit über 2.000 Jahre altes Brauchtum. Schon lange vor Christi Geburt versuchten die Menschen mit Mummenschanz und viel Radau den Winter zu vertreiben. Mit der Verbreitung des Christentums vermischten sich heidnische und christliche Bräuche und es entstand der Karneval so wie wir ihn kennen. Karneval, Fastnacht, Fasching (je nach Region gibt es unterschiedliche Begriffe) ist die Zeit der Ausgelassenheit, der Fröhlichkeit und der überschäumenden Lebensfreude vor Beginn der österlichen Fastenzeit. Die närrische Zeit beginnt am 11. November um 11:11 Uhr und endet am Fastnachtdienstag um 24 Uhr.

In Thüringen bündelt der Landesverband Thüringer Karnevalvereine e.V. (LTK) die Interessen von 335 Vereinen mit über 30.000 Mitgliedern. Im Jahr 1990 wurde der Landes-verband gegründet. Er sieht sich als Servicestelle für seine Mitglieder und unterhält dafür eine Vielzahl von Fachausschüssen und Arbeitskreisen. Mit dem alljährlich erscheinenden „Narren-Echo" gibt der Landesverband Einblick in seine Verbandsarbeit und macht neugierig auf einen Besuch der über 1.300 Saalveranstaltungen oder mehr als 100 Umzüge in jeder Kampagne. Der Thüringer Karneval ist von gepflegten Traditionen, großem ehrenamtlichem Engagement und ganz viel Herz für die Sache geprägt. Das Grüne Herz Deutschlands schlägt närrisch.

Die Wurzeln des Thüringer Karnevals liegen in **Wasungen**. In der Kleinstadt im Landkreis Schmalkalden-Meiningen leben heute rund 5.000 Einwohner. Eine Stadtrechnung des Bürgermeisters von 1524 bezeugt den Kauf eines Eimers Bier für die Mitwirkenden der Fastnachtspiele auf dem Markt. Die Südthüringer Fachwerkstadt gilt damit als eine der ältesten Karnevalshochburgen in Deutschland. Einen großen Festumzug gibt es in Wasungen jeweils am Samstag vor Aschermittwoch. Er wird von bis zu 80 Umzugsgruppen und 10 Musikkapellen begleitet. Bunte Narrenkostüme reihen sich um große Umzugswagen mit Fratzen aus Pappmaschee. Bis zu 2.000 Mitwirkende gestalten gemeinsam das zweistündige Spektakel, dem alljährlich Tausende Zuschauer beiwohnen. Und immer wieder erklingt der Karnevalsruf. In Wasungen heißt der nicht „Helau" oder „Alaaf" – hier heißt er „Woisenge? Ahoi!"

In der langen Tradition der Thüringer Karnevalshochburg – im Jahr 2024 beging Wasungen das Jubiläum „500 Jahre Karneval in Wasungen" - haben sich einige Eigenheiten entwickelt. So gibt es in der kleinen Stadt an der Werra kein Prinzenpaar, sondern nur einen Prinzen. Der „Prinz Karneval" führt den großen Umzug an. Er wird begleitet von seinen zwei Pagen und dem närrischen Gefolge. Bis zum großen Umzug wird sein Name geheim gehalten. Seine Regentschaft beginnt am Karnevalssamstag und endet am 11. November mit der Rückgabe des Zepters sowie der Prinzenmütze an den Präsidenten des ausrichtenden Wasunger Carneval Clubs (WCC). Im Mittelpunkt der Karnevalssitzungen stehen – wie in vielen anderen Karnevalsorten auch – die Büttenreden. Die meist in Mundart vorgetragenen Reden nehmen Politiker, Lokalmatadoren und so manche regionale Entwicklung auf die Schippe. Sie sind oft das Ventil für versteckte und offene Kritik. Natürlich mit viel Augenzwinkern und „Narrenbonus".

Auch in der DDR gehörte der Fasching zum geselligen Leben und war für viele Bürger ein Höhepunkt in der kalten Jahreszeit. Die Karten für die Faschingsveranstaltungen waren rar und begehrt.

Im Folgenden werden einige Karnevalclubs vorgestellt. Übrigens schreiben sich manche Karnevalclubs auch mit C anstatt mit K. **Dermbach** liegt in der thüringischen Rhön im Wartburgkreis und ist von einer malerischen Kulisse herrlicher Rhöner Bergkuppen umgeben. Hier leben rund 3.000 Menschen. Am 11.11. des Jahres 1953 wurde die Karnevalsbewegung von einigen Dermbacher Bürgern ins Leben gerufen. In der Gründerzeit war der Karneval neben der Kirmes oft der einzige kulturelle Höhepunkt im Dorfleben. Im Laufe der Zeit durchlebte der Karneval in Dermbach gute Zeiten und schlechte Zeiten.

Zu DDR-Zeiten war es mit der sogenannten Narrenfreiheit nicht gut bestellt. Zensur und Genehmigungspflicht für Büttenreden erschwerten das Vereinsleben. Doch die Dermbacher nahmen sich in ihren Büttenreden die Narrenfreiheit, auch wenn diese oft eine Gratwanderung zwischen Möglichem und Erlaubtem war. Mehrere Jahre wurden immer die gleichen „harmlosen" Reden eingereicht. In Wirklichkeit trugen die Büttenredner aber dann Texte mit ganz anderem Inhalt vor. Darin ging es um die kleinen Misslichkeiten des Lebens in der DDR. Manchmal machten sie auch Witze über das Dorfgeschehen in Dermbach und sich selbst. Dann kam die politische Wende. Der Verein wurde offiziell als DCC (Dermbacher Carneval Club e.V.) in das Vereinsregister eingetragen und erhielt Gemeinnützigkeit bis zum heutigen Tag. Mit der Wende waren den Büttenrednern aber auch die Themen davongelaufen. Dinge, über die man zuvor Witze gemacht hatte, funktionierten plötzlich. So dauerte es eine Weile, bis man sich auf die neue Zeit eingestellt hatte. Aber die Dermbacher hielten trotz auftretender Widrigkeiten an ihrer Tradition fest und machten und machen weiter Karneval für die Leute im Ort. Übrigens lautet ihr Schlachtruf „Tulli Alla".

Die „fünfte Jahreszeit" – wie der Karneval auch genannt wird – hat auch seinen festen Platz im Landleben von mehreren ländlich geprägten Ortsteilen von Erfurt. Der Karneval Club **Alach** (KCA) sorgt erst seit 1988 für karnevalistische Unterhaltung. Mittlerweile gehören weit über 100 „Narren" dem Club an. Besondere Leistungen vollbringt der KCA im karnevalistischen Tanzsport. Seit den ersten Thüringer Landesmeisterschaften im Jahr 1993 sind die Alacher dabei. Schon öfter kam die Thüringer Meisterin im Mariechentanz aus Alach. Auch im Gardetanz war man in mehreren Jahren erfolgreich. In Alach gehört es zur Tradition, dass beim Rathaussturm am 11.11. der Ortsteilbürgermeister den Schlüssel für die Amtsstube nur unter der Bedingung an dem KCA-Präsidenten herausrückt, wenn dieser bis zum Rosenmontag einen Korb mit hausgeschlachteter Wurst an das Gemeindeoberhaupt liefert.

Der **Büßleber** Carneval Club (BCC) trat erstmals im Jahr 1999 mit Elferrat, Prinzengarde, Prinzenpaar, Showtänzen, Büttenreden und Männerballett öffentlich auf. Der Beifall war überwältigend. Insbesondere das Männerballett ist in jeder Saison der Hingucker. In **Dittelstedt** gibt es Faschingsfotos bereits aus dem Jahr 1920. Dann wurde dieser Brauch lange zeit nicht gepflegt. Im Jahr 1984 beschlossen die Mitglieder des Männerchores, den Karneval im Ort wieder aufleben zu lassen. 1985 feierte man in Dittelstedt im großen Saal der LPG „Karl Marx". Den jetzigen Namen Carnevalclub Dittelstedt (KCD) gaben sich die Dittelsch`ter Narren im Jahr 2001. Heute ist der Verein eine geschätzte Kraft im Dittelstedter Gemeinschaftsleben. Mit einem bunten Festwagen ist der KCD auch alljährlich beim großen Faschingsumzug in Erfurt dabei.

Der Karnevalsverein „Gispi Füchse" in **Gispersleben** hat eine recht originelle Entstehungsgeschichte. Am Ende einer Ortsversammlung im Februar 1987 stand der Einwohner Heinz Hildebrandt auf und sagte: „Ich gehe jetzt in die Gaststätte „Nach Feierabend" und gründe einen Faschingsverein. Wer kommt mit?" Tatsächlich schlossen sich ihm sieben Personen an und es entstand der Karnevalsverein „Gispi Füchse". Seit 1991 sind die Gispersleber Narren Mitglied in der Gemeinschaft Erfurter Carneval (GEC) und seitdem nehmen sie alljährlich am großen Erfurter Karnevalsumzug teil. Die Faschingsveranstaltungen stehen in Gispersleben immer unter einem bestimmten Motto. In der Saison 2009/2010 feierten die „Gispi Füchse" unter dem Motto „Der Bauer und das liebe Vieh – wir feiern Fasching wie noch nie". In Anlehnung an die Fernsehsendung „Bauer sucht Frau" wurden mit viel Fantasie Kostüme gestaltet, lustige Lieder und Sketsche vorgetragen und viel Fröhlichkeit verbreitet. Die Narren verwandelten sich in zahme Schafe, quiekende Schweine, wimmelnde Würmchen, schwarz-weiße Kühe und gackernde Hühner.

Der **Marbacher** Karneval Club (MKC) beging im Jahr 2011 seine 50. Saison. Damit reihte sich der MKC ein in die zahlreichen Festivitäten im Ort, denn im gleichen Jahr beging Marbach den 800. Jahrestag der urkundlichen Ersterwähnung und die Sportfreunde Marbach feierten ihr zehnjähriges Bestehen.

Der Karnevalsclub ist mit dem Elferrat, der Prinzengarde und ihrem Showballett, der Nachwuchsgarde, dem Jugendtanzmariechen, dem Kinderelferrat, den Bifi-Dancers, den Crayzi-Sisters, dem Showballett Boys & Girls, dem Männerballett, den singenden Stammtischbrüdern, den Super-Ullis, Mäcky und diversen Büttenrednern gut aufgestellt. Zum jährlichen Programm gehört die Frühschoppensitzung ebenso dazu wie abendlichen Prunksitzungen, Kostümbälle, Kinderfasching, Seniorenkarneval, Rosenmontagsparty und eine Kappenfahrt in soziale Einrichtungen. In seiner 49. Saison im Jahr 2010 leistete übrigens der MKC „karnevalistische Aufbauhilfe West". Mit über achtzig Aktiven, der kompletten Bühnen- und Saaltechnik, einer aufwändigen Dekoration sowie der eigenen Haus- und Hofkapelle reiste man nach Petersberg-Marbach in die Nähe vom hessischen Fulda, um dort in einem vierstündigen Non-Stopp-Programm das Thema „20 Jahre Mauerfall" karnevalistisch zu betrachten. Die Abkürzung des **Schmiraer** Carnevalsvereins heißt SCV. Der Verein widmet sich der karnevalistischen Brauchtumspflege. Das Repertoire umfasst Garde- und Showtänze, Büttenreden, Sketsche und Auftritte der Gesangsgruppe. Auch beim Erfurter Umzug sind die Narren aus Schmira dabei.

Im Jahr 1962 traf sich in **Stotternheim** eine feuchtfröhliche Männerrunde mit drei zugezogenen Rheinländern, die in der Kneipe die Idee einer närrischen Feier im Ort gebaren. Gesagt, getan – so wurde bei Bier und Schnaps der erste Elferrat von Stotternheim ausgeguckt. In den folgenden Jahren wurde aus der Idee eine bedeutsame Kraft in der Dorfgemeinschaft. In den 1970er und 1980er Jahren war der Stotternheimer Karneval unter Leitung von Lothar Hopfmann über die Ortsgrenzen hinaus für seine Originalität und sein tolles Programm bekannt. Die Veranstaltungen waren stets ausverkauft. Trotz Zensur hielten sich die Büttenredner nicht zurück und stellten sowohl die große als auch die kommunale Politik an den Pranger.

Aus dem Landkreis Sömmerda liegen dem Autor u. a. aus **Gebesee**, **Haßleben**, **Schlossvippach** und **Witterda** Überlieferungen vom närrischen Leben vor. Der Gebeseer Carneval Club (GCC) gründete sich bereits 1964. Im Laufe der Zeit haben einige Rituale ihren festen Platz im närrischen Treiben. So wird alljährlich am 11.11. mit großem Getöse und den Klängen des Narhalla-Marsches das Dienstzimmer des Bürgermeisters im Rathaus gestürmt. Der Marktplatz ist an diesem Tag fest in Narrenhand. Das zweite Ritual ist alljährlich der Umzug zum Faschingssonntag. Dabei präsentieren sich die GCC-Mitglieder gemeinsam mit anderen Einrichtungen der ländlichen Kleinstadt mit bunt geschmückten Festwagen oder als Fußvolk. Großen Wert legt man in Gebesee auf den Tanz. Ob Prinzengarde, Knirpsengarde, Frauenballett oder Männerballett – im Laufe des Jahres wird fleißig geübt, damit die Showtänze das Publikum auch zu Beifallsstürmen hinreißen.

Im Jahr 1955 gründete sich der **Haßleber** Karnevalsverein (HCV) 1955. Den ersten Umzug gab es 1957. Dieser Brauch wird heute noch gepflegt. Dabei erklingen die weit schallenden Freudental-Rufe. Hier ruft man nämlich nicht „Helau", sondern „Freudental". Diesen Begriff führte in den 1950er Jahren Jupp Schmitz ein. Er begründete das damit: „Ich kam von Nurzen (Riethnordhausen) und fuhr ins Tal. Deswegen nennen wir das Freudental." Zum 50. Gründungsjubiläum im Jahr 2005 gab es ein besonderes Highlight. Mit elf Glockenschlägen wurde der Nostalgiefasching eingeläutet. Danach entwickelten Alt und Jung, vereint in närrischen Kleidern, Stimmung pur. Der damalige HCV-Präsident Rüdiger Mikolajczyk und die damalige Präsidentin des Damenelferrates, Ilona Schnürpel, moderierten das Fest der Generationen und begrüßten 33 Prinzenpaare aus der Haßleber Karnevalsgeschichte. Darunter war auch das erste Prinzenpaar aus dem Jahr 1958.

In **Schloßvippach** – so ist aus zuverlässiger Quelle zu hören – kursiert seit vielen Jahren zwischen dem 11.11. und Aschermittwoch eine Krankheit, die schon manchen früheren Faschingsmuffel angesteckt hat. Auslöser der Krankheit ist das Virus „Humoris Carnevalensis". Es erzeugt Spaß am karnevalistischen Treiben, ebenso Ausgelassenheit und Fröhlichkeit. Pünktlich um 11:11 Uhr beginnt an jedem 11.11. in Schloßvippach mit dem Sturm des Rathauses die „fünfte Jahreszeit".

Dabei gelingt es dem Bürgermeister nie, den Rathausschlüssel gegen die Übermacht der SCV-Narren zu verteidigen. Während der Kampagne sorgen die 1. Garde, die Juniorengarde, die Minigarde, das Männerballett, die Powergirls, die Ratskellerlerchen und die urfidele Dorfkapelle gemeinsam mit mehreren Büttenrednern – darunter ist auch der Dorfbote – für ausverkaufte Veranstaltungen und gute Stimmung im Ratskeller.

Der 12.11.1977 war für die Gemeinde **Witterda** ein historischer Tag. An diesem Tag wurde die erste offizielle Versammlung des Carnevalclubs einberufen. Vorausgegangen war der Kirmestanz im Gasthaus „Zum Goldenen Widder". Dabei wurde die Gründung eines Carnevalclubs verkündet. Man wollte der Bevölkerung neben den Tanzveranstaltungen auch etwas Carnevalistisches bieten. In Witterda hat es Tradition, gute Beziehungen zu befreundeten Karnevalsvereinen zu pflegen und die Art der karnevalistischen Brauchtumspflege auch anderswo – z. B. im Melchendorfer Markt in Erfurt – zur Schau zu stellen.

Aus dem Landkreis Gotha folgen nun Karnevalserlebnisse aus **Apfelstädt** und Dachwig. In Apfelstädt gibt es seit 1969 den ACC. Zuvor gab es schon 1939 und zwischen 1947 und 1955 Faschingstreiben im Ort. Damals fanden Maskenbälle und Kappenabende statt. In den ersten zwanzig Jahren seiner Existenz entwickelte sich der ACC kontinuierlich weiter und wurde 1988 sogar als ausgezeichnetes Volkskunstkollektiv der DDR geehrt. Auch nach der politischen Wende gaben die Clubmitglieder ihr Bestes. Zum 40. Jahrestag im Jahr 2009 lautete das Motto „Der ACC wird 40, man glaubt es kaum. Es lohnt sich, bei uns mal rein zu schauen." Drei Traditionen haben sich die Apfelstädter über viele Jahre bewahrt: Zum Ersten reißen die Steinfeldspatzen mit ihren Liedern die Zuschauer zu wahren Beifallsstürmen hin. Zum Zweiten gehören die Sack- und Strohbären alljährlich zum Ritual der Faschingszeit. Zum Dritten nehmen die Apfelstädter jedes Jahr mit großem Gefolge am Karnevalsumzug in Erfurt teil.

Die Geschichte des Faschingsclubs in **Dachwig** begann im Jahr 1970. Damals hatte man die Vision, den Dachwiger Fasching in den siebten Narrenhimmel zu katapultieren. Alle Generationen sollten sich wohlfühlen. Während der Faschingsveranstaltungen schickten die Clubmitglieder das Publikum in ferne Länder, zurück in die Steinzeit, in die goldenen Zwanziger Jahre, in ein Spukschloss, ins Paradies oder ins Mittelalter. Die Dachwiger Karnevalisten holten die Märchenzeit zurück und reisten in vier Tagen um die Welt. 2011 luden sie das Publikum zu einer großen karnevalistisch-turbulenten Reise nach Mexiko ein. Zum 40. Geburtstag im Jahr 2010 richtete die Clubführung die Botschaft an die Öffentlichkeit: „Unsere Traditionen leben davon, dass wir sie pflegen und mit Leben erfüllen, immer wieder, Jahr für Jahr. Und so lange es Menschen gibt, die durchgeknallt sind, neben einer nimmer endenden Party auch Arbeit, Stress und nächtelanges Proben auf sich zu nehmen – solange wird sie sich weiter drehen, die närrische Uhr über Dachwig und seinen Einwohnern. Und wenn es nach uns geht, noch viele, viele Jahre."

Übrigens gibt es in Thüringen auch ein Karnevalmuseum. Es steht – wie könnte es anders sein – in der Karnevalshochburg Wasungen. Das erste Thüringer Karnevalmuseum gab es übrigens in der reizvoll gelegenen Kleinstadt Königsee im Landkreis Saalfeld-Rudolstadt.

Kinder und Kindereinrichtungen

Für Kinder hat das Leben auf dem Land einige Vorteile gegenüber dem Leben in der Stadt. Die Nähe zur Natur wirkt auf dem Land entspannend. Gerade für Kinder ist es toll, einfach auf die Bäume zu klettern, im Dreck zu spielen oder Tiere streicheln zu können. Gerne toben oder rennen sie den ganzen Tag draußen herum oder helfen spielerisch bei Arbeiten wie dem Gärtnern oder dem Füttern der Tiere mit. Das macht nicht nur mehr Spaß, als den ganzen Tag vor der Spielkonsole zu sitzen oder immer auf dem gleichen Spielplatz zu schaukeln, es sorgt auch für eine bessere Gesundheit und eine optimale Entwicklung. Kinder sind Entdecker. Sie wollen durch Wald und Flur streifen, Baumhäuser bauen, Frösche beobachten und sich schmutzig machen dürfen. Während Erwachsene mit natürlichen Landschaften vor allem Entspannung und Ruhe verbinden, bieten sie für Kinder das Rohmaterial zum Gestalten. Sie wollen im Dickicht Höhlen bauen, Brücken über kleine Wasserläufe errichten und Biotope für Insekten und Amphibien anlegen. Diese Möglichkeiten sind auf dem Land ohne Zweifel besonders reichhaltig vorhanden.

Je älter die Kinder werden, desto mehr treten sie aus dem elterlichen Schatten heraus und desto wichtiger sind gleichaltrige Freunde. Kinder lernen so, sich mit anderen auseinanderzusetzen, Bündnisse zu schließen, sich zu behaupten und Empathie für die Bedürfnisse anderer zu entwickeln. Diese Möglichkeiten findet man in den ländlichen Gemeinden eher als in der Stadt. Im Dorf gibt es durch gewachsene Nachbarschaften und engagierte Vereine einen stärkeren Zusammenhalt. Außerdem genießen die Kinder auf dem Land mehr Freiheiten beim Spielen bzw. in ihrer Freizeit. Sie müssen weniger Rücksicht nehmen auf Nachbarn, weniger aufpassen wegen des Autoverkehrs und sind in ihrer Bewegungsfreiheit weniger eingeschränkt. Zudem machen sich ihre Eltern meist weniger Sorgen und lassen ihren Kindern somit mehr individuelle Freiheit, was ihre Entwicklung zu selbständigen Menschen fördert. Diese größere Sorglosigkeit der Eltern resultiert daraus, dass auf dem Land schlichtweg weniger Gefahren lauern. Natürlich kommt es auch hier in Einzelfällen zu Verbrechen an Kindern und der Traktor auf dem Feld birgt ebenfalls ein gewisses Verletzungsrisiko. Trotzdem bewegen sich die Kinder auf dem Land sicherer als in der Großstadt.

Nachdem wir in den obigen Zeilen ein Loblied auf das Kinderleben auf dem Land gesungen haben, wollen wir uns nun den Kindereinrichtungen zuwenden und dabei auch Beispiele aus unserer Region aufführen. Das Wort Kindereinrichtung soll in den nächsten Abschnitten für Kinderbewahranstalt, Kindergarten, Kinderkrippe, Kindertagesstätte, Kinderdorf und Kinderspielplatz stehen. Das Aufwachsen der Kinder und die Lebensinhalte des Kindseins haben sich in der Geschichte stetig verändert. Früher wuchsen die Kinder ausschließlich in ihren Familien auf. Erst als 1838 in **Marlishausen** im heutigen Ilm-Kreis eine Kleinkinderbewahranstalt gegründet wurde und im Jahr 1840 Friedrich August Wilhelm Fröbel im heutigen **Bad Blankenburg** im Landkreis Saalfeld-Rudolstadt den ersten Kindergarten stiftete, änderten sich schrittweise die Formen des Aufwachsens der Kinder. Eine Kleinkinderbewahranstalt gab es 1839 auch in der heute zum Landkreis Gotha gehörenden Gemeinde **Ingersleben**. Im Jahr 1848 folgte **Stotternheim**, heute ländlicher Ortsteil von Erfurt, mit einer solchen Kindereinrichtung. In der zum Landkreis Sömmerda gehörenden Gemeinde Nöda wurde 1856 mit dem Bau eines Kindergartens begonnen. In der ebenfalls zum Landkreis Sömmerda gehörenden Kleinstadt **Gebesee** war 1907 Baubeginn für eine Kleinkinderschule. In den 1930er Jahren setzte sich die Eröffnung von Kindereinrichtungen fort. Darunter waren die zum Landkreis Gotha gehörende Gemeinde **Gierstädt** im Jahr 1934 und die zum Kreis Weimarer Land gehörende Gemeinde **Mönchenholzhausen** im Jahr 1940.

Mit der Gründung der DDR begannen die Bestrebungen, in allen Orten unserer Region Kindereinrichtungen zu schaffen. Dabei wurde zwischen Kinderkrippen für die Kleinkinder und Kindergärten für die drei- bis sechsjährigen Kinder unterschieden. In den 1990er Jahren erfolgte zunächst die Zusammenlegung von Kindergarten und Kinderkrippe zur Kindertagesstätte. Eine Reihe von Gemeinden mussten jedoch aufgrund des Geburtenrückgangs und der daraus entstehenden Unrentabilität ihre Kindereinrichtungen schließen.

Heute gibt es in vielen Orten von Thüringen eine Kindertagesstätte. Das ist auch in **Ringleben** im Landkreis Sömmerda so. Dennoch unterscheidet sich die Ringlebener Kindereinrichtung von den meisten anderen. Hier ist nämlich nicht die Kommune der Träger, sondern der Verein „Kinderland Ringleben e.V." Der im Jahr 1996 gegründete Verein bekam im Juni des gleichen Jahres die Betriebserlaubnis für die Kindereinrichtung erteilt. Ohne das Engagement des Vereins hätte die Gemeinde nämlich den Kindergarten zum 30.06.1996 schließen müssen. Eine Trägerschaft eines gemeinnützigen Vereins funktioniert natürlich nur durch ein gutes Miteinander der Erzieherinnen mit den Eltern und deren aktiver Mithilfe. Viele Eltern bringen Eigenleistungen ein, z. B. beim Malern und der Raumgestaltung. Im „Kinderland" geht es aber nicht nur um materielle Dinge. Das Bildungs- und Erziehungskonzept setzt auf vielseitige Erlebnisbereiche für die Kinder. Diese reichen von der frühkindlichen Musikerziehung bis zur Bewegungstherapie. Dazu gehören auch Ausflüge zur Feuerwehr und zur Polizei nach Erfurt.

Mit einer Kleinkinderschule begann im August 1857 die Geschichte der Kindereinrichtungen in der Gemeinde **Riethnordhausen**, die zum Landkreis Sömmerda gehört. Die neue Kinderbewahranstalt erfreute sich bald großer Beliebtheit. Die Öffnungszeiten lagen in den arbeitsreichen Zeiten der Bäuerinnen, in der Regel vom Mai bis November. Fünfzig Jahre später wurde eine Kinderwärterin eingestellt und die Gemeinde ließ an die Kleinkinderschule eine Schwesternwohnung bauen. Fortan übte die Gemeindeschwester Aufsicht und Fürsorge über die Einrichtung aus. Seit 1967 gab es im Ort eine Kinderkrippe für die Ein- bis Dreijährigen und einen Kindergarten für die Vier- bis Sechsjährigen. Aus dem Jahr 1975 wird in der Ortschronik berichtet: Sieben Erzieherinnen betreuten 28 Kinder. Zwei Küchenkräfte sorgten für schmackhaftes Essen. Drei Mahlzeiten kosteten 3,00 Mark. Drei Jahre später stieg die Zahl der betreuten Kinder auf 35. Als in den 1990er Jahren die Zahl der zu betreuenden Kinder weniger und die finanziellen Belastungen immer größer wurden, schloss die Gemeinde die Kinderkrippe und alle Kinder fanden in der Kindertagesstätte „Kirchbergzwerge" ihr Domizil. Anlässlich des 150-jährigen Bestehens einer Kindereinrichtung im Jahr 2007 konnte der Bürgermeister den Kindern und ihren Erzieherinnen versprechen, dass ihre Einrichtung grundlegend saniert wird. Der Bürgermeister hielt sein Versprechen. Für die Kinder und die Erzieherinnen waren nun optimale Bedingungen für die Kinderbetreuung vorhanden.

Die Kindertagesstätte in der Gemeinde **Elxleben** die zum Landkreis Sömmerda gehört, trägt den Namen „Anne Frank". Anne Frank war ein Kind jüdischer Eltern. Ihre Familie flüchtete 1933 vor dem Terror der Nationalsozialisten von Frankfurt am Main nach Amsterdam. Als die deutschen Truppen in den Niederlanden einmarschierten, versteckte sich Familie Frank in einem Amsterdamer Hinterhaus. Dort schrieb Anne Frank – die 1945 im Konzentrationslager in Bergen-Belsen im Alter von 15 Jahren starb – ihr Tagebuch. Dieses Tagebuch ist inzwischen weltberühmt. Die Vermittlung der Werte des friedlichen Miteinander nimmt in der pädagogischen Grundkonzeption der Kindertagesstätte nicht nur wegen der Namensgebung einen breiten Raum ein. Die langjährige Leiterin der Einrichtung Helga Thiele fasste das einmal so zusammen: „Unsere Aufgabe ist es, die Gesamtpersönlichkeit des Kindes zu fördern und es zur Selbständigkeit, Gemeinschaftsfähigkeit und Lebensfreude hinzuführen. Erlebnisse gemeinsam zu verarbeiten, sich mit Situationen im täglichen Leben in tätiger Form auseinanderzusetzen, ist Voraussetzung für eine erfolgreiche und glückliche Zukunft."

Für die Kinder gibt es in Elxleben vielfältige Möglichkeiten, sich kindgerecht auf das Leben in der Schule und den Beruf vorzubereiten. Dabei hat sich die freie Auswahl des Spielzeuges, des

Spielpartners und der Spieldauer ebenso bewährt wie das tägliche Angebot. Die Kinder können Kenntnisse, Fähigkeiten und Fertigkeiten beim Gestalten, Musizieren, Experimentieren und Bewegen erwerben und festigen. Dem natürlichen Bewegungsdrang der Kinder wird auf dem großen Freigelände und dem täglichen Aufenthalt an frischer Luft Rechnung getragen. Im Ort sind die Kinder der Kindertagesstätte ein fester Bestandteil der Dorfgemeinschaft. Sie holen sich das öffentliche Leben in ihre Einrichtung, aber sie gehen auch in dieses hinaus. Die Kinder besuchen Senioren im Seniorentreff und erfreuen sie durch Lieder und Gedichte. Als Gratulanten bringen sie den älteren Einwohnern zu ihren Geburtstagen ein Ständchen.

In **Großfahner** im Landkreis Gotha gab es seit 1946 jedes Jahr von April bis Oktober einen Erntekindergarten. Im Laufe der Jahre platzte dieser mit seinen zwei Räumen aus allen Nähten. So vollzog man 1957 den Spatenstich, um für die Kinder des Ortes einen neuen Kindergarten zu bauen. Ein großer Teil der Dorfbevölkerung legte im Rahmen des Nationalen Aufbauwerkes (NAW) kräftig mit Hand an und im März des Jahres 1960 war es geschafft. Großfahner hatte einen neuen Kindergarten. Anlässlich des 50. Geburtstages im Jahr 2010 konnten sich die Eltern und Großeltern in einer Ausstellung über das halbe Jahrhundert Großfahnerscher Kindergarten informieren. Viele Muttis und Vatis entdeckten sich dabei als Kindergartenknirpse wieder und Kindheitserinnerungen wurden wach. Im Eröffnungsjahr standen für 85 Kinder fünf Erzieherinnen, zwei Erziehungshilfskräfte und sieben Angestellte als technisches Personal zur Verfügung. Von solchen Zahlen kann man heute nur träumen.

Nachdem die Kommunen bereits zu Zeiten der DDR eine Reihe von Investitionen in die Kindereinrichtungen tätigten, hat sich seit der politischen Wende im Jahr 1990 sowohl am baulichen Zustand als auch bei der Ausstattung der Kindereinrichtungen einiges zum Positiven entwickelt. Das lässt freudige Kinderherzen höher schlagen. Auch außerhalb der Kindereinrichtungen wurde im Interesse der Kinder investiert. Dazu gehören auch öffentliche Kinderspielplätze.

Im August des Jahres 2008 veröffentlichte der Heimat- und Geschichtsverein von **Kerspleben**, das heute ein ländlicher Ortsteil von Erfurt ist, eine Schrift mit dem Titel „Die Geschichte des neuen Kindergartens in Kerspleben". Die Geschichte ist so interessant geschrieben, dass sie einen würdigen Platz in diesem Buch verdient hat. Und sie geht so:

Es war einmal ein furchtbar alter Kindergarten. Der war schon so alt, dass die Kinder von einst selber schon Opa und Oma waren. Er war über die Jahre schon ganz grau und klapprig geworden und hatte sogar schon Löcher in seinem Dach, durch die es hereinregnete und im Herbst der Sturmwind pfiff. Der Wind sagte dann immer zum Regen: „Eines Tages, wenn ich einmal so richtig wütend bin, dann werde ich unter die Dachziegel sausen und sie alle herunterwerfen. Na das wird ein Spaß." Das hörten die Kinder, die gerade in ihren Betten lagen und Mittagsschlaf hielten. Sie machten sich große Sorgen, wo sie dann spielen sollten. Sie erzählten ihren Erzieherinnen und ihren Eltern, was sie vom Wind gehört hatten. Viele wichtige Leute haben sich daraufhin zusammengesetzt und haben viele Tage und Wochen überlegt und beraten, bis die Köpfe rauchten. Sie wussten nicht, was zu tun ist. Sie sagten: „Lasst uns die Kinder fragen. Die haben immer so gute Ideen. Vielleicht fällt ihnen ja etwas ein." Also riefen sie alle Kinder zusammen und stellten ihnen die Frage, was jetzt geschehen sollte. Nun setzten sich die Kinder zusammen, um zu überlegen. Sie grübelten – aber nur ein bisschen – da hatten sie schon eine Idee. „Es muss ein neuer Kindergarten her!" Die Erwachsenen wunderten sich, dass sie nicht selbst auf diese tolle Idee gekommen waren. Naja, Erwachsene sind eben so. Ihnen fehlt es oft an Phantasie.

Aber das mit dem neuen Kindergarten war doch gar nicht so einfach, wie gedacht. Woher sollte man das viele Geld nehmen, welches man zum Neubau braucht? Was sollte mit dem alten Kindergarten geschehen? Also haben sich die Erwachsenen wieder zusammengesetzt und beraten und überlegt, bis die Köpfe rauchten. Diesmal hatten sie eine Idee. „Wir sagen den Kindern, dass sie alle ihre Sparschweine und ihre Sparbüchsen leer machen sollen. Dann wird das Geld schon reichen." Das fanden die Kinder aber gar nicht toll. Das Geld in den Sparschweinen hatten sie sich mühsam von ihren Opas, Omas, Onkel und Tanten zusammengespart. Davon wollten sie sich neue Fahrräder, Inliner, Puppen oder sogar Ponys kaufen. Das Geld konnten sie nicht hergeben. Den Erwachsenen blieb nichts weiter übrig, als weiter zu überlegen.

Die Kinder sagten: „Wenn ihr nicht weiter wisst, dann müsst ihr mal noch wichtigere Leute fragen." Das war schon wieder eine gute Idee. Die Erwachsenen taten, was ihnen die Kinder geraten hatten. Nach einigen Wochen kamen sie, vor Freude strahlend, zu den Kindern und berichteten, dass sie von furchtbar wichtigen Leuten Geld für einen Kindergarten bekommen würden. Das war vielleicht eine Freude. Alle Kinder redeten durcheinander, weil sie schon wieder Ideen hatte, wie der neue Kindergarten aussehen sollte.

Da sagten die Erwachsenen zu den Kindern: „Wisst ihr was? Wir holen uns dafür einen Mann, der richtig Ahnung vom Häuserbauen hat. So einen Mann nennt man Architekt. Den fragen wir, ob er uns nicht einen neuen Kindergarten aufzeichnen kann. Und ihr malt ihm auf, was ihr Kinder alles in einem neuen Kindergarten braucht." Die Kinder waren damit einverstanden und setzten sich sofort mit Malzeug an ihre Tische und malten, bis die Stifte rauchten. Da entstanden Bilder von großen Fenstern, Balkonen, großen Bäumen, viel Spielzeug und einem tollen Spielplatz mit Wasser. Die Bilder wurden alle in eine wichtige Mappe gepackt und zum Architekten gebracht. Er nahm die Bilder heraus und hängte sie überall in seinem Büro auf, damit er sie beim Zeichnen immer vor Augen hat und keinen Wunsch vergisst. Als er mit dem Zeichnen fertig war, konnte man einen großen neuen Kindergarten mit großen Fenstern und Balkonen sehen. Er hatte auch den Spielplatz mit den Bäumen und dem Wasser nicht vergessen. Den Kindern zeigte er seine Zeichnung nicht. Der neue Kindergarten sollte eine Überraschung werden. Den Erwachsenen gefiel die Zeichnung vom neuen Kindergarten. So sollte er gebaut werden. An dieser Stelle beenden wir die Wiedergabe der Geschichte über den neuen Kindergarten von Kerspleben, Am 14. März 2008 war Umzugstag. Seitdem fühlen sich die Kinder im neuen Kindergarten pudelwohl.

Aus der jüngsten Zeit ist zu berichten, dass im ländlichen Erfurter Ortsteil **Stotternheim** eine Kinderkrippe eingeweiht wurde. Früher war in unseren Dörfern eine Kombination aus Kindergarten und Kinderkrippe normal. Seit September 2023 gibt es das wieder in Stotternheim. Im neuen Gebäude des Kindergartens „Friedrich Fröbel" werden zusätzliche Krippenplätze betrieben. Gewiss wäre es angebracht, an dieser Stelle auch vom Albert-Schweitzer-Kinderdorf im ländlichen Erfurter Ortsteil **Windischholzhausen** zu berichten. Das geschieht jedoch im Kapitel 6 dieses Buches – Besonderheiten im Thüringer Landleben.

Kirchen und Konfirmation

Die Kirche ist das Gotteshaus der Christinnen und Christen. In ihr finden Gottesdienste und andere Feiern statt. In Thüringen sind sowohl evangelische Kirchen als auch katholische Bistümer präsent. Das sind die Evangelische Kirche Mitteldeutschlands, die Evangelisch-Lutherische Kirche Sachsens und die Evangelische Kirche von Kurhessen-Waldeck sowie die Katholischen Bistümer **Erfurt**, Fulda und Dresden-Meißen. Dazu kommt noch die Jüdische Landesgemeinde Thüringen.

Die Kirchen sind ein Zeitfenster der Geschichte, der Architektur, der Musik und der Gesellschaft. Neben Burgen und Schlössern prägen Kirchen die Kulturlandschaften Thüringens. Von Thüringen aus wurde Geschichte geschrieben. Musikalisch und gesellschaftlich war Thüringen das Epizentrum weitreichender Veränderungen. Noch heute ist die Reformationsgeschichte oder sind die Lebenswege der Familie Bach in zahlreichen Städten an authentischen Orten nachzuvollziehen.

Eine moderne und kreative Nutzung der Sakralbauten bindet die Kirche in das tägliche Leben ein und Reisende stellen schnell fest, dass jede Stadt und jede Kirche ungeahnte Schätze bereithält. Die wechselvolle Geschichte Thüringens erzählen Kirchen und Klöster auf ihre eigene Weise. Sakrale Baukunst ist in vielen Orten Thüringens zu bewundern. Die Altäre, egal ob vor oder nach der Reformation geschaffen, sind meisterliche Beweise für das hohe künstlerische Niveau der Baumeister aus allen Epochen. In Thüringen sind mehrere Kirchen wahre sakrale Schönheiten. Im Folgenden werden einige Kirchen aus dem Landkreis Sömmerda genannt:

- die Stadt- und Kulturkirche St. Peter und Paul und die Nikolaikirche in Weißensee,
- die St. Martin-Kirche und die Gustav-Adolf-Kapelle in Witterda,
- die Bienen-Garten-Kirche in Roldisleben,
- die St. Michalis-Kirche in Buttstädt,
- das Prioriat St. Wigberti in Werningshausen,
- die Schulze-Orgel in der Coudray-Kirche in Rastenberg.

Zu den schönsten Kirchen Thüringens zählt die Klosterkirche in **Thalbürgel** im Saale-Holzland-Kreis. Sie ist eines der bedeutendsten sakralen Baudenkmäler unserer Region. Die Kirche des ehemaligen Benediktinerklosters wurde von 1142 bis ca. 1180 erbaut. Sie ist fast vollständig erhalten und wird vielfältig genutzt. So gibt es seit mehr als zwanzig Jahren den Thalbürgeler Klostersommer – ein Konzert mit musikalischen Leckerbissen. Aber nicht nur die Kirche in Thalbürgel ist Spielstätte für Konzerte. In den letzten Jahren werden in zahlreichen Orten die Kirchen auch als Spielstätte für konzertante Melodien genutzt. Einige Kirchen bieten auch Platz für museale Ausstellungen.

Die Evangelisch-Lutherische Kirche in Thüringen hat zirka 440.000 Gemeindemitglieder in 1.308 Kirchgemeinden. Es gibt 18 Superintendenturen. Der Anteil an der Gesamtbevölkerung beträgt zirka 27%. Die „Thüringer Evangelische Kirche" – so lautete der ursprüngliche Name bis 1948 – entstand 1918. Nach der Aufhebung der Monarchie beschlossen im November 1918 führende Kirchenmänner der ehemaligen Herzogtümer und Fürstentümer eine einheitliche Organisation des Kirchenwesens. Am 5. Dezember 1919 tagte eine erste Synode und beschloss den Zusammenschluss von sieben eigenständigen Landeskirchen zu einer einheitlichen Landeskirche. Dies geschah noch vor der Gründung des Landes Thüringen am 1. Mai des Jahres 1920. Am 13. Februar 1920 wurde die Thüringer Evangelische Kirche dann formell errichtet. Für die neue Landeskirche wurde in Eisenach ein Landeskirchenamt eingerichtet und im Jahr 1924 erhielt die neue Kirche eine Verfassung. Als oberste Verwaltungsbehörde der Landeskirche bestand in Eisenach ein Landeskirchenamt. Hier hatte der Landeskirchenrat – das Leitungsgremium der Landeskirche – seinen Sitz. Das Gremium vertrat die Landeskirche nach außen und führte die Beschlüsse der Landessynode aus.

Früher gliederte sich die Evangelisch-Lutherische Kirche in Thüringen in 40 Superintendenturen. Durch die innerdeutsche Grenzziehung gehörte bis 1991 auch das Gebiet um **Schmalkalden** als 41. Superintendentur zur Thüringischen Landeskirche. Früher gehörte das Gebiet jedoch als Enklave zur Evangelischen Kirche von Kurhessen-Waldeck mit Sitz in Kassel. Dieser wurde es auch nach der politischen Wende im Jahr 1990 wieder angeschlossen. Im Rahmen einer Strukturreform kam es zu einer Reduzierung der Zahl der Superintendenturen auf 18. Diese waren in 1.369 Kirchengemeinden unterteilt.

In Thüringen gibt es zirka 163.000 Mitglieder der Katholischen Kirche. Das sind sieben Prozent der Bevölkerung. Das Bistum **Erfurt** ist eine Diözese – ein Verwaltungsbezirk – der römisch-katholischen Kirche. Das Bistum umfasst große Teile des Freistaats Thüringen, von **Eisenach** bis **Jena** und von **Nordhausen** bis **Sonneberg**. Nicht dazu gehören dagegen die thüringische Rhön und Ostthüringen, z. B. **Gera** und **Altenburg**. Die Bistumsleitung befindet sich in Erfurt. Die Hauptkirche ist der Erfurter Dom. Im Bistum leben zirka 148.000 Katholiken. Das Bistum ist in 45 Pfarreien eingeteilt. Diese wiederum sind in mehrere Kirchorte untergliedert. In kirchlicher Trägerschaft befinden sich bistumsweit sieben Schulen. Im sozialen Bereich engagiert sich in besonderer Weise der „Caritasverband für das Bistum Erfurt e.V.". Zum Bistum bzw. zur Caritas gehören 69 Kindergärten, 19 Behinderteneinrichtungen, 18 Altenpflegeheime, 7 Krankenhäuser und 3 ambulante Pflegedienste. 52 Beratungsdienste unterstützen hilfesuchende Menschen in unterschiedlichen Lebensbereichen. Dazu gehört auch die Beratung und Hilfestellung für Flüchtlinge und Migranten. Die Einrichtungen der Kirche stehen allen Menschen in Thüringen offen, unabhängig von ihrem Glauben. Es ist der Wunsch der Katholiken, gemeinsam mit Menschen aus anderen Religionen und Konfessionen für Thüringen da zu sein und die Botschaft von der Liebe und Barmherzigkeit Gottes zu bezeugen.

Besonders verbreitet ist der Katholizismus im Eichsfeld. Das Eichsfeld war ein historisches Territorium und ist heutzutage eine Kulturlandschaft im nordwestlichen Teil Thüringens, im südöstlichen Niedersachsen und im nordöstlichen Hessen zwischen Harz und Werra. Im thüringischen Landkreis Eichsfeld bilden die Katholiken mit 69 % die Bevölkerungsmehrheit. Das Eichsfeld war und ist – mit kurzer Unterbrechung zwischen Reformation und Gegenreformation – katholisch geprägt. Das Eichfeld erhielt seine besondere Prägung durch die jahrhundertelange Insellage als Teils des Erzstifts Mainz. Darauf weist das Mainzer Rad im Wappen hin. Das Eichsfeld war in der DDR die größte Region mit einer mehrheitlich katholischen Bevölkerung. Zu dieser Zeit war der Katholizismus im Eichsfeld eine Art Parallelwelt zum Sozialismus. Das kirchliche Leben blieb im Eichsfeld auch zu DDR-Zeiten relativ intakt. Die Katholiken sagten: „Unser Zuhause ist die Kirche. Sie ist ein eigener Freiraum. Diesen haben wir uns bewahrt wie eine Oase." Auch heute noch liegt hier die Zahl der regelmäßigen Kirchgänger über dem Bundesdurchschnitt.

Eine besondere Bedeutung hat in diesem Zusammenhang auch die Kirchgemeinde **Witterda** im Landkreis Sömmerda. Der relativ hohe Katholiken-Anteil in Witterda ist historisch bedingt. Witterda gehörte zu den sogenannten Küchendörfern und war für die Versorgung des kurfürstlichen Mainzer Hofs in Erfurt zuständig. Nach Ende des Dreißigjährigen Krieges mit dem Westfälischen Frieden im Jahr 1648 blieb Witterda als einziges Dorf im ganzen Umland katholisch. Über Jahrhunderte war Witterda eine katholische Enklave und das ausgedehnte Gebiet der Pfarrgemeinde reichte bis nach **Bad Langensalza** im heutigen Unstrut-Hainich-Kreis und **Straußfurt**, was heute zum Landkreis Sömmerda gehört. Mit dem Ende des Zweiten Weltkrieges kamen viele Katholiken durch Flucht und Vertreibung in die Gemeinde Witterda. Es waren Schlesier, Sudetendeutsche, Ostpreußen, Donauschwaben und andere. In der Folgezeit wurden im Witterdaer Pfarrgebiet mehrere eigenständige Gemeinden gebildet. Weithin sichtbar am Rande des Thüringer Beckens erhebt sich die Kirche St. Martin als höchstes Gebäude des Ortes. Der trutzige Kirchturm wurde bereits in den Jahren 1550 – 1553 errichtet. Die Kirche in ihrer jetzigen Form erfuhr ihre Einweihung im Jahr 1710. Seit nunmehr über dreihundert Jahren ist die Pfarrkirche nicht nur Ort des Gebetes und Mittelpunkt des Gemeindelebens, sondern auch Wahrzeichen des Ortes.

Im Folgenden wird über bedeutsame Ereignisse in einigen Kirchen unserer Region informiert. Zunächst von den Kirchen in **Ollendorf**, **Kleinmölsen**, **Großmölsen** und **Riethnordhausen** aus dem Landkreis Sömmerda. Im Jahr 2006 beging man in **Ollendorf** das 500-jährige Kirchbaujubiläum. Die Geschichte der Kirche ist davon gekennzeichnet, dass es über einen Zeitraum von etwa 250 Jahren zwei Kirchen gegeben hat, zu denen je ein Friedhof gehörte. Die Oberkirche St. Peter, die am heutigen „Turnplatz“ gestanden haben soll, ist wahrscheinlich 1647 durch schwedische Reiterei zerstört und trotz des 1682 gefassten Beschlusses nicht wieder aufgebaut worden. An der Unterkirche, der heutigen Kirche St. Phillipus & Jakobus, ist in den zurückliegenden 500 Jahren viel gebaut worden. An verschiedenen Stellen zeigen Jahreszahlen die Entstehungsjahre einzelner Bauwerke. So wurde im Mai des Jahres 1700 zur Kirmes der Kanzelaltar eingeweiht und 1722 die Orgel eingebaut.

Am 11. Dezember 2010 wurde mit einem Orgelkonzert die Orgel in der Kirche von **Kleinmölsen** wieder in Betrieb genommen. Die im Jahr 1913 erbaute Orgel war etwa dreißig Jahre zuvor verstummt. Dank der Unterstützung mehrerer Sponsoren und der Spenden der Mitglieder der Kirchgemeinde sowie der Bürger des Ortes ist es gelungen, das Geld aufzubringen, das für die Restaurierung und Instandsetzung der Orgel benötigt wurde. Zu einem erhebenden Erlebnis für die gesamte Dorfbevölkerung von **Großmölsen** wurde im Juli des Jahres 2010 die Weihe für die zweite Glocke in der St. Bonifatius Kirche. Zwei der drei Glocken waren in den beiden Weltkriegen zerstört worden, nur die kleinste blieb übrig. Diese verstummte mit dem Beginn der Kirchturmsanierung im Jahr 2009.

Die überlieferte Kirchengeschichte von **Riethnordhausen** geht bis in die Zeit der ersten urkundlichen Erwähnung von Riethnordhausen im Jahr 876 zurück. Nach dem verheerenden Brand in der St. Bonifatius Kirche am 19. Oktober 1996 saß zunächst der Stachel der Entrüstung und Enttäuschung über den Brand sehr tief. Doch die Bevölkerung von Riethnordhausen brachte in Spendenaktionen Gelder auf, um gemeinsam mit staatlichen und kirchlichen Mitteln die Kirche wieder aufzubauen. Wer heute die Stufen zum Kirchberg hinauf steigt, steht vor einem mit viel Glas erbauten Gotteshaus und dem original wieder errichteten Turm, der mit dunklem Schiefer gedeckt ist. Beim Neubau wurde besonders viel Wert auf ökologisches Bauen gelegt. Oberstes Gebot war der Einsatz von langlebigen und dennoch natürlichen Baumaterialien. Besonderheiten stellen das Solardach auf dem Kirchenschiff, die Nutzung des Regenwassers für die Bewässerung der Friedhofsgräber und der Scheitholzofen im Keller zur Heizung von Friedhofskapelle und Kirche dar. Die Kirche von Riethnordhausen schlägt mit dem modernen Neubau und seinen ökologischen Prämissen eine Brücke zwischen Vergangenheit, Gegenwart und Zukunft.

Aus dem Landkreis Gotha gibt es Interessantes von den Kirchen in Kleinrettbach und **Neudietendorf** zu berichten. Die St. Severi Kirche in **Kleinrettbach** stand im Jahr 2002 aus Sicherheitsgründen kurz vor der polizeilichen Sperrung. Damals gründete sich der Kirchenverein. Man engagierte sich dafür, die benötigten Gelder aufzubringen, um Schritt für Schritt eine Verbesserung des Zustandes der Kirche zu erreichen. Inzwischen kann man einige Ergebnisse bilanzieren. Dazu gehört die Neueindeckung des Kirchenschiffes ebenso wie die Turmrestaurierung. Im Oktober 2020 feierten die Kleinrettbacher mit einem Knopffest den Abschluss der Restaurierungsarbeiten am Turm.

Eine Besonderheit hat die Kirchengeschichte in **Neudietendorf** zu verzeichnen.Hier gibt es sowohl die Evangelisch-Lutherische Kirchgemeinde als auch eine Brüdergemeinde. Die Herrnhuter Brüdergemeine hat ihre Wurzeln in Böhmen. Die „Böhmischen Brüder“ berufen sich auf den Reformator

Jan Hus, der 1415 in Konstanz als Ketzer verbrannt worden ist. Für ihre Gemeinschaft gelten einzig und allein die Aussagen der Bibel. In der Nähe des Rittergutes „Alter Hof" im damaligen Dietendorf entstand 1743 eine Niederlassung der „Böhmischen Brüder" nach Herrnhuter Vorbild. Im Jahr 1780 wurde der Kirchensaal der Herrnhuter Brüdergemeine errichtet. In einer Einheit mit dem Pfarrhaus erfolgte der Fachwerkbau im spätbarocken Stil. Bis heute ist er in seiner Grundsubstanz erhalten. Im Zusammenhang mit der Herrnhuter Brüdergemeine steht auch das Zinzendorfhaus in Neudietendorf.

Es ist heute ein christliches, modernes Tagungszentrum. Im klassischen Erwachsenen-Bildungszentrum werden die Gäste sowohl in altehrwürdigen als auch in neuen Mauern empfangen.

Bezüglich der ländlich geprägten Erfurter Ortsteile folgen jetzt Informationen aus Bischleben, Büßleben, Egstedt, Möbisburg, Tiefthal und Waltersleben. Geht man nach vorliegenden Legenden, so ist die Kirche in **Bischleben** sehr alt. Es könnte schon im 8. Jahrhundert hier eine Kirche gegeben haben. Als belegt gelten dürfte die Existenz einer Kirche am heutigen Standort spätestens seit dem 12. Jahrhundert. Die älteste Inschrift an der Kirche ist aus dem Jahr 1470. Über den jeweiligen Zustand der Kirche geben die Knopfberichte Auskunft. Im Jahr 1699 erhält die Turmhaube ihre heutige Form. Im Jahr 1716 wird das Kirchenschiff neu gebaut. Eine neue Orgel erhält die Kirche im Jahr 1961. Im gleichen Jahr werden die jetzigen Glocken eingeweiht. 1983 erfolgt die Innenausmalung und 1987 die Außenverputzung. Weitere umfangreiche Baumaßnahmen an der St. Benignus Kirche erfolgten in den 2000er Jahren. Dazu gehörte auch die Restaurierung des Knopfes.

Die St. Petri Kirche in **Büßleben** beherbergt eine der wertvollsten Orgeln im Thüringer Raum, nämlich eine Sterzing-Orgel. Die Orgel stand zunächst seit 1702 in der Klosterkirche auf dem Erfurter Petersberg. Die Gemeinde Büßleben ersteigerte im Jahr 1811 die Orgel für etwa 900 Taler. Der Abbau und Wiederaufbau im Jahr 1811 wurde von einem Orgelbauer durchgeführt. Beim Transport der Orgelpfeifen und allen anderen Orgelteilen legten die Bürger von Büßleben fleißig Hand an. Sie brachten die Einzelteile teils auf Schultern, teils auf Pferdewagen, vom Petersberg nach Büßleben. Im Jahr 1996 gründete sich der „Verein zur Rettung der Sterzing-Orgel in Büßleben e.V.". Mit großem Engagement ist es gelungen, die Orgel im Jahr 2002 zum 300-jährigen Orgeljubiläum nach gründlicher Restaurierung wieder einzubauen.

In **Egstedt** wurde viel Engagement an den Tag gelegt, damit das Gotteshaus im Jahr 2011 zur 300-Jahrfeier des Kirchenbaus wieder in altem Glanz erstrahlen konnte. Diesem Engagement ist es auch zu verdanken, dass der Förderverein Denkmalpflege Thüringen die Restaurierung der Egstedter Kirche finanziell unterstützte. Die Egstedter haben das Geld gut angelegt. So wurden die kunstvollen Deckenflächen im gewaltigen Tonnengewölbe restauriert und die Kirche erhielt neue Fenster. Eine besondere Leistung ist die geschichtsgetreue Wiederherstellung des Emporengestühls in den Farben Blau und Weiß.

Im Jahr 2008 beging man in **Möbisburg** das Jubiläum „700 Jahre Kirche St. Dionysius". Die Innenausstattung des Gotteshauses bietet interessante Details. Im Inneren des Chores befindet sich noch die Ausstattung aus dem 15. Jahrhundert: ein Opferstock, der Altar sowie verschiedene Nischen in den Chorwänden. Das hölzerne Kruzifix stammt aus dem 16. Jahrhundert, das hölzerne Tonnengewölbe, die Empore und der Kanzelaltar stammen aus dem 18. Jahrhundert.

Eine steinerne Bauinschrift der Kirche vermeldet, dass der Bau des Kirchturmes in **Tiefthal** im Jahr 1469 begonnen wurde. Wahrscheinlich ist damals der Turm an eine noch ältere Kirche angebaut worden. Das jetzige Kirchenschiff wurde nach Norden und Osten versetzt und an den Turm angefügt. Nach einer weiteren Inschrift an der Südwand des Kirchenschiffes ist das gegenwärtige Bauwerk im Jahr des Herrn 1510 am Sonntag nach dem Fest der Kreuzauffindung angefangen worden. Diese Inschrift war für die Kirchgemeinde von Tiefthal der Anlass, im Jahr 2010 in würdiger Form den 500. Geburtstag des Kirchenschiffes in der Kirche St. Peter und Paul zu begehen. Zum Jubiläum erschien das Buch „Die Geschichte von Tiefthal". Darin vermittelt ein Autorenkollektiv unter Leitung von Heike Kerst einen Einblick in die Ortsgeschichte des idyllisch gelegenen Ortes am Rande der Fahner Höhen. Die Zeittafel gibt interessante Einblicke in die Kirchengeschichte. Hier einige Ausschnitte: 1595 wurde der Kirche eine neue Turmhaube aufgesetzt, die sie heute noch schmückt. Ein Jahr später hallten die ersten Schläge der „Seierglocke" über das Dorf. Im Laufe der Zeit erhielt die Kirche mehrfach neue Glocken, so auch 1949. In diesem Jahr bekam die Kirche zwei neue Glocken. Das Geläut der Kirchengemeinde Tiefthal bestand nun wieder aus drei Glocken.

Zwischen 1893 und 1899 erfolgte der Einbau einer Ladegastorgel. In den 1960er Jahren musste das Musizieren auf ihr eingestellt werden. Holzwürmer hatten ihr zugesetzt, Lederriemen und Bälkchen in der Mechanik waren verrottet. 2006 fand nach der Restaurierung die Wiedereinweihung der Ladegastorgel mit einem Festgottesdienst statt.

In **Waltersleben** gibt es eine hierzulande bis dato einmalige Konstellation: Kirche und Bürgerhaus sind „unter einem Dach" vereint. Seit Oktober 2003 steht hier mit bischöflicher Weihe das „Haus für alle". Dabei hätte es die Kirche fast gar nicht mehr gegeben, denn 1975 musste sie wegen Einsturzgefahr gesperrt werden und 1984 wurde die Turmhaube wegen Baufälligkeit abgerissen und durch ein Notdach ersetzt. 1991 erhielt das Kirchenschiff ein neues Dach. Nach dem gemeinsamen Beschluss des Gemeindekirchenrates und des Ortsteilrates von 1999 ging es zügig voran. Als erstes wurde zu Pfingsten im Jahr 2000 die Wiederherstellung des Kirchturms geschafft. Mit einem Knopffest beging man die Wiedereinrichtung der barocken Turmhaube, ihr Aufsetzen auf den vollständig renovierten Kirchturm und den Einbau einer neuen Turmuhr in die St. Nikolai Kirche. So konnte im Jahr 2000 nach fünfundzwanzig Jahren erstmals wieder ein Weihnachtsgottesdienst in der Kirche gefeiert werden. 2003 erhielt das Kirchenschiff einen neuen Anbau. Damit waren die Voraussetzungen für die Kombination von Kirche und Bürgerhaus perfekt. Seitdem gibt es Platz für die Bürgersprechstunde der Ortsbürgermeisterin, für die Sitzungen des Ortschaftsrates und die Vereinstätigkeit. Das ganz Jahr über ist das „Haus für Alle" Begegnungsstätte für Einwohner und Besucher zu verschiedenen Anlässen.

In mehrere Orten waren in den letzten Jahren die Kirchen Kulturstätten für Konzerte. Das traf u.a. auf folgende Kirchen in den Erfurter Ortsteilen zu: St. Lukas in Bindersleben, St. Andreas in Ermstedt und St. Nikolai in Töttelstädt.

Bei allen positiven Beispielen zur Entwicklung der Kirchgemeinden kann an dieser Stelle nicht verschwiegen werden, dass der Anteil der Protestanten und der Katholiken an der Gesamtbevölkerung sinkt. Im Jahr 1991 waren 32 % der Einwohner von Thüringen evangelisch und 9,5 % katholisch. Im Jahr 2018 waren nur noch 20,8 % evangelisch und 6 % katholisch. Diese Tendenz setzte sich in den letzten fünf Jahren fort.

Zum Stichwort Kirchen soll auch die Jüdische Landesgemeinde genannt werden. Sie versteht sich als Körperschaft des öffentlichen Rechts der in Thüringen lebenden Juden. In dem Bestreben, das Judentum in seiner traditionellen Vielfalt und Identität zu bewahren, sind die Gemeindemitglieder den Grundsätzen der Thora ebenso verpflichtet wie einem weltoffenen Verständnis jüdischer Lebensweise und Kultur. Besonderes Augenmerk wird auf die Zusammenführung des jüdischen Kulturerbes Thüringens mit den jüdischen Traditionen Osteuropas gelegt. Die Jüdische Landesgemeinde Thüringen unterstützt nach Kräften Initiativen, die der Pflege ihres Kulturerbes dienen und Perspektiven für das jüdische Leben in Thüringen eröffnen. Die Gemeinde ist eine Einheitsgemeinde. In ihr finden Gottesdienste verschiedener Ausrichtungen unter einem Dach statt. Als Voraussetzung für die Mitgliedschaft gelten die Regeln des Beth Din der Orthodoxen und der Allgemeinen Rabbiner-Konferenz in der Bundesrepublik Deutschland. Alle Aktivitäten in der Gemeinde orientieren sich an den Prinzipien der Halacha, dem jüdischen Religionsgesetz. Die Aufgabe der Gemeinde besteht in der religiösen, kulturellen und sozialen Betreuung der Gemeindemitglieder in und um die Städte Erfurt, Jena und Nordhausen. Die Gemeinde besitzt eine Satzung, die von der Mitgliederversammlung verabschiedet wurde. Alle drei Jahre wird in geheimer Wahl der Vorstand gewählt. Der Gemeindevorstand bestimmt die Richtlinien der Gemeindepolitik und vertritt die Gemeinde nach außen. Die Tätigkeit des Vorstandes ist ehrenamtlich.

Der Thüringer Staatskanzlei sind auch die Zuständigkeiten für Kirchenangelegenheiten, Religionsangelegenheiten und Weltanschauungsanglegenheiten zugeordnet. Deshalb hat die Thüringer Staatskanzlei auch mit den Evangelischen Landeskirchen, dem Heiligen Stuhl (für die Bistümer) sowie der Jüdischen Landesgemeinde Staatsverträge geschlossen. Diese regeln die verschiedenen, beidseitig interessierenden, Angelegenheiten.

Kirmes

In vielen Orten von Thüringen, ist die Kirmes eine fester Bestandteil des Landlebens. Vom ursprünglichen Wortsinn her bedeutet „ Kirmes“ die „Kirchmesse“. Das Fest hat also einen christlichen Ursprung und ist eigentlich das Patronatsfest der Kirche eines Ortes. Die Kirmes wird hierzulande zu unterschiedlichen Zeiten gefeiert. Von Mai bis Oktober erstreckt sich der Zeitraum, in dem in den einzelnen Orten das Kirmeswochenende stattfindet. Zum Verlauf der Kirmes haben sich in einzelnen Orten unterschiedliche Bräuche entwickelt. So gleicht kein Kirmesfest dem anderen.

Im Folgenden erfahren Sie Wissenswertes und Interessantes zur Kirmes aus einigen ländlich geprägten Ortsteilen von Erfurt. In **Alach**, wo die Kirmes 1982 wieder ins Leben gerufen wurde, beginnt das Fest am Freitagabend mit dem ökumenischen Kirchweihgottesdienst und dem Turmblasen. Am Samstag ziehen die Kirmespaare mit Pauken und Trompeten durchs Dorf und bringen den Einheimischen Ständchen. Beim Kirmestanz am Samstagabend erfreut sich die Saalwette immer großer Beliebtheit.

In der Ortschronik von **Kerspleben** steht geschrieben, dass am 5. September 1623 der Kersplebener Schulmeister Johannes Damebach seinen Azmannsdorfer Amtskollegen mit dessen Familie einlud „auf künftigen Sonntag zur Kirchmess, da gutte Freunde und Verwanden nach löblichem christlichen Gebrauch zusammenkommen und in fröhligkeit ..... sich pflegen“. In der Folgezeit wechselte in Kerspleben öfter der Termin des Kirmesfestes. Zumeist richtete man sich nach den anfallenden Arbeiten in den bäuerlichen Wirtschaften. In der „Neuzeit“ wird in Kerspleben seit 1997 wieder eine Woche nach Pfingsten gefeiert. Damals erweckten die Kameraden des Feuerwehrvereins die Tradition der Kirmes aus ihrem Dornröschenschlaf. Inzwischen erkennt man die Burschen wieder an ihren blauen Burschenmützen und am voraus marschierenden Burschenvater. Mit einer bestickten Kappe und der bunt bebänderten Weinflasche als Zeremonienstab lädt er alle Dorfbewohner ins Festzelt zum Kirmestanz ein.

Seit 1976 wird in **Molsdorf** keine Kirmes mehr gefeiert. Dennoch schwärmen vor allem die älteren Einwohner von einer Tradition, die es so nur in Molsdorf gab: das Hammeljagen. Am zweiten Kirmestag zogen die Kirmesgesellschaft und viele Schaulustige zur Bockwiese. Der Kirmesvater brachte den bekränzten Hammel mit und die Hammeljagd konnte beginnen. Der Hammel wurde von der Kirmesgesellschaft dem Schäfer abgekauft, der ihn aus der Herde aussuchte. An der Jagd beteiligten sich ausschließlich die Kirmesburschen. Oft legte der Hammel weite Strecken zurück, bis er gefangen werden konnte. Einmal soll er erst kurz vor dem zwei Kilometer entfernten Mariental gefangen worden sein. Auch das Flüsschen Gera hat so mancher Prachtbursche erfolgreich überwinden können. Am Abend wurde dann ausgiebig bei Hammelbraten und Klößen gefeiert. Dem Fänger des Hammels oblag es, dazu das Bier zu spendieren.

Der Kirmesverein in **Salomonsborn** trägt die Jahreszahl 1738 in seinem Namenszug. Der Vereinsname ist Hinweis darauf, dass es seit diesem Jahr in Salomonsborn eine Kirche gibt. Vier Monate bereiten sich die Vereinsmitglieder vor, um im Oktober das Fest mit den Einwohnern von Salomè zu feiern. Am Salomonsborner Kreisverkehr weisen geschmückte Strohpuppen auf den Termin des Kirmesfestes hin. Dazu kommen dann die Kirmesgesellschaften von nah und fern, denn zum Programm der Salomonsborner Kirmes gehört ein Wettstreit der Kirmesgesellschaften aus der Umgebung mit allerlei Gaudi.

Aus dem Landkreis Sömmerda gibt es Interessantes und Wissenswertes zur Kirmes aus Andisleben, Haßleben, Kleinmölsen, Kranichborn, Nöda, Riethnordhausen und Udestedt zu vermelden. In **Andisleben** ist das Truckziehen am Sonntag im wahrsten Sinne des Wortes eine Zugnummer bei der vom Kultur- und Faschingsverein veranstalteten Kirmes. Zum Programm gehört auch die Darbietung der zuvor in vielen Trainingsstunden einstudierten Showtänze der Kirmespaare. Zudem sind der Kirmesgottesdienst, die Ständchen, der Frühschoppen, die Kinderdisco und der Trachtenumzug Bestandteil der Kirmes in Andisleben.

Lecker ist auch stets der von den Kirmesbräuten gebackene Kirmeskuchen.

„Drei vier Kirmse – Prost auf die Kirmes hier" - mit diesem immer wieder tönenden Spruch wird die Kirmesgesellschaft in **Haßleben** zum Kirmestanz am Samstagabend auf dem Saal empfangen. Am Sonntagvormittag wird zum Erntedank-Gottesdienst traditionell die Erntekrone in der Kirche hochgezogen. Höhepunkt des Nachmittags ist die Wahl der Miss Kirmes. Dabei müssen die Kandidatinnen allerlei kirmestypische Dinge tun, u. a. auch Burschen zum schnellen und langen Küssen bringen. Am Ende der Abendveranstaltung marschieren die Mädchen und Burschen vor der Beendigung der Kirmes in Schlafanzügen in den Saal.

Im Juli 2010 wurde in **Kleinmölsen** die Heimatstube eingeweiht. Das Thema der ersten Ausstellung war „Kirmes und Kirchweihfest in Kleinmölsen". Der Termin war zugleich das zehnte Jubiläum der Neubelebung der Kirmes. In der Ausstellung waren Belege über das Kirchweihfest aus dem Jahr 1706 ebenso zu finden wie Hinweise darauf, dass das Patronatsfest der Kirche ursprünglich im Oktober begangen wurde und man es in den 1960er Jahren in den Monat Juli verlegte. Schon früh wurde im Ort aus dem Erinnerungsdatum an der Weihe der Kirche ein Volksfest mit Musik, Tanz und Feier. In der Ausstellung waren auch interessante Gegenstände und viele Fotos zu sehen, die an frühere Kirmesfeiern erinnerten. Darunter befanden sich u.a. eine alte Kirchweihtracht von 1850, Bierkrüge mit Widmung von 1930 und ein hölzerner Bierzapfhahn von 1920.

Der langjährige Chronist und Pressewart des Heimatvereins in **Kranichborn**, Rudolf Kampfmeier, schrieb in der Ortschronik über die Kirmes des Jahres 2000: „Am Donnerstagabend trafen sich die Frauen und Mädchen des Heimatvereins in der Heimatstube, um die Girlanden für den Schmuck des Gasthauses zu flechten. Am Freitag wurden dann zwei Tannen vor der Eingangstür des Weißen Rosses aufgestellt und mit den Girlanden geschmückt. Am Freitagabend fand eine Disco statt. Am Samstag traf sich zur Mittagszeit die Kirmesgesellschaft zu ihren traditionellen Ständchen von Haus zu Haus. Mit ihren Trachten sahen sie sehr flott aus. Die Kapelle „Original Thüringer Oldies" waren dabei für die musikalische Umrahmung zuständig. Gegen halb fünf waren die Ständchen beendet. Vor der Gaststätte Blume gab es Rostbratwurst und Rostbrätel und für die Kinder wurde eine Autorennbahn aufgebaut. Am Abend war dann die eigentliche Eröffnung der Kirmes. Der Kirmesvater – oder auch Burschenvater, wie wir ihn früher nannten – führte die jungen Damen und Herren auf den Saal. Die Mädchen und Frauen waren alle lang gekleidet, die Jungs und Männer traten in feinem Zwirn auf. Nach dem Eröffnungstanz für die Kirmesgesellschaft wurde der Kirmestanz für alle freigegeben. Am Ende des Abends begrub man die Kirmes. Die Mädchen und Jungs schlüpften in weiße Gewänder und es gab einen Trauerzug. Am Sonntag früh ging es gemeinsam zum Kirchweihgottesdienst. Anschließend war Frühschoppen. Dieser dauerte bis weit nach Mittag. Am Nachmittag fand die Kinder- und Seniorenkirmes mit dem berühmten Anschnitt des Kirmeskuchens große Begeisterung. Mit einem Nachtreiben am Montag bei herrlichem Herbstwetter und mit Spanferkel, Bier und Musik ging dann die Kirmes 2000 wirklich zu Ende."

Die Kirmes der „Neuzeit" begann in **Nöda** 1995. In diesem Jahr gründete sich eine Kirmesgesellschaft und das Kirchweihfest wurde wiederbelebt. Auf dem Programm standen fast sechs Stunden Ständchen für die Dorfbevölkerung mit den Nödaer Blasmusikanten ebenso wie der Cancan-Tanz des Männerballetts und ein Fußballspiel der Burschengesellschaft zwischen Schmira und Nöda. In der 16. Auflage im Jahr 2010 marschierte die Kirmesgesellschaft zu den Klängen des Liedes „Adelheid" in das Festzelt ein. Viel Beifall gab es für die gebundenen, geflochtenen und gesteckten Erntekränze. Dazu war ein Wettbewerb ausgelobt worden.

In der Ortschronik von **Riethnordhausen** ist überliefert, dass die Kirmes hier eine lange Tradition hat und im Verlaufe der Jahrhunderte eine stetige Wandlung erfuhr. So wurde zunächst aus dem vorchristlichen Herbst- und Erntefest das Kirchweihfest mit einer Erinnerung an die Weihe der Kirche bzw. an den Namenstag des Kirchenpatrons. Seit dem 19. Jahrhundert kamen mehrtägige „Schmausereien und Lustbarkeiten" dazu. Fliegende Händler verkauften ihre Waren, Zigeuner kamen mit Tanzbären. Die Kirmes entwickelte sich zu einem Jahrmarkt.

Die Nurzener, wie die Riethnordhäuser genannt werden, legten viel Wert auf die Bewirtung ihrer Gäste. Auf dem Tisch standen viel Kuchen, Gänse-, Schweine- und Ziegenbraten. In den 1920er und 1930er Jahren entwickelte sich die Kirmes zum Volksfest. Am 2. November 1929 schreibt die Thüringer Allgemeine Zeitung: „An drei Tagen wurde unter zahlreicher Beteiligung Auswärtiger die weltbekannte Nurzener Kirmes gefeiert. Die Omnibusse der Erfurter Straßenbahn waren fast nicht in der Lage, den An- und Abgang zu meistern. Tanzsäle und Gasträume waren überfüllt, der Festgottesdienst reichlich besucht." Nach dem Zweiten Weltkrieg setzten Kirmesburschen und -mädchen die Tradition fort. Bestandteile des Volksfestes waren der Kirchgang, ein Umzug, Frühschoppen, Ständchen und das „Begräbnis" der Kirmes. Die Kirmes wurde in Riethnordhausen auch zu DDR-Zeiten an drei Tagen Ende Oktober gefeiert. 1993 gründete sich eine Kirmesgesellschaft. Aus der wurde später der Kirmes- und Trachtenverein. Die Kärmse, wie die Nurzener ihr Volksfest liebevoll nennen, ist alljährlich das größte Volksfest des Ortes und zieht Jung und Alt auch aus der Umgebung an.

In **Udestedt** organisierten viele Jahre junge Leute der Kirmesgesellschaft gemeinsam mit dem Sportverein FSV die Kirmes. Seit 2006 gibt es den Traditions- und Kirmesverein. Die Ziele des Vereins bestehen darin, Traditionen aufrechtzuerhalten und neue Bräuche zu entwickeln. Beim Feiern der Kirmes liegt die Betonung auf die Traditionspflege. So dürfen von den jungen Leuten, die als Kirmespaare die Kirmes mitmachen, nur wenige – etwa der Kirmesvater – bereits „unter der Haube" sein. Schließlich sind die Kirmestage auch geeignet, dem ausgesuchten Partner etwas näher zu kommen. So ist hier schon aus manchem Kirmespaar ein Ehepaar geworden. Das Fest findet in Udestedt traditionell am dritten Juniwochenende statt. Tradition ist auch, dass es mit dem Birkensetzen am Donnerstagabend beginnt. Hierbei geht es schon (feucht)fröhlich zu. Die Freunde des Tanzes kommen am Freitagabend bei Discoklängen und am Samstagabend mit Kapellenmusik auf ihre Kosten. Beim Kirmestanz am Samstag besteht für die Burschen Anzugspflicht, während die Mädchen in Kleid oder Rock zu erscheinen haben. Ansonsten tragen die Burschen während der Kirmestage Hüte und die Mädchen Schleifen. Der Gottesdienst am Sonntagmorgen ist der Höhepunkt des Kirchweihfestes. Der „anstrengendste" Tag für die Kirmesgesellschaft ist der Samstag. Fast acht Stunden lang ziehen die Kirmesburschen und -mädchen mit einer Blaskapelle durchs Dorf und besuchen nahezu jeden Haushalt. Für das musikalische Ständchen bedanken sich die Udestedter mit Geld- und Naturalspenden. Vor manchem Hoftor gibt es auch einen hochprozentigen Schluck.

Abschließend zum Thema Kirmes soll noch auf die **Mühlhäuser** Stadtkirmes eingegangen werden. Auch wenn es sich hier vor allem um ein Volksfest in einer Stadt handelt, so nehmen doch viele Leute aus den umliegenden Dörfern daran teil. Für die Mühlhäuser ist es das Fest der Feste, der Höhepunkt des Jahres. Die Kirmes verwandelt die Straßen und Gassen der historischen Mühlhäuser Altstadt für eine Woche lang zu einer bunten und turbulenten Partyzone. Höhepunkt des Festes ist der traditionelle, alljährlich am Sonntag stattfindende, Festumzug. 30 Kirmesgesellschaften – die allesamt auf vielen Bühnen ihre eigenen Programme mit Livemusik, Showdarbietungen und vielem mehr durchführen – sind für die Organisation verantwortlich. Die Gesamtkoordination übernehmen der Verein Mühlhäuser Heimatfeste e.V. als die Dachorganisation und die Stadtverwaltung von Mühlhausen.

Künstlerisches Schaffen

Es gibt in Thüringen viele Menschen, die einen mehr oder weniger großen Teil der Zeit ihres ihres Lebens mit aktivem künstlerischen Schaffen verbringen. Besonders ausgeprägt sind bei uns die Akustischen Künste und die Darstellenden Künste. Zu den Akustischen Künsten gehören Gesang und Instrumentalmusik und zu den Darstellenden Künsten gehören Tanz und Theater. Aber auch die Sprachlichen Künste, zu denen Dichtung und Schriftstellerei gehören, sowie die verschiedenen Fassetten der Visuellen Künste mit Malerei, Grafik, Fotografie, Bildhauerei, Kunsthandwerk, Töpfern und Sticken sind vorhanden. Nicht so sehr verbreitet sind die Ökologischen Künste, denn die Bewahrung und Pflege von Naturdenkmälern, Baudenkmälern und Bodendenkmälern ist nicht so oft erforderlich – weil diese in unseren Dörfern weniger vorhanden sind.

Es gibt hierzulande Menschen, die mit der Ausübung dieser Künste ihren Lebensunterhalt verdienen. Aber es gibt viel mehr Menschen hier, die sich in ihrer Freizeit damit beschäftigen und das künstlerische Schaffen zu ihrem Hobby gemacht haben. Im Folgenden wollen wir einige Kulturgruppen aus unserer Region beispielgebend für die vielen Kulturschaffenden vorstellen. Beginnen wollen wir mit dem Chorgesang.

Dittelstedt ist der östlichste Ortsteil von Erfurt. Hier gibt es einen Männerchor, der weit über die Ortsgrenzen hinaus bekannt ist – der Männerchor „Cäcilia 1880 Dittelstedt". Der Chor wurde zwei Jahre nach der Freiwilligen Feuerwehr gegründet und ist einer der traditionsreichsten und verdienstvollsten Vereine im Ort. Von Beginn an betrachteten sich die Sangesfreunde aber nicht nur als Chor, der sich einmal in der Woche zur Probe trifft und dann zu verschiedenen Anlässen eingeübte Lieder zum Besten gibt, sondern die Chormitglieder sind auch Initiator und Organisator bei gemeinsamen Veranstaltungen der Dittelstedter Bürger. Die ersten Mitglieder des Chores waren zumeist Bauern, Gärtner und Eisenbahner. In seiner über 140-jährigen Geschichte verstummte der Männerchor zwei

Mal für einige Jahre. Zwischen 1939 und 1952 sowie zwischen 1962 und 1985 gab es in Dittelstedt keinen Chorgesang. Während die erste Unterbrechung dem Zweiten Weltkrieg geschuldet war, so lag die mehr als zwanzigjährige zweite Unterbrechung nach Überlieferungen in der Chronik am „neuen sozialistischen Liedgut". Dieses wollte vielen Sängern nicht so richtig über die Lippen. Die Sangeslust der Dittelstedter Männer überwand jedoch die „Pausen". Als „Männerchor der BHG Dittelstedt" gab man in den 1950er Jahren Chorkonzerte und nahm an Sängertreffen teil. Übrigens steht BHG für Bäuerlichen Handelsgenossenschaft. Nach dem erfolgten Neubeginn im Jahr 1985 trat man mit der Unterstützung der Landwirtschaftlichen Produktionsgenossenschaft (LPG) „Karl Marx" unter dem Namen „Männerchor Erfurt-Dittelstedt" auf. Heute hat der Chor über einhundert Lieder in seinem Repertoire. Zu den besonderen Erlebnissen gehören Auftritte im Straßburger Münster, im Regensburger Dom, im Veitsdom auf dem Hradschin in Prag und zu den Festwochen im Stephansdom in Wien. Der Chor ist weithin bekannt für seine Stimmgewalt und seinen hohen künstlerischen Anspruch.

Die Gemeinde **Ingersleben** gehört zum Landkreis Gotha. Dort gibt es einen Volkschor. Dieser beging im Jahr 2021 sein 45-jähriges Jubiläum. Doch Chorgesang gab es vorher hier auch schon. Zwischen 1948 und 1957 gab es bereits einen Volkschor im Ort. Allerdings fand sich nach dem altersbedingten Ausscheiden des damaligen Chorleiters niemand, der den Chor weiterführte. So dauerte es bis 1976, als im Garten der Familie Weidemüller die Idee geboren wurde, die Sangeskünste einiger Hobbysänger von Ingersleben in gepflegtem Chorgesang zu vereinen. Mit zwölf Sangesfreunden begann der Chor im Mai 1976 mit der ersten Probe. Im gleichen Jahr zu Weihnachten hatte er seinen ersten Auftritt. Im Laufe der Jahre wuchs der Chor sowohl in der Quantität als auch in der künstlerischen Qualität. Der Volkschor Ingersleben wurde mit dem Titel „Hervorragendes Volkskunstkollektiv" ausgezeichnet, erreichte zwei Mal den zweiten Platz im „Daniel Elster Wettbewerb" Thüringer Chöre und nahm 2003 am 20. Deutschen Chorfest in Berlin teil. Seit 1997 ist der Chor Mitglied im Thüringer Sängerbund. Der Klangkörper hat sich einen geachteten und geschätzten Platz in der Chorlandschaft Thüringens erarbeitet. Besonders die Pflege des reichen Schatzes an Volksliedern hat es den Sängerinnen und Sängern angetan.

Aber auch Chorwerke alter Meister, geistliche Lieder und moderne Bearbeitungen von Schlagern gehören zum breiten Repertoire.

In Ingerslebens Nachbarort **Neudietendorf** gibt es einen original erhaltenen Teil der Statuten der hiesigen Liedertafel. Darauf ist das Datum 1844 vermerkt. Weitere Erwähnungen sind u. a. aus den Jahren 1846, 1847, 1858, 1894, 1901 und 1930 überliefert. Von 1933 bis zur Neugründung 1991 liegen keine Dokumente von einem Gesangverein in Neudietendorf vor. Als sich im Jahr 1991 sieben sangesfreudige Neudietendorfer zusammenfanden, war die Geburtsstunde des Neuanfangs im hiesigen Chorgesang besiegelt. Es gründete sich der „Gesangverein 1991 Neudietendorf". Zunächst entwickelte sich der Chor als Frauenchor, seit 1995 kamen auch Männer hinzu. Inzwischen beherrscht der Klangkörper ein breites Repertoire und gehört zu den leistungsstärksten Chören im Sängerkreis Gotha.

Mit einem Festumzug und einem Sängertreffen begingen die Sangesfreunde des „Witterdaer Männerchores Cäcilia" im Juni 2009 das 125-jährige Gründungsjubiläum. In der Ortschronik ist darüber zu lesen: „Am 6. Januar 1879 hat sich eine Liedertafel aus Freunden des Gesanges von **Witterda** – gehört heute zum Landkreis Sömmerda – und einigen umliegenden Ortschaften zum Zwecke der musikalischen Ausbildung und gemütlichen Unterhaltung gebildet." Diese Liedertafel wird aber bereits 1884 nicht mehr erwähnt. Der Verein formierte sich auf Betreiben des katholischen Pfarrers neu und nannte sich fortan nach der Schutzpatronin der Kirchenmusik „Gesangsverein Cäcilia". Heute kann im Chor jeder Mann mitsingen, unabhängig von politischen Ansichten, Religion und Herkunft. Entscheidend sind das Interesse am Chorgesang und die Bereitschaft, regelmäßig an den Übungsstunden teilzunehmen. So kommen die Chormitglieder auch aus mehreren Ortschaften und verkörpern mehrere Generationen. Die vierstimmig singenden Männer haben ein breites Repertoire. Klassische und volkstümliche Lieder gehören ebenso dazu wie Kirchenmusik. Aber auch Seemanns-, Wander- und Weinlieder kommen ihnen locker über die Lippen. Ihre Auftritte haben sie zu den unterschiedlichsten Anlässen. Sie singen zu Seniorenfeiern, zum Weihnachtskonzert, zum Gemeinde- und Kapellenfest, zum Blütenfest, zu Sport- und Vereinsfesten sowie zu Hochzeits- und Geburtstagsjubiläen. Der Chor ist Mitglied sowohl im Deutschen als auch im Thüringer Sängerbund und pflegt Freundschaften mir mehreren Klangkörpern aus Thüringen.

Das Chorleben der „Liedertafel Tieftal" - einem ländlichen Ortsteil von Erfurt – ist reich an Höhepunkten. Schon in den ersten Jahren nach der Gründung im Jahr 1857 gehörten auch Sangesfreunde aus den Nachbarorten zum Männerchor. Die Sangesbrüder der „Liedertafel" waren auch leidenschaftliche Schauspieler. Jedes Jahr wurden Theaterstücke einstudiert und meist zu Silvester zur Belustigung und Erbauung der Einwohner aufgeführt. Dass Chorsänger gern feiern, ist hinlänglich bekannt. In **Tiefthal** ist das nicht anders. So beging man in schöner Regelmäßigkeit seit 1992 alle fünf Jahre die „Geburtstage" im festlichen Rahmen. Aber auch bei allen anderen Festen des Ortes, von Kinderfesten über Konfirmation bis zum Schützenfest, sind die Sänger dabei und gestalten das Dorfgemeinschaftsleben aktiv mit. Gern erinnern sich die Sänger an das Konzert im Schloss Ettersburg, an die Benefizveranstaltungen für die Christopherusschule in der Gisperslebener Kirche und die zahlreichen Adventskonzerte. Unvergessen sind der Auftritt im Mainzer Dom, das Singen der „Loreley" auf der Loreley am Rhein, die Chorfahrt nach Ostfriesland mit dem Gesang in der Schifferkirche auf Helgoland sowie die Auftritte im Erfurter Rathaus und im Erfurter Dom.

In der Chronik von **Haßleben** im Landkreis Sömmerda fand der Chorgesang 1900 erstmalig Erwähnung. Kein Wunder, dass im Jahr 2000 in Haßleben das 100-jährige Bestehen des Männergesangsvereins „Harmonie 1900 Haßleben e.V." gefeiert wurde. Die Feier war zünftig mit Festumzug und Sängertreffen, an dem zwölf Gastchöre teilnahmen. Überliefert ist, dass der Chor zeitweise auch Liedertafel hieß und in den 1950er Jahren ein gemischter Chor war, ehe sich im Laufe der Zeit die Männerdomäne durchsetzte. Das Liedgut der singenden Männer reicht von Volksliedern über chorale Kirchgesänge bis zur Klassik. Zu Zeiten des 100-jährigen Jubiläums war der Kalender des Chores voll, gab es nahezu jede Woche einen Auftritt.

Auch wenn es inzwischen ein paar weniger Auftritte sind, so begeistern die Haßlebener Männer die Besucher von Sängerfesten und Großveranstaltungen ebenso wie Gäste von Hochzeits- und Familienfeiern. Ein besonderer Höhepunkt der Vereinsgeschichte war die Fahnenweihe im Jahr 1998 in der Haßlebener Kirche. Die Fahne des Vereins wurde von einer Erfurter Stickerei in Handarbeit hergestellt. Sie ist auf der Vorderseite mit folgendem Inhalt bedruckt: Männergesangverein „Harmonie" e.V. Haßleben. In der Mitte der Fahne befindet sich das alte Schwarzburger Wappen, darüber das neue Gemeindewappen und darunter der Heilige St. Michael. Die Rückseite ist wie folgt gestaltet: In der Mitte befindet sich die Lyra als allgemeines Zeichen für Musik und Gesang sowie ein Schwan mit der Bedeutung der ewigen Zugehörigkeit. Darüber schmückt die Fahne das Spruchband „In Freud und Leid zum Lied bereit".

Eine besonders sangesfreudige Gemeinde ist **Großrudestedt** im Landkreis Sömmerda. Hier gibt es gleich zwei Chöre. Der Männergesangsverein „Harmonie 1851" e.V. feierte im Jahr 2021 sein 170-jähriges Bestehen gemeinsam mit der Großrudestedter Bevölkerung sowie Chören und Musikgruppen aus der Nachbarschaft. Im Brockhaus wird „Harmonie" als Zusammenklang, als das richtige Verhältnis der Teile zum Ganzen und als Lehre von den Akkordbildungen beschrieben. Die Gründer des Vereins müssen geahnt haben, wie wichtig der Zusammenhalt der Chormitglieder ist. In der Chorgeschichte gab es viele Höhen und Tiefen, gute und schlechte Zeiten durchzustehen. Beschränkten sich die Singübungen im landwirtschaftlich geprägten Großrudestedt früher vor allem auf die Herbst- und Winterabende, so hat der Chor heute nahezu drei Dutzend Auftritte im Jahr. Dabei ist man bei Chorkonzerten ebenso präsent wie bei Hochzeitsfeiern, runden Geburtstagen, Dorffesten und zum Adventsingen in der Kirche. In Großrudestedt können aber nicht nur die Männer singen. Die Tradition des Frauensingens wurde im Jahr 2008 mit der Gründung des Frauenchores „Bella Musica 2008" neu belebt. Seitdem ist der Klangkörper ob seiner gesanglichen Qualität und seines vielseitigen Repertoires auf zahlreichen Veranstaltungen sehr gefragt. Der Verein organisiert auch eigene Veranstaltungen. Dabei treten z. B. Kabarettisten auf und anschließend gibt sich der Frauenchor mit einem Chorkonzert ein Stelldichein.

Zwei Chöre gibt es auch in **Walschleben** im Landkreis Sömmerda. Neben dem Frauenchor sind die „Lindenkehlchen" auf zahlreichen Veranstaltungen ein gern gesehener Männerchor. Ihren wohlklingenden Namen gaben sich die Sänger in Anlehnung an die vielen Linden, die es im Ort gibt, und an das alljährlich in Walschleben stattfindende Lindenblütenfest.

Erinnern wir uns abschließend zum Chorgesang noch an die Singeklubbewegung in der DDR. Hierzulande hatte sie besonders in **Dachwig**, das heute zum Landkreis Gotha gehört, Fuß gefasst. Hier gab es in den 1970er Jahren bis Mitte der 1980er Jahre einen Singeklub. Dem gehörten zeitweise bis zu dreißig Schülerinnen und Schüler der Polytechnischen Oberschule an. Mit seinem umfangreichen Repertoire aus Jugendliedern, Volksliedern und Freiheitsliedern trat der Singeklub auf zahlreichen Veranstaltungen im damaligen Bezirk Erfurt und darüber hinaus auf. Die weiteste Reise führte die Klubmitglieder in die Goldene Stadt Prag.

Bei all den positiven Beispielen über den Chorgesang hierzulande kann eine traurige Wahrheit nicht verschwiegen werden: Seit der Corona-Pandemie haben sich in Thüringen 25 Chöre aufgelöst. Es fehlt an Chorleitern und an Nachwuchs.

Wenden wir uns nun den Musikgruppen zu. Die Musiker des Fanfarenzuges **Gebesee** aus dem Landkreis Sömmerda treffen sich mehrmals in der Woche, um für ihre Auftritte zu üben. Zu den Auftritten gehört der Umzug zum Karneval in Gebesee ebenso wie die verschiedenen Kirmesumzüge, Heimat- und Trachtenfeste in ganz Thüringen. Die Geschichte des Fanfarenzuges reicht bis in das Jahr 1936 zurück. 1952 erfolgte die Neugründung, später war es u. a. der Fanfarenzug der Freien Deutschen Jugend (FDJ) und der Gesellschaft für Sport und Technik (GST). Im Jahr 1977 wurde aus dem Zug ein Orchester und es trug bis 1989 den Namen „Fritz Weineck". Danach war es fünfzehn Jahre sehr still um den Klangkörper. Als im Jahr 2004 der langjährige ehemalige Leiter des Fanfarenorchesters Lothar Koch Goldene Hochzeit hatte, überraschten ihn seine früheren Orchestermitglieder mit einem Ständchen.

Damit war zugleich die Wiedergeburt besiegelt. Seit Februar 2005 gibt es nun den Fanfarenzug Gebesee e.V..

In ganz Deutschland und vielen Ländern Europas tragen sie den Ortsnamen **Ingersleben**, das zum Landkreis Gotha gehört, in die Welt hinaus: die Schalmaien Bigband. Den jetzigen Namen tragen die Musiker seit 2002, als sich das Thüringer Schalmaien Orchester Ingersleben neu formierte und umbenannte. Der Klangkörper kam zustande, als es sich der frühere Bürgermeister Otto Kein in den Kopf gesetzt hatte, dass Ingersleben eine Schalmaienkapelle haben soll. Die Instrumente wurden besorgt und am 1. Mai 1961 wurden die Ingerslebener Einwohner erstmals mit der Musik der Blechblasinstrumente und Trommeln erfreut. Nachdem daraus ein Pionierschalmaienzug wurde und es einige Jahre später etwas ruhiger zuging, kam es 1986 zur Gründung des Schalmaienorchesters Ingersleben. Im Jahr 1988 wurde man Bezirksmeister des Bezirkes Erfurt in der Schalmaienklasse und 1989 erfolgte die Auszeichnung als Hervorragendes Volkskunstkollektiv der DDR. Bis 1993 waren die Musiker der Freiwilligen Feuerwehr zugeordnet, ehe man 1994 die Selbständigkeit verwirklichte.

Inzwischen haben die Vollblutmusiker eine Vielzahl von Titeln und Trophäen erspielt. Dazu gehören der Vizeweltmeister in der freien Klasse und der 1. Platz beim Internationalen Musikfestival in Spanien. Hinzu kommen Podiumsplatzierungen bei Deutschen Meisterschaften und zahlreichen Landesmeisterschaften in mehreren Bundesländern. Im Jahr 2006 wurden die Leistungen der Bigband mit der Verleihung der Ehrenschleife des Deutschen Bundesverbandes der Spielmanns-, Fanfaren- und Musikzüge in Gold gewürdigt. Im Jahr 2018 erhielt die Bigband die Pro-MUSICA-Plakette. Das ist die höchste Auszeichnung des Amateurmusizierens und wird vom Bundespräsidenten verliehen. In den Jahren 1998 und 2006 waren die Ingerslebener Gastgeber des Internationalen Grand Prix der Schalmaien. Das Orchester ist ähnlich den traditionellen Stimmen eines Chores aufgebaut. Es vereint Bariton-, Sopran- und Alt-Schalmaien. Dazu kommen Rhythmusgruppe und Schlagzeug. Bei den Veranstaltungen präsentieren sich die Musiker mit unterschiedlichen Bühnenoutfits und Showprogrammen sowohl als Stimmungsmacher mit Schlagern und Volksmusik, aber auch mit Rock & Pop, lateinamerikanischen Rhythmen sowie zahlreichen eigenen Kompositionen.

Als Franz Harsch im Zweiten Weltkrieg bei einer jungen Frau in **Nöda** im heutigen Landkreis Sömmerda seine große Liebe fand und hier blieb, da hatte Nöda mehr als nur einen neuen Einwohner gefunden. Franz Harsch kam nämlich aus dem Böhmischen, wo bekanntlich die Wiege der Blasmusik steht. Und er war begeisterter Blasmusikant. So dauerte es nicht lange, bis 1949 genügend Musikanten für eine Musikgruppe vorhanden waren. Zunächst fingen neun junge Männer als Posaunenchor an, öffentlich vorwiegend in der Kirche zu blasen. Daraus wurde der Bläserchor, später die Blaskapelle. Seit den 1980er Jahren kennt man die Musiker, die vorwiegend mit weißen Hemden, roten Westen und schwarzen Hosen auftreten, als Nödaer Blasmusikanten. Seit 1993 gibt es sie als Verein. Der langjährige – leider zu früh verstorbene – Kapellenleiter Franz Harsch schrieb viele Kompositionen selbst und eigens für die Nödaer Blasmusikanten. Eines seiner bekanntesten Lieder – der Marsch „Blaue Jungs" aus dem Jahr 1953 – fehlt auch heute noch bei keiner Aufführung. Inzwischen umfasst das Repertoire mehr als einhundert Titel, vom Marsch über Polka bis zum Walzer. Ob bei Blasmusik-, Heimat- und Gartenfesten, bei Familienfeiern, Frühschoppen oder Weihnachtsfeiern – die Nödaer Blasmusikanten sind überall gern gesehen. In mehr als einhundert Orten in Thüringen, Sachsen und Sachsen-Anhalt haben sie schon gespielt. Auch nach Hessen und Nordrhein-Westfalen wurden sie schon eingeladen. Der Klangkörper bietet seinen Gästen eine harmonische, einfühlsame, zugleich aber auch stimmungsvolle Musik.

Mit den weißen Jacken und blauen Hosen der Spielleute und dem ihm eigenen harmonischen Klang ist der Spielmannszug von **Schloßvippach** im Landkreis Sömmerda weit über die Ortsgrenzen hinaus bekannt. Ob bei Umzügen zum Karneval oder zu Ortsjubiläen, bei Sängertreffen, Feuerwehr-, Schützen- und Volksfesten – der Spielmannszug von Schloßvippach ist ein gefragter Klangkörper. In Schloßvippach haben die Spielleute eine lange Tradition.

Laut Ortschronik gab es bereits 1882 eine Sammlung von Trompeten und Pfeifen. Im Jahr 1924 gründete sich dann der Spielmannszug. Die Gründung des Spielmannszuges ging aus dem Sportverein hervor. Die ersten Instrumente stammen von der Großherzogin von Weimar. Die von ihr dem Krieger- und Militärverein gestifteten Flachtrommeln und Trommelflöten wurden 1924 dem Spielmannszug Schloßvippach übereignet. Heute heißen die Instrumente Trommelpfeife, Signalhorn, Trommel, Becken, Lyra und Pauke. Das umfangreiche Liedrepertoire reicht von Volksliedern bis zu Märschen. Besonders der Förderung und Hebung der Marschmusik haben sich die Spielleute verschrieben. Mit ihrer Musik wollen sie die Geselligkeit der Menschen und ihre Kommunikation untereinander fördern.

Im Jahr 1967 gründeten sich die Stotternheimer Jagdhornbläser unter Leitung des Veterinärtechnikers Otto Blechschmidt aus Nöda. Inzwischen heißt die Musikgruppe Jagdhornbäser **Nöda-Stotternheim**. Die Bläser entwickelten sich zu einem gefragten und angesehenen Volkskunstensemble.

Sie errangen mehrfach den Meistertitel des Bezirkes Erfurt und wurden fünf Mal mit dem Titel „Hervorragendes Volkskunstkollektiv der DDR" ausgezeichnet. Die Auftritte der Bläsergruppe reichen von Jagdveranstaltungen über Familienfeiern bis zu großen Events in der Thüringenhalle. Auch im Kulturpalast der weißrussischen Stadt Minsk erklangen schon ihre Hörner. Das Jagdhornblasen ist übrigens nicht mal eben schnell zu lernen. Nur wer Fleiß, Ausdauer und Durchhaltevermögen mitbringt, wird dem Horn saubere Töne entlocken. Der Bläser muss den Ansatz beherrschen sowie die Noten und Tempi kennen. Zudem muss er lernen, Töne zu modellieren und mit anderen zusammen zu blasen. Bei der Jagd dienen die Hornsignale den Jägern zur Verständigung untereinander. Sie sind ein verbindendes Element bei jagdlichen Zusammenkünften und zugleich gelebtes Brauchtum. Traditionsverbundene Jäger erweisen mit dem Klang der Hörner dem erlegten Wild die letzte Ehre oder „verblasen" die Strecke am Ende des Jagdtages. Vom Hörnerklang werden aber auch viele Nichtjäger angezogen und berührt. Deshalb bildet die Jagdmusik bei vielen Festlichkeiten einen besonderen Rahmen, wie es die Jagdhornbläser Nöda-Stotternheim auch heute noch tun.

In den ländlichen Regionen hierzulande war in den 1920er Jahren bis in die 1960er Jahre die Mandoline als Instrument verbreitet. Sie war preiswert in der Anschaffung, das Spiel auf ihr ließ sich relativ leicht erlernen und im Orchester ergab das Instrument einen harmonischen Klang. Aus dem heutigen Landkreis Sömmerda sind der Madolinenklub aus **Gebesee** und das Mandolinenorchester aus **Großmölsen** überliefert.

Übrigens verbindet der Buchautor zur Mandoline auch persönliche Erinnerungen. Der sehr musikalische Biologielehrer unserer Schule in meinem Heimatort **Ifta** im heutigen Wartburgkreis wollte mit interessierten Schülern eine Musikkapelle gründen. Er stellte uns die Frage, ob wir lieber Mandoline oder lieber Gitarre spielen wollten. Da die Anschaffung der Gitarre damals doppelt so teuer war wie die der Mandoline, entschieden wir uns nach Rücksprache mit unseren Eltern für die Mandoline. Wir lernten das Mandolinespielen und traten als Mandolinenorchester bei mehreren Veranstaltungen öffentlich auf. Mit dem zeitlichen Abstand betrachtet sage ich heute: „Hätten wir uns damals in den 1950er Jahren für das Erlernen des Gitarrespiels entscheiden, wäre möglicherweise mein Leben anders verlaufen. Ich kann mir gut vorstellen, dass ich dann eine musikalische Laufbahn eingeschlagen hätte.

Wenden wir uns nun weiteren Beispielen des vielseitigen künstlerischen Schaffens in Thüringen zu. Beginnen wollen wir mit der Adjuvantenmusik. Die ersten Thüringer Adjuvantentage fanden im Jahr 2008 in Udestedt im Landkreis Sömmerda statt. 2009 war Großfahner – heute im Landkreis Gotha gelegen – Gastgeber der 2. Thüringer Adjuvantentage. Adjuvanten nannte man in vergangenen Jahrhunderten die Laienmusiker in vornehmlich ländlichen Gebieten, die an Sonn- und Feiertagen instrumental oder vokal dem Kantor halfen, die Kirchenmusik auszuführen. Sie folgten damit Martin Luthers Auffassung vom allgemeinen Priestertum aller Gläubigen. Er forderte die stimmbegabten und singfähigen Laien sowie die des Instrumentenspiels fähigen Laien auf, sich an der Verkündigung des Gotteswortes zu beteiligen.

In den Dörfern rund um Erfurt betrieben im 17. und 18. Jahrhundert allenthalben die Bauern, Handwerker und Schulkinder die Adjuvantenmusik als musikalische Gestaltung der Gottesdienste. Die Adjuvantentage sind dazu gedacht, daran zu erinnern und diesem Engagement nachzueifern. Die beiden Adjuvantentage in **Udestedt** und **Großfahener** waren von einem vielfältigen Programm gekennzeichnet. Es reichte von musikalischer Praxis im Gemeindegottesdienst und konzertantem Vortrag über Schüler-Workshops und wissenschaftlichen Vorträgen bis zum geselligen Miteinander.

Die Wahl der Gemeinde **Großfahner** für die 2. Adjuvantentage geht auf einen wertvollen Fund zurück, der 1968 bei Bauarbeiten in der Kirche gemacht wurde. Man fand wertvolle Noten, die den dörflichen Musikalienbestand aus der Adjuvantenmusik von 1640 bis 1750 beinhalteten. Im Jahr 2001 erschien darüber ein von Prof. Hans Jung von der Musikhochschule in Weimar verfasstes Buch unter dem Titel „Thematischer Katalog der Musikaliensammlung Großfahner-Eschenbergen in Thüringen". Die Musikaliensammlung hat nach umfangreicher Restaurierung in den Jahren 2002 bis 2009 Eingang in das Thüringer Landesmusikarchiv in Weimar sowie in das internationale Quellenlexikon gefunden. Anlässlich der 2. Adjuvantentage war die Sammlung in sechs Vitrinen in der Kirche St. Peter und Paul in Großfahner zu sehen. Im September 2023 fanden die Thüringer Adjuvantentage in den im Landkreis Gotha liegenden Gemeinden Wandersleben, Neudietendorf und Apfelstädt statt. Im Mittelpunkt stand landläufige Musik in barocker Zeit, so wie sie in dieser Region gepflegt wurde. Zudem rückte noch ein kostbarer Materialfundus in den Fokus: der Dietendorfer Notenschatz. Er wurde – frisch restauriert – in einer Ausstellung gezeigt und von dem professionellen „Ensemble 1684" in der St. Petri Kirche in Wandersleben zum Klingen gebracht.

Der Heimat- und Geschichtsverein im ländlichen Erfurter Ortsteil **Kerspleben** veranstaltet seit 2006 fast jedes Jahr ein Sommertheater. Laienschauspieler vom Kind bis zum Senior studieren in wochenlangen Proben ein Stück ein und unterhalten zwei Stunden lang die Besucher. Das Spektakel findet vorwiegend in Kersplebener Mundart statt. Im Jahr 2009 stand eine Komödie über verrückte Klinikinsassen unter dem Titel „Verrückte haben´s auch nicht leicht" auf dem Spielplan im Pfarrgarten der Gemeinde. Im Vorprogramm sorgten die jüngsten Kersplebener Nachwuchstalente im Laienschauspiel für gute Unterhaltung.

Der im Jahr 2001 gegründete Kirchbau- und Heimatverein in **Mönchenholzhausen** im Kreis Weimarer Land organisierte in den Jahren 2009 und 2010 ein Kulturfestival. Das Festival hat inzwischen einen festen Platz im Veranstaltungskalender der Gemeinde bekommen. Es ist eine bunte Mischung aus Musik, Tanz, Malerei, Fotografie und Literatur. Mit dem vielseitigen Programm sprechen die Organisatoren viele Interessengruppen und alle Generationen an. Im Jahr 2010 gehörten mittelalterliche Töne, Banjo-Klänge, Männerchor, Gitarren- und Mandolinenmusik sowie viel irische Folklore zum Musikangebot. Die Musiker des Festivals kamen aus mehreren Ländern Europas. So stehen neben dem Kulturgenuss auch Begegnungen mit Menschen aus anderen Ländern auf der Habenseite des Festivals. Die Künstler wohnen während des Festivals bei Familien im Dorf.

In der Gemeinde **Ollendorf** im Landkreis Sömmerda gab es seit 1948 eine Laienspielgruppe. Sie trat im Ort und in der näheren Umgebung auf und hatte viel Erfolg. In den Anfangsjahren standen Schwänke im Mittelpunkt der Bühnenstücke. Damit bereiteten die Ollendorfer Laienschauspieler dem Publikum viel Freude und Frohsinn. Doch als um 1960 das Fernsehen populär wurde, ging das Interesse der Laienschauspieler spürbar zurück und die Gruppe löste sich später auf. Am Heiligabend des Jahres 1999 führte die Kirchgemeinde mit einer Laienspielgruppe in der Kirche ein Krippenspiel auf. Das wurde ein voller Erfolg und kam auch in Kerspleben zur Aufführung. Die Darsteller hatten dabei so viel Spaß, dass sie beschlossen, in Ollendorf wieder eine Laienspielgruppe zu gründen. Danach führten die Laienkünstler viele Jahre an Heiligabend in der Kirche ein Krippenspiel und im Mai zur Kirmes ein Märchenspiel auf.

Die Bewohner der Bahnhofstraße in **Ringleben** im Landkreis Sömmerda kamen jahrelang in den Genuss, bei offenem Fenster den Klängen einer musizierenden Familie zu lauschen. Für die fünfköpfige Familie Vollrath gehörte es zum familiären Alltag, gemeinsam zu musizieren. Vater Dr. Jürgen Vollrath – ein Zahnarzt – sang während seiner Schulzeit im Dresdner Kreuzchor. Bis zum Abitur an der Kreuzschule lernte er dort viel für die Stimmbildung und die Instrumentalmusik. Seit vielen Jahren ist er auch Organist in der St. Bartholomäus Kirche in Ringleben. Seine Frau Ulrike stammt aus einem Pfarrhaus. Ob Orgel, Klarinette, sogar Horn und Posaune – sie ließ nichts aus. Gern widmet sie ihr Können der musischen Bildung des Nachwuchses. Wen wundert es da, wenn die Kinder in die Fußstapfen ihrer Eltern treten. Florian, der Älteste, erlernte zunächst Klavier. Dann wagte er sich an die Orgel, die er schnell beherrschen lernte. Schon mehrfach war er Organist bei Gottesdiensten. Seinem Bruder Moritz hat es die Violine angetan. Das gekonnte Streichen des Bogens über die Saiten hat gewiss etwas mit dem ihm angeborenen Talent zu tun, aber auch mit viel Fleiß und beharrlichem Üben. Constanze ist die die Jüngste in der Familie. Sie spielt seit ihrem achten Lebensjahr ein Instrument. Zunächst waren es Sopran- und Altflöte, dann fand sie zur Querflöte. Alle drei Geschwister absolvierten erfolgreich ihr Abitur am Oskar-Gründler-Gymnasium und sangen im über die Landesgrenzen hinaus bekannten Jugendchor Gebesee mit.

Die meisten Geschichten, über die bisher unter dem Stichwort Künstlerisches Schaffen geschrieben wurde, basieren auf dem ehrenamtlichen Engagement von Menschen, deren Herzen für künstlerisches Schaffen und kulturelle Aktivitäten schlagen. In unserer Region gibt es jedoch auch eine Reihe von Personen, die aus ihrem künstlerischen Schaffen eine Profession gemacht haben. Mit ihrem Wirken und Tun tragen sie somit den Namen ihres Wohnortes und unserer gesamten Region über die Landesgrenzen hinaus in die Welt. Einige von ihnen werden im Folgenden vorgestellt.

Ein besonderer Ort ist in diesem Zusammenhang **Tiefthal**. Im ländlich geprägten Ortsteil von Erfurt gibt es gleich mehrere Künstler der verschiedenen Genres, die hier schaffen und auch wohnen. Einer von ihnen ist der Kabarettist Ulf Annel. Im beschaulichen Tiefthal hat er seinen Wohnsitz. Hier findet er die Ruhe und schöpft die Kraft für neue Texte und sein Rollenstudium. Seit 1981 ist der gelernte Journalist und Radioredakteur schon beim Erfurter Kabarett „Die Arche". Die ernsthafte Frohnatur erfreut die Zuschauer jedoch nicht nur in den Kabarettveranstaltungen. Er ist auch Autor von Büchern, Hörspielen, Aphorismen, Gedichten und eben Kabarett-Texten. Neben den Auftritten im Arche Ensemble ist Ulf Annel auch mit seinen Solo-Programmen gern gesehen. Dabei hat es ihm Ringelnatz heute noch immer angetan. Schließlich waren es Ringelnatz-Texte, mit denen er am Erfurter Theater vorsprach und beim damaligen Intendanten Eindruck schindete. Seine witzigen Wortspiele mit der deutschen Sprache sind auch bei Betriebsfeiern und Veranstaltungen in Bibliotheken sehr gefragt.

Künstler ganz anderer Art sind Helmut Besser und Dr. Monika Besser. Helmi – unter diesem Namen tritt Helmut Besser als Clown auf – gründete 1975 in Südfrankreich Helmis Self-Theater und absolvierte zugleich ein intensives Studium der Pantomime. Bei zahl-reichen Auftritten beeindruckt Helmi seine kleinen und großen Zuschauer damit, wie man sich auch ohne Stimme, allein durch die Gestik und Mimik, den Menschen mitteilen kann. Mit seiner Frau gründete er 1994 in der Tiefthaler Bachstraße das Künstlerhaus Kreativthal. Monika Besser betreibt hier ein Kunstatelier und bietet Kunstkurse an. In ihrem Atelier entstehen phantasievolle textile Kunstwerke, von Bildern und Objekten bis zu maßgeschneiderten Theaterkostümen.

Ein weiterer Künstler aus Tiefthal ist leider im Jahr 2021 verstorben – der Bildhauer Christian Paschold. Er hat in seinem Leben die Welt gesehen. Seine Werke stellte er u. a. in Brasilien, Kuba und Frankreich aus. In Tiefthal lebte er seit 2002. Nach seiner Lehre als Porzellanmodelleur zog es den im thüringischen Gräfenthal geborenen Mann an die Hochschule für Bildende Künste nach Dresden. Er wurde Theaterplastiker. Im Jahr 1971 kam er an das Theater nach Erfurt. In Thüringens Landeshauptstadt sind mehrere seiner Werke zu sehen. Dazu gehören u.a. die Bismarck-Büste am Anger, die Willi-Brandt-Skulptur im Landtag sowie Nashorn, Emu und Kängeruh im Zoo.

Der Nachbarort von Tiefthal ist das kleine **Friedrichsdorf**. Hier lebt und schafft seit 1976 der Diplomingenieur Ulrich Minkus. Dem Innenarchitekten hat es vor allem die Holzgestaltung angetan. In seinem Atelier in Friedrichsdorf entstanden zahlreiche Holzplastiken für Freiflächengestaltungen. Seine Werke sind an markanten Stätten zu sehen, u. a. in Leipzig, Weimar und Gotha. Im brandenburgischen Storkow gestaltete er den Altarraum der Katholischen Kirche aus. Das Mitglied im Verband Bildender Künstler in Thüringen zeigt seine Werke auch zu Ausstellungen in der Kunsthalle Erfurt.

„Ich lebe meinen Traum und mein Traum ist die Musik". Diesen Satz sagte Christina Rommel aus **Kranichborn** im Landkreis Sömmerda dem Buchautor im Jahr 2002, als die damals 21-jährige gerade ihre zweite CD herausbrachte. Es folgten mehrere Alben. Begonnen hat alles, als Christina Rommel mit sieben Jahren in die Grundschule von **Großrudestedt** im heutigen Landkreis Sömmerda ging und es dort eine Anfrage der Musikschule gab. Sie absolvierte sieben Jahre eine klassische Gitarrenausbildung und vier Jahre theoretische Musikausbildung mit Gesangsunterricht – das alles neben dem Abitur am Gymnasium in Sömmerda. Den ersten Song mit Musik und Text aus eigener Feder schrieb sie mit 13 Jahren. Aus dem ersten Liebeskummer heraus entstand das erste Lied in englischer Sprache. Inzwischen hat sich die studierte Sozialpädagogin zu einer der vielseitigsten Künstlerinnen Deutschlands empor gearbeitet. Ihre Balladen mit englischen und deutschen Texten sind gefühlvolle Melodien über die kleinen und großen Dinge des Lebens. Sie erzählen von Ängsten und Lebensglück, werfen Fragen auf und versuchen Antworten zu geben. Christina Rommel ist inzwischen Sängerin, Songschreiberin, TV-Moderatorin und Frontfrau ihrer eigenen Band. Als Botschafterin der UNICEF zeigt sie auch ein großes soziales Engagement.

5.3 THÜRINGER LANDLEBEN VON L BIS S

Landfrauen

Am 2. Februar 1898 gründete die Gutsbesitzerfrau Elisabeth Böhm von der ostpreußischen Kreisstadt Rastenburg den ersten Landwirtschaftlichen Hausfrauenverein. Dies ist der Ursprung der Landfrauenbewegung. Die Landfrauenbewegung entstand aus der Notwendigkeit heraus, die hauswirtschaftliche Arbeit auf dem Land als Berufsarbeit anzuerkennen und die jungen Frauen mit einer guten Ausbildung auf ihre späteren Aufgaben im landwirtschaftlichen Betrieb vorzubereiten.

Im Oktober 1948 wurde der Deutsche LandFrauenverband für alle Frauen im ländlichen Raum gegründet. In ihrer langen Geschichte haben die Landfrauen immer wieder entscheidende Ideen geliefert und sie zielstrebig verfolgt. Sie wollten die Arbeit der Frauen erleichtern und ihnen eine bessere wirtschaftliche Grundlage ermöglichen. Oft haben andere, wie z. B. die Landwirtschaftskammern, der Staat oder die Industrie, diese Ideen aufgegriffen. Ihre Verwirklichung erscheint heute als eine Selbstverständlichkeit.

Ab dem Jahr 1990 erfolgte die Gründung eigener Landesverbände in den neuen Bundesländern. Am 19.10.1991 wurde in **Ohrdruf** im Landkreis Gotha der Thüringer Landfrauenverband e.V. gegründet. Damals schlossen sich 33 Frauen zu einem eigenen Verband zusammen. Das damalige Motto lautete: „Die Frauen in den Dörfern sind Antrieb und Motor für die soziale und kulturelle Entwicklung." Heute ist der Thüringer Landfrauenverband mit seinen 3.890 Mitgliedern der stärkste Landfrauenverband in den neuen Bundesländern.

Bevor wir uns weiter mit den Landfrauen in Thüringen beschäftigen, möchten wir auf die Frauenorganisation in der Zeit der DDR zurückblicken. Am 8. März 1947 gründete sich in Ost-Berlin der Demokratische Frauenbund Deutschlands (DFD). Der DFD war eine Frauenorganisation, die in der DDR als Massenorganisation Teil der Nationalen Front war. Der DFD verstand sich als Erbe der Frauenbewegung. Die zunächst antifaschistische, demokratische, parteipolitisch und religiös unabhängige Organisation wurde schnell zu einer Massenorganisation im Gefolge der SED gleichgeschaltet. Der DFD war im Block der Nationalen Front eingegliedert und stellte anteilmäßig Abgeordnete für die Volkskammer und ab 1952 auch in den Bezirkstagen und den Kreistagen. Hier setzte sich der DFD vordergründig für die Realisierung des Verfassungsgrundsatzes der Gleichberechtigung der Frau ein. Er wirkte auch am Gesetz über den Mutterschutz und den Kinderschutz und die Rechte der Frau mit, das im September 1950 verabschiedet wurde. In den 1950er Jahren ging es um eine verstärkte Produktionstätigkeit von Frauen durch sogenannte Hausfrauenbrigaden, während in den 1960er Jahren Schulung und Fortbildung das zentrale Anliegen waren. In Veranstaltungsreihen und Vorträgen beschäftigte sich der DFD dann verstärkt mit den Themen Gesundheitsberatung und Schwangerenberatung. Nach dem 1. Frauenkongress im Jahr 1964 kümmerte sich der DFD verstärkt um Frauen, die nicht organisiert, nicht berufstätig oder nur halbtags beschäftigt waren. Man wollte sie für das Berufsleben gewinnen. Auf Betreiben des DFD entstanden ab der zweiten Hälfte der 1960er Jahre Frauenakademien und Frauensonderklassen in Bildungseinrichtungen. In den 1970er Jahren organisierte der DFD in den Bezirks- und Kreisstädten über zweihundert „Beratungszentren für Haushalt und Familie". Diese entwickelten sich rasch zur praxisorientierten Beratung für Ehe, Haushalt und Säuglingspflege.

Kommen wir nun wieder zurück zu unseren Thüringer Landfrauen der heutigen Zeit. Thüringens Agrarministerin Susanna Karawanskij stellte fest: „Landfrauen sind Powerfrauen." Mit dieser Behauptung hat sie zweifellos recht, denn die Thüringer Landfrauen wirken aktiv mit, die Lebensbedingungen im ländlichen Raum zu verbessern. Sie fördern die Stellung der Frauen im gesellschaftlichen wie im beruflichen Leben, sie beraten in sozialen Belangen und sie pflegen Kultur und Brauchtum.

Diese Fakten spiegeln sich auch in den Zielen und Inhalten des Thüringer Landfrauenverbandes wider. Der Verband

- nimmt Einfluss auf die Verbesserung der Lebensbedingungen im ländlichen Raum,
- vertritt die Belange der Frauen in der Öffentlichkeit,
- entwickelt und unterstützt Projekte von Frauen,
- fördert die Stellung der Frauen im gesellschaftlichen und berufsständischen Leben,
- pflegt Kultur, Brauchtum, ländliche Traditionen und das gesellige Leben,
- berät Frauen und Hilfsbedürftige bei sozialen Belangen.

Mit dieser Verbandsphilosophie im Rücken entwickeln die Thüringer Landfrauen folgende Botschaften, Interessen und Anliegen:

- Landfrauen engagieren sich für mehr Lebensqualität in ihrem Umfeld. Lebendige Regionen brauchen eine nachhaltige und flächendeckende Landwirtschaft.
- Landfrauen sind für chancengerechte Lebensbedingungen auf dem Land und in der Stadt, für gleiche gesellschaftliche Teilhabe von Männern und Frauen.
- Landfrauen lernen gemeinsam und bündeln ihr Wissen.
- Landfrauen fordern geeignete Rahmenbedingungen, um Familie, Beruf und ehrenamtliches Engagement besser vereinbaren zu können.
- Landfrauen geben ihr Knowhow zur Alltags- und Lebensführung an Kinder, Jugendliche und Erwachsene weiter.
- Landfrauen sind füreinander da und setzen neue Impulse. Sie genießen das Miteinander und schöpfen daraus Lebensfreude.

Im letzten Abschnitt zum Stichwort Landfrauen sollen noch einige praktische Beispiele über die Aktivitäten der Landfrauen in unserer Region aufgeführt werden.

Die Landfrauen in **Vogelsang** aus dem Landkreis Greiz treffen sich einmal im Monat zu verschiedensten Veranstaltungen. Dabei geht es u.a. um gesunde Ernährung, um Lehrgänge des Deutschen Roten Kreuzes und um Kraftfahrerschulungen. Darüber hinaus haben die hiesigen Landfrauen die Aktion „Unterwegs zu neuen Chancen" im Landkreis organisiert. Sie nahmen auch erfolgreich am Erntekronenwettbewerb zur Ausstellung „Grüne Tage" in Erfurt teil. Zum Programm der Landfrauen in Vogelsang gehören Buchlesungen und Vorträge zu Fragen der Floristik ebenso wie kreatives Gestalten an Bastelabenden. Natürlich vergessen sie auch das gemütliche Beisammensein nicht und sie freuen sich auf Kutschfahrten, Busfahrten und Fahrradtouren.

Die Landfrauen von **Großschwabhausen** im Landkreis Weimarer Land veranstalten Modenschauen, die von **Kleinmölsen** im Landkreis Sömmerda nähen Schürzen für die Kindergartenkinder. In den **Nesse-Apfelstädt-Gemeinden** im Landkreis Gotha unterstützen die Landfrauen die Organisatoren von Kinder- und Familienfesten. Die Landfrauen von **Dannheim** im Ilm-Kreis gestalteten beim Schlossfest im Landratsamt in Arnstadt ein Cafe mit Kaffee und Kuchen.

Besonders aktiv sind einige Landfrauenvereine im **Wartburgkreis**. Bereits zum 16. Mal übergaben die Landfrauen im Jahr 2022 eine Erntekrone bzw. einen Erntekranz an den Landrat. Sie veröffentlichten auch ein „Heimatkochbuch der Wartburgregion". Die Landfrauen von **Möhra** verwöhnen bei zahlreichen Veranstaltungen die Besucher mit selbst-gebackenen Kuchen. Ebenso ziehen sie in Trachten in die Kirche und überbringen die Erntekrone. In **Falken** organisierten die Landfrauen ein Hoffest und ein Werkstattgespräch. Das Fazit lautete: Es gibt einen bunten Strauß an Möglichkeiten, sich für seine Region und seinen Ort einzusetzen."

Licht, Strom, Gas

Wir sind es gewohnt, dass der Strom aus der Steckdose kommt oder mit einem Klick auf den Lichtschalter das Licht angeht. Das war nicht immer so. Bei unseren Vorfahren waren Kienspan und Kerzen, später Petroleumleuchten, nur schwache Lichtquellen. Feuer wurde hauptsächlich mit Holz gemacht. Produktionsanlagen erhielten den Antrieb über Transmission von Dampfmaschinen und Wasserkraftanlagen.

Nachdem Werner von Siemens mit der Erfindung und Entwicklung der Dynamomaschine im Jahr 1866 die Voraussetzung für eine großtechnische Energieerzeugung geschaffen hatte, begann in den einzelnen deutschen Landesteilen der Aufbau elektrischer Versorgungsanlagen. Zuerst waren es die Mühlenbetreiber, die das Energiepotential der Fließgewässer zur Stromerzeugung nutzten. Häufig wurde von diesen Anlagen auch der Energiebedarf angrenzender Haushalte bzw. einzelner Ortsteile mit abgedeckt. Aber auch die Industriebetriebe hatten die Vorzüge der Elektroenergie frühzeitig erkannt und eigene Erzeugungsanlagen zur Deckung ihres Eigenbedarfs errichtet. Mit dem Bau von Elektrizitätswerken für die Allgemeinheit wurde Anfang der 1880er Jahre begonnen.

Zur Entwicklung der Elektrizitätsversorgung in den Thüringer Gebieten von 1877 bis zur Gründung des Landes Thüringen am 01.05.1920 werden nachfolgend einige ausgewählte Ereignisse dargestellt.

1877 nimmt die Färberei „Hirsch" in Gera eine elektrische Beleuchtungsanlage in Betrieb. Sie ist damit eines der ersten Unternehmen in Deutschland, das die neue Energie ausprobiert.

1880 rüstet August Trabert seine Mahlmühle in Mihla nördlich von Eisenach mit einem elektrischen Generator aus. Zwischen 1907 und 1910 baut er auch seine Schneidemühle mit drei Wasserturbinen zum Elektrizitätswerk aus. Damit konnte er ab 1910 auch Strom nach Mühlhausen liefern.

1885 betreibt Ernst Weiß in Langensalza in der Rasenmühle einer Wollspinnerei eine Elektroenergieerzeugung für die Beleuchtung. Ab 1896 erhielt er einen Vertrag zur öffentlichen Energieversorgung.

Die erste öffentliche Beleuchtungsanlage in Erfurt gibt es 1887 mit einer 20 PS Anlage im Bereich Rathaus und Fischmarkt zur elektrischen Beleuchtung von Straßen und Plätzen im Umfeld.

In den meisten Dörfern von Thüringen begann um die Jahrhundertwende zum 20. Jahrhundert die Versorgung mit elektrischem Strom. Für die Menschen jener Zeit stellte die Erzeugung von Strom für „Licht und Kraft" einen enormen Fortschritt dar. Der elektrische Strom war die Voraussetzung für viele technische Neuentwicklungen. Damit vollzogen sich grundsätzliche Veränderungen im Alltags- und Arbeitsleben. Im Jahr 1909 hielt In den Dörfern der Fahner Höhe das Zeitalter des elektrischen Stroms seinen Einzug. Im Jahr 2009 fand zum 100-jährigen Jubiläum des Beginns der systematischen Elektrifizierung der Fahner Dörfer in der Gemeinde **Großfahner**, die heute zum Landkreis Gotha gehört, eine Ausstellung zur Energiegeschichte statt und es wurde eine Broschüre veröffentlicht. Darin steht u.a. geschrieben:

*„1908 begannen die ersten Verhandlungen zur Stromlieferung durch das Elektrizitätswerk Gispersleben Max Lange G.m.b.H. Der Vertrag mit der Gemeinde **Kleinfahner** wurde am 31. Januar 1909 unterzeichnet. Am 13. Februar folgten die Verträge mit den Gemeinden **Großfahner** und **Gierstädt**. Die Dauer des Vertrages wurde exakt festgelegt: vom 1. April 1909 mittags 12 Uhr bis nach 33 Jahren wieder am gleichen Tag mittags um 12 Uhr."*

Dem Elektrizitätswerk wurde in den Verträgen zugesichert, dass es die Elektro-Anlagen der Kunden selbst und ausschließlich errichten konnte. Als

Gründe wurden das „Interesse der Betriebssicherheit und der Einheitlichkeit der Anlage" genannt. Die Leitungsführung sollte so erfolgen, dass Beschädigungen der öffentlichen Baumpflanzungen vermieden wurden. Auch sollten an Straßenzügen keine Störungen oder Behinderungen des öffentlichen Verkehrs eintreten. Die erste Orts-Trafostation wurde in **Großfahner** in der Sundhausstraße erreichtet. Die Abnahme der Station erfolgte am 14. September 1909. Schon die Stromgeschichte der Fahner Dörfer macht deutlich, dass die Wiege der Versorgung mit elektrischem Strom für den nördlichen Bereich Erfurts und des Erfurter Umlandes in **Gispersleben** stand. Im heutigen ländlichen Ortsteil von Erfurt befand sich nämlich das Elektrizitätswerk. Im Jahr 2000 veröffentliche die TEAG Thüringer Energie AG die Broschüre „100 Jahre Elektrizitätswerk in Gispersleben". Darin ist u. a. nachzulesen:

„Im Herbst 1901 erwarb der aus Leipzig zugezogene Ingenieur Max Lange die alte Postmühle in Gispersleben-Kiliani. Innerhalb weniger Monate ließ er die Wassermühle zu einem Elektrizitätswerk umrüsten. Es war das erste Unternehmen im Raum Erfurt, das nur Wechsel- und Drehstromanschlüsse installierte. Bereits 1903 waren bereits sieben Gemeinden der näheren Umgebung an das Elektrizitätswerk angeschlossen. In der Folgezeit entstand aus dem kleinen Privatbetrieb ein Überlandwerk, dessen Versorgungsnetz sich über weite Teile des Thüringer Beckens erstreckte." 1915 wurden von hier bereits 95 Orte mit Elektroenergie versorgt. Im gleichen Jahr fusionierte das Werk von Gispersleben mit dem Elektrizitätswerk Oberweimar Überlandzentrale G.m.b.H. zur Kraftwerk Thüringen Aktiengesellschaft mit Sitz in Gispersleben. Das Versorgungsgebiet des neuen Unternehmens umfasste insgesamt 243 Orte. Das Kraftwerk führte nach Ende des Ersten Weltkrieges die Elektrifizierung Mittelthüringens zügig weiter und konnte diese 1928 im Wesentlichen abschließen. Zu Zeiten der DDR hatte das Kraftwerk in Gispersleben zunächst noch eine große Bedeutung für die Stromerzeugung im Raum Mittelthüringen. Diese Bedeutung ging zurück, als Anfang der 1960er Jahre in Gispersleben das Gasturbinekraftwerk seinen Betrieb aufnahm. Zudem wurden die großen Braunkohlekraftwerke in der Lausitz gebaut und die Hochspannungs-Übertragungsnetze erfuhren eine systematische Erweiterung. Das Gisperslebener Dampfkraftwerk erfuhr eine Umrüstung zum Heizkraftwerk. In der Nähe des Kraftwerkes waren neue Wohn- und Industriegebiete entstanden. Dort wurde das Heißwassernetz des Kraftwerkes benötigt. Nach der politischen Wende 1990 kam es zur Umstrukturierung der ostdeutschen Energiewirtschaft. Das Anfang der 1960er Jahre gebaute Umspannwerk in Gispersleben wird seit 1993 von der Stadtwerke Erfurt Strom und Fernwärme betrieben. Von hier werden das nördliche Stadtgebiet und Teile des nördlich gelegenen Erfurter Umlandes mit Elektroenergie versorgt. Zwischen 2001 und 2003 erfolgte eine umfassende Rekonstruktion der Stromanlagen in Gispersleben. So entstand in der Zeulenrodaer Straße ein neues Schalthaus, in das man eine neue 10-KV-Schaltanlage installierte. Die Meisterleistung bestand darin, dass alle Kabelsysteme vom alten Schalthaus in der Zittauer Straße in das neue Schalthaus bei Aufrechterhaltung der Stromversorgung umverlegt werden mussten. Die vollständige Inbetriebnahme des neuen Umspannwerkes in Gispersleben erfolgte im August 2003. Im Dezember 2010 wurde auf dem Gelände des früheren Gasturbinekraftwerkes in Gispersleben eine moderne Solaranlage in Betrieb genommen. Durch die neue Photovoltaikanlage können rund 450 Haushalte mit Elektroenergie versorgt werden.

Ende der 1970er Jahre entstand das Zentrale 380-220 KV-Umspannwerk in **Vieselbach**, das heute ein ländlicher Ortsteil von Erfurt ist. Als eines der größten Umspannwerke auf dem Gebiet der ehemaligen DDR wurde es im Dezember 1983 in Betrieb genommen. Hier waren Ende der 1980er Jahre bis zu 60 Werktätige beschäftigt. Im Jahr 2008 ist nach knapp zweieinhalbjähriger Bauzeit in Vieselbach ein neues Umspannwerk der E.ON Thüringer Energie in Betrieb genommen worden. Die Energieanlage arbeitet im Bereich der Hoch- und Höchstspannung von 110 KV bis 380 KV. Sie sichert als neuer Einspeisepunkt aus dem übergeordneten Netz der Vattenfall Europe Transmission die Einspeisung in das 110-KV-Verteilnetz der E.ON Thüringer Energie. Mit der neuen Anlage erhöhten sich die Netzqualität und die Versorgungssicherheit für das gesamte nördliche und zentrale Versogungsgebiet des Unternehmens sowie für die Stadtwerke der Landeshauptstadt Erfurt.

Im Umspannwerk Vieselbach ist die neueste Schalt- und Energietechnik installiert. Das Werk wird ferngesteuert betrieben. Die Steuerung und Überwachung erfolgt in der Hauptverwaltung Erfurt der E.ON Thüringer Energie.

In den vergangenen Jahren haben auch hierzulande neue Formen der Energieerzeugung Einzug gehalten. An mehreren Standorten wird durch Windkrafträder der Wind in Energie umgewandelt. Für viele Naturschützer bedeutet das Anlegen von Windparks ein Einschnitt in die Natur. Diese Anlagen werden jedoch expandieren, wenn man mehr Strom durch erneuerbare Energien gewinnen will. Eine weitere Form der Energiegewinnung ist die Nutzung der Sonnenenergie durch Photovoltaikanlagen sowie Solaranlagen auf den Dächern von Gewerbe- und Wohngebäuden. Der große Solarpark im ländlichen Erfurter Ortsteil **Bindersleben** steht auf einer Fläche von vier Hektar. Es wurden 8.800 Module aufgestellt. Diese können bei maximaler Sonneneinstrahlung zirka zwei Megawatt Energie liefern.

Für die Agrargenossenschaft **Udestedt** im Landkreis Sömmerda geht das Jahr 2009 als Jahr der grundsätzlichen Veränderungen in die Geschichte ein. Die grundsätzlichen Veränderungen beziehen sich auf die Gewinnung erneuerbarer Energien. Zunächst wurde im Juli eine neue Biogasanlage in Betrieb genommen, welche zusätzlichen Strom erzeugt. Dem ökologischen Faktor Rechnung tragend, sind die im Stall stehenden Mastbullen die Rohstofflieferanten für die Biogasanlage. Sie produzieren im Jahr 5.000 Tonnen Rindermist und 15.000 Tonnen Gülle. Damit wird die Biogasanlage „gefüttert" und sie erzeugt 190 Kilowatt Strom. Allein mit der Abwärme des Stromgenerators können Sozialgebäude, Büro, Werkstatt und Tischlerei geheizt werden. Die zweite grundsätzliche Veränderung ist eine Photovoltaikanlage, die im Oktober 2009 ans Netz ging. Auf 13 Dächern von Rinderställen und Werkstattgebäuden befindet sich auf knapp 20.000 Quadratmeter eine der größten Solaranlagen des Landkreises Sömmerda. Hier wird die über Solar gewonnene Energie über einen Zentralwechselrichter in das Netz eingespeist. Für die Udestedter Bauern rechnet sich die Investition in zunächst vereinbarter 20-jähriger Betreibung ebenso wie für die Betreiberfirma. Als Nebeneffekt wurde erreicht, dass die 400 Tonnen Asbest, die sich auf den Dächern befanden, vor der Installation der Solaranlage vom Anlagenbetreiber entfernt wurden. In den vergangenen Jahren haben immer mehr Eigenheimbesitzer die Dächer ihrer Häuser mit Solaranlagen ausgestattet. Auf eine Aufzählung der vielen Beispiele soll hier verzichtet werden.

Eine Verordnung des Thüringer Umweltministeriums vom Jahr 2023 sieht vor, dass das Land Thüringen pro Jahr bis zu 200 Hektar an Agrarflächen für die Förderung von Photovoltaikanlagen auf der Grundlage des Erneuerbare-Energie-Gesetz öffnen will. Dabei handelt es sich um Felder und Grünflächen, die unterdurchschnittlich schlechte Erträge liefern, weil die Bodenqualität niedrig oder das Klima ungünstig ist.

Eine weitere Initiative ist der Zusammenschluss vieler Thüringer Energiegenossenschaften, um gemeinsam e i n Stromprodukt anzubieten. Dieses Produkt ist der Thüringer Landstrom – der Ökostrom aus Thüringen. Mit dieser Aktion soll den Bürgern ein Wechsel erleichtert werden und es werden Sicherheiten in der Energieversorgung geschaffen. Damit soll die Energiewende in Thüringen noch schneller vorangebracht werden.

Nicht vergessen werden soll, dass zahlreiche Orte in Thüringen an das Erdgasnetz angeschlossen sind. Die Grundlage dafür ist, dass Thüringen auf knapp acht Jahrzehnte der Erkundung, Förderung und Speicherung von Erdgas zurückblicken kann. Die ersten Bohrungen wurden in den 1930er Jahre getätigt. Insgesamt sind über 400 Bohrungen vorgenommen worden. Damit kann sich Thüringen auch zu den Gebieten zählen, in denen die Erdgasgewinnung in Deutschland ihren Ursprung hat. Geografisch gesehen liegen die Erdgaslagerstätten im westlichen Bereich des Thüringer Beckens. Dieser wird durch den Höhenzug des „Hainich“ im Westen, der Höhenzüge des „Düns“ und der „Hainleite“ im Norden, der Landeshauptstadt Erfurt im Osten und der Stadt Gotha im Süden begrenzt.

Ein weiterer bedeutsamer Faktor bei der der Gewinnung von Elektroenergie ist die Windkraft. Die Windenergie gilt aufgrund ihrer weltweiten Verfügbarkeit, ihrer niedrigen Kosten sowie ihres technologischen Entwicklungsstandes als eine der vielversprechendsten regenerativen Energiequellen. In Thüringen drehen sich derzeit rund 850 Windräder auf 0,4% der Landesfläche. Sauberer Windstrom macht rund 50% des Thüringer Erneuerbaren-Mixes aus. Die Liste der Orte in Thüringen, wo sich Windkraftanlagen oder ein Windpark befinden, ist lang. Auf eine Aufzählung soll an dieser Stelle verzichtet werden. Windkraftanlagen sollten bestenfalls dort gebaut werden, wo der Wind gut zirkulieren kann, beispielsweise auf sehr flachem Land, auf hoher See oder an einem anderen Standort, an dem ausreichend Wind vorhanden ist. Für Thüringen ist das der nördliche Teil des Freistaates.

Museen

Das Land Thüringen ist – gemessen an seiner Größe – reich gesegnet mit Museen. Der Fundus von Dokumenten und Gegenständen aus verschiedenen historischen Epochen ist in vielen Orten unserer Region sehr groß. Aber nicht alle Gemeinden und Ortsteile können sich ein Museum leisten, in denen die historischen Dokumente und Gegenstände der jetzigen und künftigen Generationen zugänglich gemacht werden. Dennoch gibt es viele Orte, die über ein Heimatmuseum oder eine Heimatstube verfügen. Hinzu kommen noch die zahlreichen Museen in den Städten, die auch von unserer Landbevölkerung besucht werden.

Im Folgenden werden einige Museen vorgestellt. Beginnen wir mit drei Museen in Thüringens Landeshauptstadt Erfurt, die auch für unsere ländlichen Regionen von Bedeutung sind.

Die lange Tradition des Gartenbaus und der Gartenkunst sowie die Vielfalt der Gartenlandschaft in Thüringen ist in hervorragender Weise im Deutschen Gartenbaumuseum in **Erfurt** dokumentiert. Das im Jahr 1961 eröffnete Museum in der historischen Defensionskaserne der denkmalgeschützten Zitadelle Cyriaksburg auf dem Gelände des egaparkes ist in seiner Art einmalig in Deutschland und Europa. Hier wird die Entwicklung des deutschen Gartenbaus und der Gartenkunst im europäischen und weltweiten Zusammenhang gezeigt. Im Museum werden alte Kulturtechniken und gartenbauliches Kulturgut aus mehreren Zeitepochen bewahrt, wissenschaftlich dokumentiert und der Öffentlichkeit zugänglich gemacht. Die Dauerausstellung und die Sonderausstellungen geben Einblicke in ein breites Themenspektrum. Garten- und Pflanzenfreunde können sich sowohl über das Wachstum und den Nutzen der Pflanzen informieren, als auch Einblicke in die historische Entwicklung des Gartenbaus und der Gartenkunst erlangen.

Das Museum für Thüringer Volkskunde in **Erfurt** stößt Türen und Fenster auf in eine Thüringer Vergangenheit, aus der immer wieder ein Stückgut in die Gegenwart geschwemmt wird. Hier wird deutlich, dass die Thüringer Vergangenheit nicht mit dem Beginn des 20. Jahrhunderts, nicht mit dem Ende des Zweiten Weltkrieges und auch nicht mit dem Untergang der DDR endet – sondern sie endet just in diesem Moment, und das immer wieder neu. Im Museum für Thüringer Volkskunde ist zu sehen, wie die „kleinen Leute" in Thüringen in den vergangenen zweihundert Jahren arbeiteten und lebten, wohnten und feierten, sich kleideten, wie sie geboren wurden und starben, was man aß und trank, wem man vertraute oder auch nicht und wonach man sich sehnte.

Das Naturkundemuseum befindet sich in einem restaurierten Waidspeicher in der Großen Arche in **Erfurt.** Es ist eines der schönsten Museen Thüringens. Die ständige Ausstellung auf 800 Quadratmeter gibt Einblicke in die Lebenswelt der Landschaften Thüringens mit den Themen Erdgeschichte, Wald, Feldflur und Stadt. Auf weiteren 200 Quadratmetern gibt die „Arche Noah" Informationen zur weltweiten Artenvielfalt und deren Gefährdung. Das Naturkundemuseum wurde im Oktober 1922 eröffnet. In der Ausstellung versuchte man, Pflanzen und Tiere in ihren Wechselbeziehungen zur Umwelt darzustellen. Diese neue Art der Präsentation fand damals auch außerhalb von Erfurt viel Anklang und Beachtung. Im Jahr 1968 wurde im Zuge einer „Rekonstruktion" die Ausstellung abgebaut und die Sammlung ausgelagert. Nach der politischen Wende 1990 forcierte der Erfurter Stadtrat den Neuaufbau des Naturkundemuseums in der Ruine des Waidspeichers aus dem Jahr 1527 in der Großen Arche. Am 5. März 1995 konnte das alte Erfurter Naturkundemuseum in dem aufwändig restaurierten Gebäude völlig neu präsentiert werden. Gleichermaßen als Symbol des Lebens und dieses Museums ragt eine 350-jährige Stileiche durch die vier Etagen, die den Tieren, Pflanzen und Gesteinen Thüringens gewidmet sind.

Vielfältige Beispiele für das Landleben in Thüringen gibt es im Freilichtmuseum in **Hohenfelden** im Landkreis Weimarer Land. Das Thüringer Freilichtmuseum Hohenfelden wurde im Jahr 1979 gegründet. Es ist eine Kultur-, Bildungs- und Freizeiteinchtung von landesweiter Bedeutung.

Das Freilichtmuseum ist ein Ort, an dem Zeugnisse vergangener Lebenswelten bewahrt, erforscht und präsentiert werden. Im Unterschied zu anderen volkskundlichen und kulturhistorischen Museen geschieht das in Hohenfelden in einem authentischen, lebendigen und historischem Umfeld. Die wichtigsten Exponate sind Gebäude. Diese Gebäude sind einmalige Zeugnisse Thüringer ländlicher Baukultur. Durch ihre Umsetzung werden sie vor dem Abriss bewahrt. Im Museum erfolgt eine Restaurierung und original getreue Einrichtung. Somit bekommen die Besucher ein möglichst wirklichkeitsgetreues Bild von der Arbeits- und Lebenswelt der Menschen in ferner und naher Vergangenheit. Die Besucher können im Museum nicht nur den Alltag großbäuerlicher Familien in ihren großen und prächtigen Häusern nacherleben, sondern auch die Enge und Not im Hirtenhaus. Das Freilichtmuseum steht für eine „ganzheitliche Darstellung". Das bedeutet, dass es einerseits Gebäude mit einer Vielzahl von großen und kleinen Exponaten gibt und andererseits auch die Umgebung, in der die Gebäude einst gestanden haben. Zudem gibt es Gärten mit historischen Obst- und Gemüsesorten, alte Nutztierrassen, Wege und Plätze sowie traditionell bewirtschaftete Felder zu sehen.

Das Thüringer Freilichtmuseum hat zwei Standorte. Im denkmalgeschützten Dorf Hohenfelden sind historische Gebäude, wie z. B. die Schule oder das Pfarrhaus, an ihrem originalen Standort bewahrt worden. Der Hauptstandort des Museums ist das Museumsgelände „Am Eichenberg". Hier werden historische, ländliche Gebäude aus verschiedenen Thüringer Dörfern umgesetzt. Im Museumsgelände steht u. a. die älteste Bockwindmühle des Freistaates und ein seltenes Umgebindehaus. Im Jahr 2024 geschah „Am Eichenberg" etwas Ungewöhnliches. Statt eines historischen Hauses wird hier ein nagelneues Haus errichtet. Das beherbergt ein Empfangsgebäude mit Kassenbereich, Ausstellungsfläche und Besuchertoiletten. Das Gebäude ist ein modernen Holzrahmenbau mit Wärmepumpe und Solaranlage. Es stellt einen völligen Kontrast zu den teils Jahrhunderte alten Bauten dar, die im Laufe der vergangenen Jahrzehnte aus allen Ecken des Freistaates auf das Museumsgelände umgesetzt wurden.

Im Mai 2006 wurde in der Gemeinde **Holzhausen** im Ilm-Kreis das 1. Deutsche Bratwurstmuseum eröffnet. In dem Verein Freunde der Thüringer Bratwurst e.V. hatte das Museum damals einen rührigen und verantwortungsvollen Träger und Förderer gefunden. In diesem kleinen aber feinen Museum fand die Bratwurst, die neben den Klößen als Nationalspeise der Thüringer gehandelt wird, eine Würdigung der besonderen Art. Vom Lieferanten ihres Hauptbestandteils, dem Schwein, über die Ausrüstung eines Schlachters, den Geräten zu ihrer Herstellung bis hin zu Dokumenten, Bildern und mancher Anekdote wurde im Bratwurstmuseum alles über diese nicht nur in Thüringen beliebte Speise anschaulich dargestellt. Da fehlten der Stammbaum unseres Hausschweins ebenso wenig wie der Fleischwolf oder die Füllmaschine und die Nachbildung einer mittelalterlichen Klosterküche aus dem 15. Jahrhundert.

Der bisherige Text zur Bratwurst ist in der Vergangenheitsform geschrieben. Das liegt darin begründet, weil es das Bratwurstmuseum in Holzhausen nicht mehr gibt. Am 16. August 2023 – am Internationalen Tag der Bratwurst – eröffnete das Bratwurstmuseum in **Mühlhausen**, der Kreisstadt des Unstrut-Hainich-Kreises, das Bratwurstmuseum neu. Das neue Areal am Rande des Stadtwaldes von Mühlhausen erstreckt sich auf einer Fläche von 3,7 Hektar. Damit hat sich die Ausstellungsfläche gegenüber der von Holzhausen um mehr als verdoppelt. Auf dem Gelände befinden sich allerlei Tiere, so z.B. Esel, Ponys und Schweine. Zudem bietet das weitläufige Außengelände viele lustige Installationen zur Thematik Bratwurst sowie Schaugärten und Schaugehege mit weiteren einheimischen Tierrassen. Ein Blickfang ist eine große Halle. In ihr zeugt eine umfangreiche Dauerausstellung auf rund 400 Quadratmetern von der reichen Geschichte der Thüringer Fleischverarbeitung bis hin zur legendären Bratwurst. Einige Meter entfernt laden ein rustikales „Wursthaus" und eine Außengastronomie zum Verweilen ein. Das ganze Jahr über füllen Veranstaltungen, Bratwurstseminare und Theater den Veranstaltungskalender aus.

Ein weiteres sehenswertes Museum ist das Panorama Museum oberhalb von **Bad Frankenhausen** im Kyffhäuserkreis. Hier erwartet die Besucher das größte Monumental-Rundgemälde Deutschlands. In einer zwölfjährigen Schaffensphase schuf hier Werner Tübke das Monumentalbild „Frühbürgerliche Revolution in Deutschland". Das imposante Gemälde eröffnet dem Betrachter im Spiegel der Geschichte ein beeindruckendes Welttheater menschlicher Leidenschaften auf 1.700 Quadratmeter bemalter Leinwand. Über 3.000 Einzelfiguren – jede von unverwechselbarer Individualität in farbenprächtiger Kostümierung – vermitteln eine zeitferne Welt und laden ein zu einer Reise in die Vergangenheit. Die Entstehung des Werkes an dieser Stelle verdankt es der Tatsache, dass hier am 15. Mai 1525 die entscheidende Schlacht des Deutschen Bauernkrieges stattfand. Das Panorama Museum mit dem Monumentalbild von Werner Tübke gehört zu den spektakulärsten Projekten jüngerer Kunstgeschichte. Anfangs nicht unumstritten hat dieses einzigartige Bild bereits jetzt einen festen Platz in der Kunstgeschichte. Das unterstreicht auch die Verleihung des Europäischen Kulturerbe-Siegels. Auf einer Gesamtfläche von 14 Metern Höhe und 127 Meter Länge entfaltet sich in altmeisterlicher Formensprache ein Universum menschlicher Leidenschaften, das nicht nur den epochalen Umbruch im Spätmittelalter zur Neuzeit bildhaft erlebbar macht. Der Künstler schuf ein universales, zeitloses Gemälde, in dem Grundthemen der Menschheit wie Liebe und Hass, Tod und Geburt sowie Eintracht und Zwiespalt die unendliche Wiederkehr des Gleichen versinnbildlichen.

Das Thüringer Apothekenmuseum im „Haus Rosenthal" in **Bad Langensalz**a ist seit 2014 geöffnet. In einem der ältesten Fachwerkhäuser der Stadt wird auf einer Fläche von 276 Quadratmeter eine Ausstellung zur Pharmaziegeschichte in der Zeit vom 18. bis 20. Jahrhundert präsentiert. Gezeigt werden wertvolle Standgefäße aus Glas, Porzellan und Holz ebenso wie pharmazeutische

Arbeitsgeräte sowie Mörser und Waagen. In acht Räumen können die Besucher die verschiedenen Arbeitsbereiche einer alten Apotheke entdecken. Zum Apothekenmuseum gehört auch der angrenzende Apothekergarten, in dem mehr als achtzig verschiedene Heilkräuter wachsen. Die Besucher können auch das restaurierte Baudenkmal „Haus Rosenthal" aus dem Jahr 1515 hautnah erleben.

Die bisher vorgestellte sechs Museen sind zwar jedes auf seine Weise überregional von besonderer Bedeutung, sie sind jedoch nur ein Teil der umfangreichen Thüringer Museumslandschaft. So gelten die Thüringer Bauernhäuser in **Rudolstadt** im Landkreis Saalfeld-Rudolstadt als das älteste Freilichtmuseum in Deutschland. Die malerische, aus mehreren Gebäuden bestehende, Hofanlage befindet sich im Heinrich-Heine-Park. Die aus dem 17. und 18. Jahrhundert stammenden Häuser wurden 1914 und 1915 in umliegenden Dörfern abgetragen und im Rudolstädter Stadtpark wieder aufgebaut. Das Museum veranschaulicht mit originalen Möbeln und Gebrauchsgegenständen das bäuerliche Leben in der Thüringer Region.

Das Dorfmuseum von **Dachwig** im Landkreis Gotha geht auf die Privatinitiative von Hermann Martin und seiner Frau Elsbeth zurück. Beide hatten bereits in den 1950er Jahren damit begonnen, bäuerlichen Hausrat, Mobiliar, Kleidungsstücke und landwirtschaftliche Geräte zu sammeln. Diese Gegenstände waren für die Arbeits- und Lebensverhältnisse der Dorfbevölkerung im 19. Jahrhundert und in der ersten Hälfte des 20. Jahrhunderts bestimmend. Im Verlauf von zwanzig Jahren war ein ansehnlicher Fundus zusammengetragen worden, der den Rahmen einer Hobbysammlung längst sprengte, zumal die Eheleute Martin viel Zeit dafür aufwendeten, um die Exponate zu ordnen und zum Teil auch zu restaurieren. Im Jahr 1975 feierte Dachwig seine 1115-jährige Ersterwähnung. Das Dorfjubiläum war ein würdiger Anlass, die Schätze und die Sammlung der Familie Martin der Öffentlichkeit zu übergeben. Die Martins stellten der Gemeinde jedoch nicht nur ihre Exponate zur Verfügung, sondern auch ihr Gehöft im Herzen von Dachwig. Das Haupthaus vom Baujahr 1802, die Nebengebäude und die Scheune boten genug Platz für ein attraktives Dorfmuseum. Im Jahr 1984 überschrieben die Eheleute ihren Hof einschließlich des Museums der Gemeinde. Im Gegenzug überließ die Gemeinde den Museumsgründern lebenslang eine Wohnung im Ort. Im Jahr 2007 wurde Elsbeth Martin von der Kreissparkasse Gotha mit dem Schaffenspreis für ihr langjähriges und verdienstvolles Engagement ausgezeichnet. Seit 2001 kümmert sich der in diesem Jahr gegründete Heimat- und Museumsverein um das Dorfmuseum.

Die Gemeinde übergab dem Verein das Anwesen zur Nutzung. Inzwischen wurde das Objekt ausgebaut und erweitert und auf moderne museale Anforderungen eingestellt. Im Museum und auf dem Hof werden ganzjährig Höhepunkte im Dorfgemeinschaftsleben organisiert. Diese Aktivitäten reichen vom Frühlingsfest bis zum Sauerkrautfest im Herbst.

Die Geschichte des Heimatmuseums in **Ingersleben** im Landkreis Gotha begann Ende der 1970er Jahre, als im Wohnzimmer des damaligen Ingerslebener Lehrers und Ortschronisten Ernst Manns zwölf Schüler eine Arbeitsgemeinschaft zur Erforschung der Ortsgeschichte gründeten. 1979 stellte die Gemeinde zwei Räume im ehemaligen Rittergut für die Arbeitsgemeinschaft zur Verfügung und 1980 wurde darin das erste Heimatmuseum von Ingersleben eröffnet. Im Jahr 1982 gründete sich eine Ortsgruppe des Kulturbundes, welche die Tradition des Heimatmuseums fortsetzte. Schritt für Schritt wuchs das Museum. Neben den Forschungsarbeiten waren dabei Arbeitseinsätze im Haus, denkmalpflegerische Restaurierungen und die Organisation von Ausstellungen wichtige Meilensteine. Besonders die Ausstellungen zu Eisenkunstgussgefäßen, Zinnfiguren, historischen Radiogeräten, zur regionalen Wirtschaft sowie zu Persönlichkeiten der Region machten das Haus weit über die Ortsgrenzen hinaus bekannt. Das Museumsfest zur Wiedereinweihung des historischen Torbogens und die Tage der offenen Tür zum jährlichen Tag des Denkmals zogen und ziehen viele Besucher an.

Gleich zwei Stätten der musealen Traditionspflege gibt es in **Apfelstädt** im Landkreis Gotha. Im Pfarrhof der evangelischen Kirchgemeinde befindet sich eine Dauerausstellung zur Ortsgeschichte. Im Turm der ehemaligen St. Marienkirche hat seit Mitte der 1990er Jahre die Heimatstube von Apfelstädt ihren Platz gefunden. Die interessante Geschichte des Marienturms reicht vom Kirchturm bis zur heutigen Heimatstube. Diese befindet sich im Erdgeschoss und gleicht einem Gewölbekeller. Dort wurden gesammelte historische Dokumente und Gegenstände in einer sehenswerten Ausstellung der Öffentlichkeit zugänglich gemacht. Hier geben die Bilddokumente einen Einblick über die Entwicklung der Gehöfte im Ort. Die Palette reicht von früheren Schlachtfesten bis zu Steinkreuzen. Aber auch Gewänder, Handarbeiten, Porzellanwaren, Puppenwagen, Bügeleisen mit Heizstein, Holzschulbank und Schiefertafel, Kuchenformen, Nähmaschinen und Schemel erinnern an frühere Zeiten.

Im Juni 2003 – anlässlich des 10. Mühlgartenfetes – wurde im ehemaligen Restaurant „Zur Forelle" und heutigen Bürgerhaus vom ländlichen Erfurter Ortsteil **Möbisburg** eine Sammlung und ständige Ausstellung zur Ortsgeschichte eröffnet. Bereits zwei Jahre später fand die Sammlung mit dem Einblick in das archäologische Fundmaterial von der Burg und aus der Umgebung Aufnahme in den archäologischen Wanderführer Thüringens. In der Ausstellung sind auf Tafeln und Vitrinen Scherben-, Stein- und Porzellansammlungen ebenso zu bestaunen wie Ansichtskarten und Dokumente aus der „sagenhaften" Ortsgeschichte. Hier befinden sich Fotos und Dokumente vom Wasserwerk, vom Schloss Stedten, von Schule und Kindergarten, aus dem Backs, von Kirmes- und Hochzeitsfesten und vom Vereinsleben. Zu den Dauerleihgaben bzw. Schenkungen gehören auch mehrere Stühle, ein Bild der Ahnengalerie aus dem Schloss Stedten sowie das Uhrwerk der Turmuhr vom ehemaligen Wirtschaftshof des Rittergutes in Stedten.

Ebenfalls seit 2003 gibt es in **Hochstedt**, einem ländlichen Ortsteil von Erfurt, ein ansehnliches Heimatmuseum. Neben einer Dauerausstellung, zu der auch eine Feuerwehrspritze und landwirtschaftliche Geräte aus früheren Zeiten gehören, gibt es regelmäßig thematische Sonderausstellungen. Im Jahr 2002 wurde in **Bienstädt** im Landkreis Gotha eine Heimatstube eröffnet. Der Besucher erhält einen Einblick über das Landleben im Allgemeinen und die Ortsgeschichte von Bienstädt im Besonderen.

In **Zella-Mehlis**, einer Kleinstadt im Landkreis Schmalkalden-Meiningen, wurde 1893 eine Beschussanstalt zur Prüfung von Waffen errichtet. Seit 2002 befindet sich hier das Stadtmuseum mit den Schwerpunkten Stadt- und Technikgeschichte sowie Volkskunde.

Im Museum kann man zahlreiche Dokumente und Gegenstände zu folgenden Themen bestaunen: Geologie, Bergbau, Büchsenmacherhandwerk, Waffenbeschuss, Automobilbau, Mercedes-Büromaschinen, Sportgeschichte, Thüringer Trachten, Hirtenwesen sowie Land-, Vieh-, Wald- und Weidewirtschaft.

Die Waldgemeinde **Vesser** ist der kleinste Ortsteil der kreisfreien Stadt Suhl. Das Vessertal ist das schönste Tal in Mitteldeutschland. Hier befindet sich eine Ausstellung zum Leben und zu den Werken von Herbert Roth. Herbert Roth gilt als der Vater der Volksmusik. Er ist der bekannteste Komponist volkstümlicher Lieder in Thüringen. Das Rennsteiglied – die heimliche Nationalhymne von Thüringen – hat Herbert Roth komponiert. Zu seinen Werken gehören rund 330 Kompositionen, 18 Singles und 10 Langspielplatten.

Das Rennsteigmuseum befindet sich in **Neustadt am Rennsteig** im Ilm-Kreis. Das Museum bietet Exponate zur Geschichte des Rennsteigs sowie zur Ortsgeschichte von Neustadt. Darüber hinaus findet man hier Sagen vom Rennsteig, Wandersprüche und Gedichte. Auch über den Baumbestand, die Bodenflora, das Wild und die Vogelwelt wird informiert. Als Besonderheit bietet das Museum einen Gesamtgrenzsteinkatalog.

Die Kleinstadt **Großbreitenbach** ist eine im Jahr 2019 gebildete Landgemeinde mit zehn Ortsteilen im Ilm-Kreis. Hier ist der Standort des Thüringer

Wald-Kreativ-Museums mit dem 1. Deutschen Kloßpressenmuseum. Seit 1995 befindet sich das Museum in einem 1730 erbauten ehemaligen Wohn- und Geschäftshaus. Das Gebäude verfügt über eine erhaltene historische Bauausstattung, Bemalungen an der Holztreppenverkleidung sowie Stuckdecken. Die Ausstellung beinhaltet Großbreitenbacher Porzellan sowie die Themen Vogelstellerei, Forst, Olitätengewerbe, Musikinstrumentenbau und Hauskräutergarten. Im Kloßpressenmuseum erleben die Besucher eine kulturhistorische Reise von der Kartoffel zum Thüringer Kloß. Zu sehen sind Holz- und Metallkloßpressen, Küchen- und Einrichtungsgegenstände, Rezepte und Kochbücher.

In einem um 1680 erbauten und weitgehend im Original erhaltenen historischen Bauernhaus in **Reitzengeschwenda** befindet sich ein Volkskundemuseum. In diesem Museum im Landkreis Saalfeld-Rudolstadt werden Informationen und Ausstellungsstücke der ländlichen Wohnkultur, Thüringer Trachten, landwirtschaftliche Geräte und Maschinen, Naturkunde, Mineralien, ein Modell der Oberlandbahn sowie das Technische Denkmal Sägemühle präsentiert. Das seit 1983 bestehende Volkskundemuseum wurde in den vergangenen Jahren erweitert und umfasst inzwischen fünf Gebäude. Besucher des Bauernhauses erhalten in den liebevoll eingerichteten Zimmern einen Einblick in die frühere Wohnkultur. Eine komplett eingerichtete Bauernstube um 1830 sowie eine Schlafstube um 1900 zeigen, wie man damals wohnte. Im Nebengebäude können die Besucher eine umfangreiche Ausstellung zum Bergbau in der Region und zu den vorkommenden Mineralien bewundern. In der 1803 erbauten Scheune werden Maschinen und Geräte der Landtechnik ausgestellt. Ein besonderes Schmuckstück ist der Eigenbau-Traktor, der aus Bauteilen verschiedenster Fahrzeuge – vom PKW bis zum Kleinbus – zusammengesetzt ist.

Im südlichen Thüringer Landkreis Hildburghausen liegt der Ort **Streufdorf**. Hier befindet sich in den Kemenaten als Teil einer mittelalterlichen Kirchwehranlage seit dem Jahr 2009 das Zweiländermuseum. Ein Rundgang durch das Haus zeigt mit Hilfe von Bildern, Erläuterungen, Filmen und Exponaten die spannende Geschichte des 20. Jahrhunderts im Rodachtal. Die Zeitreise beginnt mit der Monarchie unter Kaiser Wilhelm II. und führt über den Ersten und den Zweiten Weltkrieg bis in die heutige Zeit. Besonderes Augenmerk gilt der schicksalhaften Teilung Deutschlands und dem darauf folgenden Leben auf beiden Seiten des unüberwindbaren Grenzzaunes bis hin zur glücklichen Wiedervereinigung 1989. Im Mittelpunkt steht dabei immer die Geschichte der Menschen in den Dörfern und kleinen Städten des Rodachtals.

Man könnte die Präsentation von Museen im ländlichen Raum von Thüringen noch weiter fortsetzen. Wir wollen es an dieser Stelle mit den aufgeführten Beispielen belassen und nur noch darauf hinweisen, dass es Wissenswertes und Interessantes auch von folgenden Heimatmuseen bzw. Heimatstuben zu berichten gäbe:

- die Heichelheimer Kloß-Welt im Landkreis Weimarer Land,
- das Burgmuseum in Creuzburg im Wartburgkreis,
- das Thüringer Korbmachermuseum in Tannroda im Landkreis Weimarer Land.
- das Heimatmuseum Spittel in Berga an der Elster im Landkreis Greiz,
- das Apothekermuseum in Blankenhain im Landkreis Weimarer Land,
- das Grenz- und Heimatmuseum in Geisa im Wartburgkreis,
- das Gartenzwergmuseum in Gräfenroda im Ilm-Kreis,
- das Deutsche Thermometermuseum in Geraberg im Ilm-Kreis,
- das Museum Wasserburg in Markvippach im Landkreis Sömmerda,
- das Keramikmuseum in Bürgel im Saale-Holzland-Kreis,
- das Deutsche Spielzeugmuseum in Sonneberg im gleichnamigen Landkreis

und noch von vielen anderen.

Mühlen

Die Entwicklung der Mühlen ist untrennbar mit der Entwicklung der Menschheit verbunden. Die Erkenntnis, dass man Samen von Gräsern essen, lagern und im Frühjahr wieder aussähen kann, bildete die Grundlage für die Sesshaftwerdung der Menschen. In der weiteren Entwicklung fanden die frühen Menschen heraus, dass zerquetschter Samen mit Wasser gemischt einen nahrhaften, gut verträglichen und sättigenden Brei ergibt. Wenn dieser Brei erhitzt wird bis er fest ist, dann ist er länger haltbar und lässt sich leichter transportieren. Es war noch ein langer Weg bis zum gezielten Anbau und zur Züchtung von Getreide, der Vermahlung zu Mehl und dem Backen von Brot. Aber der Anfang war getan.

Durch die Entstehung der Städte wurde nicht nur für die Familie gemahlen, sondern es bildeten sich gewerbliche Bäckereien. Für die dazu benötigte Mehlmenge waren größere Mühlen notwendig. Diese wurden von Tieren oder Sklaven angetrieben. Etwa im Jahr 80 vor Christi fand eine Wassermühle im römischen Cabira Erwähnung. Sie gilt als die älteste nachgewiesene Wassermühle. Um 25 vor Christi wird von einem Römischen Architekten eine Getreidemühle mit vertikalem, unterschlächtigen Wasserrad und Stockgetriebe beschrieben. Erst im Jahr 754 ist die erste Wassermühle in Bayern nachgewiesen. Aus dem Jahr 979 stammt die erste urkundliche Nennung eines noch heute bestehenden Mühlenstandortes im östlichen Deutschland – in Alsleben an der Saale. In Frankreich finden wir im Jahr 1105 die erste Erwähnung einer Windmühle, während erst im Jahr 1222 die erste Windmühle in Deutschland nachgewiesen ist. Sie stand auf der Burgmauer in Köln. Das wohl berühmteste Rechtsbuch der Geschichte ist der 1227 erschienene Sachsenspiegel. Im Sachsenspiegel findet sich auch die erste Mahlordnung: „Wer zuerst kommt, mahlt zuerst." Zu dieser Zeit ward die Grundlage für die Müllerei gelegt. Es entwickelten sich die verschiedenen Mühlentypen und Anwendungen. So wurde die Wasserkraft und die Windkraft die Hauptenergiequelle für alle Anwendungen. Es entstanden neben Getreidemühlen auch Ölmühlen, Pulvermühlen, Sägewerke, Hammerwerke, Walkmühlen und vieles mehr.

Nach diesem Exkurs in die Historie der Mühlen wollen wir uns nun den Mühlen in Thüringen zuwenden. Wegen seines Waldreichtums und seiner wertvollen Böden ist Thüringen stets forstwirtschaftlich und landwirtschaftlich orientiert. Noch heute werden noch rund 80% der Flächen für diese Zwecke genutzt. Aufgrund dieser Bedingungen hat sich hier im Laufe der Jahrhunderte eine vielschichtige und dicht gedrängte Mühlenlandschaft entwickelt. Mehr als 3.000 Wind- und Wassermühlen repräsentieren die Nutzungsvielfalt dieser technischen Anlagen. Die Wasserkraft von mehr als 370 kleinen, mittleren und großen Bach- und Flussläufen sorgten früher für den Antrieb von Getreide- und Sägemühlen, von Stampfen für die Ölgewinnung und Papierherstellung sowie von Hirse-, Graupen-, Gewürz- und Lohmühlen. Kollergänge und Walzen dienten in den Masse- und Schwerspatmühlen zum Zerkleinern von Mineralien für die Porzellan- und Farbenherstellung. In den knapp 400 Windmühlen wird einst ausschließlich Getreide vermahlen. Das geschieht zunächst überwiegend in Bockwindmühlen, am Ende des 18. und zu Beginn des 19. Jahrhunderts mehr und mehr in Turmwindmühlen. An die frühere Mühlenvielfalt erinnern heute nur noch einige gut erhaltene Windmühlen und eine große Zahl kleinerer Wassermühlen. Um deren Erhalt bemüht sich der Thüringer Landesverein für Mühlenerhaltung und Mühlenkunde e.V. (TVM), der im Jahr 1990 gegründet wurde.

Die „Hochburg" der Mühlen in Thüringen ist das Haufendorf **Mühlberg** im Landkreis Gotha. Es ist auch zugleich gemeinsam mit **Arnstadt** und der Gemeinde **Großmonra** im Landkreis Sömmerda der älteste erwähnte Ort Thüringens. Nicht ohne Grund trägt der Ort den Namen Mühlberg, denn immerhin klapperten einst sieben Mühlen am Weidbach und eine Waidmühle vor den Wassermühlen. Die Wassermühlen waren die Springmühle, die Gölitzensmühle, die Marktmühle, die Steigmühle, die Öl- und Graupenmühle, die Feldmühle und die Saffermühle. Die ehemalige Waidmühle war eine Göpelmühle und wurde von einem Tier – vermutlich einem Ochsen – angetrieben.

In **Mühlberg** findet alljährlich zum Pfingstmontag ein Mühlenfest statt. Es erfreut sich einer zunehmenden Beliebtheit in der Region, aber auch über die Landesgrenzen hinaus. Jedes Mal zieht es Tausende Besucher nach Mühlberg, wo viel Wissenswertes über die Arbeit der Müller zu erfahren ist. Darüber hinaus kann man beobachten, wie durch die Kraft des Wassers aus Korn Mehl erzeugt wird.

Ein weiteres Highlight für Mühlenliebhaber ist das Eisenberger Mühltal im Saale-Holzland-Kreis. Es erstreckt sich auf acht Kilometer zwischen **Weißenborn** bei **Hermsdorf** und **Kursdorf** bei **Eisenberg** im Thüringer Holzland. Das Eisenberger Mühltal mit seinen acht ehemaligen Mühlen verläuft inmitten eines waldreichen Tales entlang des Baches Rauda, an dem die ehemaligen Mühlen stehen. Es zählt zu den reizvollsten Tälern Thüringens. Der Standort der ersten Mühle heißt Milos Waldhaus. Das ist das ehemalige Wohnhaus von Milos Baros, dem „stärksten Mann der Welt". Die weiteren Mühlen sind die Meuschkenmühle, die Naupoldsmühle, die Froschmühle, die Pfarrmühle, die Walkmühle, die Amtsschreibermühle und die Schössermühle. Der Autor möchte den Lesern aus eigener Erfahrung empfehlen, sich einen Erlebnistag im Mühltal und Zeitzgrund zu gönnen.

Der schöne Kurort **Bad Klosterlausnitz** und die Stadt **Hermsdorf**, der man aufgrund ihrer Fachwerkhäuser ihren Ursprung als Dorf noch immer ansieht, liegen auf der Höhe des Thüringer Holzlandes. Hier entspringen die Bäche, die sich tief in den roten Buntsandstein eingeschnitten haben und die wildromantischen Täler Zeitzgrund und Mühltal bilden. Dichte Wälder und lichte Wiesen wechseln mit dem roten Fels und den kleinen Weihern. Am Ufer der munter murmelnden Bäche stehen alte Mühlen, die heute Gaststätten oder Reiterhöfe beherbergen. Dort kann man sich bei leckeren Speisen und erfrischenden Getränken stärken und einiges über die Mühlengeschichte in Erfahrung bringen.

Im letzten Abschnitt zum Stichwort Mühlen begeben wir uns in die nähere Umgebung unserer Thüringer Landeshauptstadt. Die Chronik von **Ingersleben** im Landkreis Gotha verweist auf mehrere Mühlen. Die urkundliche Ersterwähnung der Untermühle geht auf das Jahr 1447 zurück. Dabei tritt Graf Siegmund von Gleichen als Lehnherr in Erscheinung. Im Dreißigjährigen Krieg wurde die Mühle zerstört und war längere Zeit außer Betrieb. Danach wechselten häufig die Pächter. Mitte des 19. Jahrhunderts besaß die Mühle drei Mahlgänge und einen Ölgang. Im Jahr 1911 entfernte der damalige Besitzer, der Gutsbesitzer Wagner, die Mahltechnik von der Mühle und baute einen Generator zur Stromerzeugung ein, um damit die Gebäude des Rittergutes mit Strom zu versorgen. Der Generator war bis 1945 in Betrieb. Danach wurde er von den sowjetischen Besatzungsbehörden beschlagnahmt und abtransportiert. Im Jahr 2001 erwarb das Ehepaar Taubenrauch die ehemalige Untermühle. Bis 2005 erfolgte eine aufwändige Sanierung und Restaurierung der baufälligen Substanz und die Umgestaltung zu einem ansehnlichen Wohngebäude. Am alten Mühlengebäude wurde das Wehr instand gesetzt. Ein neu eingebautes Wasserrad diente nunmehr zur Energieerzeugung.

Wo es eine Untermühle gibt, ist auch eine Obermühle nicht weit. Diese wurde 1848 von J. Ch. Janson als Öl- und Graupenmühle erbaut. Im Jahr 1898 übernahm Gustav Zitzmann diese Mühle und entwickelte sie zu einem konkurrenzfähigen Unternehmen. Anlässlich des Deutschen Mühlentages im Jahr 2009 begingen die Mitarbeiter der Gustav-Zitzmann-Mühle das 111-jährige Firmenjubiläum. Im Jahr 2023 konnte das 125-jährige Firmenjubiläum gefeiert werden. In ihrer Geschichte durchlebte die Mühle viele Höhen und Tiefen beim Kampf ums tägliche Überleben. Gustav Zitzmann betrieb vorwiegend die Mahlmüllerei. Schon früh erkannte er, dass Investitionen notwendig waren. So wurden zunächst die drei unterschlächtigen Wasserräder durch ein leistungsfähigeres Wasserrad und später durch eine Francis-Schachtturbine ersetzt. Ein eingebauter Dieselmotor und später Elektromotoren ergänzten die Wasserkraft. Nach dem Tod von Gustav Zitzmann im Jahr 1952 übernahm Sohn Karl die Mühle. Mit dem zusätzlichen Einbau von Walzenstühlen und einer pneumatischen Förderung legte er die Garantie fürs Überleben der Mühle. Nach der Umwandlung in einen volkseigenen Betrieb im Jahr 1972 führten Karls Söhne Rudolf und Kurt die Mühle weiter.

Ihrem Geschick und ihrer Betriebsverbundenheit ist es zu verdanken, dass die Vermahlungsleistung ständig gesteigert werden konnte. Für die Söhne war der VEB immer „**V**aters **E**hemaliger **Be**trieb", dem sie sich verpflichtet fühlten. Nach 1989 ging der Besitz wieder an die Familie Zitzmann über. Die Umstellung auf die Marktwirtschaft verlangte von der Geschäftsführung und den Mitarbeitern ein engagiertes Arbeiten, ohne auf die Uhr zu schauen. Die alten Kunden, die Bäckereien, mussten mit besten Qualitätsprodukten erhalten werden. Neue Kunden und Partner kamen hinzu, sodass nach dreißig Jahren Marktwirtschaft eine positive und stolze Bilanz verzeichnet werden kann. Die Mehlsorten Weizen-, Roggen-, Dinkel-, Pizza- und Ökomehl entsprechen der Firmenphilosophie, alle Mühlenprodukte aus einer Hand anzubieten. Der jetzige Geschäftsführer Konrad Zitzmann und sein Team sind stolz darauf, dass 150 Kunden im Umkreis von 100 Kilometern den Service der Mühle Ingersleben auch im 125. Betriebsjahr zu schätzen wissen. Übrigens ist mit Doreen und Stefan Zitzmann die nächste Generation bereits in der Mühle tätig. Sie eröffneten Pfingsten 2023 einen nagelneuen Hofladen.

Eine Mühle ganz besonderer Art befindet sich im ländlichen Erfurter Ortsteil **Möbisburg**. Dort steht auf geschichtsträchtigem Gelände die Möbisburger Töpfermühle. Obwohl es schon vorher hier eine Wassermühle gab, entstand um 1717 das heutige Mühlengebäude. Am Torhaus der Möbisburger Mühle ließ der damalige Müller Johann Michael Roth folgende Inschrift anbringen: „Sooft das Rath sich dreh und schwenck, soll man Allzeit an Gott gedenck." In den nachfolgenden Generationen blieb die Mühle zirka 150 Jahre im Rothschen Familienbesitz. Die Familie bedachte die Kirche und die Schule mit reichhaltigen Schenkungen. Ab der zweiten Hälfte des 19. Jahrhunderts wechselten mehrfach die Mühlenbesitzer. Im Jahr 1966 wurde der Mühlenbetrieb eingestellt. Bis 1987 tat sich hier nichts, außer dass die Mühle regelrecht „ausgeschlachtet" wurde. Doch dann erwarben Hartmut und Ute Kummer das Mühlengebäude. Sie begannen mit der Erhaltung und Rekonstruktion der geschichtsträchtigen Wassermühle. Sie legten viel Herzblut in die Mühle und restaurierten die Gesamtanlage und fügten ihre Arbeitswelt in diese harmonisch ein. In der Möbisburger Mühle drehen sich inzwischen statt der Mühlsteine nun Töpferscheiben. Hier werden Keramikwaren in ausgezeichneter Qualität angeboten. Es gibt sowohl Zier- und Gebrauchskeramik als auch Design- und Kunstobjekte.

Ein Ort mit einer umfangreichen Mühlengeschichte ist der ländliche Erfurter Ortsteil **Gispersleben**. Hier war vor allem das Wasser des Flüsschens Gera zum Betreiben der Wassermühlen von Bedeutung. Insgesamt sind es acht Objekte, über die in der Ortschronik berichtet wird. Erstmals wird 1223 eine Mühle in **Gispersleben** angegeben. Früher war das heutige Gispersleben in die Dörfer Killiani und Viti geteilt. Im Jahr 1500 werden für Killiani eine Untermühle und eine Obermühle genannt. 1838 wird in der Obermühle eine Papiermaschine eingerichtet. Von 1896 bis in die 1960er Jahre befand sich in der Obermühle eine Kornbrotfabrik. Für das Jahr 1838 wird für Killiani eine Zichoriendarre und Zichorienmühle mit Senffabrik in der Statistik aufgeführt. Drei Jahre später trat Caesar Teichmann in die Fabrik ein und führte sie als Zichorien-, Graupen- und Senfmühle weiter. Daher stammt der heutige Teichmanns Hof. 1855 ist die Untermühle im Protokoll zur Merkpfahlsetzung als Mahl-, Graupen-, Öl- und Schneidemühle registriert. Sie wird als Postmühle bezeichnet.

Eine lange und lebhafte Tradition hat die Klostermühle in Viti. Sie wurde 1506 auf Veranlassung des Abtes Johannes de Sighen vom Peterskloster Erfurt als Pulvermühle erbaut. Danach wechselte mehrfach der Eigentümer. 1978 erfolgte die endgültige Schließung der Mühle und die Entfernung der gesamten Technik. Im Jahr 1847 entsteht die Toepel´sche Öl- und Graupenmühle. In den Folgejahren erfährt die Mühle mehrmals eine Modernisierung. Dazu gehört auch der Einbau einer Francis-Schachtturbine im Jahr 1905. Nach dem Tod des Mühlenbesitzers Richard Toepel im Jahr 1925 wird das gesamte Anwesen von seiner Frau verkauft und es kommt zu einer Nutzung als chemische Fabrik. Die Stecher´sche Mühle wurde am östlichen Mühlgraben in Viti im Jahr 1858 durch Anton Janson als Mahl-, Öl- und Graupenmühle errichtet. Später ging sie in den Besitz der Familie Stecher über. 1965 stellte der letzte Pächter den Mahlbetrieb ein. 1871 – 1872 erbaute Karl Seegel die nach ihm benannte Mühle in Viti. Durch den Kauf der Mühle von Christoph August Ludwig Köttig im Jahr 1890 wird daraus die Köttig-Mühle.

Die technische Ausstattung verbesserte sich fortan ständig. Bemerkenswert ist, dass hier 1945 Mehl für die sowjetische Besatzungsmacht erzeugt wird. Die Mühle erfüllte bis 1952 ihre Funktion als Handelsmüllerei und bis 1957 als Kundenmüllerei.

Auf einer kleinen Erhebung am Ortsrand von **Kleinfahner** im Landkreis Gotha thront eine Bockwindmühle. Von hier aus eröffnet sich ein weiter Blick über die Fahner Obstplantagen. Besonders im Frühjahr schaut man auf ein Meer von weißen und zartrosa Kirsch- und Apfelblüten. Im Jahr 1728 wurde die Mühle erstmals urkundlich erwähnt. 1893 brannte sie ab, wurde aber noch im gleichen Jahr wieder aufgebaut. Jedoch stellte sie 50 Jahre später ihren Betrieb ein. Inzwischen ist nach aufwändiger Restaurierung das Ensemble von historischer Mühle, Dreiseitenhof und Hofladen sowie großzügigem Außenbereich ein beliebtes Ausflugsziel. Das spanische Restaurant, der Biergarten und der Hofladen sind sehr begehrt – auch für Events und Hochzeitem.

Die Bockwindmühle in **Klettbach** im Landkreis Weimarer Land war eine besondere Sehenswürdigkeit und ein Wahrzeichen dieser thüringischen Gemeinde in der Nähe der Landeshauptstadt. Bis zu ihrer Zerstörung durch den Orkan Zeynep in der Nacht auf den 19. Februar 2022 stand sie 500 Meter nordöstlich außerhalb des Ortes auf einem Hügel in 438 Metern Höhe. Damit war sie die höchstgelegene Bockwindmühle Deutschlands. Die Mühle hat eine interessante Geschichte. Auf der Wüstung Doberstedt – ein leicht fallendes Gelände zwischen der Mühle und der nach Norden führenden Landstraße L 2155 – wurde bereits 1810 eine kleinere Bockwindmühle errichtet. Sie entsprach jedoch nicht den Erfordernissen des frühen 20. Jahrhunderts. Somit veranlasste der Klettbacher Müller Osmund Hochstein im Sommer 1909 den Transport der Mühle aus **Esperstedt** im heutigen Kyffhäuserkreis nach Klettbach. Diese Mühle war 1743 gebaut worden. Sie wurde mit der Bahn nach **Vieselbach** gebracht. Von hier aus transportierte man die Mühle mit Pferdetransporten nach Klettbach. Etwa 120 Meter von ihrem heutigen Standort entfernt wurde sie wieder aufgebaut. Das Mahlkundenbuch weist für 1913 aus, dass die Mühle an 162 Tagen die Windkraft zum Mahlen oder Schroten von 178 Tonnen Getreide nutzen konnte. Die Mühle belieferte die Bewohner von Klettbach und Umgebung mit Schrot und Mehl. Das geschah unter dem Müller Karl Hochstein bis zum Jahr 1961. Danach begann der Verfall der Mühle.

Im Jahr 1988 schlossen sich engagierte Klettbacher Bürger im Mühlenverein zusammen, um das Bauwerk als technisches Denkmal und Wahrzeichen der Gemeinde Klettbach zu erhalten. 2005 wurde die Mühle an ihren heutigen Standort umgesetzt. Die Mühle erhielt bei dieser Gelegenheit neue Flügel, wurde rekonstruiert und mit einem wieder instandgesetzten Mahlwerk versehen. In der Nacht vom 18. auf den 19. Februar 2022 wurde die Windmühle durch den Orkan Zeynep umgeweht und zerstört. Inzwischen wurde mit dem Wiederaufbau begonnen.

Natur und Umwelt

Die Natur und die Umwelt beeinflussen das Leben der Menschen in vielfältiger Weise. Das ist auch in unserem schönen „Grünen Herzen Deutschlands“ so. Bevor wir uns mit einigen konkreten Fakten aus Thüringen zu diesem Thema beschäftigen, wollen wir uns zunächst mit den Definitionen von der Natur und der Umwelt vertraut machen. Unter Natur versteht man all die Dinge auf der Erde, die der Mensch nicht geschaffen hat, wie z.B. Meere, Luft und Berge. Das können aber auch lebendige Sachen wie Pflanzen und Tiere sein. Die Umwelt ist alles, was einen Menschen umgibt, auf ihn einwirkt und seine Lebensbedingungen beeinflusst, insbesondere die Natur. Alles, was um uns herum ist, das ist unsere Umwelt. Dazu zählen Tiere, Pflanzen, Freunde, Verwandte und unser Zuhause.

Das Bundesland Thüringen hat für Naturliebhaber sehr viel zu bieten. Zu den Naturreichtümern zählen auch die Nationalen Naturlandschaften. In Thüringen gibt es acht Nationale Naturlandschaften. Drei von ihnen gehören zum UNESCO-Weltnaturerbe. Das sind der Nationalpark Hainich sowie die beiden Biosphärenreservate Rhön und Thüringer Wald. Hinzu kommen noch fünf Naturparks. Die acht Naturlandschaften Thüringens wurden bereit im Kapitel 2 ausführlich vorgestellt. Deshalb wird an dieser Stelle auf weitere Ausführungen dazu verzichtet. Im Folgenden wenden wir uns nun weiteren sehenswerten und erlebenswerten Begebenheiten in Thüringen zu.

Der Eiserne Vorhang teilte bis zum Jahr 1989 Europa auf einer Länge von über 12.500 Kilometern. Im Schatten dieser Grenze vom Eismeer bis zum Schwarzen Meer entwickelte sich ein monumentales Naturdenkmal – das Grüne Band Europa. Die ehemalige innerdeutsche Grenze verbindet heute neun Bundesländer. Mit einer Länge von 763 Kilometern hat Thüringen den mit Abstand größten Anteil an den 1.400 Kilometern in Deutschland. Der Freistaat Thüringen trägt somit eine große Verantwortung, das Grüne Band als Mahnmal und Lebensraum zu erhalten. Mit einer Entscheidung des Thüringer Landtages im Jahr 2018 wurde das Grüne Band Thüringen als Nationales Naturmonument unter Schutz gestellt. Zahlreiche in ihrem Bestand stark bedrohte oder seltene Tierarten, wie der Schwarzstorch und das Braunkehlchen, haben im Schatten des Kalten Krieges ein bedeutendes Rückzugsgebiet im Grünen Band gefunden. Seltene Pflanzen, die in anderen Teilen Deutschlands kaum noch vorkommen, wie das Helm-Knabenkraut, sind hier zu Hause. Bisher wurden lediglich einzelne Abschnitte des Grünen Bandes als Naturschutzgebiete gesichert oder bieten einen vergleichbaren Schutz, etwa durch Natura 2000 Gebiete. Mit der Ausweisung des Grünen Bandes Thüringen als Nationales Naturmonument ist ein einheitlicher Schutz des gesamten Grünen Bandes Thüringen möglich.

Ein besonderes Naturerlebnis gibt es in **Alperstedt** im Landkreis Sömmerda. Das Alperstedter Ried ist das größte Kalkflachmoor im Thüringer Becken. Mit seinen versteckten Besonderheiten wurde es bereits 1967 als Naturschutzgebiet gesichert. Seit 2006 wird das Projekt als Renaturierungsvorhaben von der Stiftung Naturschutz Thüringen in Zusammenarbeit mit weiteren territorialen Partnern weitergeführt. In den letzten Jahrzehnten entwickelten sich auf der inzwischen über einhundert Hektar großen Fläche durch Entwässerungsmaßnahmen und den Wegfall der Grünlandnutzung immer mehr artenarme Großseggen- und und Schilfbestände. Mit dem Projekt „Erhaltung der Moorlandschaft Alperstedter Ried“ wird das Ziel verfolgt, Feuchtlebensräume zu schaffen und die natürlichen hydrologischen Verhältnisse möglichst weitgehend wieder-herzustellen. Inzwischen wird das Ried durch die sanfte Aufwertung und Öffnung für die Naherholung und Umweltbildung genutzt. Es gibt einen Rast- und Informationsplatz, Wanderwege und Beobachtungspunkte.

Der größte bewaldete Höhenzug zwischen **Gotha** und **Erfurt** ist die Fahner Höhe. Die Fahner Höhe hat eine Länge von zirka 16 Kilometern und eine Breite von zirka 4 Kilometern in Ost-West-Ausrichtung zwischen dem Unstruttal (im Norden) und der Nesseaue (im Süden). Der Höhenzug wird von einer fruchtbaren Ackerebene umgeben.

Daher entstanden zu früheren Zeiten größere Ansiedlungen – die **Fahner Dörfer**. Die Fahner Höhe selbst war kaum besiedelt. Ihre Nutzung erfolgte vorwiegend durch Holzeinschlag, Gesteinsabbau und Schafhütung. Der Kamm der Fahner Höhe liegt bei 400 Meter über NN. Mit 413 Meter liegt der höchste Punkt auf dem Abtsberg. Die Flora der Fahner Höhe ist von einem artenreichen und feingliedrigen Vegetationsmosaik geprägt. Im Landschaftsschutzgebiet herrschen besonders naturnahe und artenreiche Eichen- und Buchenwälder vor. Märzenbecher und Leberblümchen sind häufig vorkommende Pflanzen, aber auch die seltene Sibirische Schwertlilie und der Kreuz-Enzian sind zu bewundern. Die Fauna der Fahner Höhe ist von einer breiten Vielfalt gekennzeichnet. Besonders artenreich ist die Insektenfauna. Hier finden wir verschiedenste Arten von Schmetterlingen, Käfern, Ameisen, Wildbienen und Wespen. Aber auch Lurche, Kriechtiere und Säugetiere hat die Fahner Höhe zu bieten. Die Hauptwildarten sind das Reh und das Wildschwein. Besonders reichhaltig ist die Vogelwelt. Zum Bestand gehören u.a. Ringel- und Turteltauben, Mäusebussard, Rotmilan, Spechte, Waldschnepfe, Waldohreule, Nachtigall, Feldlerche, Kuckuck und Schwalben.

Am Fuße der Fahner Höhe zwischen **Großfahner** und **Dachwig** liegt der Speicher Dachwig. Die eine Fläche von zirka 115 Hektar umfassende Talsperre wurde von 1973 bis 1976 gebaut. Sie diente bis 1990 zur Beregnung von zirka 2.000 Hektar umliegender Ackerflächen und Obstbaumflächen. Inzwischen hat der Speicher ausschließlich eine Naturschutzfunktion als Rast- und Brutplatz für Wasser- und Singvögel. Regelmäßig erscheinen alljährlich zwischen 130 und 140 Vogelarten. Darin eingeschlossen sind sowohl Brutvögel als auch Durchzügler.

Seit 1978 besteht die Ortsgruppe Großfahner des Naturschutzbundes. Die Mitglieder engagieren sich in besonderem Maße und in vielfältiger Form beim Natur- und Umweltschutz in der Fahner Höhe. So kümmern sie sich u.a. um die Brutvogelwelt am Speicher Dachwig, pflegen die Wald-, Wiesen- und Schilfflächen durch regelmäßige Arbeitseinsätze und sie begleiten Wanderfreunde mit fachkundigen Führungen bei thematischen Wanderungen. Darüber hinaus führen die Mitglieder der NABU-Ortsgruppe Ergänzungsbepflanzungen durch, pflegen durch Ornitologen-Camps und Exkursionen das Vereinsleben und sind aktive Mitgestalter von Blüten- und Erntefesten.

Ein besonderes Projekt wurde im Jahr 2023 mit dem Aufbau des Naturschutzgroßgebietes „Hohe Schrecke" in Nordthüringen erfolgreich abgeschlossen. Das Ziel des Projektes ist, den hohen Naturschutzwert des 7.300 Hektar großen Waldes und der ihn umgebenden artenreichen Naturlandschaft langfristig zu erhalten. Seit dem Start des Projektes konnte die Privatisierung des Waldes gestoppt werden und es wurden wertvolle Bereiche wie das urwüchsige Wiegental mit bis zu zweihundert Jahre alten Buchen gesichert. In der „Hohen Schrecke" gibt es Pflanzen und Tiere, die bundesweit gefährdet sind. Dazu gehören alte Kirschbaumsorten und seltene Fledermausarten.

Seit mehreren Jahrzehnten besteht das Naturschutzgebiet „Greifenstein" im Landkreis Saalfeld-Rudolstadt". Im Jahr 2023 ist es neu zugeschnitten und erweitert worden. Es trägt nun den Namen „Greifenstein und östliche Gölitzwände". Nunmehr werden in diesem Gebiet auf 118 Hektar statt bislang 60 Hektar die Tiere und die Pflanzen durch einen besonderen Status geschützt. Bisher erstreckte sich das Gebiet über Wald und Wiesen um die Burg Greifenstein und den Forstort **Kessel** bei **Bad Blankenburg**. Mit dem neuen Zuschnitt gehört die Burganlage nicht mehr zum Schutzgebiet. Hinzugekommen sind die Gölitzwände bis zum Ort **Kleingölitz**. Durch das Areal – das zum Schutzgebietsnetz „Natura 2000" gehört – führen einige Wanderwege. Darunter ist auch der Fröbelwanderweg.

Im letzten Abschnitt zum Stichwort Natur und Umwelt gibt es noch einige Informationen über den Naturschutzbund Thüringen. Der Landesverband Thüringen des Naturschutzbundes wurde im März 1990 gegründet. Inzwischen sind in ihm über 19.000 Mitglieder in 20 Kreis- und Regionalverbänden und über 30 Ortsgruppen aktiv. NABU-Mitglieder setzen sich in fast allen Teilen Thüringens für den Natur- und Umweltschutz ein. Die Geschäftsstelle des Landesverbandes befindet sich im Jenaer Ortsteil **Leutra** am Fuße des Naturschutzgebietes „Leutratal-Cospoth".

Das Ziel des Naturschutzbundes ist, dass auch kommende Generationen die Schönheit und Einzigartigkeit unserer wunderbaren Landschaft erleben können. Deshalb setzt sich der NABU Thüringen seit über dreißig Jahren für den Schutz von bedrohten Lebensräumen und gefährdeten Tier- und Pflanzenarten ein. Ebenso gilt sein Augenmerk dem sauberen Wasser, der reinen Luft und einem gesunden Boden. Darüber hinaus stellen sich die Mitglieder des NABU Thüringen folgende Aufgaben:

- Sie informieren über naturkundliche und ökologische Fragen in vielfältiger Form.
- Sie engagieren sich für die Durchsetzung einer nachhaltigen Energie- und Verkehrspolitik sowie für eine naturverträgliche Land- und Forstwirtschaft.
- Sie betreuen und pflegen zahlreiche wertvolle Biotope. Dazu gehören u.a. Trockenrasen und Feuchtwiesen.
- Sie erwerben Flächen, um deren artenreiche Pflanzen- und Tierwelt dauerhaft für die Natur und die nach uns kommenden Generationen zu sichern.

Obst und Gemüse

Zu einem florierenden Landleben gehören Obst und Gemüse. Davon gibt es in unserer Region recht viel. Die Unternehmen der Thüringer Landwirtschaft produzieren eine große Vielfalt an Obst- und Gemüsesorten. In Deutschland wird knapp die Hälfte der 35,7 Millionen Hektar Gesamtfläche für die Landwirtschaft genutzt. Nur auf einem Prozent der landwirtschaftlichen Fläche wird dabei Gemüse angebaut. Deutschlandweit werden rund 3,7 Millionen Tonnen verschiedener Gemüsearten im Freiland geerntet. Davon entfallen rund 15.340 Tonnen auf Thüringen. Mit über 8.000 Tonnen entfällt ein großer Teil der Erntemenge auf die Kohlsorten wie Weißkohl, Blumenkohl und Kohlrabi. Zirka 4.700 Tonnen beträgt die Erntemenge bei Wurzel- und Knollengemüse. Davon macht die Speisezwiebel mit knapp 4.400 Tonnen den größten Teil dieser Gemüsegruppe aus. Zudem wurden knapp 2.000 Tonnen Blatt- und Stängelgemüse produziert. Dazu gehören z. B. Spargel, Kopfsalat und Porree. Hülsenfrüchte, wie z. B. Bohnen, Erbsen und Linsen, sowie Fruchtgemüse – dazu zählen u. a. Einlegegurken und Kürbisse – machen mit zusammen unter 600 Tonnen den kleinsten Anteil am Thüringer Ernteertrag aus. Die Hauptkulturen im Gemüseanbau in Thüringen sind Spargel (zirka 380 Hektar), Kopfkohl (zirka 290 Hektar), Blumenkohl (zirka 260 Hektar), Buschbohnen (zirka 340 Hektar), Speisezwiebeln (zirka 160 Hektar).

Die Hauptanbaugebiete für Freilandgemüse befinden sich im Thüringer Becken im Raum **Erfurt**, in der Region um **Bad Langensalza**, in **Mühlhausen** und **Großengottern** (jeweils im Unstrut-Hainich-Kreis) sowie im Altenburger Land. Schwerpunkte im Freilandgemüseanbau bilden in Thüringen die Kulturen Spargel, Kopfkohl, Blumenkohl, Speisezwiebeln und Einlegegurken. Die Regionen um **Alperstedt** im Landkreis Sömmerda, **Laasdorf** und **Schkölen** (jeweils im Saale-Holzland-Kreis) sowie Erfurt sind Hauptanbaugebiete für den Unterglasgemüseanbau. Hierbei dominiert die Tomatenproduktion und der Gurkenanbau. In Thüringen produzieren die Gemüsebaubetriebe seit vielen Jahren umweltschonend und nachhaltig. Die Gewährleistung der Produktsicherheit ist ein fester Bestandteil der Bewirtschaftung der Anbauflächen. Die dem kontrolliert-integrierten Gemüsebau angeschlossenen Betriebe produzieren gesunde, hochwertige Nahrungsmittel in hoher Qualität bei gleichzeitiger größtmöglicher Schonung von Boden, Wasser und Natur. Dabei werden die neuesten Erkenntnisse von Wissenschaft und Fortschritt genutzt. Der Einsatz von Pflanzenschutzmitteln und Düngemitteln wird auf ein geringes, notwendiges Maß beschränkt.

Die Tradition des Spargelanbaus wird in Thüringen vor allem um Unstrut-Hainich-Kreis fortgeführt – und das besonders in **Kutzleben** und **Herbsleben**. Der Ort mit der ältesten Spargeltradition in Thüringen ist Herbsleben. Der hiesige Spargel genießt aufgrund seines einzigartigen Geschmacks seit zweihundert Jahren einen hervorragenden Ruf. Die Gemüsebauern von Kutzleben behaupten: „Auf unseren Lehmböden wächst der beste Spargel in ganz Europa". Ausgezeichnet mit der „Goldenen Spargelstange" und einem Publikumssonderpreis begeistert Kutzleber Spargel die Liebhaber und Feinschmecker in ganz Deutschland. Der Spargelhof Kutzleben bietet das ganze Jahr über vielfältige kulinarische Erlebnisse.

Die Zubereitung von schmackhaften und herzhaften Speisen wäre ohne die Zwiebel kaum möglich. Für einen besonders großen Zwiebelanbau sind die Zwiebelbauern aus **Heldrungen** im Kyffhäuserkreis bekannt. Besonders beliebt sind die Erzeugnisse aus Heldrungen beim alljährlich stattfindenden Weimarer Zwiebelmarkt. Hier gibt es kaum eine Besucherfamilie, die ohne einen der beliebten Zwiebelzöpfe nach Hause geht.

Der ländliche Erfurter Ortsteil **Dittelstedt** besitzt eine lange Tradition beim Anbau von Blumenkohl. Bereits 1937 besaß Dittelstedt die größte geschlossene Anbaufläche für Blumenkohl. Pro Saison wurden rund dreieinhalb Millionen Blumenkohlköpfe geerntet. Dem vorausgegangen war, dass sich alteingesessene Erfurter Gärtnereidynastien um 1890 in Dittelstedt ansiedelten und später weitere Gemüsegärtner hierher kamen.

Mit den größer werdenden Feldern und den mehr geernteten Blumenkohlköpfen hatten die Tragkiepen, in denen man den Kohl vom Feld holte, ausgedient. Pferdewagen und später Traktoren mussten her. Mit der steigenden Nachfrage auch über die Grenzen von Erfurt hinaus mussten auch die Verpackung und der Transport geregelt werden. So entstand in Dittelstedt im Jahr 1927 ein Stiegenwerk. In ihm wurde der Bedarf an Stiegen für den Versand des Blumenkohls hergestellt. Nun transportierte man den Dittelschter Blumenkohl bis nach **Bremen**, **Berlin** oder **Danzig**. Der Erfolg der Dittelstedter Blumenkohlzüchter führte zu einem großen Ansehen weit über die Landesgrenzen hinaus und auch der Wohlstand der Gemeinde nahm sichtlich zu.

Übrigens ist in Thüringen die Kartoffel die liebste Knolle. Rund 55 Kilogramm beträgt der bundesdeutsche Pro-Kopf-Verbrauch im Jahr. In Deutschland bauen 27.540 Betriebe auf einer Fläche von rund 250.000 Hektar Kartoffeln an. Darunter befinden sich 430 Betriebe in Thüringen, die auf einer Fläche von 1.600 Hektar mit Kartoffeln wirtschaften. Gemessen an der Anbaufläche ist Thüringen der zweitkleinste Kartoffellieferant im Bundesländervergleich. Im Jahr 2020 wurden in Thüringen rund 56.000 Tonnen Kartoffeln geerntet. Das entspricht einer Menge von durchschnittlich 34 Tonnen Kartoffeln pro Hektar. Experten schätzen ein, dass es in Thüringen sehr lehmige und nährstoffreiche Ackerböden gibt. Deshalb hat unsere Kartoffel mehr Inhaltsstoffe und eine höhere Qualität als anderswo in Deutschland.

In den vergangenen Jahren hat sich der Anbau von Gemüse in Thüringen leider verringert. Durch höhere Kosten für Personal (Mindestlohn), Energie und Bewässerung im Zusammenhang mit der teilweise großen Trockenheit fehlt den Gemüsebauern das Geld. Außerdem zeigen immer weniger Menschen Bereitschaft, im Gemüseanbau zu arbeiten. Dadurch gehen natürlich auch die Ernteerträge zurück.

Neben dem Gemüse hat Thüringen auch in puncto Obst einiges zu bieten. Im Jahr 2020 wurden laut Schätzungen 16.700 Tonnen Äpfel sowie 9,8 Tonnen Pflaumen und Zwetschgen geerntet. Die Erntemenge bei Sauerkirschen lag bei 5,8 Tonnen und bei Süßkirschen bei 3,5 Tonnen. Das größte Obstbaugebiet Thüringens befindet sich an den Fahner Höhen. Das Zentrum ist **Gierstädt** im Landkreis Gotha. Seit dem Jahr 1791 – das als das Geburtsjahr des Fahnerschen Kirschenanbaus gilt – ist das Gebiet dem Obstbau treu geblieben. Das hängt auch mit den guten klimatischen Bedingungen und der Qualität des Bodens zusammen. Oft blüht die Süßkirsche schon Anfang April. Zu dieser Zeit treten häufig noch Spätfröste auf. Durch die geschützte Lage erwärmt sich der Boden hier langsamer und der Blühverlauf verzögert sich. Die Hanglage ermöglicht ein Abfließen der Kaltluft, besonders bei Bodenfrost. Ein weiterer ausschlaggebender Faktor für den Süßkirschenanbau ist der Untergrund der Fahner Höhe. Dieser baut sich aus dem oberen Muschelkalk auf und hat als Verwitterungsboden Mergel, Löss und tonige Bestandteile.

Zu Beginn des Jahres 1991 gingen aus der LPG „Fahner Obst", die während der Existenz der DDR den Obstanbau betrieb, kleinere eingetragene Genossenschaften hervor. Diese mussten sich rasch der Situation der neuen Marktwirtschaft anpassen. Zunächst war es notwendig, alte unrentable Obstanlagen zu roden und dementsprechende Neupflanzungen mit marktgängigen Sorten und modernen Anbaustrukturen zu realisieren. Heute betreiben dort den Obstanbau die vier eingetragenen Genossenschaften „Döllstädter Obstgenossenschaft", „Großfahner Fruchtgarten", „Fahner Gold" und „Obstgarten Orphalgrund" sowie die GmbH „Fahner Obstbau". Die vier Genossenschaften und die GmbH bewirtschaften zusammen insgesamt etwa 1.000 Hektar. War der Obstbau in „alten Zeiten" durch die Süßkirsche bestimmt, so ist heute der Apfel der Hauptproduktionszweig mit über 50 % der Anbaufläche. Trotzdem ist das Anbauspektrum im Obstanbaugebiet an der „Fahner Höhe" sehr vielfältig. Neben dem Apfel gibt es Süßkirschen, Sauerkirschen, Pflaumen, Mirabellen, Holunder, Birnen, Aprikosen und Pfirsiche. Der gesamte Obstbau ist nach den gängigen Systemen der deutschen Agrarwirtschaft zertifiziert. An der „Fahner Höhe" wird Obst nach dem Motto „Geprüfte Qualität aus Thüringen" produziert. Es wird sowohl den Anforderungen nach innerer und äußerer Qualität als auch nach einer umweltschonenden Produktion gerecht.

Die Vermarktung des Obstes erfolgt vorrangig durch die Obst- und Gemüsemarkt Thüringen GmbH. Großen Wert legen die Gierstädter Obstbauern auch auf den Direktverkauf von Gierstädt aus. Die Hauptmenge des Obstes wird für den Frischmarkt produziert, jedoch ein wichtiger Anteil wird auch verarbeitet. Die „Fahner Frucht" ist eine Handels- und Verarbeitungs GmbH der Fahner Obst e.G.. Sie veredelt Äpfel, Birnen, Kirschen und Pflaumen zu naturbelassenen Säften, Nektaren, Weinen, Obstbränden, Obstlikören und Konfitüren.

In **Kindelbrück** im Landkreis Sömmerda hat der Obstbau seit 1972 Tradition. Kindelbrücker Obstbauern informieren wie folgt: „Es ist die jahrelange Erfahrung, gepaart mit klimatischen und bodenspezifischen Besonderheiten, die dem Obst und Gemüse aus unserer Gegend ihr unverwechselbares Aroma verleiht. Muschelkalkverwitterungsböden und sonniges Klima stehen für gute Erträge und außerordentliche Qualität." Qualität, Geschmack und Frische – diese Werte charakterisieren die Produkte in der Region Kindelbrück seit über fünfzig Jahren. Aus Kindelbrück kommt eine Produktvielfalt. Darunter sind u.a. Äpfel, Pflaumen, Kirschen, Erdbeeren und Rhabarber. In der Saison beliefert die Obst & Gemüsemarkt Nordthüringen e.G. den Handel in der Region. Kurze Wege vom Produzenten zum Verbraucher garantieren Frische und die Umwelt wird geschont. Das Unternehmen betreibt am Standort Kindelbrück eine moderne Verpackungsstation und einen Hofladen mit vorwiegend eigenen Produkten von angeschlossenen Erzeugern. Zudem gibt es in Kindelbrück ein Selbstpflückefeld, auf dem Erdbeeren wachsen. Die Selbstpflücke wird von Stammkunden ebenso wahrgenommen wie von Schülern auf Exkursionsfahrt. Schnell purzeln die Erdbeeren in die Eimer und die Körbe.

Ein Obstgarten der besonderen Art befindet sich im heutigen Erfurter Ortsteil **Marbach**. Hier hatte

1963 die damalige GPG Georg Boock die Idee, am Ortsrand eine Obstplantage anzulegen. Die Fläche ist 24 Hektar groß und am Hang in Richtung Salomonsborn gelegen. Seit 1996 betreibt der Erfurter Ralf Großstück den Obstgarten und ist Herr der Äpfel in 50 Sorten. Dazu gehören Boskoop, Pinova, Gala Royal, Rubinette und Elstar. Es hat sich herumgesprochen, dass der Marbacher Obstgarten eine gute Anlaufadresse für Vitaminreiches ist. Hier gedeihen auf 6,6 Hektar Äpfel, auf 5,0 Hektar Süßkirschen, auf 1,3 Hektar Birnen, auf 4,4 Hektar Pflaumen und Mirabellen. Der „Rest" ist Aprikosen, Pfirsichen und Nektarinen vorbehalten. Alles in allem befinden sich hier 30.000 Bäume.

Der Erdbeerhof in **Gebesee** im Landkreis Sömmerda ist spezialisiert auf Erdbeeren. Im Fokus des Familienbetriebes stehen die Anpflanzung, die Ernte und der Vertrieb dieser leckeren Frucht. Darüber hinaus werden weitere landwirtschaftliche Erzeugnisse produziert wie Getreide und Kartoffeln. Im Bereich Erdbeeren gibt es als Anbauvarianten den Dammanbau und den Tunnelbau sowie das Freiland. Ein spezielles Feld wurde für Selbstpflücker angelegt. Erdbeeren aus Gebesee gibt es in der Saison an Verkaufsständen von Thüringen über Sachsen bis Sachsen-Anhalt. Der Hof existiert seit rund 150 Jahren und hat eine sehr interessante Geschichte. Früher hielt man auf dem Hof auch Milchkühe und Schweine. Allmählich wurde die Viehproduktion zugunsten der Sonderkultur Erdbeeren aufgegeben. 1990 erfolgte die Unternehmensgründung des heutigen Erdbeerhofes. Der Hof macht auch in der Öffentlichkeit von sich reden. Schließlich kam mit Carolin I. auch schon eine Thüringer Erdbeerkönigin aus Gebesee. Sie repräsentierte im Rahmen ihrer Regentschaft den Erdbeerhof auf zahlreichen Veranstaltungen, u.a. auch bei der Grünen Woche in Berlin.

Bei allen positiven Beispielen gibt es beim Obst Erdbeeren auch nicht ganz so erfreuliche Nachrichten zu vermelden. Der Wettbewerbsdruck, wenig Personal und die Trockenheit fordern beim Erdbeeranbau in Thüringen ihren Tribut. Die Agrarbetriebe, welche die roten Früchte kultivieren, schätzten ein, dass die Ernte im Jahr 2023 mit rund 630 Tonnen um knapp ein Drittel unter der Ernte von 2022 lag. Im Durchschnitt der Jahre 2017 bis 2022 waren noch rund 1.020 Tonnen Erdbeeren jährlich in Thüringen geerntet worden. Es sanken sowohl die Anbauflächen als auch die Erträge.

Im letzten Abschnitt zum Stichwort Obst und Gemüse wollen wir noch einen Blick in die Historie werfen. Seit Ende des 11. Jahrhunderts spielte der Wein für **Tiefthal**, das heute ein ländlich geprägter Ortsteil von Erfurt ist, und seine Menschen eine bedeutende Rolle. Im Jahr 1130 zählen sechs Morgen saftiger Weinreben zum Gebiet des Orphalklosters. 1219 wurde dem Mainzer Stephansstift ein Tiefthaler Weinberg zugesprochen. Im Jahr 1220 bekundete der Abt Witelo des Erfurter Petersklosters, dass ein verstorbener Mönch namens Günther seinem Kämmerer Berthold um den Kauf eines Weingebietes nahe Tiefthal gebeten hatte. Im Mittelalter gelangte Tiefthal durch seine Rebzucht und die daraus resultierende Produktion von Wein zu großem Ruhm. Im Volksmund wurde der Tiefthaler Wein als der Köstlichste in der ganzen Erfurter Region gepriesen. Eine besonders ergiebige Ernte muss es im Jahr 1503 gegeben haben. Die Fässer zur Lagerung des Weines waren bis zum Rand mit dem schmackhaften Trunk gefüllt und es bedurfte stets neuer Behältnisse. In diesem Jahr zahlte man für ein Maß Wein zwei Pfennige. 1587 hingegen war die Ernte doch eher dürftig und das rote Getränk schmeckte sehr säuerlich. 1667 wurde über ein Drittel der gesamten Tiefthaler Flur mit Wein bepflanzt. Wegen der Weinernte fand man kaum Zeit, das Kirchweihfest im Herbst zu feiern. Daher stimmten die Behörden sogar der Verlegung des Kirchweihfestes zu. Seit Mitte des 18. Jahrhunderts war ein Rückgang der Rebenzucht zu verzeichnen. Dazu trug auch das Wetter bei. Sehr kalte Winter, wenig sonnige Sommer und Mehltau an den Reben bewirkten eine schlechte Ernte und wenig Ertrag bringende Rebstöcke. Im Jahr 1935 rodete der letzte Weinbauer die letzten Weinstöcke.

Radwege

Es ist wissenschaftlich nachgewiesen: Beim Radfahren entspannt man, vergisst die Zeit und schüttet Glückshormone aus. Besonders schön ist das Radfahren, wenn man dabei noch einzigartige Landschaften wie den Thüringer Wald, die Rhön oder die Flusstäler von Werra und Ilm erkunden kann. Das ist in Thüringen kein Problem – und die Kultur ist im Land von Luther, Schiller und Goethe auch nie weit weg. Diese Glücksgefühle kann man in Thüringen an zahlreichen Orten erlangen, denn es gibt eine Vielzahl von Radwegen. Im Folgenden werden einige dieser Radwege in Kurzfassung vorgestellt.

Der Radfernweg Thüringer Städtekette verbindet sieben der schönsten Städte Thüringens und führt ebenso durch landschaftlich reizvolle Gegenden, die durch ihre reiche Geschichte geprägt sind. Dieser Radfernweg ist besonders für Kulturinteressierte und Tourenradler geeignet. Er ist an das deutschlandweite Fernradwandernetz angebunden und verbindet die Wartburgstadt **Eisenach** im Westen des Freistaates mit der Skatstadt **Altenburg** im Osten.

Wer den Gera-Radweg entlang radelt, der erlebt Flussradeln vom Rennsteig bis zur Unstrut. Die 75 Kilometer lange Tour beginnt im Biosphärenreservat Vessertal-Thüringer Wald, an der **Schmücke**. Die Schmücke ist die höchstgelegene Ansiedlung am Rennsteig. Sie besteht aus einem Hotel, dem Baudensaal Rucksacktreff und einer Wetterstation. In dem Ausflugslokal gibt es Thüringer Bratwurst vom Grill oder Speisen aus dem Restaurantangebot. Von hier an geht es hinunter über **Elgersburg** mit seinem Schloss nach **Geraberg** mit dem Ersten Deutschen Thermometermuseum. Der Weg führt weiter über **Plaue** nach **Arnstadt**, der Kreisstadt des Ilm-Kreises. In Arnstadt, der ältesten Stadt Mitteldeutschlands, befinden sich einige Sehenswürdigkeiten. In der Bachkirche war Johann Sebastian Bach Organist. Die Stadt beherbergt Europas größte Puppenstadt „Mon Plaisir" sowie das Stadtmodell „Arnstadt um 1740" im ältesten Gärtnerhäuschen Thüringens.

Der Radweg führt dann weiter vorbei an Schloss **Molsdorf** in die Landeshauptstadt Erfurt. Zu den vielen touristischen Attraktionen dieser Stadt gehören das einzigartige Ensemble von Dom St. Marien und der Kirche St. Severi ebenso wie die Citadelle Petersberg und die längste komplett bebaute und bewohnte Brückenstraße Europas – die Krämerbrücke. Bestandteil der Tour könnten in **Erfurt** auch die Erfurter Gartenbauausstellung und das Augustinerkloster sein. Unbedingt zu empfehlen ist das Jüdisch-Mittelalterliche UNESCO – Welterbe Erfurt. Dazu gehören die Alte Synagoge, die Erfurter Mikwe und das Steinerne Haus. Auf den letzten Kilometern der Tour gibt es noch die Schwellenburg im ländlichen Erfurter Ortsteil **Kühnhausen** und das Barockschloss in **Gebesee** im Landkreis Sömmerda zu erkunden. Der Radweg mündet auf den Unstrut-Radweg und eignet sich für Familien, Kulturinteressierte und Tourenradler.

Der Werratal-Radweg führt entlang der Werra auf einer Länge von 290 Kilometern durch Thüringen, Hessen und Niedersachsen. Er ist einer der beliebtesten Radfernwege Deutschlands. Man radelt von den Werraquellen am Rennsteig durch fachwerkbunte Orte und herrliche Landschaften vorbei an stattlichen Schlössern und Burgen und genießt jede Menge Kultur. Seit 1997 ist der Radweg durchgängig befahrbar und mit einem einheitlichen Symbol ausgeschildert. Ein idealer Ausgangspunkt für eine mehrtägige Radtour auf dem Werratal-Radweg ist die Stadt **Meiningen**, Kreisstadt vom Landkreis Schmalkalden-Meiningen. Die Stadt ist sowohl mit dem eigenen Fahrzeug als auch mit der Bahn hervorragend zu erreichen. Von Meiningen aus geht es in gemütlicher Fahrt ohne große Steigungen in fünf Tagesetappen bis zur Werramündung nach **Hann. Münden** in Niedersachsen.

Der Ilmtal-Radweg ist ein 123 Kilometer langer Radwanderweg entlang der Ilm. Er führt mit geringer und mittlerer Schwierigkeit von **Allzunah**, einem Ortsteil von **Frauenwald** im Ilm-Kreis oberhalb der Ilmquelle bis zur Ilmmündung in **Großheringen** im Landkreis Weimarer Land und zwei Kilometer weiter nach **Kaatschen-Weichau** an der Saale. Dort gibt es den Anschluss an den Saale-Radweg.

Zu den jüngsten Errungenschaften des Thüringer Radwegenetzes zählt die Einweihung des 4,4 Kilometer langen Teilstückes zwischen dem Stadtilmer Ortsteil **Kleinhettstedt** im Ilm-Kreis und der Grenze zum Landkreis Weimarer Land. Die Sanierung war notwendig geworden, weil große Schlaglöcher, massive Risse und Randabbrüche erhebliche Risiken bargen. Die Sanierung dauerte fast sechs Monate und wurde im Oktober 2023 vorfristig abgeschlossen.

Durch grüne Wälder, entlang blühender Wiesen, durch interessante Städte und idyllische Dörfer führt der Elsterradweg auf 250 Kilometern von der Quelle in der Nähe der tschechischen Stadt **As´** bis zur Mündung der Weißen Elster in die Saale bei **Halle an der Saale** in Sachsen-Anhalt. Dabei ist der Elsterradweg kein typischer Flussradweg. Er verläuft nicht immer in direkter Flussnähe. Manche Abschnitte sind recht anspruchsvoll und nur für geübte Radfahrer geeignet. Jedoch hat der Elsterradweg seinen ganz eigenen Charme. Er begeistert mit Ursprünglichkeit sowie landschaftlichen und kulturellen Höhepunkten.

Der letzte Radweg, der vorgestellt werden soll, ist der Nessetal-Radweg. Hierbei gilt: Entspannt radeln von **Erfurt** über die Thüringer Ackerscholle nach **Eisenach**. Der Radweg durchzieht das idyllische Nessetal mit seinen kleinen Dörfern, fruchtbaren Äckern, bunten Wiesen und sanften Flussauen. Die Nesse – ein typischer Flachlandfluss – entspringt im ländlichen Erfurter Ortsteil **Alach** und mündet nach knapp 55 Kilometern am Stadtrand von Eisenach in die Hörsel. Der Radweg startet in Erfurt am Benediktplatz und führt über 69 Kilometer bis zum Marktplatz nach Eisenach.

Reiterhöfe

„Alles Glück dieser Erde liegt auf dem Rücken der Pferde" - dieses Sprichwort hat in den letzten Jahrzehnten in unserer Region an Wahrheitsgehalt gewonnen. In mehreren Orten Thüringens haben sich Reiterhöfe etabliert sowie Reit- und Fahrvereine gegründet. Die Reiterhöfe verfügen über ein vielfältiges Angebot für Kinder und Erwachsene. Dazu gehört die Reitausbildung. Auf dem Reiterhof kann man Fertigkeiten im Reiten erlernen oder verbessern. Das geschieht mit qualifiziertem Reitunterricht – auch mit Abschlüssen in den verschiedenen Leistungsklassen. Sehr beliebt sind die Reiterferien für Kinder. Hier können die Jungen und Mädchen den Umgang mit Pferden erlernen, Freundschaften schließen, Lagerfeuer und gemeinsame Abenteuer erleben. Kindergeburtstage auf dem Reiterhof sind ein unvergessliches Erlebnis und lassen die Kinder für einen Tag in das Landleben eintauchen. Oft sind die Reiterhöfe Ausgangspunkt für das Wanderreiten. Dabei kann man die Karte selbst in die Hand nehmen und die Wanderreitstrecke selbst auswählen, aber man kann sich auch von einem qualifizierten Natur- und Wanderreitführer begleiten lassen.

Mehrere Reiterhöfe bieten den Besuchern die Möglichkeit, Urlaub mit dem eigenen Pferd zu machen. Dann bietet der Reiterhof Unterkünfte, Boxen, Koppeln und eine abwechslungsreiche Landschaft für kleine und große Ausritte. Bei diesem Urlaub können sich die Besucher ausgiebig um ihr Pferd kümmern. Schließlich gehören auch Kutschfahrten zu den Angeboten vieler Reiterhöfe. Mit der Kutsche und dem Kremser übers Land fahren, die reizvolle Natur Thüringens kennen lernen und die Geselligkeit bei einem Familientag oder Betriebsausflug genießen – das sind doch unvergessliche Erlebnisse, die in einem Reiterhof ihren Ausgangspunkt haben. Im Folgenden werden einige Reiterhöfe vorgestellt.

Der Finne-Reiterhof im Ortsteil **Burgwenden** der Kleinstadt Kölleda im Landkreis Sömmerda bietet seinen Besuchern ein unvergessliches Erlebnis. Hier bieten Reiten, Kremserfahrten, Wandern und vieles mehr in idyllischer Umgebung Erholung für die ganze Familie. Der Reiterhof bietet Anfängerkurse, Erweiterung der schon vorhandenen Reitkenntnisse, Ausritte in Begleitung erfahrener Reitlehrer, Wanderritte mit Übernachtung in freier Natur, Reitferien für Kinder, Anfänger und Fortgeschrittene. Während der Reitferien werden die Kinder in das Leben auf dem Reiterhof einbezogen. Sie lernen nicht nur das Reiten, sondern können sich auch an der Fütterung und Pflege der Pferde beteiligen.

In landschaftlich reizvoller Lage am Fuße des Thüringer Waldes liegt der Reiterhof **Oberpörlitz**. Der Ort ist ein Ortsteil von **Ilmenau** und befindet sich im Ilm-Kreis. Auf dem Reiterhof wurde 1992 begonnen, Reitponys zu züchten. Obwohl die Ausgangsbedingungen in Bezug auf das Zuchtmaterial alles andere als günstig waren, hat es der Reiterhof geschafft, in relativ kurzer Zeit eine leistungsfähige Zucht von Deutschen Reitponys aufzubauen. Parallel dazu wurde der Betrieb und das Angebot stetig erweitert. Heute beherbergt der Reiterhof auf 3 Hektar Hoffläche und zirka 150 Hektar Grünland zirka 115 Pferde verschiedener Rassen und Altersstufen. Die Reitanlage umfasst vier Stallkomplexe, zwei Reithallen, einen großzügigen Außenplatz, einen Spielplatz und einen Pferdewaschraum. Neben artgerechter Betreuung und Versorgung der Tiere wird vom Team des Reiterhofes höchstes Augenmerk auf eine weitere Qualitätsverbesserung in der Zucht und Ausbildung der Pferde und Reiter gelegt.

Der Reiterhof verfügt auch über eine Reitschule. Zu festen Zeiten kann jedermann seine Reitkünste erproben und festigen. Dafür stehen gut ausgebildete Schulpferde in verschiedenen Größen, eine Reithalle, zwei Außenplätze sowie ein reizvolles Ausreitgelände zur Verfügung. Gern nimmt das Team des Reiterhofes Pferde oder Fohlen von außerhalb in Pension. Die Tiere werden hier nach den Wünschen ihrer Besitzer versorgt. Die Pensions- und Gastpferde werden in Vollpension untergebracht. Dazu gehört tägliches Misten inklusive Stroheinstreu, zweimal tägliche Fütterung mit Rau- und Kraftfutter und ein regelmäßiger Weidegang.

Für Kinder und Jugendliche, die einmal ohne Eltern Urlaub machen möchten, gestaltet der Reiterhof erlebnisreiche und unvergessliche Reiterferien. Die jungen Pferdefreunde sind in modernen 3-6-Bett-Zimmern mit Dusche, WC und TV untergebracht, werden ganztägig betreut und erhalten Vollverpflegung. Außer am An- und Abreisetag wird täglich zweimal geritten. Bei den Reitstunden, Ausritten, Reiterspielen, Voltigieren und Schmusen mit dem Pflegepferd stehen Spaß und Entspannung mit den Pferden im Vordergrund. Für Abwechslung sorgen auch die Hofrallye, Lagerfeuer, Bastelstunden, Steckenpferdparcours und vieles mehr. Ein besonderes Highlight ist für alle Ferienkinder der Schönheitswettbewerb mit den Pferden. Für die pferdefreie Zeit stehen ein schöner Spielplatz, eine Tischtennisplatte sowie Räume für Gesellschaftsspiele und Kinoabende zur Verfügung.

Im Gestüt Umlauf in **Bellstedt** im Kyffhäuserkreis züchtet Hartmut Umlauf seit 1991 erfolgreich Pferde. Als Außenstelle des Landgestüts Moritzburg hat er durch den Zugriff auf beste Deckhengste auch die besten Voraussetzungen für eine erfolgreiche Pferdezucht. Dazu trägt auch die Lage des Pferdehofes bei, denn in Bellstedt gibt es Natur pur. Seit dem Jahre 2002 bietet das Gestüt Urlaub auf dem Pferdehof an. Neben dem weiten Betätigungsfeld auf dem Pferdehof gibt es für die Urlauber in der Nähe verschiedenen Sehenswürdigkeiten zu bestaunen. Zum Pferdehof gehören sieben Sommerkoppeln. Hier können sich Fohlen, Stuten und Pensionspferde austoben. Selbstverständlich fehlt es auch nicht an einem Abreiteplatz, einem Dressurplatz und einer Reithalle. Für Reitwillige, die kein eigenes Pferd haben, stellt der Reiterhof Schulpferde zur Verfügung. In verschiedenen Kursen kann man das Reiten erlernen oder die vorhandenen Fähigkeiten ausbauen.

In **Metzels**, einem Ortsteil der Stadt Wasungen im Landkreis Schmalkalden-Meiningen, ist Familie Kindermann beheimatet. Sie bietet auf ihrem Pferdehof Ferien auf dem Lande an. Im Hof befinden sich Pferdeställe, eine Kaninchenbox, eine Scheune und ein Grillplatz. Hier treffen sich Gäste und Tierfreunde. Zum Angebot des Reiterhofes gehören Reitunterricht und eine Wanderreitstation. Bestandteile des Reiterhofes sind Boxen mit Außenpaddocks (Auslauf für Pferde), eine Sattelkammer, ein Offenstall, ein Reitplatz, Koppeln mit Wasserquellen sowie ein wunderbares Reitgelände bis zum Berg Dolmar, von wo man eine herrliche Aussicht hat.

Westernreiten in Thüringen? Das gibt es in der schönen Thüringischen Rhön im Südwesten des Freistaates. In **Unterkatz**, einem Ortsteil der Stadt **Wasungen** im Landkreis Schmalkalden-Meiningen, befindet sich die RhönRanch. Hier, im Ferienpark Dörrensolz, kann man einen Westernurlaub verbringen. Zum Angebot gehören lange, geführte, Ausritte auf wunderbaren Pferden durch die wilde Natur der Rhön. Dabei können die Besucher unter zahlreichen braven und gut ausgebildeten Western- und Freizeitpferden auswählen. Zur Herde gehören Shetland Ponys ebenso wir Kaltblüter. Für jedes Temperament und jeden Ausbildungsstand ist etwas dabei. Das Team der RhönRanch bietet den Besuchern sowohl einen alternativen Anfängerkurs als auch einen Fortgeschrittenenkurs. Bei einem Schnupperwochenende kann man sich mit den Pferden vertraut machen. Für Kinder gibt es erlebnispädagogische Angebote. Den drei- bis neunjährigen wird ein kindgerechter Umgang mit Pferden und Ponys ermöglicht. Spielerisch und altersentsprechend werden auf der Grundlage pädagogisch wertvoller Inhalte der sichere Umgang mit dem Partner Pferd und der Spaß an Bewegung und Kreativität vermittelt. Zu den Highlights auf der Ranch zählen Kindergeburtstage mit einem Ponyabenteuer. Nach der Begrüßung geht es zu den Ponys. Schon beim gemeinsamen liebevollen Putzen und Schmücken erfahren die Kinder viel Neues rund ums Pony. Danach geht es zur Ponywanderung mit Anleitung zum Führen der Ponys und abwechselnder Erfahrung auf dem Pferderücken. Zurück auf dem Hof klingt die Feier nach dem Absatteln und der Versorgung der Ponys mit einer kleinen Geburtstagstafel aus.

Im schönen **Frauenwald**, einem Ortsteil von **Ilmenau** im Ilm-Kreis, befindet sich der Reiterhof „Rosenberger Hof". Hier finden Pferdeliebhaber in familiärer Atmosphäre eine sorgsame Betreuung ihrer Pferde vor. Zudem werden professionelle Reitstunden, Ausritte, Ponyreiten, Kutsch- und Pferdeschlittenfahrten geboten. Im Sommer gibt es außerdem noch Reitferien.

Die gut gebuchten Kutsch-, Kremser- und Pferdeschlittenfahrten führen meistens zum nahe gelegen Rennsteig und zur Talsperre Schönbrunn.

Der Reiterhof Kirchner liegt in der Kleinstadt **Neuhaus am Rennweg** mitten im Herzen des Thüringer Waldes. Hier gibt es ein kilometerlanges Reitwegenetz – umgeben von Wäldern und Wiesen. Auf dem Reiterhof leben über ein Dutzend Pferde. Es sind sowohl Reit- als auch Kutsch- und Pensionspferde. Zum Reiterhof gehören auch eine kleine Reithalle, ein großer Reitplatz, drei Paddocks und einige Hektar Weidefläche. Besonders begehrt ist der Reiterhof für Kutschfahrten und Festumzüge. Zudem lässt sich so manches Brautpaar in Axel Kirchners Hochzeitskutsche zum Altar fahren. Bei den Kutschfahrten durch den Winterwald rund um Neuhaus am Rennweg herrscht ein besonderes Flair. Das Schellengeläut der Schlittenpferde, das Schnauben der Pferde und das Knirschen der Schlittenkufen im Schnee – das ist Romantik pur.

Auf der Stockborn Ranch im Dorf **Bernshausen** im Wartburgkreis kann man einen erlebnisreichen Reiturlaub in der Thüringischen Rhön verbringen. Die Ranch ist ein kleiner Western- und Freizeitreiterhof mit gemütlichem Landhotel in familiärer Atmosphäre. Die Lage im Biosphärenreservat Rhön – eine der acht Naturlandschaften in Thüringen – lädt zum Reiturlaub ein. Auf der Ranch können die Besucher absolut stressfrei reiten lernen. Es gibt auch einen Anfängerkurs Westernreiten. Für fortgeschrittene Reiter werden auf gut ausgebildeten Western- und Freizeitpferden traumhafte Ausritte angeboten. Man kann sich wie ein echter Cowboy in Klein-Montana fühlen und sich seinen Traum von der Freiheit im Westernsattel erfüllen. Darüber hinaus werden noch Schnupperkurse im Westernreiten angeboten.

Rentnertreff

Der Rentnertreff – auf „neudeutsch" heißt er Seniorentreff – hat eine doppelte Bedeutung im wahrsten Sinne des Wortes. Zum einen handelt es sich um ein Gebäude oder einen Raum, wo sich regelmäßig ältere Menschen treffen und zum anderen treffen sich hier ältere Menschen, um ihren Lebensabend unter Mitmenschen angenehm und erlebnisreich zu gestalten. In der Regel trifft man sich einmal oder zweimal im Monat zu gemeinsamen Erlebnissen. Mal ist es bloß ein Kaffeeklatsch, dann wiederum gibt es einen Vortrag zu verschiedenen Themen von der Gesundheit bis zur Heimatgeschichte. Manchmal spielt man Karten oder bastelt verschiedene Kunstwerke. Auch Ausflüge und Reisen stehen hoch im Kurs. Besonders beliebt sind die alljährlichen Weihnachtsfeiern und die Besuche der Kinder aus dem Kindergarten. In manchen Orten haben die Karnevalsvereine auch den Seniorenfasching im Programm. Eine hohe Anerkennung verdienen die Männer und Frauen, die sich ehrenamtlich um die Veranstaltungen im Rentnertreff kümmern.

Einen Rentnertreff der besonderen Art gab es in der Gemeinde **Apfelstädt** im Landkreis Gotha. Im Jahr 2001 gründete sich hier die „Seniorenradgruppe 60 plus". Es begann im April 2001 mit einer Halbtagstour zum Schloss Molsdorf, um dort im Park die ersten Frühlingsblüher zu erleben. Zum zehnjährigen Jubiläum im Jahr 2010 hatte man 95 Touren mit fast 3.000 Kilometern bewältigt. Die längste der alle zwei Wochen stattfindenden Radtouren führte über 65 Kilometer in die Traditionsbrauerei nach **Singen** im Ilm-Kreis. Ansonsten lagen die Ausflugsziele so um die 30 Kilometer entfernt. So stattete man **Mühlberg** im Landkreis Gotha – dem ältesten Dorf Thüringens – ebenso einen Besuch ab wie der Gemeinde **Seebergen** im Landkreis Gotha. Hierher kommt der begehrte Sandstein, der beim Bau der Eisenacher Wartburg, des Erfurter Doms und des Berliner Reichstages verwendet wurde. Ausflugsziele der Seniorenradgruppe waren auch die Fuchsfarm im Erfurter Steigerwald, die Bienstädter Warthe, das Arnstädter Jonastal, der Riechheimer Berg, der Stausee Hohenfelden und die Steigerwaldgasthäuser Waldkasino und Waldhaus. Heute gibt es – altersbedingt – diese Seniorenradgruppe nicht mehr.

Angebote der offenen Altersarbeit kann der Isolation im Alter vorbeugen und die Selbstsorge stärken. Sie ermöglichen Begegnungen untereinander und zwischen Generationen. Die vielfältigen Bedürfnisse der älteren Menschen finden dabei stets Berücksichtigung. Zu den Angeboten der offenen Altersarbeit zählen all jene sozialen, informativen, kulturellen und beratenden Angebote, für die ältere Menschen ihre Wohnung verlassen, um sie in Anspruch zu nehmen. Dazu zählen Beratungsstellen, Gesprächskreise, Seniorentreffs und Seniorenbegegnungsstätten.

Im Landkreis Sömmerda finden in den meisten Gemeinden regelmäßig Seniorenkreise, Gesprächsrunden und Treffs statt. Vielerorts ist die Evangelische Kirchgemeinde der Treffpunkt, so u. a. in **Andisleben, Beichlingen, Bilzingsleben, Buttstädt, Gangloffsömmern, Großbrembach, Großneuhausen, Henschleben, Olbersleben, Schillingstädt, Vogelsberg, Weißensee** und **Wundersleben**.

Aber es gibt auch mehrere Orte, wo die Begegnungen direkt in Seniorentreffs stattfinden, so in **Frohndorf, Großrudestadt, Günstedt, Kannawurf, Mannstedt, Nöda, Rastenberg, Schloßvippach, Sprötau, Straußfurt** und **Witterda**.

In **Kleinmölsen, Ringleben** und **Schallenburg** finden die Rentnernachmittage jeweils in Gaststätten statt. Gleich mehrere Begegnungsstätten gibt es in **Leubingen**. Dazu gehören die Seniorentagesstätte der Volkssolidarität im Bürgerhaus, der Lesezirkel, der Singkreis und der Seniorentreff in der Heimatstube. In **Gebesee** bietet die dortige Diakonie-Sozialstation „St. Elisabeth" Räumlichkeiten für die Treffen der Seniorinnen und Senioren an.

In der Thüringer Landeshauptstadt Erfurt hat der Schutzbund der Senioren und Vorruheständler Thüringen e.V. seinen Sitz am Juri-Gagarin-Ring. Der gemeinnützige Verein setzt sich seit seiner Gründung im Jahr 1991 für soziale, gesundheitsfördernde und kulturelle Interessen älterer Menschen ein. Im Mittelpunkt stehen dabei die Freizeitgestaltung der Senioren, die Unterstützung bei der Pflege und Betreuung sowie die verschiedenen Beratungsangebote. Der Schutzbund sowie das Kompetenz- und Beratungszentrum bieten weitere vielfältige Betätigungsfelder für die Freizeitgestaltung. Es gibt Lernangebote in Englisch und Französisch und zum Umgang mit Computer und Smartphone. Für die körperliche Fitness wird Seniorensport geboten, ebenso Yoga und Radfahren. Einen hohen Stellenwert haben Kunst und Kultur. Eine Aktivität sind in diesem Zusammenhang die „Mittwochsmaler". Die Seniorinnen und Senioren schaffen dabei wahre Kunstwerke. Im Frühjahr 2023 präsentierten sie im Flurbereich und in der Bibliothek des Schutzbundes ihre Werke zum Thema Landschaften. Über neue Interessenten freuen sich Chor und Orchester ebenso wie die Literaturgruppen und die Hobbyfotografen. Kurse zur Fotobuchgestaltung finden mehrmals im Jahr statt. Großer Beliebtheit erfreuen sich Mal- und Zeichenkurse. Ergänzt wird das Angebot durch Tages-Busreisen, Vorträge und Kulturveranstaltungen. Für viele Senioren ist Wandern eine beliebte Freizeitgestaltung. Aber auch ein Schwatz zu Kaffee und Kuchen wird gut besucht.

Für Seniorinnen und Senioren gibt es Situationen, in denen es schwierig ist, allein mit auftretenden Umständen im Zusammenhang mit den sozialen Bedürfnissen von älteren Menschen angemessen umzugehen. Der Schutzbund der Senioren und Vorruheständler Thüringen und das Kompetenz- und Beratungszentrum bieten Unterstützung bei der Suche nach individuellen Lösungen. Die drei Säulen Pflegebegleiter, Betreuungs- und Begleitdienst sowie Demenzbetreuung schaffen notwendige Freiräume für pflegende Angehörige. Die Beratungsangebote beziehen sich unter anderem auf die Wohnberatung für ältere Mitbürger und die Unterstützung bei der Erstellung von Dokumenten zur Vorsorge- und Notfallregelung. Darüber hinaus gibt es Hilfestellungen bei Fragen rund um die Rente und die Miete. Zudem werden ärztliche Befunde in eine verständliche Sprache übersetzt – natürlich unter Wahrung der ärztlichen Schweigepflicht.

Eine wichtige Säule für die Gestaltung des Lebens der älteren Menschen ist der Landesseniorenverband Thüringen e.V.. Unter dem Motto „Einander helfen – Freude erleben" arbeiten in Thüringen 19 Kreisvereinigungen ehrenamtlich seit nunmehr über dreißig Jahren für die Menschen im dritten Lebensabschnitt. Der Landesseniorenverband bietet Senioren aus dem ländlichen Raum vielfältige Möglichkeiten, um zusammen zu kommen, sich untereinander auszutauschen und sich zu informieren. Gemeinsame Zeit mit Bekannten und Freunden zu verbringen, gemeinsame Erlebnisse zu teilen, Neues zu erfahren und aktuelle Entwicklungen zu verfolgen – das sind wichtige Elemente der Verbandsarbeit. Der Landesseniorenverband und die Vorstände der Kreisvereinigungen vertreten die Interessen der Seniorinnen und Senioren im ländlichen Raum gegenüber der Politik und der Verwaltung. Das geschieht durch enge Kontakte besonders zu den Landratsämtern, den Ministerien und anderen sozial tätigen Verbänden und Vereinen im ländlichen Raum.

Schlösser

Beim Stichwort Burgen wurde ja in diesem Kapitel des Buches schon auf die Vielzahl der Burgen und Schlösser im Freistaat Thüringen verwiesen. An dieser Stelle werden nun einige Schlösser vorgestellt.

Wir beginnen mit den Dornburger Schlössern in **Dornburg-Camburg** nördlich von Jena. Die Dornburger Schlösser thronen als einzigartiges Ensemble auf einem Felsen über dem Saaletal. Die Herzöge von Sachsen-Weimar-Eisenach schätzten den „Balkon Thüringens" als Sommerresidenz. Hier sind mehr als 800 Jahre Geschichte vereint. Das „Alte Schloss" birgt Reste einer mittelalterlichen Burg. Das „Rokokoschloss" ist ein galantes Lustschloss des 18. Jahrhunderts mit einer Porzellansammlung. Das „Renaissanceschloss" ist eng mit Johann Wolfgang von Goethe verbunden. Er schwärmte für die liebevoll gepflegten Schlossgärten als Hochgenuss für Flaneure und Rosenliebhaber. Nicht zu vergessen: auch der Wein vom Dornburger Schlossberg ist damals wie heute sehr beliebt. Die Ursprünge der Dornnburger Schlösser liegen in einer Burganlage des Hochmittelalters am Nordende des Schlossfelsens. Im 16. Jahrhundert trat das Alte Schloss an dessen Stelle. Hinzu kam fast zeitgleich das Renaissanceschloss im Süden. In der Mitte des 18. Jahrhunderts wurde das Rokokoschloss errichtet. Somit war die imposante Dreierkulisse perfekt. Zunächst dienten die Schlösser ganz verschiedenen Zwecken. Sie gehörten nicht zusammen. Erst 1824 kaufte Großherzog Carl August von Sachsen-Weimar-Eisenach das Renaissanceschloss zu den beiden anderen Schlössern hinzu und ließ sie durch vielfältige terrassierte Gartenanlagen verbinden. Heute sind das Renaissanceschloss und das Rokokoschloss sowie die Gärten zu besichtigen. Das Alte Schloss wird als Tagungszentrum genutzt.

Malerisch am Ufer der Saale zwischen der Bleiloch-Talsperre und dem Hohenwarte-Stausee gelegen, wird der Ort **Burgk** als Ortsteil der Stadt Schleiz im Saale-Orla-Kreis von einer beeindruckende Schlossanlage geprägt. Das Schloss Burgk gehörte von seiner Erbauung im Mittelalter an bis 1945 dem Fürstenhaus Reuß. Das gut erhaltene Schloss hat noch den Charakter einer Burg mit vielen mittelalterlichen Details. So ist der ursprüngliche Palas noch komplett erhalten, ebenso der Bergfried und die beiden steinernen Brücken. Diese führen in den inneren Ring bzw. zum Palas. Früher waren beide Brücken Zugbrücken. An der äußeren Brücke ist unter dem Amtshaus eine Zolltariftafel ausgestellt. Im Jahr 2016 wurde wurde beim Öffnen einer barocken Wand eine mittelalterliche Bohlenstube von 1402 gefunden. Als 1739 das zweite Torhaus abgerissen wurde, fand man eine Kammer mit einem Hund. Vermutlich wurde dieser dort als Opfergabe etwa 400 Jahre zuvor lebendig eingemauert. Heute ist dieser Hund im Eingangsbereich in mumifiziertem Zustand hinter einer Glasscheibe zu sehen. Die Schlosskapelle und die Küche sind gut erhalten. Am westlichen Ende der Anlage steht der „Rote Turm" mit einer Fachwerkhaube im Stil der Spätrenaissance. Der Zugang zum „Roten Turm" führt über einen begehbaren und gedeckten Wehrgang. Im Rittersaal des Schlosses finden regelmäßig Konzerte statt. Das barocke Prunkzimmer und die Wohnräume im Stil des Rokokos geben einen Einblick in das Leben der deutschen Fürsten. Eine umfangreiche Waffen- und Trophäensammlung im Jagdzimmer verweist auf die Nutzung der Anlage als Jagdschloss. Ein besonderes Merkmal der Schlosskapelle ist die 1743 geweihte Orgel von Silbermann.

Molsdorf ist ein ländlich geprägter Ortsteil von Erfurt. Hier steht das gleichnamige Schloss Molsdorf. Es ist eine kleine Besonderheit unter den Thüringer Schlössern. Das liegt vor allem an seinem illustren Bauherren. 1734 kaufte Gustav Adolf von Gotter das Objekt. Er verwandelte die einstige Wasserburg in ein barockes Lustschloss. Durch seine Kontakte zu den führenden Höfen seiner Zeit konnte er zur Umsetzung der Bauaufgabe bedeutende Künstler gewinnen. Den prächtigen Festsaal im Obergeschoss ließ der Graf mit Eichenholz täfeln und mit 33 Gemälden ausstatten. Der prächtige Marmorsaal diente dem Grafen als Empfangsraum und bildete den Auftakt zu den Paraderäumen. Nach 14 Jahren musste der Lebemann Graf von Gotter das Anwesen verkaufen. Es ging an den Herzog Friedrich III. von Sachsen-Gotha-Altenburg.

Dieser ließ das Schloss in ein Kammergut umwandeln und den Wassergraben um das Schloss zuschütten. Aus dem Jahr 1910 stammt das mondäne Marmorbad des Schlosses. Es ist eines der wenigen erhaltenen privaten Luxusbäder des frühen 20. Jahrhunderts. Es wurde von der damaligen Besitzerin, der Gräfin von Gneisenau, in Auftrag gegeben und mit grün geäderten Marmor ausgestattet.

Im Landkreis Saalfeld-Rudolstadt in der Mitte von Thüringen liegt der 500-Seelen-Gemeinde **Großkochberg**. Der Ort erlangte Berühmtheit durch das ehemalige Rittergut mit Schloss Kochberg. Das Schloss ist vor allem durch mehrere Besuche von Johann Wolfgang von Goethe bekannt geworden. Die Anlage ist um einen zentralen Platz, den „Plattenhof" gruppiert. Ältester Gebäudeteil ist das „Hohe Haus". Das ist ein mittelalterlicher Wohnturm. Von ihm geht die erstmalige Erwähnung einer Wasserburg im Jahr 1380 aus. Die früheste ausführliche Beschreibung des Schlosses stammt aus dem Jahr 1659. Darin ist von einer Quelle im Schlosspark die Rede sowie von einer Röhrenleitung, die den viereckigen Burggraben aus dem sogenannten Bergteich speiste. Der vermutlich einzige Zugang zum Schloss war in dieser Zeit eine Zugbrücke. Das heute dominierende Bauwerk ist das „Hohe Haus". Es stammt aus dem 17. Jahrhundert und ist im Stil der Renaissance errichtet. Später wurde im Westen und Norden des Schlosses ein Park angelegt. Eine Brücke verbindet ihn mit dem zentralen Gebäudeensemble. Zu DDR-Zeiten wurde das Schloss nach einer umfassenden Restaurierung im Jahr 1975 wieder für die Öffentlichkeit geöffnet. Bis zur politischen Wende 1989 war das Schloss ein Erholungsheim des Kulturbundes der DDR. Zu Beginn der 1990er Jahre wurde ein Versuch unternommen, das Schloss als Hotel zu betreiben. Im Jahr 2011 erfolgte eine umfangreiche Restaurierung. Ein Jahr später fand die feierliche Wiedereröffnung statt. Heute befinden sich im Schloss ein Restaurant und ein Schlossmuseum. Die wertvollsten Exponate des Museums sind zwei Schreibtische von Johann Wolfgang von Goethe.

Zirka neun Kilometer nördlich der Kleinstadt Kölleda im Landkreis Sömmerda liegt der Ort **Beichlingen**. Hier befindet sich das Schloss Beichlingen. Nördlich und südlich des jetzigen Schlosses sind umfangreiche ur- und frühgeschichtliche Wallanlagen erhalten. Die Dauer dieser Wallanlagen reicht deutlich über die spätere mittelalterliche Burg hinaus. Die Burg Beichlingen wurde wahrscheinlich von König Heinrich I. zum Schutz einer wichtigen Pass-Straße zum Unstrut-Tal angelegt. Die erstmalige Erwähnung der Burg Beichlingen stammt aus dem Jahr 1014. Im Laufe der Jahrhunderte wurde die Burg von verschiedenen Burgherren immer mehr zum Schloss umgestaltet. In den Jahren von 1901 bis 1904 erfolgte eine grundlegende Umgestaltung des neuen Schlosses im Neorenaissance-Stil. Als letzte Maßnahme begann 1935 eine partielle Sanierung der Innenräume des Hohen Hauses. Im Zweiten Weltkrieg wurde das Schloss nicht beschädigt. Zu DDR-Zeiten waren im Schloss nacheinander mehrere Bildungseinrichtungen untergebracht. Das reichte von der Lehrerbildungsanstalt über eine Ausbildungsstätte für Kindergärtnerinnen bis hin zu einer Ingenieurschule für Veterinärmedizin. Im Jahr 1991 hatte sich ein Förderverein zur Rettung und Erhaltung von Schloss Beichlingen gegründet. Heute ist das Schloss wieder in Privatbesitz, der Förderverein kann seine Arbeit aber fortsetzen. Im Schloss werden ein Hotel und ein Restaurant betrieben.

Das Dorf **Mihla** unweit von **Eisenach** im Wartburgkreis beherbergt gleich zwei Schlösser. Das Graue Schloss stammt aus dem 16. Jahrhundert. Umbauen erfolgten im 17. Jahrhundert. Zum Anwesen des Schlosses gehört ein ansehnlicher Schlosspark. Heute ist das Schloss eine Gaststätte mit Fremdenzimmern. Eine weitaus größere Bedeutung hat für Mihla das Rote Schloss. Es zählt zu den bedeutendsten Fachwerkbauten im Wartburgkreis und hat eine bewegende Geschichte. Eine Jahreszahl über den Haupteingang des Herrenhauses nennt das Jahr 1581 als das Jahr des

Bauabschlusses. Der Bau des wohl von hessischen Baumeistern und einheimischen Handwerkern errichteten Renaissanceschlosses nahm sicherlich mehrere Jahrzehnte in Anspruch. Davon zeugen auch das Steinsockelgeschoss mit reichem Fachwerk, mehrere Querhäuser und Erker sowie dazugehörige Wirtschaftsgebäude.

Die Bezeichnung Rotes Schloss setzte sich bereits in der Erbauungszeit durch und geht auf die Ziegeln zur Dachabdeckung zurück – im Gegensatz zu den Blauen Schlössern. Auf die bewegende und interessante Geschichte des Schlosses soll an dieser Stelle nicht weiter eingegangen werden. Vielmehr wollen wir die Nutzung des Schlosses nach dem Zweiten Weltkrieg betrachten und uns ein Bild von der Schlossanlage machen. Seit 1952 erfolgte eine Nutzung als Alten- und Pflegeheim. Die Parkanlagen waren in-zwischen verwildert und wurden andersartig genutzt. Auf dem ehemaligen Parkgelände entstanden ein Industriekomplex der Uhrenwerke Ruhla, ein Kindergarten und eine Kinderkrippe, Einrichtungen der hiesigen LPG sowie ein Schulgarten. Einige Parkgrundstücke kamen auch in private Hand. Von den ursprünglichen Parkeinrichtungen wie Springbrunnen, Figuren, Rosengarten, Gewächshäusern und Ziergärten sind nur spärliche Reste erhalten.

In Reisehandbüchern wird das Rote Schloss öfter als Kleinod des Fachwerkbaus beschrieben. Tatsächlich ist man überrascht von der Größe und der Schönheit der Anlage, wenn man den Torbogen durchschritten hat. Dieser trennt das Schloss und das Dorf voneinander. Der große Innenhof wird von dreiseitig ausgeführten Wirtschaftsgebäuden begrenzt. Gegenüber dem Torhaus erhebt sich der zweigeteilte eigentliche Schlossbau. Rechter Hand künden Portal und im Stil des 16. Jahrhunderts gehaltene Fenster im steinernen Untergeschoss vom alten Herrenhaus. Ein Treppenturm ist vorgesetzt und beim genauen Hinschauen findet man noch die Spuren der längst abgebrochenen Treppe. Im Innern kann man die drei großen übereinander liegenden Dielen noch erahnen. Schwere Täfelung und zahlreiche Verzierungen erinnern an die lange Vergangenheit des Schlosses.

Wie bereits erwähnt, gibt es in Thüringen eine Vielzahl von Schlössern. Dazu gehören auch zahlreiche Schlösser in städtischen Gebieten. Genannt werden sollen nur das Schloss Friedenstein in Gotha, das Schloss Belvedere in Weimar und das Schloss Elisabethenburg in Meiningen. Da es in diesem Buch aber vorwiegend um das Thüringer Landleben geht, werden diese Schlösser in Thüringer Städten nicht weiter vorgestellt. Es sei jedoch unbedingt bemerkt, dass viele Bewohner des ländlichen Raumes gern Betrachter und Bewunderer dieser Schlösser sind.

Schulen

Die Schule war und ist ein Spiegelbild der Gesellschaft. Auf der einen Seite musste sich die Schule der jeweiligen Gesellschaft anpassen, andererseits hielt die Schule der Gesellschaft aber auch den Spiegel vor. Wir kennen den Ausspruch „Wissen ist Macht". Unter diesem Aspekt war Bildung jahrhundertelang ein Privileg der Reichen und Mächtigen. Aus unserer Region ist überliefert, dass um das Jahr 1550 herum in den meisten Ortschaften, auch in den Dörfern, Schulen eingerichtet wurden.

Heute gibt es in Thüringen eine Vollzeitschulpflicht. Sie dauert zehn Schuljahre. Dabei kommt es grundsätzlich auf die tatsächlich besuchten Schuljahre an. Die Vollzeitschulpflicht endet spätestens zum Ende des Schuljahres, in dem das 18. Lebensjahr vollendet wird.

Folgende Schularten finden wir in Thüringen vor:

- die Gemeinschaftsschule mit den Klassenstufen 1–12
- die Grundschule mit den Klassenstufen 1–4
- die Regelschule mit den Klassenstufen 5–10
- das Gymnasium mit den Klassenstufen 5–12
- die Gesamtschule mit den Klassenstufen 5–10 bzw. 5–13

Darüber hinaus gibt es noch:

- die Förderschule
- die Berufsbildende Schule
- die Hochschule

Neben den staatlichen allgemeinbildenden und berufsbildenden Schulen gibt es in Thüringen auch zahlreiche Ersatzschulen, auch Privatschulen genannt. Das sind Schulen in freier Trägerschaft, die in ihren Bildungs- und Erziehungszielen den staatlichen Schulen entsprechen. Abweichungen in der Lehr- und Unterrichtsmethode, in den Lerninhalten und der Organisation des Unterrichts sind möglich, soweit die Gleichwertigkeit mit entsprechenden staatlichen Schulen nicht beeinträchtigt wird. Auf eine Angabe der Anzahl der einzelnen Schulen und der Schüler wird an dieser Stelle verzichtet, weil diese einer ständigen Veränderung unterzogen sind. So hat sich allein die Anzahl der Grundschulen in Thüringen seit der Wiedervereinigung im Jahr 1990 fast halbiert.

Es folgen einige Informationen zu den einzelnen Schularten in Thüringen.

Wir beginnen mit der Grundschule. Die Thüringer Grundschule umfasst die Klassenstufen 1 bis 4. Sie kann von allen Schülerinnen und Schülern gemeinsam besucht werden und bietet ein möglichst wohnortnahes Bildungs- und Betreuungsangebot. Die Grundschule hat den Anspruch, eine Schule für alle Schülerinnen und Schüler zu sein. Beim Eintritt in die erste Klasse verfügen die Kinder über sehr unterschiedliche Lernvoraussetzungen und Bildungsbiografien. Dem begegnet die Schule mit einer Pädagogik der Vielfalt. Die Verschiedenheit der Begabungen, Stärken und Interessen wird als Bereicherung des Unterrichts betrachtet und für das Lernen aller genutzt. Ziel ist es, die Lernumgebung zu schaffen, in der sich die Kinder willkommen und wertgeschätzt fühlen. Sie machen die Erfahrung, gemäß ihrer individuellen Entwicklung wahrgenommen und akzeptiert zu werden. Auftrag der Grundschule ist es, allen Schülerinnen und Schülern eine grundlegende schulische Bildung zu ermöglichen. Dazu gehört vor allem die Vermittlung der Schlüsselkompetenzen Lesen und Schreiben sowie Mathematik. Diese Kompetenzen bilden die Grundlage für alle anderen Bildungsbereiche der Grundschule, für ein erfolgreiches Lernen in den weiterführenden Schulen sowie für ein selbstverantwortetes und motiviertes lebenslanges Lernen.

Maßgeblich für die Bildungsarbeit in den Thüringer Grundschulen sind der Thüringer Bildungsplan bis 18 Jahre und die Thüringer Lehrpläne für die Fächer der Grundschule. Im Thüringer Bildungsplan wird Bildung als ein lebenslanger, offener und aktiver Prozess beschrieben. Die in den Thüringer Lehrplänen formulierten Bildungsziele sind dem Anspruch auf individuelle Förderung verpflichtet und spiegeln die von der Gesellschaft gestellten Erwartungen an die Schülerinnen und

Schüler wider. Die Unterrichtsgestaltung trägt dem Bildungsauftrag der Grundschule Rechnung. Schülerinnen und Schüler lernen sowohl selbsttätig als auch durch die Anleitung von Lehrkräften. Stets wird darauf geachtet, dass die Kinder intensiv am Unterrichtsgeschehen beteiligt sind und den Lernprozess aktiv mitgestalten. Kooperative Lernformen, die eine Kommunikation zwischen den Kindern erfordern, sowie die Reflexion über das eigene Lernen und den gemeinsamen Lernprozess sind ebenso Bestandteil des Unterrichts wie Klassenstufen übergreifende Lerngruppen. In der vierten Klasse werden Eltern sowie Grundschülerinnen und Grundschüler bei ihrer Entscheidung über den weiteren Bildungsweg von den Lehrkräften individuell begleitet und beraten. Dies sichert einen erfolgreichen Übergang in die weiterführende Schule.

Ziel der Ganztagsbetreuung an Thüringer Grundschulen ist es, den Familien eine ergänzende und den Unterricht unterstützende Bildung und Betreuung ihrer Kinder anzubieten. Dadurch wird den Eltern eine bessere Vereinbarkeit von Familie und Beruf ermöglicht. Die Schülerinnen und Schüler erledigen in der unterrichtsfreien Zeit schulbezogene Pflichten, z.B. Projektarbeiten oder Hausaufgaben. Außerdem finden viele Freizeit- und Förderangebote statt. Jedes Kind in Thüringen hat vom Schulantritt bis zum Abschluss der Grundschule einen Anspruch auf eine Hortbetreuung. Die Grundschulen sind verpflichtet, zur Betreuung und Förderung der Schülerinnen und Schüler außerhalb des Unterrichts Horte zu führen. Die Horte sind organisatorisch Teil der betreffenden Schulen. Der Besuch der Horte ist freiwillig.

Die Regelschule ist eine weiterführende Schulform im Freistaat Thüringen. Sie wurde mit Beginn des Schuljahres 1991-1992 eingeführt. Dort werden die nach dem Hamburger Abkommen von 1964 definierten Schulformen der Haupt- und Realschule unter einem Dach geführt. Die Regelschule wird nach der Grundschule von der Mehrheit der Thüringer Schülerinnen und Schüler besucht. Sie ist das Kernstück des Thüringer Schulwesens. In den Klassenstufen 5 und 6 werden alle Schülerinnen und Schüler gemeinsam unterrichtet. Bei entsprechenden Leistungen ist auf Antrag der Eltern jeweils am Ende dieser beiden Klassenstufen der Übertritt an ein Gymnasium möglich. Ab der Klassenstufe 7 bestimmt die Schulkonferenz, wie der Unterricht organisiert wird. Zur Schulkonferenz gehören Vertreter der Eltern, Schülerinnen und Schüler sowie Lehrkräfte. So ist einerseits gemeinsames Lernen möglich. Dieses wird zeitweise zur besonderen Förderung durch Trennung in Kurse ergänzt. Diese Organisationsform soll weiterentwickelt und gestärkt werden. Andererseits können die Regelschülerinnen und Regelschüler auch in Klassen unterrichtet werden, die jeweils auf den Erwerb des Haupt- bzw. Realschulabschlusses ausgerichtet sind.

Regelschülerinnen und Regelschüler erwerben mit dem Erfüllen der Versetzungsbestimmungen am Ende der Klassenstufe 9 den Hauptschulabschluss. Er kann wahlweise auch mit einer zentralen Prüfung verbunden werden und heißt dann Qualifizierender Hauptschulabschluss. Der Realschulabschluss am Ende der Klasse 10 ist immer mit einer zentralen Abschlussprüfung verbunden. Neben einer soliden Allgemeinbildung in den Pflichtfächern erhalten Regelschülerinnen und Regelschüler in Wahlpflichtfächern ab Klassenstufe 7 eine praxisnahe und ihre Neigungen berücksichtigende Orientierung für das Leben und den Beruf. Dabei arbeiten die Schulen mit der regionalen Wirtschaft zusammen. Das reicht von vielfältigen Projektarbeiten bis zu interessanten Betriebspraktika. Die meisten Regelschülerinnen und Regelschüler treten in Thüringen nach dem Haupt- oder Realschulabschluss in die Berufsausbildung ein und besuchen dabei eine berufsbildende Schule. Geeigneten Regelschülerinnen und Regelschülern mit entsprechenden Notenvoraussetzungen steht mit dem Realschulabschluss nach Klassenstufe 10 der Übertritt an ein Gymnasium offen.

In Thüringen gibt es 77 Gemeinschaftsschulen. Die Thüringer Gemeinschaftsschule passt sich regionalen Besonderheiten an und erlaubt es dabei, die strukturellen Erfordernisse der Schulnetzplanungen der staatlichen Schulträger zu berücksichtigen. Grundsätzlich umfasst die Thüringer Gemeinschaftsschule die Klassenstufen 1 bis 12. Abhängig von regionalen Besonderheiten kann eine Gemeinschaftsschule auch mit der Klassenstufe 5 beginnen. Das Angebot für die Klassenstufen 1 bis 4 wird hier durch eine oder mehrere Grundschulen gewährleistet. Sofern an einer Gemeinschaftsschule die Thüringer Oberstufe nicht eingerichtet werden kann, kooperiert sie mit einem Gymnasium. So wird auch in diesem Fall sichergestellt, dass die allgemeine Hochschulreife nach 12 Jahren erreicht werden kann. Für alle Gemeinschaftsschulen gilt:

- Alle Schülerinnen und Schüler lernen gemeinsam bis zur Klassenstufe 8. Somit entfällt eine frühzeitige Festlegung auf einen Bildungsgang. Ab Klassenstufe 9 wird abschlussbezogen unterrichtet.

- Um der ausgeprägten Vielfalt in den Lerngruppen gerecht zu werden, ist eine innere Differenzierung des Unterrichts erforderlich. Die Lehrkräfte nutzen die Lehrpläne für den Erwerb des Hauptschul- und des Realschulabschlusses und den Lehrplan für den Erwerb der allgemeinen Hochschulreife.

- Die Bildungsgänge sind an der Gemeinschaftsschule durchlässig gestaltet. So kann ein Übertritt an das Gymnasium nach den Klassenstufen 4 bis 8 und 10 mit Realschulabschluss erfolgen.

In Erfurt, Gera, Gotha und Jena gibt es Gesamtschulen. Die Gesamtschule beginnt mit der Klassenstufe 5. Sie führt zum Hauptschul- oder zum Realschulabschluss bzw. in Verbindung mit einer gymnasialen Oberstufe zum Abitur. Sie kann kooperativ und integriert geführt werden. In der kooperativen Gesamtschule werden je nach angestrebten Abschluss Hauptschul- Realschul- und Abiturklassen gebildet. In der integrierten Gesamtschule werden je nach angestrebtem Abschluss entsprechende Kurse gebildet. Die gymnasiale Oberstufe umfasst hier die Klassenstufen 11 bis 13. Der Übertritt nach Klassenstufe 4 in eine integrierte Gesamtschule sowie in den Regelschulteil einer Kooperativen Gesamtschule ist – wie bei der Regelschule – nicht von bestimmten Leistungsvoraussetzungen abhängig. Nur für den Übertritt in den Gymnasialteil einer kooperativen Gesamtschule gelten die gleichen Bedingungen wie für den Übertritt in ein Gymnasium.

Damit vollziehen wir den Übergang zum Gymnasium. Das Gymnasium vermittelt eine vertiefte allgemeine Bildung, die für ein Hochschulstudium vorausgesetzt wird oder auf eine sonstige berufliche Ausbildung vorbereitet. Ziel der gymnasialen Ausbildung ist mit dem Bestehen der Abiturprüfung das Erlangen der allgemeinen Hochschulreife. Diese allgemeine Bildung beinhaltet einen hohen Grad an theoretischem, praktischem und abstraktem Wissen und die Vermittlung der Grundlagen wissenschaftlicher Arbeitsmethoden. Sie führt zu zielgerichtetem und selbständigem Lernen, zu hoher kommunikativer Kompetenz sowie zu eigenständigen und verantwortungsbewussten Werten. **Dazu gehören**

- das Erlernen der Arbeitstechniken der Informationsbeschaffung,
- das selbständige Auffinden, Formulieren und Lösen von Problemen,
- das Einordnen von Informationen in größere Zusammenhänge,
- das Erkennen und Anwenden fachspezifischer und fachübergreifender Methoden,
- die argumentative und abwägende Auseinandersetzung mit unterschiedlichen Fragestellungen,
- die Formulierung von Werturteilen.

Die Hochschulreife bedeutet einerseits Wissen und Können sowie die Beherrschung der Arbeitstechniken und Arbeitsmethoden bei der Wissensaneignung und andererseits eine umfassende Persönlichkeitsentwicklung mit hoher Sozial- und Selbstkompetenz. Damit wird die allgemeine Studierfähigkeit erreicht. Als wesentliche Elemente der Studierfähigkeit werden eine dynamische

Arbeitshaltung, eine hohe Belastbarkeit und die Beherrschung wissenschaftlicher Arbeitsmethoden angestrebt. Die Persönlichkeitsbildung ist vor allem auf die Entwicklung des Wollens und auf verantwortungsbewusstes Handeln ausgerichtet.

Das Gymnasium umfasst die Klassenstufen 5 bis 12. Ein Kind kann das Gymnasium besuchen, wenn es eine Aufnahmeprüfung besteht. Dieser Aufnahmeprüfung bedarf es nicht, wenn es zum Schulhalbjahr der jeweiligen Klassenstufe bestimmte Notenvoraussetzungen erfüllt oder von der abgebenden Schule eine Empfehlung für den Bildungsweg des Gymnasiums erhält. Am Ende der Klassenstufe 10 müssen sich alle Gymnasiastinnen und Gymnasiasten einem zentralen Leistungsnachweis – einer besonderen Leistungsfeststellung – unterziehen. Dieser Leistungsnachweis bestimmt die Versetzung in die Qualifikationsphase der gymnasialen Oberstufe wesentlich mit. Mit der Versetzung in die Klassenstufe 11 wird eine dem Realschulabschluss gleichwertige Schulbildung bescheinigt. In der Qualifikationsphase werden die Gymnasiastinnen und Gymnasiasten in Kursen unterrichtet. Der Unterricht in den Fächern mit erhöhtem und grundlegendem Anforderungsniveau sowie im Seminarfach vermittelt die Grundlagen für den Übergang zur Hochschule oder für eine andere berufliche Ausbildung. Spätestens am Ende der Einführungsphase wählen die Schülerinnen und Schüler verbindlich ihre Fächer für die zweijährige Qualifikationsphase. Bei der Wahl der Fächer können sie im Rahmen der Belegungs- und Einbringungsverpflichtungen eine persönliche Schwerpunktbildung setzen. Die erzielten Halbjahresergebnisse werden zum größten Teil in das Abiturzeugnis eingebracht.

Im Freistaat Thüringen gibt es auch Spezialgymnasien. Diese haben entweder eine musikalische Ausrichtung wie in **Weimar** oder eine sportliche Ausrichtung wie in **Erfurt, Jena** und **Oberhof** oder eine sprachliche Ausrichtung wie in **Schnepfenthal** bei Gotha. Zudem gibt es Gymnasien mit Spezialklassen. In Erfurt, Jena und Ilmenau haben diese eine mathematisch-naturwissenschaftliche und in Gera eine musikalische Ausrichtung. Für diese Gymnasien stehen vor Ort Internate zur Verfügung.

Kommen wir nun zu den Hochschulen. In Thüringen gibt es derzeit vier Universitäten, vier Fachhochschulen, eine Kunsthochschule, eine Verwaltungsfachhochschule, eine duale Hochschule und zwei private Hochschulen. Die erste Universität wurde im Jahr 1392 in **Erfurt** – damals als dritte Universität Deutschlands – gegründet. Sie bestand zunächst bis 1816 und wurde 1994 als Universität Erfurt wiedergegründet. Da Erfurt früher aber kein Teil Thüringens war, sondern zu Kurmainz gehörte, wurden schnell die Forderungen nach einer Universität für die Thüringischen Staaten laut. Daraus resultierte 1558 die Gründung der Universität **Jena**.

Eine lange Tradition weist in Thüringen die Forstausbildung auf. 1801 wurde im Herzogtum Sachsen-Meiningen die Forstakademie **Dreißigacker** (heute ein Ortsteil von Meiningen) gegründet. Diese bestand als Forsthochschule bis 1843. Kurz darauf entstand die Großherzogliche-Sächsische Forstlehranstalt in **Eisenach**. Später wurde die Forstausbildung an der Fachhochschule für Forstwirtschaft in **Schwarzburg** im heutigen Landkreis Saalfeld-Rudolstadt geleistet. Seit 2006 ist die Forstausbildung an der Fachhochschule Erfurt angesiedelt.

Als gegen Ende des 19. Jahrhunderts breitere Bevölkerungsschichten Zugang zu einer universitären Bildung erlangten, mussten die Kapazitäten ausgeweitet werden. So wurde 1860 die Großherzoglich-Sächsische Kunstschule gegründet. Sie ist der Vorläufer der heutigen Bauhaus-Universität **Weimar**. Das Jahr 1872 war das Geburtsjahr der Orchesterschule Weimar. Aus ihr ging die Hochschule für Musik Franz Liszt Weimar hervor. Im Jahr 1994 wurde das Thüringische Technikum gegründet. Es ist der Vorläufer der heutigen Technischen Universität **Ilmenau**. Zur Historie der Hochschulen von Thüringen gehört auch die Gründung der Königlich Preußischen Fachschule für Kleineisen- und Stahlwarenindustrie **Schmalkalden**.

Aus ihr entwickelte sich 1991 die Fachhochschule Schmalkalden, die seit 2015 unter Hochschule **Schmalkalden** firmiert.

In jüngerer Zeit wurden noch vier weitere Fachhochschulen gegründet, um das Bildungsangebot in Thüringen weiter zu vervielfältigen. Das Jahr 1946 ist das Gründungsjahr der Ingenieurschule für Gartenbau in **Erfurt**. Damit war der Grundstein für die heutige Fachhochschule Erfurt gelegt. Die Fachhochschule **Jena** entstand 1991. Seit 2014 trägt sie den Namen Ernst-Abbe-Hochschule Jena. Weitere Fachhochschulen gibt es mit der Thüringer Verwaltungsfachhochschule in **Gotha** und **Meiningen** seit 1994 und der Fachhochschule **Nordhausen** seit 1997. Diese nennt sich seit 2012 Hochschule Nordhausen. Schließlich ging aus den Berufsakademien **Eisenach** und **Gera** im Jahr 2016 die Duale Hochschule Gera-Eisenach hervor.

In den 2000er Jahren kamen auch private Hochschulen nach Thüringen. 2006 wurde in **Gera** die SRH Fachschule für Gesundheit gegründet. Sie heißt seit 2016 SRH Hochschule für Gesundheit. 2007 erhielt sie die Staatliche Anerkennung und besteht bis heute fort. Von 2008 bis 2013 bestand in **Erfurt** die Adam-Ries-Fachhochschule. Sie ging in die IUBH auf. Die IUBH ist eine Internationale Hochschule. Sie ist die größte private Hochschule in Deutschland. Die Studierenden kommen aus vielen Ländern Europas und darüber hinaus. Diesem internationalen Charakter Rechnung tragend wurde aus der IUBH die IU, die Internationale Hochschule. 2019 hat diese IUBH ihren Sitz von Bad Honnef nach Erfurt verlegt. Dadurch stieg die Studentenzahl um 50 % an. Mittlerweile hat die Hochschule hierzulande 5.000 Studenten und tritt als Internationale Hochschule (IU) auf.

Abschließend soll zum Thema Hochschulen nochmal auf die Universität Erfurt eingegangen werden. Der Vorläufer der 1994 wiedergegründeten Universität Erfurt waren die 1954 gegründete Medizinische Akademie Erfurt sowie die Pädagogische Hochschule Erfurt-Mühlhausen. Beide Hochschulen knüpften an die Tradition der alten Universität Erfurt an. Aus der Medizinischen Akademie wurde schließlich auch die Universitätsgesellschaft Erfurt gegründet. Die Medizinische Akademie wurde jedoch nur noch von 1990 bis 1992 als Medizinische Hochschule fortgeführt. Sie wurde zugunsten der medizinischen Ausbildung in **Jena** aufgegeben. Die Pädagogische Hochschule bestand jedoch als Pädagogische Hochschule Erfurt am Standort **Erfurt** fort. 2001 erfolgte die Eingliederung in die neue Universität Erfurt. Im Jahr 2003 wurde die zuvor von der katholischen Kirche getragene Theologische Fakultät Erfurt als vierte Fakultät in die Universität integriert.

Kommen wir nun zu den Berufsbildenden Schulen in Thüringen. Für die meisten Schülerinnen und Schüler bilden die berufsbildenden Schulen mit ihren verschiedenen Schulformen den Abschluss der Schullaufbahn. Sie eröffnen jungen Menschen zahlreiche unterschiedliche Bildungs- und Qualifizierungsmöglichkeiten. Die am häufigsten besuchte Schulform der berufsbildenden Schulen ist die Berufsschule. Sie ist für den theoretischen Teil der Berufsbildung zuständig. Für den praktischen Teil ist der Ausbildungsbetrieb verantwortlich. Die Berufsausbildung dauert in der Regel drei Jahre und endet mit dem Abschluss in einem anerkannten Ausbildungsberuf. Mit dem Abschlusszeugnis der Berufsschule erwerben die Schülerinnen und Schüler ohne Hauptschulabschluss einen dem Hauptschulabschluss gleichwertigen Abschluss. Die Schülerinnen und Schüler ohne Realschulabschluss können unter bestimmten Voraussetzungen einen dem Realschulabschluss gleichwertigen Abschluss erlangen. Schülerinnen und Schüler ohne Ausbildungsverhältnis können das Berufsvorbereitungsjahr an der Berufsschule besuchen und einen dem Hauptschulabschluss gleichwertigen Abschluss erwerben.

Weitere Schulformen der berufsbildenden Schulen sind die Berufsfachschule, die Höhere Berufsfachschule, die Fachoberschule, die Fachschule und das berufliche Gymnasium sowie die Förderberufsschule. Sie bieten vielfältige Möglichkeiten, berufliche Qualifikationen oder Teilqualifikationen, die Fachhochschul- bzw. Hochschulreife zu erwerben sowie gleichwertige Haupt- und Realschulabschlüsse nachzuholen.

Das weit gefächerte Angebot der einzelnen Schulformen und Bildungsgänge der staatlichen berufsbildenden Schulen in Thüringen eröffnet jungen Menschen zahlreiche Bildungs- und Qualifizierungsmöglichkeiten. Für Jugendliche ohne Schulabschluss sind dies das Berufsvorbereitungsjahr (BVJ) und die Berufsschule (Berufsausbildung). Für Jugendliche mit Haupt- oder Realschulabschluss sind das die Berufsschule (Berufsausbildung) und die Berufsfachschule. Für Jugendliche mit Realschulabschluss sind das die Höhere Berufsfachschule, die Fachoberschule, das Berufliche Gymnasium und die Fachschule.

Bestandteil des Schulnetzes in Thüringen sind die Förderschulen. Im Schuljahr 2021-2022 hatte das Land Thüringen 72 Förderschulen eingerichtet. Davon befinden sich 50 in staatlicher Trägerschaft, 22 in privater Hand. Den Großteil der Förderplätze nehmen mehr als 13.000 Schülerinnen und Schüler mit sonderpädagogischem Förderbedarf ein. Darunter sind Schülerinnen und Schüler mit einer allgemeinen Lernschwäche, mit Sprechproblemen, mit einer Hörschwäche oder einer Sehschwäche. Die Thüringer Förderschule ist eine allgemeinbildende Schule. Schülerinnen und Schüler mit sonderpädagogischem Förderbedarf werden soweit als möglich in den Grundschulen, Gemeinschaftsschulen, Gesamtschulen, Regelschulen und Gymnasien im gemeinsamen Unterricht beschult. Für Kinder mit Behinderungen und mit sonderpädagogischem Förderbedarf ist somit der Übergang aus einer gemeinsamen Zeit in Kindertageseinrichtungen in die Schule gegeben. Gemeinsamer Unterricht kann durchgeführt werden, wenn die notwendigen personellen, sächlichen und räumlichen Voraussetzungen gewährleistet sind. Die Förderung aller Schülerinnen und Schüler muss sichergestellt sein.

Schülerinnen und Schüler mit sonderpädagogischem Förderbedarf, die nicht im gemeinsamen Unterricht beschult werden können, besuchen eine Förderschule. In Thüringen sind alle Förderschulen sonderpädagogische Zentren für Unterricht, Förderung, Kooperation und Beratung. Neben den Bildungsgängen Grundschule und Regelschule bietet die Förderschule den siebenjährigen Bildungsgang zur Lernförderung (Klasse 3 bis 9) sowie den Bildungsgang zur individuellen Lebensbewältigung (Klassen 1 bis 12) an. Schülerinnen und Schüler mit sonderpädagogischem Förderbedarf Lernen (Bildungsgang zur Lernförderung) können im Anschluss durch den erfolgreichen Besuch des freiwilligen 10. Schuljahres der Förderschule einen dem Hauptschulabschluss gleichwertigen Abschluss erwerben. Für Schülerinnen und Schüler mit sonderpädagogischem Förderbedarf in der geistigen Entwicklung (Bildungsgang zur individuellen Lebensbewältigung) ist ein freiwilliger Schulbesuch von bis zu drei Jahren möglich. Danach ist eine Vorbereitung auf eine Beschäftigung oder der Besuch einer Geschützten Werkstatt möglich.

In Thüringen gibt es jeweils ein staatliches überregionales Förderzentrum mit dem Förderschwerpunkt Hören und Sehen. Diese überregionalen Förderzentren sind mit einem Wohnheim verbunden. An den überregionalen Förderzentren ist der Erwerb des Haupt- oder Realschulabschlusses möglich. Das Abitur kann in Kooperation mit einem Gymnasium im gemeinsamen Unterricht erworben werden. Die regionalen Förderzentren gibt es für die Förderschwerpunkte Hören, Sehen, körperliche und motorische Entwicklung, Sprache, emotionale und sozialen Entwicklung, Lernen, geistige Entwicklung. An den regionalen Förderzentren können die Schülerinnen und Schüler den Abschluss im Bildungsgang zur individuellen Lebensbewältigung, im Bildungsgang zur Lernförderung sowie den Haupt- oder Realschulabschluss erreichen. Jugendliche mit sonderpädagogischem Förderbedarf können an Förderberufsschulen Berufsabschlüsse erwerben.

In Thüringen gibt es Freie Waldorfschulen in Erfurt, Jena und Weimar. Deutschlandweit sind Waldorfschulen staatlich genehmigte oder staatlich anerkannte Ersatzschulen in freier Trägerschaft. Das Prinzip der Waldorfschulen ist die

Entwicklung praktischer, künstlerischer, kreativer und sozialer Fähigkeiten. Eine Freie Waldorfschule ist eine Schule, an der nach der von Rudolf Steiner – er lebte von 1861 bis 1925 – begründeten Waldorfpädagogik unterrichtet wird. Die Waldorfpädagogik beruht auf der anthroposophischen Menschenkunde von Rudolf Steiner.

Aus dieser Auffassung ergibt sich das Prinzip der gleichberechtigten Förderung der intellektuell-kognitiven Fähigkeiten (das „Denken"), der künstlerisch-kreativen Fähigkeiten (das „Fühlen") und der handwerklich-praktischen Fähigkeiten (das „Wollen") der Schülerinnen und Schüler.

Nachdem auf den vergangenen Seiten vorwiegend die Struktur des Schulwesens in Thüringen dargestellt wurde, folgen nun noch einige praktische Beispiele über Schulen in unserer Region. Die Beispiele zeigen die Stellung der Schule im jeweiligen Ort zu den unterschiedlichsten Zeiten. Der Wahrheit entsprechend lässt es sich dabei nicht vermeiden, dass es einige der aufgeführten Schulen inzwischen gar nicht mehr gibt

Die Dorfschule in **Klettbach** im Landkreis Weimarer Land gehört zu diesen. Diese Dorfschule gab es seit dem 6. September 1548. In der Festschrift zum Jubiläum „450 Jahre Schule in Klettbach" von 1998 wird beschrieben, dass sich die Unterrichtszeit vor 450 Jahren auf eins bis zwei Stunden erstreckt haben dürfte und dass man nicht mehr als die Anfangsgründe im Lesen, Rechnen und Schreiben vermittelte. Zur damaligen Zeit war der Lehrerberuf nur ein Nebenerwerb eines Handwerkers oder ausgedienten Soldaten und wurde mit einer recht dürftigen Besoldung vergütet. Für die Kinder von Klettbach verfügte im März des Jahres 1770 die Kürfürstlich Mainzische Inspektion zu Tonndorf den achtjährigen Schulbesuch. Er solle mit dem 5. Lebensjahr beginnen und mit dem 13. Lebensjahr enden, damit die Kinder noch zur Arbeit und zum Handwerk zu gebrauchen seien. Im Jahr 1883 stieg die Zahl der Schulkinder auf 75. Da reichte ein Klassenzimmer nicht mehr aus. Da jedoch ein Schulneubau nicht finanziert werden konnte, gab der Schulwart die Genehmigung, den Unterricht im Schichtbetrieb vorzunehmen. Den Anbau an das Schulgebäude gab es dann 1901. Ab 1932 wurde die Klettbacher Schule zweiklassig.

Im Jahr 1956 wurde auf Wunsch der Elternschaft der Orte **Klettbach, Hayn, Eichelborn** und **Schellroda** in Klettbach die Zentralschule gegründet – als erste im damaligen Kreis Erfurt-Land. Zu jeweils einer Klassenstufe fasste man die 1. und 4. Klassen, die 2. und 3. Klassen, die 5. und 6. Klassen sowie die 7. und 8. Klassen zusammen. Ein zusätzlicher Klassenraum befand sich in der Gaststätte Eichhorn. Die Schüler wurden mit vorzüglichem, selbst gekochtem Essen aus der Schulküche versorgt. 1962 war die Schule achtklassig voll ausgebaut. In der Folgezeit gab es einige Veränderungen durch die Schulneubauten in **Obernissa** und **Urbich**. Bis 1991 war die Klettbacher Schule eine Teilschule und gehörte zur Polytechnischen Oberschule Urbich. Danach wurden aus der POS Urbich die Regelschule Urbich, die Grundschule Urbich und die Grundschule Klettbach. Somit war die Klettbacher Schule bis zu ihrer Schließung im Jahr 2004 eine eigenständige staatliche Grundschule.

Von der Schließung bedroht war bereits seit 1998 auch die Schule in **Ingersleben**. Dabei hätten die Ingerslebener im Jahr 2009 ihre 350-jährige Schulgeschichte feiern können. Im Jahr 1659 entsteht neben der Kirche das erste Schulhaus. Drei Jahre später erlässt Ernst der Fromme die erste Schulordnung für das damalige Herzogtum Gotha. Im Jahr 1707 wird hier die Schulpflicht eingeführt. 1879 wird ein Schulneubau in der heutigen Schulstraße errichtet. Mehrfach durch Anbauten bzw. zusätzliche Gebäude erweitert, werden darin bis 1970 Schüler der Klassen 1 bis 8 unterrichtet. Nach der Zentralisierung der Schulen in **Neudietendorf** im Jahr 1971 verbleiben in **Ingersleben** die Klassen 1 bis 4 als Teilschule. Zwanzig Jahre später wird die Ingerslebener Schule eine Staatliche Grundschule. Die Kinder ab der 5. Klasse gehen in Neudietendorf zur Schule. Wegen stark gesunkener Kinderzahlen beschließt das Landratsamt Gotha im Jahr

1998 die Schließung der Schule in Ingersleben. Nach erfolgtem Umbau steht das Haus seitdem als Bürgerhaus den Bürgern und Vereinen zur Verfügung.

Eine lange Schultradition gibt es im heutigen ländlichen Erfurter Ortsteil **Urbich**. So steht es in der 2009 erschienenen Ortschronik. Eine grundlegende Wende in der Schulgeschichte brachte das Jahr 1985. In diesem Jahr erfolgte die Einweihung der Polytechnischen Oberschule „Artur Becker" als zentrales Schulgebäude. Andere bisherige Schulstandorte wie **Büßleben, Linderbach** und **Obernissa** wurden aufgelöst.

Die Schule in Urbich besuchten nun Kinder aus dreizehn Dörfern. Im neuen Schulgebäude fanden die Schülerinnen und Schüler optimale Lernbedingungen vor. Seit August 1991 ist die ehemalige Polytechnische Oberschule eine Staatliche Regelschule. Sie führt die Klassen 5 bis 10. Für die Schüler sind hier mehrere Abschlüsse möglich. So kann man den Hauptschulabschluss am Ende der Klasse 9 und die damit verbundene Berufsreife erwerben. Den Qualifizierten Hauptschulabschluss gibt es, wenn der Schüler bzw. die Schülerin am Ende der Klasse 9 erfolgreich an einer freiwilligen Leistungsfeststellung teilgenommen hat und somit in die Klassenstufe 10 eintreten kann. Den Realschulabschluss erhält der Schüler bzw. die Schülerin nach einer erfolgreichen Teilnahme an einer Abschlussprüfung. Viele Schülerinnen und Schüler der Urbicher Regelschule treten danach in die gymnasiale Oberstufe der allgemeinbildenden und beruflichen Gymnasien sowie die Fachoberschule ein. Bis 1997 besuchten durchschnittlich 300 Schülerinnen bzw. Schüler pro Jahr die teilweise dreizügige Regelschule.

Das stete Absinken der Schülerzahlen hatte zur Folge, dass der Schulstandort Urbich im Jahr 2000 auf der Kippe stand. Aber es gab ein großes Engagement der Ortsbürgermeister, der Ortschaftsräte, des Ortsvereins und des Gemeindekirchenrates von Urbich sowie von zahlreichen Eltern der Schüler, um bei der Stadtverwaltung von Erfurt die drohende Schließung abzuwenden. Das Engagement war von Erfolg gekrönt. Heute nimmt das Konzept „Kleine Regelschule im Grünen" einen breiten Raum in der Urbicher Schule ein. Daran arbeiten auch die Grundschüler mit, die seit 2007 auch im Schulgebäude der Regelschule lernen. Die Grundschule orientierte sich vor allem auf die Neuanlage eines Schulgartens sowie eines kleinen Spielplatzes. Die Regelschule konzentrierte sich auf die ökologische Umgestaltung des Schulhofes. Davon zeugen ein neu erbautes Insektenhotel auf der Ökoinsel am Teich, das Pflanzen von wertvollen heimischen Laubbäumen, das Anbringen von Nistkästen für Turmfalken, Stare und Meisen sowie das Errichten eines „grünen Klassenzimmers".

Seit 1848 wird das frühere, mitten im Dorf liegende, Gut von **Haßleben** im Landkreis Sömmerda als Schule genutzt. Dementsprechend gab es im Jahr 1998 ein zünftiges Schulfest zum 150-jährigen Bestehen der Schule. Seit 2003 trägt die Schule den Namen „Heinz-Sielmann-Grundschule".Die rund achtzig Schüler der Klassen 1 bis 4 kommen aus Haßleben, Nöda, Riethnordhausen und Werningshausen. Die frühere langjährige Schulleiterin Gudrun Mikolajczyk sagte über die Schulkonzeption der Haßlebener Schule: „Die Erziehung und Bildung an unserer Schule ist auf die Erfüllung des Lehrplanes gerichtet. Schwerpunkt unserer Arbeit ist die Vermittlung von Wissen und Können. Zu unserem pädagogischen Konzept gehört, dass die Kinder gern zur Schule gehen. Unsere Schüler wissen, dass Schule wichtig ist. Bei uns werden sie ernst genommen, können Freiräume für eigenes Entdecken und Gestalten finden und sie können eigene Interessen und Erfahrungen einbringen." Seit Beginn des Schuljahres 2009 gibt es eine Partnerschaft der Kleingärtner der Anlage „Frohes Schaffen" in **Riethnordhausen** mit der Grundschule in Haßleben. Jede neue erste Klasse bekommt von den Kleingärtnern ein Geschenk zur Pflege. Das können ein Obstbaum, ein Obststrauch, Gemüse oder Pflanzen sein. Die Kinder können im Schulgartenunterricht oder in der Umweltgruppe den Verlauf der Entwicklung des Geschenkes von der

Pflanzung bis zur Ernte und während der Jahreszeiten beobachten. Somit lernen sie auch den Umgang und die Pflege von Baum und Strauch kennen.

In der Gemeinde **Neudietendorf** im Landkreis Gotha befindet sich seit 1991 ein Staatliches Gymnasium. Seit 1997 trägt es den Namen von-Bülow-Gymnasium. Mit dieser Namensgebung wird an die im 19. Jahrhundert in Ingersleben und Neudendorf lebenden Schwestern Margarethe und Frieda von Bülow erinnert. Die schon in frühester Jugend sehr begabte Margarethe setzte ihren Jugenderlebnissen vor Ort in dem Roman „Aus der Chronik derer von Riffelshausen" ein bleibendes Andenken. Ihre ältere Schwester Frieda hat sich besondere Verdienste in der Literaturgeschichte erworben. Sie gilt als „Begründerin des deutschen Kolonialromans". Das Schulhaus wurde in Neudietendorf im Jahr 1861 erbaut. Später wurde es zu einer erweiterten Oberschule (EOS) umgenutzt. Im Jahr 1957 legte der erste Jahrgang hier das Abitur ab.

Heute ist das Neudietendorfer Gymnasium davon geprägt, dass hier auf der Grundlage von klaren Regeln mit Freude gelehrt und gelernt wird. Die Schule ist für Lehrer und Schüler gleichermaßen das zweite Zuhause. Wissenschaftliche Unterrichtsmethoden werden durch unterschiedliche Sozialformen des Lernens belebt und die Individualisierung des Lernprozesses hat einen hohen Stellenwert. Am Gymnasium gibt es einen Beirat „Technik". Dieser unterstützt die Lehrer und Schüler bei der Verwirklichung ihres Schulkonzeptes. In diesem steht geschrieben: „Allgemeinbildung ohne Technikverständnis ist nicht zeitgemäß. Hierbei geht es mit Blick auf die Naturwissenschaften um eine grundlegende Reform der bisherigen Unterrichtsstruktur und teilweise auch Unterrichtsinhalte bis hin zur Kopplung mit Praxisbezügen. In der heutigen Zeit stehen Technikverständnis und Allgemeinbildung in dialektischer Wechselwirkung." Umgesetzt werden diese Inhalte u.a. in Praxiswochen der Klassen 7 und 8, in denen die Schüler selbst Produkte entwickeln und fertigen oder in einer eigenen Schülerfirma, wo Schüler der Klassen 8 bis 10 Wirtschaftsprozesse begreifen lernen und simulieren. Die Technik nimmt auch einen breiten Raum in den Lern- und Interessengruppen ein. So gibt es Junge Solartechniker, Elektrisches Basteln, Chemie- und Computerkids sowie die Matheförderung und Begabtenförderung. Aber auch in anderen Lern- und Interessengruppen gibt es ein vielfältiges Angebot zum aktiven Mittun, wie z.B. beim Schülerradio, in der Gewaltprävention, bei den Jungen Naturforschern, beim Töpfern, beim Sport, im Chor und im Theater.

Sport

Der Sport ist für viele Menschen die schönste Nebensache der Welt. Das ist auch in Thüringen so. Doch auch für diejenigen, die sich nicht zu ihm hingezogen fühlen, gibt es viele gute Gründe, Sport zu treiben oder sich zumindest dafür zu interessieren. Der Sport belegt ein breites Feld in der Gesellschaft. Die Werte des Sports finden wir in einer Vielzahl von Bereichen des menschlichen Lebens wieder. Sie haben tiefe Wurzeln in der Geschichte des deutschen Volkes. Schon bei den Germanen waren Körperübungen, Wettkämpfe und Spiele beliebt, besonders im Lauf, im Wurf und im Sprung. Der Kampf Mann gegen Mann setzte sich über Jahrhunderte fort. Die Adelsschicht in der Feudalgesellschaft liebte Jagdausflüge und Turniere. Bei den Rittern im Mittelalter sprach man von den ritterlichen Künsten, wozu auch Reiten, Speerwerfen, Fechten und Schwimmen gehörten. Die Bauernschaft im 16. Jahrhundert fand Freude am Erproben ihrer Kräfte beim Laufen, Springen, Werfen und Klettern. Auch Martin Luther kann man durchaus mit dem Sport in Verbindung bringen. Er erkannte die Bedeutung von körperlichen Übungen als Ausgleich zur einseitigen geistigen Beanspruchung. Neben den ritterlichen Betätigungen empfahl er auch einfache Übungen wie das Springen oder den Tanz als gesundheitsfördernde Mittel zur Freude und Erholung. Ringen, Fechten und Schießen sind ebenso als typische Leibesübungen der mittelalterlichen Zeit überliefert. Im 17. und 18. Jahrhundert kamen Fechtschulen auf. Wenig später entwickelten sich Badehäuser, deren Zweck sowohl in der Körperertüchtigung als auch in der Geselligkeit und Kommunikation lagen. Ende des 18. Jahrhunderts erfüllte Johann Christoph Friedrich GutsMuths in **Schnepfenthal** bei Gotha den Begriff „Gymnastik" mit neuem Leben. Dieser gewiss Jahrhunderte überspringende und bewusst sehr unvollständige Exkurs in die Geschichte macht deutlich:

Der Sport zog und zieht die Menschen in seinen Bann, und er wird es immer weiter tun. Einen hohen Stellenwert haben zweifelsfrei die gesundheitlichen Werte des Sports. Diese liegen vorrangig in der gesundheitsfördernden Bewegung des menschlichen Körpers, welche beim Sporttreiben in hohem Maße erfolgt. Eng verbunden mit den gesundheitlichen Werten ist die physische Entwicklung, die sich im menschlichen Körper mit dem Sporttreiben vollzieht. Es entwickeln sich z.B. Kraft, Schnelligkeit und Ausdauer sowie die Koordination und Motorik. Das hilft den Menschen, auch in anderen Lebensbereichen die Herausforderungen der Zeit zu bewältigen. Der Sport nimmt Einfluss auf den Verlauf einer Vielzahl von Lebensprozessen, die in der Psychologie und Soziologie angesiedelt sind. Für den Menschen und sein Zusammenleben mit anderen Menschen sind solche sozialen Komponenten wie Kooperationsfähigkeit, Konfliktfähigkeit, Begeisterungsfähigkeit, Zielstrebigkeit, Flexibilität, aber auch die Selbständigkeit, Selbstbehauptung, Selbstdarstellung, die Anerkennung, der Umgang mit Niederlagen und nicht zuletzt die Achtung des anderen Menschen wichtig. Im Sport findet er diese in kompakter Form. Für viele Menschen ist Sport zu treiben ein Stück Lebenserfüllung. Es gibt ihnen neue Kraft, fördert die Gesundheit, trägt zum Wohlbefinden bei. Beim Sport trifft man sich mit Gleichgesinnten, findet neue Freunde und kommuniziert mit seinen Mitmenschen. Das Stück Lebenserfüllung gibt der Sport aber nicht nur den Aktiven. Die vielen ehrenamtlichen Helfer, welche die Durchführung des Sports erst ermöglichen, setzen ihre Kraft, ihre Fähigkeiten und Fertigkeiten für die Sache des Sports ein. Auch sie finden dadurch Bestätigung und Erfüllung, ihr Lebensinhalt wird reicher an Erfahrungen und schöner durch Erlebnisse.

Besonders wichtig ist der Sport für unsere Kinder und Jugendlichen. Durch Sporttreiben erfolgt eine körperliche Ertüchtigung, womit in jungen Jahren der Grundstein dafür gelegt wird, Lebensprozesse besser meistern zu können. Der Körper ist widerstandsfähiger. Er ist Krankheiten gegenüber weniger anfällig. Sein Immunsystem wird durch das Sporttreiben gestärkt. Gerade in der heutigen Zeit, wo die Zahl der übergewichtigen Kinder und Jugendlichen zunimmt, ist der

Sport eine sinnvolle Alternative zu kalorienreichem Essen und Bewegungsarmut. Für unsere Kinder und Jugendlichen hat der Sport aber auch deshalb eine besondere Bedeutung, weil er erzieherische Werte in sich vereint. Solche Eigenschaften wie Willensstärke, Konzentration, Mut, Ausdauer, Belastbarkeit, Durchsetzungsvermögen, Teamgeist, Integration und die Einschätzung des eigenen Leistungsvermögens werden beim regelmäßigen Sporttreiben herausgebildet und entwickelt.

Es gibt eine Vielzahl weiterer enger Verknüpfungen des Sports zu anderen lebenswichtigen Bereichen. Nehmen wir die Natur und Umwelt. Einerseits wird durch die bebaute und natürliche Umwelt das Sporttreiben erst möglich, andererseits nimmt der Sport positiven Einfluss auf die Umwelt. Das geschieht dadurch, dass die von der Umwelt ausgehenden Reize zu einer sportlichen Betätigung motivieren und somit auch zum Schutz und zur Erhaltung der Natur herausfordern. Der Sport ist mit solchen natürlichen Faktoren wie Luft, Wasser, Sonne, Wind, Eis, Schnee und Wald unzertrennlich verbunden. Schließlich zählen zu den Maximen des Sports, etwas zu erleben, sich zu erholen sowie ein physisches, psychisches und soziales Wohlbefinden zu erreichen. Dabei tut klares Wasser beim Schwimmen, Segeln oder Rudern ebenso gut wie frische und saubere Luft beim Wandern, Laufen und Radfahren. Ja selbst ansehnlich gestaltete Sportanlagen mit viel Grün, mit Bäumen und Sträuchern sind unserem Wohlbefinden nützlich. Die gesellschaftspolitische Rolle des Sports lässt sich aus heutiger Sicht so formulieren:

Der Sport ist – so auch in Thüringen – ein Bestandteil des gesellschaftlichen, sozialen und kulturellen Lebens. Als solcher ist er unverzichtbar und unersetzlich. Durch den Sport werden Menschen jeden Alters und Geschlechts – unabhängig von Rasse, Religion und Kultur – angezogen und zusammengeführt. Der Sport leistet somit einen Beitrag zum Kulturaustausch, zur Toleranz, zu Solidarität und Völkerverständigung und damit zur Friedenssicherung.

Nach diesen mehr oder weniger deutschlandweit gültigen Prinzipien zu Faszination Sport werden im Folgenden einige konkrete Fakten vom Sport in Thüringen dargestellt. Unternehmen wir zunächst einen Exkurs in die Geschichte des Sports in Thüringen.

An der Wende vom 18. zum 19. Jahrhundert kamen aus Thüringen entscheidende Impulse für die Entwicklung einer modernen Körperkultur. An der 1784 gegründeten Salzmannschen Erziehungsanstalt in **Schnepfenthal** im heutigen Landkreis Gotha entwickelte Johann Christoph GutsMuths in Deutschland die Körpererziehung. In Deutschland blieben seine Ideen vorerst unverwirklicht. Es blieb schließlich dem „Turnvater" Friedrich Ludwig Jahn vorbehalten, die Leibesübungen populär zu machen. Das erste Thüringer Turnfest fand am 3. August 1818 in Erfurt statt. An ihm nahmen 600 Schüler und Studenten teil.

Das staatlich verordnete Schulturnen, vorerst nur für Jungen, begann in den thüringischen Staaten ab 1848. Das Vereinsturnen bildete sich in Thüringen um die Jahre der bürgerlich-demoktatischen Revolution 1848-1849 heraus. Erster Turnverein in Thüringen war der 1846 gegründete Turnverein **Schmölln**. Am 17. und 18. Juni 1860 fand im damals thüringischen **Coburg** das 1. Deutsche Turnfest statt. In Thüringen entstanden Mitte der 1880er Jahre als erste Sportvereine die Radfahrvereine, so z.B. 1883 in **Erfurt** und 1884 in **Nordhausen**. Im Mai 1893 wurde in der reußischen Industriestadt **Gera** der „Deutsche Arbeiter-Turnerbund" gegründet. Gera blieb im thüringischen Raum fortan ein Zentrum des Arbeitersports. Im Jahr 1906 kam es in **Erfurt** zur Durchführung der 1. Thüringischen Gaumeisterschaft in der Leichtathletik.

Der Klassiker „Rund um die Hainleite" war bis 2013 Deutschlands zweitältestes noch gefahrenes Straßenrennen nach der Harzrundfahrt. Seit 1907 fand dieses Rennen statt. Zwischen 1910 und 1940 wurde das Rennen mehrfach für Amateure und Berufskraftfahrer ausgetragen. Beide Klassen bestritten jeweils eigene Rennen. Es führte von Erfurt aus durch den Thüringer Norden und wieder zurück nach Erfurt. In den Anfangsjahren ging das Rennen über eine Strecke von 350 Kilometer Länge. Später wurde es auf 170 Kilometer verkürzt. Der Höhepunkt waren die letzten Kilometer. Dann ging es im Erfurter Steigerwald mehrmals durch die Arnstädter Hohle. Das ist ein steiler, enger Anstieg mit einer Länge von rund 1.000 Metern.

Während andere Sportarten in den Großstädten ihren Ursprung hatten, spielte die Entwicklung des Wintersports in Thüringen eine wichtige Rolle für ganz Deutschland. Nachdem im Frühjahr 1905 der „Thüringer Wintersportverband" ins Leben gerufen worden war, erlebte vor allem der Ski-, Rodel- und Bobsport einen rasanten Aufschwung.

Mittelpunkte des Wintersports wurden in Thüringen u.a. **Oberhof, Friedrichroda, Brotterode, Ilmenau** und **Neuhaus am Rennweg**. An diesen Orten entstanden auch aus touristischen Gründen Wintersportanlagen. Dazu gehörten eine Bobbahn und Sprungschanze in Friedrichroda und die große Schanze in Oberhof am Wadeberg. Mit Hilfe norwegischer Skilehrer erreichten die Thüringer bei den Deutschen Wintersportmeisterschaften nicht nur im Bobsport, sondern auch im Nordischen Skisport vordere Plätze.

Den stärksten Impuls erhielt die junge Sportbewegung durch den Fußballsport. Das erste Spiel nach englischen Regeln in Thüringen wurde 1893 in Jena ausgetragen. Der SC Erfurt 1895 und der FC Germania Mühlhausen waren die einzigen thüringischen Vertreter bei der Gründungsversammlung des Deutschen Fußball Bundes im Januar 1900 in Leipzig. Die folgenden Jahre waren die Geburtsstunde zahlreicher Fußballvereine. Dazu gehörten in den Jahren zwischen 1901 und 1904 Fußballvereine u.a. in **Gotha, Barchfeld, Weimar, Jena, Altenburg, Eisfeld, Gera, Meiningen** und **Sonneberg**. Gewiss entstanden damals auch die ersten Fußballvereine im ländlichen Thüringer Raum. Doch davon liegen keine exakten Überlieferungen vor.

Die Jahre der Weimarer Republik brachten der Turn- und Sportbewegung einen großen Aufschwung. Der Sport nahm endgültig Massencharakter an. Die 1931 in Oberhof durchgeführten FIS-Wettkämpfe (inoffizielle Weltmeisterschaften des Internationalen Skiverbandes) sowie der 1932 in Weimar ausgetragene Leichtathletik-Länderkampf zwischen Deutschland und der Schweiz waren die ersten internationalen Großveranstaltungen in Thüringen. Bald nach Beginn der Zeit des Nationalsozialismus 1933 wurden auch in Thüringen die traditionsreichen Arbeitersportvereine verboten und nichtarische Sportler aus den Turn- und Sportvereinen ausgeschlossen. In Thüringen wurde bereits 1934 im Schulsport die dritte Turnstunde mit wehrbezogenen Inhalten für die Jungen eingeführt.

Nach dem Zweiten Weltkrieg brach man in der Sowjetischen Besatzungszone mit dem traditionellen Vereinswesen. An dessen Stelle traten 1946 zunächst kommunale Sportgemeinschaften. Ab 1948 wurden in größeren Betrieben und Institutionen Betriebssportgemeinschaften gegründet.

In der DDR erhielt der Leistungssport nach dem Willen der SED-Führung eine besondere Förderung. Mit internationalen Erfolgen im Sport wollte sich die DDR hohes Ansehen und weltweite Anerkennung verschaffen. Im Laufe der Jahrzehnte zählten auch zahlreiche Sportler aus Thüringen zu den Medaillengewinnern bei Olympischen Spielen, Welt- und Europameisterschaften Auf eine Aufzählung soll wegen der Vielzahl hier verzichtet werden. Neben den Athleten in den Wintersportarten waren vor allem Leichtathleten, Radfahrer und Schwimmer darunter. Der Zusammenbruch der DDR führte 1990 zur Umstrukturierung des gesamtes Sports auf der Basis eingetragener Sportvereine. Dies war die Voraussetzung für die am 29. September 1990 in Bad Blankenburg erfolgte Gründung des Landessportbundes Thüringen e.V. und des Thüringer Fußball-Verbandes am 1. März 1990. Trotz gewaltiger Umstrukturierungen und wirtschaftlicher Probleme erreichten Thüringer Sportler in den

1990er und zu Anfang der 2000er Jahre internationale Erfolge. Als Beispiel soll hier nur genannt werden, dass Thüringer Athleten bei den Olympische Winterspielen im Jahr 2002 insgesamt 35 Medaillen für das deutsche Team errangen.

Nach dem Rückblick auf die Historie des Sports in Thüringen wird nun über einige Ereignisse zum historischen und aktuellen Sportgeschehen berichtet. Die aufgeführten Ereignisse sind natürlich nur einige ausgewählte Beispiele aus der Vielfalt des Sporttreibens hierzulande. Gewiss sind auch andere Vereine und Ereignisse würdig, hier aufgeführt zu werden, aber dafür reicht der zur Verfügung stehende Platz nicht aus. Beginnen wir mit dem Landkreis Gotha.

Die Thüringer Burgenfahrt gehört zu den größten Fahrradsternfahrten in Deutschland. Ziel der Sternfahrt ist das Freudenthal im landschaftlich reizenden Drei Gleichen Gebiet bei **Wandersleben**.

Gestartet wird die Fahrt in mehreren umliegenden Städten und Gemeinden. Zumeist erreichen über 10.000 Fahrer gegen 10:00 Uhr das Ziel. Dort findet ein Festprogramm mit Sport, Spiel, Spaß und Musik statt. Außerdem werden der Tourenkönig, das originellste Fahrrad, die ältesten Teilnehmer, die größte Radfamilie und die sportlichste Familie geehrt. Teilnehmer der Fahrt waren auch schon Olympiasieger und Weltmeister.

Ein Highlight ist jedes Jahr im Mai der GutsMuths-Rennsteiglauf. Im Jahr 2023 wurde er zum 50. Mal ausgetragen. Dabei waren rund 15.000 Aktive aus ganz Deutschland. Auch Läuferinnen und Läufer aus anderen Ländern lockte dieses Event schon an. Die Teilnehmer können zwischen mehreren Strecken auswählen. Der Halbmarathon über 21,4 km startet in der Arena am Rennsteig in **Oberhof**. Der Marathon über 42,3 km beginnt in **Neuhaus am Rennweg**. Am Markplatz in Eisenach ist der Start für den Supermarathon über 73,9 km. Bestandteil des Rennsteiglaufes ist auch eine Strecke zum Nordic Walking. Sie ist 17,4 km lang und startet in Oberhof am Stadplatz. Zielort für alle Teilnehmer ist **Schmiedefeld**. Deshalb gibt es auch den Spruch „Das schönste Ziel der Welt ist Schmiedefeld."

Aus **Dachwig** im Landkreis Gotha ist überliefert, dass schon Ende des 19. Jahrhunderts hier Sport getrieben wurde. Den Anfang machten die Kegler, denen damals in der „Schenke" und im Gasthof „Zur Tanne" gleich zwei Kegelbahnen zur Verfügung standen. 1910 kam die Turnerschaft hinzu. Der 1924 gegründete Arbeitersportverein „Germania" frönte vor allem dem Radsport. Mit dem 1954 eingeweihten Sportplatz gab es erste Erfolge im Fußball und in der Leichtathletik. Die wachsende Zahl der Sport treibenden Dachwiger und ihre Erfolge machten neue Sportstätten notwendig. Nachdem 1969 das Schwimmbad eröffnet wurde, erfolgte am 7. Oktober 1974 die Einweihung des neuen Stadions. Dazu kamen 1976 eine neue Kegelbahn und 1977 eine neue Turnhalle. Diese optimalen Voraussetzungen an Sportstätten waren Anlass dafür, dass die Kinder- und Jugendspartakiaden des Kreises Erfurt-Land zwischen 1976 und 1989 mit einer Ausnahme in jedem Jahr in Dachwig stattfanden. Hier trafen sich jeweils etwa 600 junge Sportler im Kampf um Medaillen und sportliche Höchstleistungen. Aus der 1950 gegründeten Sportvereinigung „Traktor" ist inzwischen der SV Blau-Weiß Dachwig-Döllstädt geworden. Dem Sportverein gehören heute mehr als 200 Mitglieder an. Neben Fußballern, Keglern und Tischtennisspielern bildet die Abteilung Gymnastik eine besonders starke Gruppe im Verein.

Die vom hiesigen SV Fortuna im Jahr 2003 herausgegebene Festschrift „100 Jahre Sport in Ingersleben" überliefert, dass es zu Beginn des 20. Jahrhunderts in Deutschland verstärkt zu Gründungen von Vereinen kam, in denen sich die Menschen sportlich und kulturell in der Gemeinschaft betätigen wollten. Zunächst gründeten sich bürgerliche Vereine. In **Ingersleben** war das die deutsche Turnerschaft mit dem Turnverein „Gut Heil". Darin fand jedoch die große Masse der Arbeiterschaft nicht immer Zugang. So gründeten die immer selbstbewusster werdenden

Arbeiter eigene Vereine, in denen sie unter sich in der knapp bemessenen Freizeit der sportlichen Betätigung und dem Gesang nachgehen konnten. In Ingersleben gründete sich 1903 der „Arbeiter Turn- und Sportbund". Von der „Freien Turnerschaft Ingersleben", die sich der Thesen von Turnvater Jahn annahm, liegen Dokumente erst aus dem Jahr 1910 vor, obwohl sie wahrscheinlich schon eher gegründet wurde. So hatte zu Beginn des 20. Jahrhunderts in Ingersleben vor allem der Turnsport seine Heimat. Zugleich bestand ein Spielmannszug und auch im Saalradsport waren mehrere Vereinsmitglieder aktiv. Seit 1923 wird in Ingersleben Fußball gespielt. Eine Leistung, die in jener Zeit seinesgleichen suchte, vollbrachten die Ingerslebener zwischen 1927 und 1929. In einer Zeit, wo die wirtschaftliche Stagnation in Deutschland in die Inflation führte, begann man in Ingersleben aus Spendengroschen der Arbeiter mit dem Bau einer Turnhalle. In den schweren Zeiten der Arbeitslosigkeit und unter unsäglichen Mühen bei der Materialbeschaffung wurde die Turnhalle 1929 als Heimstatt des Ingerslebener Sports fertiggestellt.

In der Gemeinde **Elxleben** im Landkreis Sömmerda sind gleich mehrere Sportvereine beheimatet. Man kann sagen, dass sich Elxleben im Laufe der Zeit zu einem „Dorf des Sports" entwickelt hat, das in der Vielfalt hierzulande seinesgleichen such. Eine besondere Tradition hat im Ort der Radsport.

Seit 1908 trat man in und um Elxleben in die Pedalen. So kamen zwischen 1925 und 1930 die Sieger des traditionellen Straßenrennens „Rund um die Hainleite" vom Radsportverein „Meteor" aus Elxleben. Im Jahr 1962 wurde aus einer Schulmannschaft unter Leitung des Sportlehrers Horst Lehmann die BSG Traktor Elxleben. Fortan bestimmte der Verein das nationale Renngeschehen in der DDR maßgeblich mit. Den Schützenverein Geratal gibt es seit 1957. Seit vielen Jahren sind die Sportschützen vor allem im Nachwuchsbereich bei Weltmeisterschaften, Europameisterschaften und Deutschen Meisterschaften erfolgreich. Die meisten Erfolge gab es in der Disziplin Laufende Scheibe. Aus einer ehemaligen heruntergekommenen Zwiebellagerhalle machten Mario Glöckner und seine Mitstreiter in unzähligen Einsatzstunden durch Eigenleistungen eine wettkampftaugliche Sportstätte für die Kampfsportarten Judo, Jui-Jitsu, Aikido und Capoera. Viele der Mitglieder kommen von weither, um einerseits die gute sportliche Ausbildung mit qualifizierten Trainern und andererseits ein interessantes Vereinsleben zu genießen. Mit dem Kampfsport werden der Charakter und die gesamte Persönlichkeit geformt. Dazu gehören Mut, Einsatzwille, Konzentration, Höflichkeit, Selbstkontrolle, Bescheidenheit und Kameradschaft.

Der jüngste sportliche Baustein im Sportlerdorf Elxleben ist das Landesbehindertensportzentrum. In der Osterlange wurde aus einer alten Tennishalle das Zentrum geschaffen. Hier sind in einer Dreifelderhalle gute Trainingsmöglichkeiten geboten und für 24 Rollstuhlfahrer sind behindertengerecht gebaute Übernachtungsmöglichkeiten vorhanden. Lutz Leßmann, der ehemalige Präsident des Thüringer Behinderten- und Rehabilitations-Sportverbandes hat an dieser Entwicklung einen großen Anteil. Inzwischen hat sich der in Elxleben ansässige Verein „Reha-Sport-Bildung" zu einem bundesweit bekannten und bedeutsamen Sportverein entwickelt. Die Rollstuhlbasketballer Thuringia Bulls haben schon mehrere Deutsche Meisterschaften gewonnen und spielen auch in internationalen Wettbewerben eine gute Rolle.

Mit Wettkämpfen im Kunstradsport, im Radball und im Straßenradsport begingen im Jahr 2003 die Sportler des SV Blau-Weiß Gebesee das Jubiläum „100 Jahre Radsport in Gebesee". Der Radfahrerclub **Gebesee** wurde als Gesellschaftsvereinigung gegründet. In ihm gehörten Radwandern, Radkorso und Schulreigen zur sportlichen Betätigung. Aus den ersten sechzig Jahren der Radsportgeschichte Gebesees liegen nur spärliche Überlieferungen vor. Aber ab den 1970er Jahren waren die Zeitungen voll mit Erfolgsmeldungen über den Radsport von

Gebesee. In den 1970er Jahren bestimmten die Kunstradsportler aus Gebesee das Niveau der DDR-Spitze mit. Ihr Name hatte unter den DDR-Sportlern einen guten Klang. Unter der Anleitung der unermüdlichen Trainer Kurt Kühn, Jürgen Poltermann und Hans-Günther Voigt errangen die Mädchen aus Gebesee bei den DDR-Jugendmeisterschaften 1977 Goldmedaillen im Vierer- und Sechserkunstfahren. Zum 80-jährigen Gründungsjubiläum im Jahr 1983 hieß es in der Presse: „Heute tragen 50 DDR-Meistertitel dazu bei, dass die Kunstradfahrer aus Gebesee in unserer Republik bekannt sind. Und Jutta Schumann und Brunhilde Voigt erwarben auch internationale Anerkennung, als sie im Zweier-Kunstfahren das „Goldene Rad" von Prag errangen.

In mehreren Orten unserer Region wird Hundesport betrieben, so auch in **Haßleben**. Im Jahr 1977 wurde der Hundesportverein als „Sektion Dienst- und Gebrauchshundewesen der DDR, Grundorganisation Haßleben" gegründet. Zunächst waren die Gesellschaft für Sport und Technik (GST) und dann der Verband der Kleingärtner, Siedler und Kleintierzüchter (VKSK) der Dachverband. Nach 1990 änderte sich der Name des Hundesportvereins. Nun gab es eine Ortsgruppe Haßleben im „Verein für Deutsche Schäferhunde e.V.". Heute gehört Haßleben zu den wenigen Orten in Thüringen, wo es eine Hundeschule gibt. Pia und Frank Rottleb haben die Haßlebener Hundesporttradition in neue Dimensionen geführt. In einer ländlich ruhigen Gegend am Rande von Haßleben errichteten sie eine Hundepension. In gepflegten und beheizten Zwingern im Innenbereich und je einem überdachten Außenauslauf fühlen sich die Vierbeiner wohl. Doch damit nicht genug. Der ausgebildete Hundeführer Frank Rottleb errichtete hier eine Hundeschule. Darin werden jährlich mehrere Seminare zu Fährtenarbeit, Unterordnung und Schutzdienst angeboten. Inzwischen kommen Leute aus aller Welt – so aus Indonesien, Kanada, den USA, Spanien, Australien, England und Taiwan – nach Haßleben, um hier ihre Hunde ausbilden zu lassen.

Kommen wir nun zum Sport in einigen ländlichen Ortsteilen von Erfurt. Im Juni 2020 feierte der SV **Alach** sein 70-jähriges Bestehen. Bei sieben Jahrzehnten Sportgeschichte, in der es Turner, Tischtennisspieler, Schachspieler, Leichtathleten, Reiter und Fußballer gab, kann man so allerhand erzählen über Siege und Niederlagen, Aufstiege und Abstiege, geklaute Tore, Reisen ins Ausland und über jede Menge Blasen an den Händen, die es bei der Herrichtung der Sportstätten gab. Am heutigen Standort hinter der Schenke floss viel Schweiß, um den Boden bespielbar zu machen. Mit Schaufeln und Loren wurden zig Kubikmeter Erde bewegt, bevor 1995 der Platz eingeweiht werden konnte. Dass von den einstigen Sportarten einzig der Fußball überlebt hat, schiebt Gerhard Hoyer – der ein gutes Stück Alacher Sportgeschichte mitgeschrieben hat – auf den Familiengeist zurück, der unter den Fußballern herrscht. Ob die Familien Blasse, Müller oder Hoyer heißen – jeder leistet einen spezifischen Beitrag in der Sportlerfamilie.

Wie es der Name sagt, wurde der TSV 1898 Mittelhausen im Jahr 1898 gegründet. Damals entstand in der Dorfschenke durch die Turner Hermann Kalmring, Osmund Preißler sowie Oskar und Richard Schüler die Idee, einen Sportverein in **Mittelhausen** zu gründen. 1904 schloss sich ein Arbeitersport-Verein den Turnern an, ehe sich 1911 der Fahrradverein „Flottweg" bei einem großen Sportfest auf dem Kirmesplatz mit Renn- und Kunstfahrern sowie Radballspielern etablierte. In der Folge etablierte sich die Liebe zum Kunstradfahren immer mehr und es kamen auch die ersten Erfolge. Seit den 1950er Jahren nahmen die Kunstradfahrer erfolgreich an den DDR-Meisterschaften teil. Sie errangen im Einer, Zweier, Vierer und Sechser 65 DDR-Meistertitel, 55 Silbermedaillen und 37 Bronzemedaillen. Dazu kamen noch 42 nationale Pokale. Die meisten Erfolge fuhr das weibliche Geschlecht ein. Zahlreiche Titel und Erfolge gab es auch nach der politischen Wende ab 1990. Darunter waren Siege bei ostdeutschen Meisterschaften und bei Thüringer Landesmeisterschaften.

Seit fast 50 Jahren wird in **Waltersleben** der Reitsport betrieben. Die heutige Pferdesportgemeinschaft Waltersleben wurde 1975 unter dem Namen „BSG Traktor Egstedt“ gegründet. Die Pferde des damaligen Bestandes befanden sich im Besitz der LPG Egstedt. Schon zu dieser Zeit wurde Reit- und Voltigierunterricht für Kinder und Jugendliche angeboten, ebenso das therapeutische Reiten für haltungsgeschädigte Kinder und Jugendliche. Noch im Gründungsjahr wurde das erste Dressurviereck gebaut und im Gründungsjahr kamen auch die ersten Fohlen aus eigener Zucht zur Welt. Im Jahr 1976 kam dann Alm nach Waltersleben. Es war das erste Voltigierpferd, mit dem die Gruppe erste Erfahrungen auf Turnieren sammeln konnte. Somit war die Grundlage für den Turniersport im Voltigieren geschaffen. Das Jahr 1977 war in mehrfacher Hinsicht richtungsweisend für den Reitsport in Waltersleben. Die Voltigiergruppe konnte schon in diesem Jahr erstaunlicherweise an der DDR-Meisterschaft teilnehmen und auf der Reitanlage tat sich einiges. Die Reithalle wurde errichtet, fünf weitere Pferdeboxen angebaut und das zweite Dressurviereck angelegt. Mit diesem umfangreichen Ausbau des Geländes und dem großen Turnierplatz waren die Voraussetzungen geschaffen, um in den folgenden Jahren viele bedeutende Turniere in Waltersleben auszurichten.

In den 1990er Jahren gab es einige Veränderungen im Verein. Ein Teil des Pferdebestandes wurde privatisiert, der andere ging in den Besitz des Vereins über. Durch die Auflösung der LPG fiel der Name Traktor und Egstedt weg. Seitdem heißt der Verein Pferdesportgemeinschaft Waltersleben. In der Walterslebener Pferdesportgemeinschaft stehen Engagement, Kontinuität und Beharrlichkeit ganz oben in der Vereinsphilosophie. Daran hat Dr. Volker Schiele großen Anteil. Er führte den Verein seit seiner Gründung mehr als vierzig Jahre lang.

Machen wir nun noch einen Abstecher in den Kyffhäuserkreis. Im Erlebnis Bergwerk von **Sondershausen** findet alljährlich einmal der Sondershäuser Kristalllauf statt. Im Brügmann-Schacht laufen die Sportler 680 Meter unter Tage einen Rundkurs. Im Jahr 2023 betrug die Streckenlänge 10,8 Kilometer. Ein Rundkurs von 1,2 Kilometer musste neun Mal durchlaufen werden. Für die Läufer besteht Helmpflicht, egal ob Schutzhelm oder Fahrradhelm.

Übrigens wurde dem Sport im Freistaat Thüringen im Jahr 2024 eine besondere Ehre zuteil. Im Zusammenhang mit der Fußball-Europameisterschaft gaben sich auf dem Spa & GolfRessort Weimarer Land in **Blankenhain** gleich zwei Nationalteams die Ehre. Zunächst bereitete sich im Mai die deutsche Fußballnationalmannschaft auf das große Turnier im Juni und Juli vor. Während der Europameisterschaft bezog das Team von England an gleicher Stelle sein Europameisterschafts-Quartier. Da werden andere Regionen in Deutschland gewiss etwas neidisch gewesen sein.

Wenn wir über den Sport in Thüringen sprechen, so darf der Wintersport natürlich nicht fehlen. Während in der Stadt **Erfurt** der Wintersport vor allem durch national und international sehr erfolgreiche Eisschnellläufer – genannt seien nur Gunda Niemann-Stirnemann und Sabine Völker – repräsentiert ist, bietet der Thüringer Wald gute Gelegenheiten, sowohl den alpinen als auch den nordischen Skisport zu betreiben. Das Skifahren bietet den Menschen die Gelegenheit, den Winter hautnah und intensiv zu erleben. Im Folgenden soll – stellvertretend für alle anderen Skigebiete – vor allem über den Wintersport in Oberhof, Steinach und Masserberg berichtet werden.

Der olympische Silbermedaillengewinner und Vizeweltmeister im Skilanglauf, Jens Filbrich, sagte einmal: „Ich mag Oberhof, weil es das beste Wintersportzentrum der Welt ist.“ Besonders populär sind hier die Sportarten Biathlon, Rennrodeln, Bobsport, Skilanglauf und die Nordische Kombination. Im Jahr 2023 fanden in **Oberhof** die Weltmeisterschaften im Biathlon und im Rennrodeln statt. Hierzulande kommen sowohl die Freunde des alpinen Wintersports als auch die Freunde des Wintersports in den nordischen Disziplinen auf ihre Kosten. Ski alpin ist hier ebenso möglich wie Snowboard, Skilanglauf und Skispringen. In der Landstadt Oberhof im Landkreis Schmalkalden-Meiningen mit ihren rund 1.600 Einwohnern wird die aktive Teilnahme am Wintersport groß geschrieben. Hier sind nicht nur für Leistungssportler, sondern auch für ambitionierte Freizeitsportler und Touristen hervorragende Wettkampfanlagen, Trainingsstätten und Erholungsbedingungen vorhanden. Im November 2018 wurde damit begonnen, den „Rundweg Oberhof" auszubauen. Entlang der rund sieben Kilometer langen Strecke wurden Informationstafeln mit den Namen von Spitzensportlern inklusive Informationen über ihre Leistungen angebracht. Die Infotafeln stehen unter Bäumen, die von den Athleten selbst gepflanzt wurden. Somit gibt es seitdem in Oberhof eine Alle der Olympiasieger und Weltmeister. Der Rundweg um Oberhof bietet bietet viel Überraschendes und jede Menge bekannte Gesichter.

Die Skiarena Silbersattel in **Steinach** ist Thüringens größtes und schneesicherstes Alpinskigebiet. Hier gibt es zirka fünf Pistenkilometer auf acht Strecken mit allen Schwierigkeitsgraden sowie fünfunddreißig Kilometer Loipen und Skiwanderwege. Die einzelnen Pisten heißen Fellbergplateau, Fellbergabfahrt, Steilhang, Wettkampfpiste, Familienabfahrt, Fellberg Boardercross, Rodellland und Kinderwelt. Die Landstadt Steinach im Landkreis Sonneberg liegt an der Nahtstelle des Thüringer Schiefergebirges zum Frankenwald. Sie ist heute vor allem durch Tourismus und Wintersportanlagen geprägt und zugleich staatlich anerkannter Erholungsort.

Auf einer Höhe von 780 Metern im Landkreis Hildburghausen liegt die Gemeinde **Masserberg**. Hier befindet sich die Skiarena Heubach. In der Skiarena gibt es vier Pisten mit den Schwierigkeitsgraden von sehr leicht bis schwer. Hier kann man auch Skier ausleihen und in einer Skischule das ABC des Skilaufens erlernen. Ein Funpark, ein Lernpark und ein Snowpark bringen Abwechslung und sorgen für Spaß und Abenteuer.

Zum Wintersport im Thüringer Wald gehört auch der Schlittenhundesport. Jedes Jahr – wenn es die Witterungslage zulässt – finden in **Frauenwald** im Ilm-Kreis und in Oberhof internationale Schlittenhunderennen statt. Mehrfach wurden hier Europameisterschaften und Deutsche Meisterschaften ausgetragen. Im Jahr 2006 fand hier sogar die Weltmeisterschaft im Sprintrennen statt. Bei den Mushern, wie die Schlittenhundeführer genannt werden, ist der Thüringer Wald mit seinen anspruchsvollen und landschaftlich wunderschönen Strecken sehr beliebt. Übrigens ist auch der Autor dieses Buches von den Schlittenhunderennen begeistert. und war mit seiner Lebenspartnerin als anfeuernder Zuschauer in Frauenwald zugegen.

Straßen und Verkehr

Durch die zentrale Lage in Deutschland und Europa führten durch das Territorium unseres heutigen Bundeslandes Thüringen schon zu früheren Zeiten bedeutsame Handelswege. Die Hohe Königstraße oder die via regia Lusatiae wurde schon im Jahr 1252 in einem Vertrag zwischen Markgraf Heinrichs mit Bischof Konrad von Meissen genannt. Im Mittelalter war sie eine der am meisten benutzten Heer- und Handelsstraßen. Sie verlief in Ost-West-Richtung und verband das Siedlungsgebiet der Slawen mit dem Rhein-Main-Gebiet. Das Thüringische Gebiet durchlief die Königstraße an mehreren Stellen. Von **Eisenach** über **Gotha**, **Siebleben** und **Tüttleben** kommend, führte sie an **Gamstädt** und **Frienstedt** vorbei durch das Brühler Tor nach **Erfurt**. In Richtung Osten führte sie an **Großmölsen** vorbei und kreuzte nahe **Ollendorf** die von Nord nach Süd führende Salzstraße.

Der Wandel der Zeiten wird bei der Beschaffenheit des Straßen- und Wegenetzes ebenso deutlich wie bei Art und Umfang des Verkehrs. Über Jahrhunderte bestimmten vorwiegend Pferde- und Ochsengespanne den „Verkehr" auf den Straßen und Wegen hierzulande. Ab Ende des 19. Jahrhunderts und vor allem im 20. Jahrhundert kamen immer mehr Autos, Motorräder und Traktoren dazu. Heute sind die motorgetriebenen Fahrzeuge die Regel, vierbeinige Pferdestärken vor einem Wagen eher die Ausnahme. Die veränderten Verkehrsträger und das ständig wachsende Verkehrsaufkommen erforderten die Erneuerung und Beschaffenheit bestehender Straßen ebenso wie den Ausbau und die Erweiterung des Straßennetzes. Im Verlauf des 20. Jahrhunderts wurde in den Straßenbau investiert. Für den Straßenbelag kamen Pflastersteine, gegossene Betonteile und Asphalt zum Einsatz. Manche Straßen wurden auch nur provisorisch befestigt, um sie später für die Verlegung der Medien wieder aufzureißen.

Grundlegend verbesserten sich die Straßen- und Gehwegverhältnisse in vielen Orten Thüringens nach 1990. Es ist unbestritten, dass gut ausgebaute Straßen und Gehwege wesentlich das Dorfbild bestimmen. Das wird bei der grundhaft ausgebauten Hauptstraße in **Apfelstädt** im Landkreis Gotha ebenso deutlich wie bei bei den neugebauten Gehwegen und Toreinfahrten mit ansehnlichen Häuserfassaden im Dorfzentrum von **Kleinrudestedt** im Landkreis Sömmerda.

Im Folgenden gibt es einige Informationen zum Straßennetz von Thüringen. Im deutschen Bundesland Thüringen verfügen wir sowohl über Fernstraßen als auch über Landesstraßen. Zu den Fernstraßen gehören Europastraßen, Autobahnen und Bundesstraßen.

Die Europastraße (E) 40 verläuft auf der Autobahn (A) 4 von Ost nach West durch Thüringen. Die E 49 verläuft zunächst von Norden kommend bis Schleiz im Saale-Orla-Kreis auf der A 9, danach auf der Bundesstraße (B) 282 nach Plauen in Sachsen. Die E 51 verläuft von Nord nach Süd auf der A 9 durch Thüringen.

Auf Thüringer Territorium verlaufen insgesamt sechs Autobahnen. Das sind:

- die A 4 von Bad Hersfeld in Hessen kommend über das Hermsdorfer Kreuz bis Dresden,
- die A 9 von Leipzig kommend über das Hermsdorfer Kreuz bis Nürnberg in Bayern,
- die A 38 von Göttingen in Niedersachsen kommend über Nordhausen bis Halle in Sachsen- Anhalt,
- die A 44 zwischen Kassel in Hessen und Eisenach,
- die A 71 aus Sangerhausen in Sachsen-Anhalt kommend über Arnstadt und Meiningen bis nach Schweinfurt in Bayern,
- die A 73 vom Autobahndreieck Suhl über Schleusingen nach Nürnberg in Bayern.

Insgesamt 29 Bundesstraßen gehören zum Straßennetz von Thüringen, so auch die Bundesstraßen 4, 88, 247 und 281. Die B 4. Sie hat eine Gesamtlänge von 610 km, davon liegen 190 km in Thüringen. Sie führt u.a. durch Nordhausen, Sondershausen, Erfurt, Ilmenau und Schleusingen.

Die B 88 hat zwischen Eisenach und Naumburg an der Saale in Sachsen-Anhalt eine Gesamtlänge von 175 km, wovon 160 km durch Thüringen verlaufen. Die B 247 befindet sich in Niedersachsen und Thüringen. Sie beginnt in Kaltenburg-Lindau und führt über Duderstadt, Mühlhausen, Bad Langensalza und Gotha bis nach Ohrdruf. Hier endet sie nach 124 Kilometern. Die B 281 verläuft auf einer Gesamtlänge von 100 km komplett in Thüringen und führt von Eisfeld im Landkreis Hildburghausen über Saalfeld und Pößneck bis nach Gera.

Die Landesstraßen in Thüringen gingen aus den ehemaligen Bezirksstraßen der DDR hervor. Diese bisherigen Bezirksstraßen wurden in Thüringen auf der Grundlage des Thüringer Straßengesetzes 1993 in Landesstraßen umbenannt. Viele der Landesstraßen führen auch durch Dörfer. Daher haben sie für die Bedeutung des Landlebens eine nicht unerhebliche Bedeutung. Eine gut ausgebaute Landesstraße wirkt sich positiv auf das Dorfbild aus.

Für das Landleben ist der Omnibus ein bedeutsames Verkehrsmittel, um von A nach B zu kommen. Das ist in unserer Region von Beginn des 20. Jahrhunderts so. Die Typen und die Ausstattung der Busse haben sich im Laufe der Zeit wesentlich verändert. Wo Busse fahren gibt es auch Bushaltestellen. Viele Jahrzehnte warteten die Menschen an den Haltestellen bei schlechtem Wetter ohne Dach überm Kopf. Heute stehen an den Haltestellen zum Teil geschmackvoll gestaltete Buswartehäuschen.

Das Landleben in Thüringen wird auch vom Schienenverkehr beeinflusst. Das vertaktete Eisenbahnnetz Thüringens umfasst gegenwärtig rund 1.500 km. Davon sind 515 km dem Fernnetz und dem Ballungsnetz zugeordnet. Der Schienenpersonenverkehr wird auf 510 km realisiert. Er erfolgt auf den beiden Eisenbahnmagistralen Bebra in Hessen über **Erfurt** bis nach Naumburg in Sachsen-Anhalt sowie von **Probstzella** im Landkreis Saalfeld-Rudolstadt über **Jena** bis nach Naumburg in Sachsen-Anhalt. Nicht verschweigen dürfen wir beim Thema Schienenverkehr, dass in den letzten Jahren immer mehr Bahnhöfe, vor allem in kleineren Orten, stillgelegt wurden. Fahrscheine gibt es dort schon lange nicht mehr zu kaufen und als Schaffner fungiert oft der Zugbegleiter aus dem Zug heraus.

Im ländlichen Erfurter Ortsteil **Bindersleben** befindet sich das Zentrum des Flugverkehrs von Thüringen – der Flughafen Erfurt-Weimar. Der Fliegerhorst Erfurt-Bindersleben wurde 1935 eröffnet. Nach dem Zweiten Weltkrieg war das Objekt zunächst sowjetischer Militärflugplatz. 1956 erfolgte die Übernahme des Flughafens durch die Deutsche Lufthansa der DDR zur Nutzung für den zivilen Luftverkehr. Seitdem wurde der Flughafen mehrfach modernisiert und erweitert. Zu den Zielflughäfen, die von Erfurt aus angeflogen werden, gehören u.a. Gran Canaria, Teneriffa, Fuerteventura auf den Kanaren; Alicante, Barcelona und Madrid in Spanien sowie Antalya in der Türkei. Aber es werden auch günstige Flüge nach Prag, London, Brüssel, Paris und Zürich angeboten. Darüber hinaus stehen täglich Linienflüge nach München und Hamburg im Flugplan.

KAPITEL 5.4 – DAS THÜRINGER LANDLEBEN VON T BIS Z

Tiere und Tierhaltung

Tiere gehören zum Landleben wie der Dom zu Erfurt. Ob Haus-, Nutz- oder Zuchttier – das Halten von Tieren hat eine lange Tradition und wird ewig Bestandteil des Landlebens sein. Im Laufe der Jahrhunderte haben sich jedoch die Voraussetzungen für die Tierhaltung in den Dörfern wesentlich verändert. Auf vielen Gehöften wurden frühere Ställe zu Wohnzwecken oder Garagen umgebaut. In den neuen Eigenheimsiedlungen beschränkt sich zudem die Tierhaltung auf kleinere Haustiere. Dennoch kann man sagen: Tiere waren, sind und werden immer Wegbegleiter des Menschen sein.

Im Folgenden gibt es einige Informationen aus unserer Region zum Thema Tiere. Dabei möchte ich zunächst auf das Kapitel 3 – Die Bedeutung der Landwirtschaft für das Landleben – hinweisen. Dort gibt es bereits einige Hinweise zu den Tieren, insbesondere zur Nutztierhaltung. Eine Ausführung dazu an dieser Stelle erübrigt sich daher.

Zu den Tierarten, die in Thüringen leben, gehören fünf Wirbeltierklassen. Das sind die Fische, die Amphibien (Lurche), die Reptilien (Kriechtiere), die Vögel und die Säugetiere. Der Thüringer Wald bietet zudem mit seinen ausgedehnten Wäldern Rückzugsmöglichkeiten für große Populationen von jagdbarem Großwild. Dazu gehören u.a. Rothirsch, Reh, Wildschwein, Rotfuchs, Dachs, Eichelhäher und Waldkauz. Aber auch der Schwarzspecht, die Kurzflügelige Beißschrecke, der Feuersalamander, die Wasseramsel und die Bachforelle sind hier anzutreffen.

In zahlreichen Orten Thüringens sind die Zoologischen Gärten und Tierparks Heimstätten für die Tiere. Dazu gehören:

Inselzoo in **Altenburg**,
Fasanerie in **Arnstadt**,
Falknerei Burg Greifenstein in **Bad Blankenburg**,
Tierpark **Bad Liebenstein**,
Tiergarten **Eisenberg**,
Tierpark **Gera**,
Tierpark **Gotha**,
Wildkatzendorf Hütscheroda in **Hörserlberg-Hainich**
Adler – und Falkenhof Schütz in **Kranichfeld**,
Exotarium **Oberhof**,
Freizeit- und Erholungspark **Possen**,
Erlebnispark "Affenwald" Straußberg in **Sondershausen**,
Tiergarten **Sonneberg**,
Tierpark **Suhl**,
Falknerei am Rennsteig in **Waltershausen**,
Alternativer Bärenpark **Worbis**
Erlebnispark Meeresaquarium in **Zella-Mehlis**,
Tiergehege „Rabensleite" in **Zeulenroda-Triebes**,
und schließlich der Thüringer Zoopark **Erfurt**.

Mit fast 63 Hektar Fläche ist der Thüringer Zoopark Erfurt der drittgrößte Zoo in Deutschland. Er beherbergt rund 870 Tiere aus aller Welt in 136 Arten.

Ein besonderes Tier in unserer Region ist das Alpaka. Es ist eine aus den südamerikanischen Anden stammende domestizierte Kamelart. Sie wird vorwiegend wegen ihrer Wolle gezüchtet. Alpakas sind wie alle Kamele Herdentiere und fühlen sich in Gruppen am wohlsten. Sie sind Pflanzenfresser und ernähren sich fast ausschließlich von Gräsern. Wie alle Kamele haben sie einen dreiteiligen Magen, der das Verdauen der Pflanzennahrung erleichtert. In Thüringen gibt es mehrere Alpaka-Höfe. Dazu gehört auch der Alpaka Hof Kraft in **Trockenborn-Wolfersdorf** im Saale-Holzland-Kreis. Hier werden Alpaka-Touren als ganz besonderes Erlebnis für die ganze Familie angeboten. Eine Alpakawanderung dauert etwa zwei Stunden. Zunächst gibt es die Möglichkeit, die Tiere kennenzulernen und mehr über die Alpakas zu erfahren. Dann geht es auf dem Pilgerpfad entlang. Dabei kann man die schöne Aussicht über Trockenborn genießen. Jeder kann mal die Alpakas an der Leine führen und die Tiere streicheln. Am Schluss kann man sich auch gern mit den Alpakas fotografieren lassen. Außerdem kann nach der Tour die Partyscheune für Kindergeburtstage und andere Anlässe genutzt werden. Alpakatouren gibt es auch in **Masserberg** am Rennsteig im Landkreis Hildburghausen. Dabei helfen diese außergewöhnlich feinfühligen Wesen den Tourteilnehmern Langsamkeit und innere Ruhe zu finden, loszulassen aus dem Alltag, achtsam die Umwelt und die Natur zu entdecken, durchzuatmen und mit allen Sinnen zu genießen. Kinderaugen werden dabei zum Leuchten gebracht.

In **Witterda** im Landkreis Sömmerda züchten die Tierärzte Dr. Bodo Kröll und Dr. Janin Kröll Alpakas. Obwohl sie in ihrem Fachtierarzt-Zentrum für Kleintiere im ländlichen Erfurter Ortsteil **Gispersleben** genug zu tun haben, gehört ihre besondere Liebe ihren Alpakas am Fuße der Fahner Höhen. Dr. Bodo Kröll erzählt: „Es war Liebe auf den ersten Blick, als wir die schönen Tiere 2006 auf den Erfurter „Grünen Tagen" entdeckten. Mittlerweile gehören zum kleinen Streichelzoo neben Esel, Ziege, Katzen, Kaninchen, Meerschweinchen und Vogelspinne auch Alpakas. Unsere Weideflächen an den Fahner Höhen nördlich von Erfurt bieten den Tieren ausreichend Platz." Für Interessenten werden Farmoffene Samstage verbunden mit einem Farmbesuch in der Alpaka-Farm sowie Alpakawanderungen angeboten.

Vorwiegend in der Rhön – sowohl in der Bayerischen als auch in der Hessischen und ebenso in der Thüringischen Rhön sind die Rhönschafe beheimatet. Das Rhönschaf ist eines der ältesten Landschafrassen, welche die einzigartige Landschaft der Rhön mitgeprägt haben. Es gilt als Sympathieträger und Maskottchen der Region – und das zu Recht. Schließlich ist das Rhönschaf ein echtes Original und hat hier seinen Ursprung. Im Jahr 1844 gab es die erste nachweisliche Erwähnung am Dreiländereck Bayern, Hessen und Thüringen. So ist das Rhönschaf die wohl bekannteste alte Haustierrasse. Das Rhönschaf ist ein mittelgroßes bis großes hochbeiniges und hornloses Schaf. Es ist hervorragend an ein raues Mittelgebirgsklima angepasst. Das genügsame und widerstandsfähige Rhönschaf eignet sich besonders für die Haltung auf kargen, feuchten Weiden. Rhönschafe finden auch Verwendung in der Landschaftspflege. Die Wolle des Tieres ist grob, wenig gekräuselt und wenig elastisch. Das besondere Kennzeichen ist der schwarze Kopf. Dieser ist bis hinter die Ohren unbewollt.

Eine besondere Tierart wird in **Ifta** im Wartburgkreis gezüchtet. Ohne landwirtschaftlichen Hintergrund hat Frank Burkhardt auf angekauften Flächen in seinem Heimatort **Creuzburg** angefangen, Rinderbullen, Schweine und Rhönschafe zu halten. Die ersten vier Thüringer Waldziegen kamen 2002 dazu und wurden mehr und mehr zum alleinigen Betriebszweig. Im Jahr 2016 hat er seine Lebensgefährtin Mia Kuhlmann kennen und lieben gelernt, die in Stuttgart-Hohenheim Agrarwissenschaften studiert hat. Gemeinsam haben sie einen in Konkurs geratenen großen Milchhof mit 120 Hektar Wiesen- und Ackerflächen im benachbarten Ifta gekauft. Hier betreiben sie nachhaltige und artgerechte Landwirtschaft nach Bioland-Kriterien. Der große Kuhstall misst 100 x 30 Meter. Er wurde in einen Ziegenstall mit Platz für mehrere Gruppen und einen Melkstand umgebaut. Seit 2018 ist eine moderne Hofkäserei in Betrieb. Der Betrieb wurde umbenannt von „Bioluna" in „Hof Rösebach", um einen namentlichen Bezug zum Standort zu schaffen.

Heute leben hier 400 Milchziegen. Damit ist der Betrieb der größte Herdzuchtbetrieb für die Thüringer Waldziege. Diese Ziegenrasse ist die einzige eigenständig gezüchtete einheimische Ziegenrasse Deutschlands. Durch das etwas raue Klima des Thüringer Waldes ist sie robuster als andere Rassen und ist unverkennbar durch ihre markante weiße Maske im Gesicht. Die Tiere liefern im Sommer etwa 800 Liter Ziegenmilch pro Tag. Im Herbst werden die meisten Ziegen gedeckt und stehen trocken. Deshalb reduziert sich die Milchmenge über den Winter auf etwa 200 Liter pro Tag. Die Ziegen weiden auf hofnahen Wiesen. Luzerne und Gras wird angebaut und zu einer halbtrockenen Silage verarbeitet. Damit wird im Winter gefüttert. Die Ziegen erhalten insbesondere im Melkstand kleine Mengen an Kraftfutter. Das wird meist in Form von Pellets aus Maisresten gefüttert. Der Hof ist Bioland-zertifiziert und arbeitet heute mit sieben Mitarbeitern bzw. Mitarbeiterinnen. Auf dem Hof gibt es auch eine Käserei. Hier werden Ziegenmilch, Ziegenjoghurt, Weich- und Schnittkäse produziert. Verkauft wird zunächst im eigenen Laden in Creuzburg. Darüber hinaus wird der Käse vor allem in der Region über andere Hofläden angeboten. Aber auch in Naturkostläden in Erfurt und Eisenach sowie im benachbarten Hessen gehört der Käse aus Ifta zum Sortiment.

Mitten im wunderschönen idyllischen Ilmtal, direkt an der Bundesstraße Ilmenau – Weimar, liegt **Kleinhettstedt**. Der Ort gehört zum Ilm-Kreis und ist Thüringen weit bereits durch seinen wunderbaren Senf bekannt. Hier reifte in den Jahren 2011 und 2012 bei Rene Meier und Mathias Rennebeck der Entschluss zur Gründung eines Straußenhofes. Nach dem Besuch vieler Straußenfarmen in Deutschland und dem erfolgreichen Absolvieren des Sachkundeseminars zur Straußenhaltung ging es im Frühjahr 2013 richtig los. Seit 2014 gibt es inzwischen ein kleines Stück Afrika mitten in Thüringen. Der Straußenhof ist Mitglied des Bundesverbandes Deutscher Straußenzucht und wurde im Jahr 2022 mit dem Thüringer Tierschutzpreis ausgezeichnet. Auf dem Kleinhettstedter Straußenhof finden allerlei Aktivitäten statt. So gibt es regelmäßig einen Tag der offenen Tür, es werden offene Führungen durchgeführt und die Besucher können frisches Straußenfleisch und frische Straußenbratwurst genießen.

Eine ganz andere Tierart wird in **Volkerode** im Landkreis Eichsfeld gehalten. Steffen und Cindy Grimm beschäftigen sich mit Mini-Eseln. Seit mehr als zehn Jahren sind die kuschelligen Vierbeiner für sie mehr Hobby als Nebenerwerb. Für die Interessenten ist ein Besuch auf der Koppel ein besonderes Erlebnis. Mehr als zwei Dutzend kleine Wuschel stürmen vom Hang herunter auf einem zu. Sie sind alles andere als störrisch – was man ja den Eseln nachsagt. Sie lieben es, wenn man mit ihnen kuschelt. Sie sind so klein, dass sie zwischen den Beinen der Besucher durchlaufen. Besonders aktiv sind die Fohlen. Sie knabbern an Schnürsenkeln, Hosen und Pullovern. Die Mini-Esel sind weiß, schwarz und grau, aber auch rot oder gescheckt. Sie haben langes oder kurzes Fell. Sie tragen eine kurze Mähne, Locken, lange Scheitelhaare und sogar Bart. Sie werden auch als Therapietiere eingesetzt, zum Beispiel in Altersheimen. Aber auch Kindergärten, Schulen und andere Gruppen kommen zum gemeinsamen Wandertag mit den Mini-Eseln vorbei. Die Tiere sind übrigens von Natur aus so klein. Sie wurden nicht klein gezüchtet. Ursprünglich beheimatet sind sie auf Sardinien. Die meisten gibt es aber heute in Amerika. Dass sich diese Tiere auch in Thüringen wohlfühlen, das kann man bei den Grimms in Volkerode erleben.

Etwas größer sind die Vierbeiner in **Meura** im Landkreis Saalfeld-Rudolstadt. Im Thüringer Wald auf 600 Meter Höhe liegt das Haflingergestüt Meura. Dort werden seit fünf Jahrzehnten Haflinger und Edelbluthaflinger gezüchtet. Derzeit leben 160 Pferde hier. Das Gestüt ist der größte Betrieb in Europa, der sich mit der Zucht von Haflingern und Edelbluthaflingern beschäftigt. Den Besuchern wird im Gestüt allerhand geboten. Dazu gehören Gestütsbesichtigungen, Reitferien für Kinder, Reitstunden und Ausritte, Stutenmilchverkostung, Ponyführen und Schnupperreiten. Es gibt auch Angebote für Gruppen, Verkaufspferde und den Hengstkatalog.

In Thüringen gibt es eine Vielzahl von Menschen, die sich in ihrer Freizeit mit Kleintierzucht beschäftigen. Nachfolgend geht es um die Zucht von Rassegeflügel, Ziergeflügel und Exoten sowie Rassekaninchen. Die Rassegeflügelzüchter sind hierzulande in zahlreichen Zuchtvereinen organisiert. Sie kommen aus allen Bevölkerungsschichten. Bei ihnen sind die naturnahe Haltung, die artgerechte Pflege sowie der Tierschutz oberstes Gebot. Das Vereinsleben ist von vielfältigen Veranstaltungen und Ausstellungen, dem Erleben der Natur, der Arterhaltung sowie dem aktiven Natur- und Tierschutz geprägt. Rassegeflügelzüchter betreiben im wahrsten Sinne des Wortes eine aktive und sinnvolle Freizeitgestaltung.

Der Rassegeflügelzuchtverein Erfordia Ilversgehofen ist einer der größten seiner Art in Thüringen. Er wurde 1920 als Rassegeflügelzuchtverein „Erfordia-Ilversgehofen“ gegründet. Heute ist er im Kreisverband Erfurt, im Landesverband Thüringen sowie im Bund Deutscher Rassegeflügelzüchter integriert. Die Mitglieder kommen u.a. aus den ländlichen Erfurter Ortsteilen **Alach, Bischleben, Gispersleben, Marbach, Mittelhausen, Salomonsborn, Töttelstädt, Töttleben** und **Vieselbach** sowie aus **Apfelstädt** und **Neudietendorf** in Landkreis Gotha und aus **Elxleben** im Landkreis Sömmerda. Die Rassegeflügelzüchter betreiben die Zucht von Enten, Gänsen, Puten, Hühnern, Zwerghühnern und Rassetauben. Zu den gezüchteten Rassen gehören u.a. die Thüringer Barthühner, Italiener Hühner, Hamburger Hühner und Dresdner Hühner. Auch die Zucht von Zwerghühnern nimmt einen großen Platz ein. Darunter sind die Deutschen Zwerg-Lachhühner und die Zwerg-Vorwerk-Hühner. Zu den gezüchteten Tauben gehören u.a. Pfautauben, Startauben, Thüringer Weißlatztauben und Thüringer Kröpfer.

Etwas kleiner ist das Federvieh der Mitglieder in den Ziergeflügel- und Exoten-vereinen. Hier stehen Finken, Sittiche und Papageien im Mittelpunkt. Neben dem „Gesang“ der Vögel ist es besonders ihre Farbenpracht, die das Interesse an der Zucht ausmacht. Es ist schon ein Hingucker, wenn zu den Ausstellungen und Vogelbörsen die Reisfinken mit ihren roten Schnäbeln oder Bauers Ring-Sittich mit schwarzem Kopf und grüngelbem Gefieder oder Rosellasittiche gezeigt werden. Regelmäßig führt auch der Ziergeflügel- und Exotenverein Nöda im Landkreis Sömmerda Ausstellungen mit Vogelbörsen durch. Die Zuchtfreunde kommen vorwiegend aus **Nöda, Haßleben, Riethnordhausen** und **Waschleben** – alle im Landkreis Sömmerda gelegen.

So schmackhaft ein Kaninchenbraten auch ist: wenn man die kuscheligen Tiere im Arm hält, fällt es vielen Menschen schwer, sich diese in Topf und Pfanne vorzustellen. Aber nicht alle Kaninchen werden wegen des leckeren Bratens gehalten. Viele erblicken aus züchterischen Gründen das Licht der Welt. Unter den Fachleuten sind solche Rassen wie Angora weiß, Dalmatiner-Rex, Deutsche Riesenschecken, Deutsche Widder, Graue Wiener, Helle Großsilber, Kleinchinchilla, Lohkaninchen, Rhönkaninchen, Sachsengold, Weiße Neuseeländer oder Zwergsatin ein Begriff. Die Rassekaninchenzüchter aus Thüringen haben auch bundesweit einen guten Ruf. Mehrfach wurden ihre Zuchtergebnisse bei bundesweiten Schauen und Ausstellungen ausgezeichnet. Das war auch im Dezember 2011 so, als in der Messe Erfurt die Bundeskaninchenschau stattfand. Hier gehörten Thüringer Züchter zu den Deutschen Meistern und Bundessiegern. Zudem erhielten sie große Zuchtpreise, zahlreiche Ehrenpreise und Medaillen.

In Thüringen gibt es auch Störche. 148 Weißstorchpaare haben im Jahr 2023 hierzulande gebrütet. Das sind 25 mehr als im Jahr zuvor. Storchenhochburg ist nach Angaben des Naturschutzbundes der Wartburgkreis mit dem Werra-Gebiet. Vergleichs-weise viele Störche wurden auch im Landkreis Schmalkalden-Meiningen registriert. Beide Kreise hatten auch die meisten Jungen. Die großen Vögel, die Thüringen in der kalten Jahreszeit bis auf wenige Ausnahmen verlassen, ernähren sich u.a. aus Amphibien, Reptilien, Mäusen Insekten und deren Larven sowie Regenwürmern und Fischen.

Wenden wir nun dem Thüringer Fisch zu. Thüringer Fisch ist ein gesundes Lebens-mittel und ein regional erzeugtes Naturprodukt. In Bundesländern wie Thüringen ohne geografischen Anschluss ans Meer wird die Fischproduktion unter anderem mit Fischzuchtanlagen betrieben.

Neben der Regenbogenforelle und dem Karpfen werden in Thüringen vor allem die Lachsforelle, der Bachsaibling, die Bachforelle und die Schleie produziert. Der Anteil der Thüringer Produzenten an der deutschlandweiten Fischerzeugung liegt allerdings unter fünf Prozent. In Thüringen wird aber nicht nur Fisch in den Fischzuchtanlagen produziert, auch Thüringens Flüsse und Bäche weisen einen beachtlichen Fischbestand aus. Das trifft vor allem auf Forellen, Karpfen, Zander, Schleie, Hecht, Aal, Plötze, Rotfeder und Karauschke zu.

Nachfolgend werden noch einige Fischzuchtanlagen vorgestellt. Im Herzen der Natur liegt der Forellenhof **Themar** im Landkreis Hildburghausen – direkt an der Mündung des Mittelgebirgsflusses Schleuse in die Werra. Die Anlage wird von der Schleuse ganzjährig mit frischem und klarem Wasser gespeist. Das Wasser kommt aus den Südthüringer Bergen. Das klare und naturbelassene Wasser ist der Grund für die hohe Qualität der hier aufwachsenden Regenbogenforellen, Bachsaiblinge, Lachsforellen, Goldforellen und anderen Fischarten.

Die Fischzuchtanlage **Worbis** im Landkreis Eichsfeld wurde in den Jahren 1900 bis 1902 erbaut. Sie liegt am Fuße des Ohmgebirges, 300 Meter über dem Meeresspiegel. Die Anlage wird aus mehreren kalkhaltigen Quellen, welche die Wipper bilden, gespeist. In der Fischzucht Worbis werden hauptsächlich Regenbogenforellen, aber auch Bachforellen und Bachsaiblinge, gehalten. Die Fische stammen aus eigenen Zuchtstämmen und werden im Quellwasser der Wipper herangezogen. Frische und Qualität sind entscheidend für den Geschmack der Fische. Im Hofladen kann der Kunde fangfrische und frisch geräucherte Forellen erwerben. Zudem gibt es von Oktober bis April fangfrische Karpfen.

In **Auleben** im Landkreis Nordhausen gibt es die Auleber Fischzucht von Benno Koschoreck. Hier werden in 19 Teichen mit insgesamt 170 Hektar Wasserfläche Süßwasserfische produziert. Die gezüchteten Arten sind Karpfen, Schleie, Hecht, Barsch, Zander, Stör und Weißfische. Die Fische entstammen bis auf die Störe allesamt eigenen Zuchtlinien. In der zum Betrieb gehörenden Nordhäuser Forellenteichanlage werden größere Mengen Regenbogen- und Bachforellen produziert. Die Fische der Auleber Fischzucht werden zu Besatzzwecken oder als Speisefische bundesweit ausgeliefert. Auf dem Gelände des Unternehmens befindet sich auch ein zwei Hektar großer Angelteich. In ihm können Forellen, Störe und Karpfen geangelt werden. Im Hofladen gibt es geräucherte, marinierte oder frisch geschlachtete Fische zum Mitnehmen.

In Thüringen gibt es auch Wölfe. Im Rudel kommen sie im Territorium **Ohrdruf** im Landkreis Gotha und in **Ilfeld** im Landkreis Nordhausen vor. Als Einzeltiere treten sie in **Zella-Rhön** im Wartburgkreis und in **Neuhaus am Rennweg** im Landkreis Sonneberg auf. Rund zweihundert Jahre nach seiner Ausrottung verdichten sich Hinweise, dass sich der Luchs gelegentlich im Thüringer Wald, im Thüringer Schiefergebirge, in der Rhön, im Hainich, im Südharz und auf der Hohen Schrecke blicken lässt. Gut behütet leben hingegen einige Wölfe im Alternativen Bärenpark in **Worbis** im Landkreis Eichsfeld. Der Alternative Bärenpark ist eine Freianlage, in der Bären, Wölfe und andere Tierarten leben. Der Park entstand ab 1996 durch die Initiative der „Aktion Bärenhilfswerk" auf dem Gelände des ehemaligen kommunalen Tierparks. Der Alternative Bärenpark versteht sich selbst als Tierschutz-, Naturschutz- und Artenschutzprojekt. Oberste Ziele sind die naturgemäße Haltung von Tieren wildlebender Arten und Hilfestellungen für das Fortbestehen seltener Haustierrassen. Kern des Parks ist das fünf Hektar große Freigelände, in dem sich die Bären und ein Wolfsrudel aufhalten. Das Gelände ist mit Buchenwald bewachsen und enthält neben zwei Teichen eine kleine Wiese. Ein kleiner Teil des Geländes ist nur für die Wölfe zugänglich, damit sie dort von den Bären unbehelligt gefüttert werden können. Die im Freigelände lebenden Bären und Wölfen stammen aus vormals oft tierquälerischen Haltungen. Dazu gehören auch Bären, die früher in zu kleinen Zwingern lebten oder in Zirkussen nicht artgerecht gehalten wurden. Ein kleineres Gehege von etwa 1.000 Quadratmetern wird von Waschbären bewohnt.

Leider geht es auch in Thüringen nicht allen Tieren gut. Dass es diesen Tieren wieder besser geht – dafür gibt es das Gut **Weidensee** bei Mühlhausen. Das Gut ist ein Lebenshof für Tiere. Es ist ein Zuhause für viele gerettete Tiere. Das Ziel der Gutsbetreiber ist es, mit dem Lebenshof den Tieren zu helfen, die gerettet und zum Gut gebracht wurden. Ihre Philosophie ist, dass sie mit ihrem Lebenshof etwas wichtiges vermitteln, nämlich dass alle Tiere ein Recht auf Freiheit, Unversehrtheit und Leben haben. Auf dem Gut werden die hierher gebrachten Tiere gut versorgt. Zu den Hofbewohnern gehören Silber- und Polarfüchse, Schweine, Pferde, Hunde, Katzen, Enten, Hühner und Schafe.

Wenn die Menschen von einem lieben Freund – dem Tier – auf ihrem Hof oder in ihrer Wohnung Abschied nehmen müssen – dann wissen sie oftmals nicht, wie sie das würdevoll tun und wie sie sich auch später noch an ihren lieben Freund erinnern können. Im kleinen Dorf **Hainichen** nahe der Dornburger Schlösser im Saale-Holzland-Kreis gibt es einen Tierfriedhof. Die Firma Jürgen Herfurth bietet in einer Parkanlage eine würdevolle Bestattung auf einem der größten und schönsten Tierfriedhöfe Deutschlands an. Hier finden die Tiere eine würdige Ruhestätte. Zudem ist es ein Ort der Besinnung und der Begegnung. Hier kann man die Trauer und den Schmerz über den Verlust eines guten Freundes bewältigen. Zu den Leistungen des Friedhofteams gehören Erdbestattungen, Überführungen, Grabpflege, Anfertigung von Tiersärgen und Grabmalen sowie die Vermittlung und Realisierung von Einäscherungen.

Der Tierschutz steht seit vielen Jahren als Staatsziel im deutschen Grundgesetz. Diesem Ziel sind alle föderalen Ebenen – Bund, Länder und Kommunen – verpflichtet. Demzufolge wird auch in Thüringen der Tierschutz groß geschrieben. Das kommt in den zahlreichen Tierheimen zum Ausdruck, über die der Freistaat verfügt. In fast allen Kreisstädten ist ein Tierheim beheimatet. Als Beispiele aus unserer Region sollen hier nur die beiden Tierheime in Erfurt „An der Radrennbahn“ und „Am Lutherstein“ sowie Tierheime in Gotha, Jena, Ilmenau, Sömmerda und Weimar genannt werden. Im Osten Thüringens gibt es Tierheime u.a. in Altenburg, Eisenberg, Greiz, Schmölln und Weida. Die Tierheime in Südthüringen werden vom Tierschutzverein Südthüringen e.V. und vom Tierschutzverein Schmalkalden e.V. unterstützt. Im Norden des Freistaates gibt es Tierheime u.a. in Heiligenstadt und Mühlhausen. Im Westen gibt es ein Tierheim in Eisenach. Der Tierheimverein Wartburgkreis e.V. im Bald Salzunger Ortsteil Springen unterstützt den Tierschutz in Westthüringen.

Trotz aller positiven Beispiele zum Stichwort Tiere und Tierhaltung kann nicht verschwiegen werden, dass die Nutztierbestände im Freistaat weiter sinken. Viele Landwirtschaftsbetriebe sehen sich gezwungen, ihre Tierhaltung aufzugeben. Neben den steigenden Anforderungen bei der Haltung machen den Bauern niedrige und stark schwankende Preise sowie hohe Kosten für Futter und Personal zu schaffen. Nach Angaben des Thüringer Bauernverbandes sank die Zahl der gehaltenen Schweine in den vergangenen zehn Jahren um 25 Prozent (von 814.900 auf 615.200) und die der Rinder um 18 Prozent (von 334.500 auf 23.000).

Traditions- und Brauchtumspflege in Vereinen

Die Traditions- und Brauchtumspflege vollzieht sich hierzulande zumeist in Vereinen. Andersherum kann man auch sagen: Ein wesentlicher Bestandteil des Wirkens der Vereine ist die Traditions- und Brauchtumspflege. Das ist schon seit mehr als einhundert Jahren so. Heute bestimmen neben den Feuerwehrvereinen, den Sportvereinen, den Vereinen mit künstlerischem Schaffen und den Zuchtvereinen für Tiere vor allem Heimatvereine, Dorfclubs, Landfrauen und andere Vereine zur Pflege von Tradition und Brauchtum das Vereinsgeschehen in den Dörfern von Thüringen. In den größeren Orten ist das Vereinsleben besonders breit gefächert. Hier gibt es in jedem Ort gleich mehrere Vereine, in denen die Mitglieder ein freudvolles Dorfgemeinschaftsleben praktizieren und sich für die Traditions- und Brauchtumspflege engagieren. Aber auch in den kleineren Orten finden sich regelmäßig Dorfbewohner in Vereinen zusammen, um einen Teil ihres Lebens in der Gemeinschaft zu gestalten.

Im Folgenden sollen einige von ihnen vorgestellt werden. Das Ziel des im Jahr 1990 gegründeten Heimatvereins **Alach** – einem ländlichen Ortsteil von Erfurt – besteht darin, kulturelles und traditionelles Brauchtum der Gemeinde zu erhalten und zu pflegen. Zum Programm des Heimatvereins gehören die Führung der Dorfchronik, die Vorbereitung und Durchführung von Ausstellungen und Veranstaltungen im Ort sowie die Förderung einer Trachtentanzgruppe mit Westthüringer Tracht aus dem 18. Jahrhundert. Die Alacher Trachtentanzgruppe trat im Jahr 2016 zum Bundestrachtenfest in Baden-Württemberg auf.

Der Heimat- und Geschichtsverein im ländlichen Erfurter Ortsteil **Kerspleben** bearbeitet im Ehrenamt ein breites Spektrum. Den Mitgliedern ist besonders daran gelegen, durch Begegnungen und Erfahrungsaustausche mit der Dorfbevölkerung zu erfahren, was die Menschen an ihrer Heimat interessiert. Zielstrebig wird dann an der Verwirklichung gearbeitet. So stehen die Förderung und Pflege von Kultur, Tradition und Brauchtum, die Erforschung der Heimatgeschichte, die Denkmal- und Ortsbildpflege sowie die Unterstützung des Umwelt- und Landschaftsschutzes im Programm des Vereins. Die Vereinsmitlieder engagieren sich zielgerichtet an mehreren Projekten. Dazu zählt u.a. die Erforschung des Aufenthalts von König Friedrich II. in Kerspleben ebenso wie die Erkundung der Frühgeschichte des Ortes. Aber auch Fotosammlungen, Rezeptsammlungen und Informationen über Kräuter der Heimat gehören zum Betätigungsfeld im Verein. Was es selten in unseren Dörfern gibt – in Kerspleben kann man das erleben. Alljährlich organisiert der Heimat- und Geschichtsverein ein Sommertheater mit Kersplebener Laiendarstellern. Das gespielte Stück ist jedes Jahr ein anderes. Darüber hinaus betreut der Heimat- und Geschichtsverein auch das Heimatmuseum des Ortes.

Im Jahr 2002 gründete sich der Heimat-, Gewerbe- und Geschichtsverein im ländlichen Erfurter Ortsteil **Stotternheim**. Er hat sich zur Aufgabe gemacht, die Stotternheimer Chronik, die seit 1905 micht mehr weitergeführt wurde, fortzuschreiben. Darüber hinaus sollen die Vereinsarbeit in Stotternheim unterstützt und geschichtsträchtige Abläufe in der Ortschaft begleitet werden. Man will bei den Dorfbewohnern ein größeres Bewusstsein für geschichtliche Abläufe in der unmittelbaren Umgebung wecken und fördern. Der Verein hat inzwischen zwei Bücher veröffentlicht. Die Titel lauten: „Stotternheim in Geschichte und Gegenwart" sowie „Das Salinen- und das Solebad zu Thüringen 1828 – 1949".

Was in vielen Orten Thüringens der Heimat- und Geschichtsverein verkörpert, ist in einigen ländlichen Ortsteilen von Erfurt der Dorfc(k)lub e.V. So auch in **Urbich**. Der Dorfclub von Urbich gründete sich im Jahr 1996. Alljährlich organisiert der Dorfclub die Faschingsfeier, das Sommerfest und die Kirmes im Ort. Die Mitglieder des Dorfclubs in **Windischholzhausen** engagieren sich bei der Betreuung des Jugendclubs sowie der Kinder- und Jugendtanzgruppen ebenso wie bei der Organisation von Seniorenveranstaltungen. Unter der

Regie des Dorfclubs stehen auch die Vorbereitung und Durchführung der Kirmes sowie die Arbeiten an der Ortschronik.

Aus dem Landkreis Gotha sind Informationen über den Heimat- und Museumsverein von **Dachwig** überliefert. Im Jahr 2001 fanden sich zwanzig Einwohner von Dachwig zusammen und gründeten den Heimat- und Museumsverein. Am Anfang ging es ihnen vordergründig darum, im Dorfmuseum den Besuchern das örtliche Leben zu verschiedenen Zeiten der Geschichte nahe zu bringen. Die Betätigungsfelder des Vereins haben sich im Laufe der Zeit erweitert. Aktiv arbeiteten Vereinsmitglieder an der neuen Ortschronik mit. Mehrmals im Jahr lockt der Verein zu Festen in das Museumsgehöft. Ein besonderes Fest ist dabei das Sauerkrautfest. Die Frauen und Männer des Vereins fertigen aus Kohlköpfen Sauerkraut. Die Dachwiger und viele Auswärtige ziehen oft mit mehreren Eimern Sauerkraut nach Hause. Jeder Kunde bekommt beim Erwerb eine Gebrauchsanleitung mit. Darin steht: „Bitte bedecken Sie das Sauerkraut mit einem Leinentuch und einem Teller. Nun mit einem Stein oder ähnlichem beschweren. Jetzt ist es fertig und kann zum Gären an einen warmen Ort gestellt werden, zum Beispiel in die Küche. Nach zirka drei Wochen ist die Gärung und Ruhezeit abgeschlossen, wenn keine Bläschen mehr aufsteigen. Jetzt kann es kalt gestellt werden. Ab und zu kontrollieren, ob es noch mit Wasser bedeckt ist. Wenn nicht, immer etwas leicht gesalzenes Wasser auffüllen." Übrigens ist das Dachwiger Sauerkraut mit Dill, Wacholderbeeren, Knoblauch und Salz gewürzt.

In **Apfelstädt** im Landkreis Gotha ist der Traditions-Männerverein schon lange ein fester Bestandteil des Dorfgemeinschaftslebens. Im Jahr 2020 feierte der Verein sein 40-jähriges Bestehen. Das Hauptanliegen des aus rund zwei Dutzend Männern bestehenden Vereins ist alljährlich die Organisation der Männerkirmes. Zumeist findet diese Anfang Dezember statt. Es ist Tradition, dass zur Männerkirmes am Samstagabend das Tanzbein geschwungen wird und allerlei Showeinlagen für gute Stimmung sorgen. Am Sonntagvormittag setzt sich die gute Stimmung beim Frühschoppen mit Schlachtfest, Blasmusik und großer Tombola fort. Die Männerkirmes wurde in Apfelstädt schon seit Ende der 1940er Jahre gefeiert. Aber erst seit der Gründung des Traditions-Männervereins findet diese regelmäßig statt.

Großes Engagement zeigt auch der Bürger- und Heimatverein in **Ingersleben** im Landkreis Gotha. Er organisiert Frühlings-, Wein- und Weihnachtsfeste. Darüber hinaus werden örtliche Veranstaltungen mit Gesangs-, Tanz- und Instrumentalbeiträgen ausgestaltet. Einen aktiven Heimat- und Geschichtsverein gibt es in **Nöda** im Landkreis Sömmerda. Der 1995 gegründete Verein beschränkt sich nicht nur auf die Organisation des alljährlich Ende Juni mit den Nödaer Blasmusikanten stattfindenden Warthefestes. Er hat die Pflege der Heimatgeschichte und des heimatlichen Brauchtums ebenso in seinem Programm wie Aktivitäten in der Denkmalpflege und der Gemeindebildpflege sowie im Umwelt- und Landschaftsschutz. In **Schlossvippach** im Landkreis Sömmerda gibt es ein ausgeprägtes Vereinsleben. Ob Feuerwehr, Sportverein, Kirmesgesellschaft, Imker, Angler, Kleingärtner, Landfrauen, Männergesangsverein „Liedertafel", Spielmannszug oder Orgepfeifen – die Dorfbevölkerung und auch Auswärtige finden hier ein breites Spektrum für ein freudvolles und interessantes Dorfgemeinschaftsleben vor. Seit 2006 gibt es in **Udestedt** im Landkreis Sömmerda einen Traditions- und Kirmesverein. Er ist aus der hiesigen Kirmesgesellschaft hervorgegangen. In seiner Satzung hat der Verein die Ziele verfasst, bestehende Traditionen zu erhalten und neue Bräuche zu entwickeln. Eine besondere gesellschaftliche Kraft sind in mehreren Orten Thüringens die Ortsvereine der Landfrauen. Unter dem Stichwort L wie Landfrauen wurde bereits ausführlich darüber berichtet. Deshalb können wir uns an dieser Stelle weitere Ausführungen dazu ersparen.

Verwaltungsstrukturen

Das Gebiet des heutigen Bundeslandes Thüringen war vor 1920 in verschiedene Kleinstaaten zersplittert.

Vor der Gründung des Landes Thüringen im Jahr 1920 bestanden hier die Kleinstaaten:

- Sachsen-Weimar-Eisenach
- Sachsen-Coburg und Gotha
- Sachsen-Meiningen
- Sachsen-Altenburg
- Schwarzburg-Rudolstadt
- Schwarzburg-Sondershausen
- Volksstaat Reuß jüngere und ältere Linie

Außerdem gehörten größere Teile des heutigen Thüringens zu Preußen, vor allem der ehemalige Regierungsbezirk Erfurt. Kleinere Gebiete gehörten zu den Regierungsbezirken Merseburg, Kassel und Hildesheim. Im Osten von Thüringen lagen einige sächsische Enklaven, ebenso gab es im Westen von Sachsen und Unterfranken Enklaven thüringischer Staaten.

Nach 1945 kam es zu einigen Grenzänderungen zwischen den Besatzungszonen. Auf die Aufzählung dieser neuen Zuordnung einzelner Orte soll hier verzichtet werden. Im Jahr 1952 wurde das Land Thüringen aufgelöst. Stattdessen kam es zur Neubildung der drei Bezirke Erfurt, Gera und Suhl. Zudem erfolgte die Neuaufteilung der Stadt- und Landkreise. Die Zahl der Stadtkreise wurde von 12 auf 4 reduziert, die Zahl der Landkreise hingegen von 23 auf 35 erhöht. Dabei kamen der Kreis Altenburg und der Kreis Schmölln zum Bezirk Leipzig. Der neue Kreis Artern, der aus Gebieten des Landes Thüringen und des Landes Sachsen-Anhalt bestand, gehörte nunmehr zum Bezirk Halle.

Nach der Wiedervereinigung Deutschlands im Jahr 1990 wurde der Freistaat Thüringen wiedergegründet. Hierbei kam es zu einer Zusammenlegung der drei Bezirke Erfurt, Gera und Suhl. Diese wurden durch die Landkreise Altenburg und Schmölln (heute gemeinsam Landkreis Altenburger Land) sowie die Kleinstadt Artern (heute Teil des Kyffhäuserkreises) erweitert. Im Gegenzug wurden einige Gemeinden des früheren Bezirkes Gera Bestandteil von Sachsen. Ansonsten hatte die Landkreis-Einteilung der ehemaligen DDR noch bis 1994 bestand.

Im Jahr 1994 gab es eine große Kommunalreform. Im Ergebnis dessen bestand Thüringen damals aus 17 Landkreisen und 5 kreisfreien Städten. Die kreisfreien Städte waren Erfurt, Jena, Gera, Weimar und Suhl. Am 1. Januar 1998 kam Eisenach als sechste kreisfreie Stadt hinzu. In diesen sechs Städten leben heute rund ein Viertel der insgesamt rund 2,15 Millionen Einwohner von Thüringen. Ab dem 1. Juli 2021 gab Eisenach seinen Status als kreisfreie Stadt ab und wurde in den Wartburgkreis eingegliedert. Die Anzahl der Landkreise beträgt seit der Kommunalreform von 1994 nach wie vor 17. Die Anzahl der Gemeinden verringert sich seit 1994 ständig, da die Landesregierung Gemeindezusammenschlüsse unterstützt.

Es folgt die Aufstellung aller Thüringer Landkreise mit dem dazugehörigen Verwaltungssitz:

Landkreis Altenburger Land – Altenburg
Landkreis Eichsfeld – Heiligenstadt
Landkreis Gotha – Gotha
Landkreis Greiz – Greiz
Landkreis Hildburghausen – Hildburghausen
Ilm-Kreis – Arnstadt
Kyffhäuserkreis – Sondershausen
Landkreis Nordhausen – Nordhausen
Saale-Holzland-Kreis – Eisenberg
Saale-Orla-Kreis – Schleiz
Landkreis Saalfeld-Rudolstadt – Saalfeld
Landkreis Schmalkalden-Meiningen – Meiningen
Landkreis Sömmerda – Sömmerda
Landkreis Sonneberg – Sonneberg
Unstrut-Hainich-Kreis – Mühlhausen
Wartburgkreis – Bad Salzungen
Landkreis Weimarer Land – Apolda

Die kreisfreien Städte sind heute Erfurt, Gera, Jena, Suhl und Weimar.

In der Thüringer Gemeinde- und Landkreisordnung (Thüringer Kommunalordnung) wird geregelt, welche Gemeindeorgane es gibt und wie diese im jeweiligen Territorium wirken. Im Folgenden werden einige dieser Organe vorgestellt.

Die kommunale Volksvertretung auf der Ebene der Landkreise ist der Kreistag. Es handelt sich bei den Kreistagen nicht um Parlamente und nicht um Organe der Legislative. Vielmehr gehören die Kreistage als Organe der kommunalen Selbstverwaltung der Kreise zur Exekutive. Die Exekutive ist die vollziehende und ausübende Gewalt. Nach allen Gemeindeordnungen in Deutschland ist der Kreistag stets das Hauptorgan des Landkreises. Er entscheidet über alle grundlegenden Angelegenheiten des Landkreises und kann Grundsätze für die Verwaltung des Landkreises festlegen. Das nennt man Richtlinienkompetenz.

Im Gegensatz hierzu führt der Landrat die laufenden Geschäfte und führt die Beschlüsse des Kreistages aus. Der Landrat ist ein Organ und Hauptverwaltungsbeamter eines Landkreises. Damit ist er oberster Kommunalbeamter. Zugleich ist der Landrat der Leiter des Kreises. Er vertritt den Kreis nach außen. Meistens leitet er auch die Kreisverwaltung und somit das Landratsamt. Der Landrat gehört dem Kreistag als stimmberechtigtes Mitglied an und ist dessen Vorgesetzter. Er wird vom Kreistag für vier bis sechs Jahre gewählt.

Eine besondere Bedeutung In unserer Verwaltungsstruktur haben die Gemeinderäte. In unseren Gemeinden ist der Gemeinderat das Hauptorgan. Der Gemeinderat stellt die Vertretung der Bürger der jeweiligen Gemeinde dar. Er ist sozusagen die kommunale Volksvertretung. Je nach Kommunalverfassung wird er alle vier bis sechs Jahre gewählt. Der Gemeinderat beschließt die Gesetze für die Gemeinde. Damit kann er beispielsweise bestimmen, wie viele Steuern in der Kommune zu bezahlen sind. Darüber hinaus stellt er den Haushaltsplan für die Gemeinde auf. Der Haushaltsplan legt fest, wofür im kommenden Jahr wie viel Geld ausgegeben wird. Die Zahl der Gemeinderatsmitlieder richtet sich nach der Einwohnerzahl der jeweiligen Gemeinde. So sollen es bis zu 500 Einwohner sechs und von 500 bis 1.000 Einwohner acht Gemeinderatsmitglieder sein.

Die Verwaltung einer Kommune leitet der Bürgermeister. Dieser vertritt die Gemeinde (auch rechtlich) nach außen. Der Bürgermeister wird von den Bürgern bzw. Einwohnern der Kommune direkt gewählt oder indirekt vom betreffenden Stadt- bzw. Gemeinderat. Die Aufgaben des Bürgermeisters bestehen darin:

- **Er ist der Vorsitzende des Stadtrates bzw. Gemeinderates.**
- **Er ist Leiter der Stadt- bzw. Gemeindeverwaltung.**
- **Er ist für die Vorbereitung und Umsetzung der Beschlüsse verantwortlich.**
- **Er ist der gesetzliche Vertreter der Gemeinde zur öffentlichen Repräsentation.**
- **Er ist der Dienstvorgesetzte der Mitarbeiter der Gemeindeverwaltung.**
- **Er ist für die sachgerechte Erledigung aller Pflichtaufgaben verantwortlich.**

In Thüringen wird der Bürgermeister seit 1994 direkt für eine regelmäßige Amtszeit von sechs Jahren gewählt. In kreisfreien und großen kreisangehörigen Städten führt er die Amtsbezeichnung Oberbürgermeister. In einem Ortsteil bzw. einer Ortschaft, die einer Gemeinde angehört, gibt es einen Ortsbürgermeister. Dieser wird auch Ortsvorsteher, Ortschaftsbürgermeister oder Vorsitzender des Ortschaftsrates genannt. Ortschaftsbürgermeister sind Ehrenbeamtete und werden nach den Bestimmungen des Thüringer Kommunalwahlgesetzes für die Dauer der gesetzlichen Amtszeit des Gemeinderates gewählt. Sie üben ihre Tätigkeit in der Regel ehrenamtlich aus.

Eine Besonderheit der Thüringer Gemeinde- und Landkreisordnung sind die Verwaltungsgemeinschaften. Sie entstehen, wenn sich Gemeinden eines Landkreises zusammenschließen, ohne dabei ihre Eigenständigkeit aufzugeben. Es gibt aber auch ähnliche Fälle, in denen eine größere Gemeinde Aufgaben von einer kleineren Nachbargemeinde übernimmt und dann „erfüllende Gemeinde" genannt wird. Insgesamt gibt es in Thüringens 17 Landkreisen 84 Verwaltungsgemeinschaften. Der Landkreis Eichsfeld hat mit 10 die meisten. Lediglich im kleinsten Landkreis Sonneberg gibt es keine Verwaltungsgemeinschaften.

Übrigens gab es eine ähnliche Kommunalstruktur auch schon zu DDR-Zeiten. Die heutigen Verwaltungsgemeinschaften hießen damals Gemeindeverbände. Zumeist war der Bürgermeister der Gemeinde mit dem Sitz des Gemeindeverbandes auch der Vorsitzende des Gemeindeverbandes. Das war auch in Stotternheim im damaligen Kreis Erfurt-Land so, wo der Autor dieses Buches von 1986 bis 1989 Bürgermeister und zugleich Vorsitzender des Gemeindeverbandes Stotternheim war.

Waid

Der Waid ist eine Jahrtausende alte Färberpflanze. Weltweit werden nur wenige Pflanzen angebaut, mit denen sich ein lichtechtes Blau färben lässt. Bis in das 17. Jahrhundert kannte man in Europa für diesen Zweck lediglich den Waid. Wie keine andere Kulturpflanze prägte der Färberwaid das Wirtschaftsleben in Thüringen im 13. bis 16. Jahrhundert. Als wichtigste Farbstoff liefernde Pflanze brachte der Waid im Mittelalter – eng verbunden mit der Entwicklung der Weberei und des Tuchgewerbes in und außerhalb Thüringens – breiten Bevölkerungsschichten für vier Jahrhunderte Verdienst und Wohlstand. In der Blütezeit des Waidanbaus und des Waidhandels bezeichneten Zeitgenossen den Waid als das Goldene Vlies Thüringens.

Das trockene und warme Klima der Thüringer Ackerebene mit ihren kalkhaltigen und tiefgründigen Keuper- und Muschelkalk-Verwitterungsböden mit Lößauflage begünstigte die Erzeugung von Waid mit hoher Qualität. Vor allem im Gebiet zwischen des Städten **Erfurt, Langensalza, Gotha, Arnstadt** und **Weimar** bildete sich ein geschlossenes Anbaugebiet mit Höhepunkten im 14. bis 16. Jahrhundert heraus. Der Thüringer Waid war anderenorts angebautem Waid – wie z.B. im Niederrheingebiet um Jülich, im Gebiet um Nürnberg oder in Oberschlesien – dank seiner hohen Färbekraft überlegen und bei den Färbern besonders begehrt. Aber auch die zentrale Lage des Thüringer Beckens mit seiner Anbindung an wichtige Handelsstraßen in Ost-West- und Nord-Süd-Richtung dürfte für den Anbau von Waid und besonders für den Fernhandel von Vorteil gewesen sein.

Der Waid gehört zur Pflanzenfamilie der Kreuzblütler und ist in der Lebensdauer zwei-jährig. Im ersten Jahr bildet die Waidpflanze auf tiefer Pfahlwurzel eine Rosette mit zahlreichen Grundblättern, um derentwillen sie für die Farbstoffgewinnung angebaut wurde. Erst im zweiten Jahr kommt es zur Ausbildung eines 50 bis 100 Zentimeter hohen Blütenstandes mit gelben Blüten und zur Samenbildung. Der Anbau des Waids im mittelalterlichen Thüringen erfolgte auf im Herbst mehrspännig tief gepflügtem Acker durch breitwürfige Aussaat im Dezember oder im zeitigen Frühjahr. Die Erzeugung kräftiger Pflanzen und unkrautfreien Erntegutes setzte arbeitsaufwendiges Ausdünnen und Jäten der Bestände voraus. Die Ernte der Blätter erfolgte durch Abstoßen mit dem Waideisen in kniender Körperhaltung. Dabei musste darauf geachtet werden, dass einerseits der Zusammenhalt der Blätter als Büschel gewahrt blieb, andererseits der Wurzelkopf nicht verletzt wurde. Somit war ein Wiederaustrieb für eine zweite und bei günstiger Witterung eine dritte Ernte gegeben. Die Blätter wurden in einem fließenden Gewässer gewaschen und auf Wiesen zum Trocknen und Anwelken ausgebreitet. Die Aberntung eines Ackers Waid – das waren z.B. in Gotha 0,2269 Hektar – erforderte zehn Arbeitskräfte pro Tag. Die Bauern mit größeren Anbauflächen waren immer auf die Hilfe fremder Arbeitskräfte angewiesen.

Die angewelkten Waidblätter wurden auf Waidmühlen, die meist Eigentum der Gemeinden waren, zu einer breiartigen Masse zerquetscht und zerrieben. Aus der zerquetschten Blattmasse formten Frauen von Hand ungefähr faustgroße Waidballen, die nach ihrer Trocknung als sogenannter Ballenwaid von den Bauern auf den Markt in die Stadt gebracht wurden. Der Ballenwaid stellte ein Halberzeugnis dar. Dieses durfte durch die Bauern nicht weiter aufbereitet werden. Entsprechend dem allgemein geltenden Gebot konnten Gewerke und Gewerbe nur in den Städten betreiben werden. Der von Waidhändlern aufgekaufte Ballenwaid wurde in ihren Waidhäusern eingelagert, um hier in den Herbst- und Wintermonaten zum Fertigerzeugnis – dem Waid-Farbpulver – aufbereitet zu werden. In der zweiten Hälfte des 16. Jahrhunderts kam in ungefähr dreihundert thüringischen Dörfern der Waid zum Anbau. Bei einer geschätzten Fläche von vierzig bis fünfzig Acker je Dorf ergibt das für das Thüringer Anbaugebiet zu dieser Zeit eine Gesamtfläche von ungefähr 1.500 Acker, was ungefähr 3.750 Hektar entspricht.

In Zeiten des blühenden Waidhandels erlangten Waidbauern aus dem Waidanbau auch nach Abzug der Aufwendungen für in Anspruch genommene Lohnarbeit und für das Waidgeld beträchtliche Geldmengen.

Da der Waid darüber hinaus vorwiegend auf Brachflächen im Rahmen der extensiven Dreifelderwirtschaft angebaut wurde, ging sein Anbau nicht zu Lasten des Anbaus von Getreide, sondern führte zu einer Intensivierung des Ackerbaus und zu einer Erhöhung der Einnahmen.

Ende des 16. und Anfang des 17. Jahrhunderts setzte der Preisverfall für das Waidpulver ein. Der Farbstoff Indigo, der in Indien und später in Ländern Mittelamerikas, aber auch in Nordamerika, billiger erzeugt wurde, drängte zunehmend als Konkurrent auf den Markt. Beschleunigt wurde der Rückgang im Waidanbau durch den Dreißigjährigen Krieg mit seinen vor allem für den Fernhandel abträglichen Folgen. Im Jahr 1629 ist in Thüringen nur noch für dreißig Dörfer auf 675 Acker Waidanbau nachgewiesen. Auch nach Beendigung des Krieges erholte sich der Waidanbau nicht wieder zum ursprünglichen Umfang. Waidpulver fand zunehmend nur noch als Zusatz zur Küpe aus Indigo Verwendung. Auch Verbote zur Verwendung von Indigo durch die Tuchfärber konnten den Verfall des Waidanbaus und des Waidhandels nicht aufhalten.

Seit 1979 gab es in **Neudietendorf**, was heute zum Landkreis Gotha gehört, bemerkenswerte Bemühungen für eine Wiederbelebung der Waidverarbeitung. Damit wollte man an die Waid- und Indigoproduktion im Spätmittelalter sowie Ausgang des 18. Jahrhunderts anknüpfen. Besondere Verdienste daran hat der Malermeister Wolfgang Feige aus Neudietendorf. Für seine dabei erbrachten Leistungen wurde er 1997 vom Zentralverband des Deutschen Handwerks mit dem Öko-Baupreis ausgezeichnet. Inzwischen werden bundesweit Thüringer Waidprodukte an Tausenden von Gebäuden eingesetzt. Imprägniermittel, Lasuren und Farben mit Waidzusatz wirken gegen Schimmel und Schwamm, Insekten und Würmer und sind Feuer hemmend. Stark hat sich der Waideinsatz auch in Hautsalben, Reinigungsbalsam, Pflegecremes und in Tee-Erzeugnissen verbreitet.

Wanderwege

Unser Bundesland Thüringen ist nicht nur ein wunderbares Land, es ist auch ein wanderbares Land. Hier gibt es eine Vielzahl von Wanderwegen – ob im Harz, im Kyffhäuser, in der Rhön, im Thüringer Wald, im Saaletal oder im Thüringer Schiefergebirge. Für Wanderer bietet unsere Region vielfältige Möglichkeiten, an der frischen Luft bei einem Spaziergang zu entspannen und die Schätze der Natur zu bewundern. Das kann man auf gut ausgeschilderten Wanderwegen tun. Wandern pustet den Kopf frei. Es tut der Seele und dem Körper gut. Wer zu Fuß geht, der entspannt, vergisst die Zeit und erlebt sich selbst auch einmal wieder ganz anders und neu. Besonders schön ist es, wenn man durch einzigartige Naturlandschaften spaziert und unterwegs interessanten Menschen und Geschichten begegnet – wie in Thüringen.

Wandern und Thüringen gehören ganz einfach zusammen. Schließlich betrachten ja nicht wenige Thüringer das vom unvergessenen Herbert Roth komponierte und gesungene Lied „Ich wandre ja so gern am Rennsteig durch das Land" als Thüringer Nationalhymne. Seit Jahrhunderten wird der knapp 170 Kilometer lange Rennsteig begangen. Davon zeugen noch heute alte Grenzsteine und Markierungen. Der bekannteste deutsche Höhenwanderweg beginnt in **Hörschel** in der Nähe der Wartburgstadt **Eisenach** und führt bis nach **Blankenstein** im Saale-Orla-Kreis. Eine Wanderung auf dem Rennsteig ist so abwechslungsreich wie das Leben. Mal geht es hügelig auf sanft ausgetretenen Pfaden, dann wiederum wird man überrascht von steilen Anstiegen und schmalen Windungen. Sicher ist aber auf alle Fälle: der Rennsteig ist ein aussichtsreicher Wanderweg, der alle Mühen mit prächtiger Natur, stillen Wäldern und bunten Wiesen belohnt.

Auf den folgenden Seiten werden besonders beliebte Wanderwege in Thüringen vorgestellt.

Bad Tabarz ist ein Luftkurort und Kneipp-Heilbad im nordwestlichen Thüringer Wald und gehört zum Landkreis Gotha. Zu den Sehenswürdigkeiten gehören der Große Inselsberg und der Lauchagrund. Hier gibt es auch die „Gipfel- und Aussichtstour". Sie wurde im Jahr 2022 zu Deutschlands schönster Tageswanderung gewählt. Die 10,5 Kilometer lange Strecke ist Wandern pur. Das Auf und Ab bei einer Höhendifferenz von 315 Metern wird mit unvergesslichen Ausblicken und Natur belohnt. Es geht durch lichten Mischwald vorbei an beeindruckenden Kletterfelsen und Gesteinsformationen. Hier atmet man reine Thüringer Waldluft. Die Route verläuft überwiegend auf Waldwegen, die jedoch zum Teil steinig sind. Auch wegen steiler Treppenkonstruktionen wird gutes Schuhwerk empfohlen. Die Tour beginnt an der Touristinformation und führt in Richtung Theodor-Neubauer-Park zum Waldrand. Nun geht es bergauf. Stationen der Tour sind u.a. die Schutzhütte „Zimmerberg", der Felsen „Hexenbank", der Aussichtsfelsen „Gickelhahnsprung", der Kletterfelsen „Roter Turm", die Märchenwiese und das Mineralienmuseum. Die Tour endet wieder an der Touristionformation.

Einen sehr interessanten Wanderweg gibt es im Ilm-Kreis zwischen **Stadtilm** und **Kleinhettstedt**. Stadtilm liegt an den nordöstlichen Ausläufern des Thüringer Waldes im breiten Tal des namensgebenden Flusses Ilm. Markant sind der historische Stadtkern und der 13-Bogen-Eisenbahnviadukt, der das Ilmtal mit 202 Metern überspannt. Die Länge des Wanderweges bis zur Senfmühle nach Kleinhettstedt beträgt zirka 12 Kilometer und weist eine Höhendifferenz von 140 Metern auf. Die Strecke verläuft überwiegend auf Natur- und Feldwegen, in den Orten sind es Schotter und Asphalt. Die Tour beginnt auf dem Stadtilmer Markplatz und führt weiter zur Entenstele „Höchstschwimmende Ente". Nach dem Überqueren der Ilmbrücke geht es vorbei an Pferdekoppeln und Wiesen über den Bergpfad bis zur früheren Anlage der Sprungschanze. Nach dem Wandern auf dem Höhenweg und entlang am Kiefernwald sind nach der Abbiegung in Richtung Kleinhettstedt die ersten Straußengehege sichtbar. Auf dem Ilmradweg geht es dann hinein nach Kleinhettstedt. Dort befindet sich die Kunst- und Senfmühle. Nach einem Besuch der Mühle geht der Fußmarsch weiter nach **Großhettstedt**. Unterwegs laden Bänke zum Verweilen ein und bieten einen Ausblick auf das Ilmtal. Nunmehr führt uns der Wanderweg wieder zurück nach Stadtilm zum Marktplatz – dem Ausgangspunkt der Wanderung.

Die Wandertour Barbarossahöhle ist 10,6 Kilometer lang und weist eine Höhendifferenz von 145 Meter auf. Von der Kur- und Erholungsstadt **Bad Frankenhausen** im Kyffhäuserkreis führt diese Laubwald- und Aussichtswanderung durch das Naturschutzgebiet „Süd-West-Kyffhäuser" zur Barbarossahöhle. Das ist eine der größten Gipsschauhöhlen Europas. An mehreren Stellen der Wandertour gibt es eine herrliche Aussicht. Dazu gehört ein hervorragender Hainleite-Blick am sonnigen Südhang des Kyffhäusergebirges ebenso wie der Kattenburg-Bergkegel. Vom Plateau der Kattenburg bietet sich ein exzellentes Panorama über **Rottleben** und das Wippertal hinweg zur Hainleite mit dem Possenturm oberhalb der Kreisstadt **Sondershausen**. Funde aus den Kulthöhlen der Kattenburg sind im Museum in Bad Frankenhausen zu besichtigen. Während unserer Wanderung taucht der Hauptwanderweg in den Wald ein und erreicht den Rastplatz Köhlers Wiese am Großen Herrnkopf mit Schutzhütte und einer gewaltigen Naturdenkmalseiche. Nach sachtem Auf und Ab durch die Wälder erreichen wir kurz hinter dem Erdfall Teufelsgrube die Ruine Falkenburg. Hier beginnt nun der Abstieg zur Barbarossahöhle. Nach deren Besichtigung gelangt man durch die Wiesen und der Kleinen Wipper folgend nach Bad Frankenhausen zurück.

Eine Wandertour der besonderen Art ist die Wanderung durch das Eisenberger Mühltal. Das Eisenberger Mühltal befindet sich im Thüringer Holzland zwischen der Stadt **Eisenberg** im Norden und **Bad Klosterlausnitz** im Süden. Die kleinen Orte, die das Mühltal begrenzen, sind **Kursdorf** und **Weißenborn**. Den Besucher erwartet ein waldreiches Tal, das zu den reizvollsten Tälern von ganz Thüringen zählt. Es wird von der Rauda, einem schmalen Bach, durchflossen. Acht Mühlen und das Wohnhaus von Milo Barus verteilen sich wie in einer Reihe auf einer Gesamtlänge von acht Kilometern. Neben dem teilweise asphaltierten Hauptweg gibt es die Variante, parallel zur Straße den beschilderten Wanderweg zu nutzen. Dieser bietet auch immer einen Abzweig zu allen Mühlen. Hunger und Durst kann man an vielen Stellen der romantischen Wanderung stillen. Fast alle Mühlen bieten eine Bewirtung an und oftmals brennt auch sonst irgendwo auf dem Weg ein Rost. Wir durchwandern das Eisenberger Mühltal vom Süden her auf der Seite von Weißenborn im Stillen Tal. Vom Parkplatz aus läuft man vielleicht um die fünfzehn Minuten durch das Stille Tal. Es verläuft durch den Wald, vorbei an kleinen Teichen und winzigen Lichtungen. Am Ende des Stillen Tales sieht man dann auch gleich die ersten beiden wichtigen Häuser. Es sind Milos Waldhaus und die Meuschkenmühle. Milo Barus war einst ein sehr berühmter Mann. Er galt als der stärkste Mann der Welt. Im Jahr 1960 baute er sich dieses Haus im schweizerischen Stil und lebte in ihm mit seiner Frau bis zu seinem Tod im Jahr 1977. Es war nur das Wohnhaus und wurde nicht als Mühle genutzt. Diese steht vis-a-vis und ist die Meuschkenmühle. Die weiteren Stationen sind die Naupoldsmühle, die Froschmühle, die Pfarrmühle, die Walkmühle, die Amtsschreibermühle, die Schössermühle und die Robertsmühle. Den Weg zurück können wir nun wieder zu Fuß gehen oder uns mit einer Kutsch- und Kremserfahrt wieder an den Ausgangspunkt zurückbringen lassen.

Großen Jubel gab es im frühen Herbst des Jahres 2023 im Saaletal. Die Saale-Horizontale wurde mit dem Titel „Schönster Wanderweg Deutschlands" ausgezeichnet. Die Saale-Horizontale verläuft auf neun Etappen über insgesamt 90,2 Kilometer zu beiden Seiten der Saale zwischen **Jena** und **Dornburg** im Saale-Holzland-Kreis. Den Wanderer locken fantastische Ausblicke auf sanfte Höhen. Wiesen wechseln mit Buchenwäldern, Streuobstwiesen und Feldrainen. Lichte Kiefernhaine und freie Talhänge geben den Blick frei auf die Dörfer, Burgen und Schlösser sowie auf die quirlige Stadt Jena. Die Saale-Horizontale darf sich schon seit 2008 mit dem Zertifikat Qualitätswanderweg schmücken, das vom Deutschen Wanderverband vergeben wird.

Am 3. November 2023 konnte das Forstamt Willrode (siehe Stichwort Forstwirtschaft und Wälder) den fertig sanierten Wanderweg im Orphaler Grund offiziell in Betrieb nehmen. Der besonders bei Erfurter Bürgern beliebte Wanderweg zwischen dem ländlichen Erfurter Ortsteil **Tiefthal** und der Grundmühle – der auch Teil des Lutherweges ist – erfuhr eine nachhaltige Aufwertung. Zu den durchgeführten Arbeiten gehören der Bau einer neuen Brücke über den Weißbach, die Befestigung vernässter Wegestellen, das Setzen von Treppen an Steilstellen, das Anbringen von neuen Hinweistafeln und das Aufstellen von weiteren Sitzgruppen.

Im Rahmen der offiziellen Inbetriebnahme dieses Wanderweges informierte der Leiter des Forstamtes Erfurt-Willrode, Chris Freise, darüber, dass in diesem Forstamtsbereich über 300 Kilometer multifunktionale Waldwege für Erholungssuchende zur Verfügung stehen.

Es folgt die Vorstellung weiterer Wanderwege in Kurzfassung:

Die Drachenschlucht

Die Drachenschlucht in **Eisenach** im Wartburgkreis ist Bestandteil von mehreren Wanderstrecken. Eine davon ist die Landgrafenschlucht Runde. Sie ist zirka 7,5 Kilometer lang und weist einen Höhenunterschied von 190 Metern auf. Es ist eine mittelschwere Wanderung auf leicht begehbaren Wegen. Eine gute Kondition ist erforderlich. Die Runde Kleiner Wasserfall ist knapp 11 Kilometer lang. Sie findet auf leicht begehbaren Wegen statt und verlangt kein besonderes Können. Die Runde Elfengrotte misst 10,5 Kilometer und verlangt gute Kondition und Trittsicherheit.

Pläncknersl Aussicht

Von **Goldlauter**, einem Ortsteil der Stadt Suhl, hat man einen schönen Blick nach **Oberhof** im Landkreis Schmalkalden-Meiningen. Dieser Wanderweg ist 10,5 Kilometer lang und erfordert neben guter Kondition auch eine gewisse Trittsicherheit.

Blick zur Veste Wachsenburg

Bei der 12,6 Kilometer langen Mühlburg-Runde reicht der Blick von **Holzhausen** im Ilm-Kreis bis zur Veste Wachsenburg. Es handelt sich um eine mittelschwere Wanderung auf überwiegend gut begehbaren Wegen. Die Mühlburg-Runde kann man auch in **Mühlberg** im Landkreis Gotha beginnen. Auch auf diesem Weg hat man einen guten Blick zur Veste Wachsenburg.

Dreitälerblick

Dieser Wanderweg führt über 14,6 Kilometer von **Ilfeld** im Landkreis Nordhausen zum Poppenberg mit Turm. Für diese mittelschwere Wanderung auf überwiegend gut begehbaren Wegen ist eine gute Grundkondition erforderlich.

Talsperrenblick

Von **Wipfra** im Ilm-Kreis geht es über 7,0 Kilometer auf überwiegend gut begehbaren Wegen auf der „Wunderbare Aussicht-Runde". Dabei hat man einen wunderbaren Blick auf die Talsperre **Heyda**.

Ausblick Felsental

14,1 Kilometer lang ist die Felsental-Runde von **Bad Tabarz** im Landkreis Gotha. Eine gute Grundkondition ist für diese mittelschwere Wanderung erforderlich.

Bärenbuchsgraben

Eine gute Grundkondition und Trittsicherheit benötigt man bei der Roter-Turm-Runde, die von **Fischbach** im Landkreis Gotha beginnt. Immerhin ist die Strecke 14,9 Kilometer lang. Der Bärenbuchsgraben ist ein Wandergebiet.

Herrliche Aussicht

Birx ist ein Hoch-Rhöndorf im Landkreis Schmalkalden-Meiningen. Von hier aus führt eine 15,6 Kilometer lange Wanderroute zum Eisgraben-Wasserfall. Der Wasserfall führt über vier Meter hohe mächtige Basaltbrocken. Die Route verläuft über leicht begehbare Wege und erfordert kein besonderes Können.

Grandioser Kammweg

Die Dietzenröder Stein-Runde ist 13,4 Kilometer lang und beginnt in **Asbach-Sickenberg** im Landkreis Eichsfeld. Bei dieser mittelschweren Wanderung auf leicht begehbaren Wegen benötigt man eine gute Grundkondition.

Natur pur

Von **Frauenwald** im Ilm-Kreis führt der 18,3 Kilometer lange Wanderweg der „Talsperre Schönbrunn Runde" durch eine herrliche Landschaft. Diese Wanderung wird als schwer eingestuft und erfordert sehr gute Kondition. Die Wege sind jedoch leicht begehbar.

Stausee Schönbrunn

Auch bei dieser 14,9 Kilometer langen mittelschweren Wanderung von **Oberneubrunn** im Landkreis Hildburghausen kann man auf leicht begehbaren Wegen bei einer guten Grundkondition Natur pur erleben.

Originelle Bank

Der Startplatz für die „Stausee Hohenfelden-Runde" liegt direkt an einem Parkplatz unweit des Sees. Die Runde von **Hohenfelden** aus ist 6,6 Kilometer lang und wird als leicht eingestuft.

Röhrensteig

Die Runde Jungfernsteg beginnt in **Blankenstein** an der Saale im Saale-Orla-Kreis und ist 15,3 Kilometer lang. Sie gilt als mittelschwere Wanderung.

Sehr beliebt sind auch die Wanderungen auf den Fahner Höhen. Die jeweils zirka 11 Kilometer langen Rundwanderwege starten im Gierstädter Obstpark. Vorbei am Hofladen der Fahner Obstbau GmbH gelangt man zum Hasenackerweg. Dort trennen sich zwei Wanderwege. Mit roter Markierung geht es weiter auf dem Pfarrer-Sickler-Weg in Richtung Wald. Der Rundwanderweg Gierstädt-Stausee führt nach **Großfahner**. Dann verlässt man den Hasenackerweg und läuft am Waldrand auf dem parallel verlaufenden Lutherweg in Richtung **Kleinfahner**. Dabei kommt man an verschiedenen Obstanlagen und Streuobstwiesen vorbei. Mehrere Sitzmöglichkeiten laden zum Verweilen ein. Von hier aus kann man einen Blick über das nördliche Thüringer Becken, bei guter Sicht bis zur Hohen Schrecke, schweifen lassen. Danach durchqueren die Wanderer ein idyllisches Tal und laufen anschließend durch eine im Jahr 2012 gepflanzte Süßkirschenanlage. Hier steht auch heute noch der „Franzosenbaum", der von Johann Sickler gepflanzt wurde. Nach dem Erkunden des beschaulichen Ortes Kleinfahner geht es auf dem betonierten Wirtschaftsweg zurück nach **Gierstädt** zum Obstpark.

Zusammenfassend kann man sagen:

In Thüringen macht Wandern das ganze Jahr über Spaß. Im Frühling grünt und blüht es allerorten. Im Sommer, bei Sonnenschein und blauem Himmel, sind die Wanderwege ebenso romantisch wie im Herbst bei bunt gefärbten Blättern. Im Winter streifen wir bei Schnee und Eis durch eine herrlich verschneite Winterlandschaft, in der es uns nicht nur durch die Kälte, sondern auch durch die Schönheit der schneebedeckten Bäume und Wiesen den Atem verschlägt.

Wasserversorgung

Für die jüngeren Generationen ist das heute selbstverständlich: Sie drehen den Wasserhahn auf oder bedienen den entsprechenden Hebel daran und schon kommt „das Wasser aus der Wand". Doch die Älteren können sich noch gut daran erinnern, wie die Wasserversorgung vor noch gar nicht allzu langer Zeit hierzulande war. Auf den Gehöften standen Brunnen. Daraus wurde das für Mensch und Tier benötigte Wasser gepumpt. Viele Haushalte legten sich im Laufe der Zeit eine Hauswasserversorgung zu. Doch bald genügten die damit verbundenen Umstände und die Wasserqualität nicht mehr den Anforderungen. Ein zentrales Wasserleitungsnetz war gefragt.

Heute ist die Sicherung einer qualitäts- und quantitätsgerechten Trinkwasserversorgung in Thüringen Aufgabe der Städte und Gemeinden. Diese haben sich größtenteils zu Wasserversorgungszweckverbänden zusammengeschlossen. Die Trinkwasserversorgung für Haushalt, Gewerbe und sonstige Verbraucher wird in Thüringen zu zirka 57 % aus Grundwasser und zu 43 % aus Trinkwassertalsperren gesichert. Der spezifische Trinkwasserverbrauch der Bevölkerung ist mit 93,5 Liter je Einwohner und Tag im bundesweiten Vergleich niedrig. Insgesamt werden rund 1.600 Grund- und Oberflächenwasserfassungen (Brunnen, Quellen, Stollen etc.) und derzeit sechs Talsperren für die öffentliche Trinkwasserversorgung genutzt. Über drei Fernwasserverbundsysteme in Mittel- und Nordthüringen sowie Ostthüringen und Südthüringen werden etwa 1,3 Millionen Einwohner vollständig oder teilweise mit Fernwasser versorgt.

Im Freistaat Thüringen liegt der Anschlussgrad an die öffentliche Trinkwasserversorgung bei rund 99,9 %. Der Schwerpunkt der Tätigkeit der Wasserversorgungsunternehmen liegt deshalb heute hauptsächlich in der Gewährleistung der Trinkwasserqualität gemäß der Trinkwasserverordnung sowie der Senkung der Wasserverluste in den Versorgungsnetzen. Die Zahl der nicht an die öffentliche Wasserversorgung angeschlossenen Bewohner von derzeit noch 800 – das sind 0,03 % der Bevölkerung – soll sukzessive gesenkt werden, da insbesondere mit dem Klimawandel zunehmend Qualitäts- und Mengenprobleme in den hauseigenen Brunnen auftreten. Die Träger der öffentlichen Wasserversorgung werden dabei seit 2020 im Rahmen der Förderrichtlinie „Sonderprogramm Trinkwasserinfrastruktur im ländlichen Raum" finanziell unterstützt. Im Folgenden wird berichtet, wie sich in einigen Dörfern unserer Region die Wasserversorgung entwickelte.

In **Kleinmölsen** im Landkreis Sömmerda – so berichtet der Ortschronist Frank Störzner – hatte in der Frühzeit jeder Haushalt seinen eigenen Brunnen. Darüber hinaus gab es noch zwei öffentliche Brunnen, die von jedermann nutzbar waren – der Kirchborn und der Gemeindeborn. Allerdings waren die hydrologischen Verhältnisse in Kleinmösen so beschaffen, dass aus den Brunnen kein unbedenklich genießbares Trinkwasser zu gewinnen war. Ab dem Jahr 1904 verbesserte sich die Wasserversorgung, denn am Ortsrand wurde eine Quelle entdeckt, deren Wasser deutlich sauberer war, als das vom Brunnen in der Ortslage. Es konnte sogar ohne Abkochen genutzt werden. Diese Quelle wurde für die Kleinmölsener zum „Kochbrunnen" und blieb bis 1980 die einzige Möglichkeit zum Bezug von Trinkwasser. In diesem Jahr erfolgte der Bau der Trinkwasserleitung. Das Baujahr ist an einer Säule des Wahrzeichens von Kleinmölsen – dem Waidmühlenstein – verewigt.

Der Nachbarort **Großmölsen** begann 1912 mit dem Bau einer Wasserleitung mit Hauswasserversorgung. Seinerzeit soll es die modernste Wasserleitung in der ganzen Umgebung gewesen sein. Dazu entstand ein Hochbehälter, der vom Wasser des einen Kilometer entfernten Triftborn gespeist wurde. Das Pumpen des Wassers von dort bis zum Hochbehälter geschah mit Hilfe einer 1913 erbauten Windturbine, die bis 1953 in Betrieb war. Die Überprüfung der Wasserleitung von Großmölsen durch den Landbaumeister im Dezember 1913 fiel so günstig aus, dass der Anschluss weiterer Gemeinden an den Großmölsener Hochbehälter bewilligt wurde.

In **Gierstädt** – heute im Landkreis Gotha gelegen – begann der damalige Schultheiß (der heutige Bürgermeister) mir dem Bau der Wasserleitung im Jahr 1891. Die Kosten für die Hauptleitung wurden von der politischen Gemeinde beglichen. Die Hausbesitzer bezahlten die Hausanschlüsse. Das Wasser entnahm man den am Fuße der Kirche stehenden Bonifaciusbrunnen. Dieser war jedoch nur eine oberirdische Quelle. Deshalb ging der Wasserstand allmählich zurück und es kam öfters vor, dass das Oberdorf kein Wasser hatte. Daher beschloss die Gemeindevertretung im Jahr 1922 nach Rücksprache mit einem Sachverständigen, eine Tiefenbohrung vorzunehmen. In einer Tiefe von 27 Metern fand man genügend Wasser. Der drei Tage lang durchgeführte Pumpversuch ergab, dass sich der Wasserspiegel nicht senkte. Daraufhin wurde die Bohrung abgeschlossen und eine elektrische Pumpe eingebaut. Es ist überliefert, dass es in den ersten Jahren so viel Wasser gab, dass die Pumpe gar nicht gebraucht wurde.

In heutigen ländlichen Erfurter Ortsteil **Stotternheim** dauerte es bis 1974. ehe mit dem Wasserleitungsbau begonnen wurde. Zunächst erfolgte der Trassenbau von **Mittelhausen** nach Stotternheim. Die neue Schule und die Grundstücke in der Goethestraße erhielten die ersten Trinkwasseranschlüsse. Im Jahr 1978 war die Siedlung Luisenhall an der Reihe. Danach ging es etappenweise weiter. Die umfangreichsten Baumaßnahmen wurden 1980 und 1981 durchgeführt. Dabei erbrachten die Einwohner viele Eigenleistungen. Die fachmännischen Bauleistungen lagen in den Händen der Wasserbaubrigade des Gemeindeverbandes Stotternheim. Diese Wasserbaubrigade war auch in vielen anderen Orten des damaligen Kreises Erfurt-Land tätig. Übrigens hatte der Gemeinderat von Stotternheim im Jahr 1936 den Bau der Wasserleitung abgelehnt. Die Mehrzahl der Ratsmitlieder war der Auffassung, dass die herkömmliche Wasserver-sorgung ausreiche. Ganz anders verhielten sich die Gemeindeväter von Witterda im heutigen Landkreis Sömmerda. Hier wurde 1910 eine Wasserleitung verlegt. Bereits 1912 waren alle Häuser an die Wasserleitung angeschlossen.

Weihnachtsmärkte

Die Wurzeln der Weihnachtsmärkte reichen mehr als 600 Jahre zurück und haben ihren Ursprung im 14. Jahrhundert in Deutschland. Damals dienten diese Märkte als eine wichtige Quelle, um sich auf die kalte Jahreszeit und das bevorstehende Weihnachtsfest vorzubereiten. Handwerker wie Korbflechter, Fassmacher und Spielzeugmacher hatten die Erlaubnis, ihre Verkaufsstände auf den Marktplätzen aufzubauen und ihre Produkte anzubieten. Sowohl die Händler als auch die Einwohner profitierten von diesem Brauch, der sich rasch von Stadt zu Stadt verbreitete. Auch das leibliche Wohl der Bewohner wurde berücksichtigt, denn Zuckerbäcker boten ihre süßen Leckereien an.

Heute tragen die Weihnachtsmärkte je nach regionaler Tradition unterschiedliche Namen. So heißen sie u.a. auch Christkindlesmarkt, Christkindlmarkt, Nikolausmarkt, Adventsmarkt oder Glühweinmarkt. Der Mittelpunkt eines jeden Marktes ist zumeist ein prächtig geschmückter Weihnachtsbaum mit festlicher Beleuchtung. Darum herum werden die festlich dekorierten Verkaufsstände aufgebaut. Die Luft ist erfüllt von köstlichen Düften weihnachtlicher Backwaren wie Lebkuchen, Spekulatius und Christstollen sowie von süßen Versuchungen wie Zuckerwatte, gebrannte Mandeln und heiße Maronen. Jede Region bietet eigene Spezialitäten an. Zur Erwärmung an kalten Tagen werden Glühwein, Feuerzangenbowle, Glühmost und Punsch angeboten. Zum Angebot auf dem Weihnachtsmarkt gehören auch Schmuck für den Christbaum wie Glaskugeln, Adventsstern und Lametta sowie kunsthandwerkliche Weihnachtsartikel. Ein echter Hingucker sind zumeist die Krippen mit den Tieren und Hirten.

Sehr schöne Weihnachtsmärkte gibt es in Thüringen in **Erfurt, Jena, Weimar, Gera, Gotha, Saalfeld, Suhl** und **Rudolstadt**. Der größte Weihnachtsmarkt in Thüringen findet alljährlich in Erfurt statt. Hierher zieht es neben den Besuchern aus vielen Teilen Deutschlands auch viele Bewohner aus den umliegenden Dörfern der Landeshauptstadt Thüringens. Erfurt „liegt am besten Ort. Da muss eine Stadt stehen“, so urteilte einst der große Reformator Martin Luther. Die Stadt verzaubert mit einer altehrwürdigen Geschichte von 1.280 Jahren, welche sich in der historischen und gut erhaltenen Altstadt widerspiegelt. Die prächtigen Patrizierhäuser und liebevoll rekonstruierten Fachwerkhäuser der reizvollen Innenstadt legen Zeugnis über den Reichtum im Mittelalter ab. Das einzigartige monumentale Ensemble aus Mariendom und Severikirche als Wahrzeichen der Stadt bildet die ideale Kulisse für den Erfurter Weihnachtsmarkt. Dort begeistern in der Vorweihnachtszeit jeden Tag abwechslungsreiche Attraktionen große wie auch kleine Besucher und locken jedes Jahr etwa zwei Millionen Gäste an.

Ein ganz besonderer Weihnachtsmarkt findet alljährlich in **Eisenach** statt – der Historische Weihnachtsmarkt auf der Wartburg. Im Hof der Wartburg werden die Gäste in die Welt des historischen Handels und altehrwürdiger Handwerkskünste versetzt. Kerzenzieher, Glasbläser, Gewandmeisterinnen, Laternenbauer, Seifensieder, Steinmetze, Kräuterfrauen, Zinngießer und fahrende Händler bieten an den Adventswochenenden ihre Waren feil. Musikanten, Märchenerzähler und Puppenspieler sorgen für kurzweilige Unterhaltung und Freude – und dies in der einzigartigen Kulisse der Wartburg im vorweihnachtlich geschmückten Eisenach. Für den „Wegezoll“ stehen den Besuchern nicht nur die Burghöfe, sondern auch der Festsaal, das Museum und die berühmte Lutherstube offen. In regelmäßigen Abständen besteht auch die Möglichkeit, an einem geführten Rundgang durch den mittelalterlichen Palas teilzunehmen. Der Südturm bietet einen märchenhaften Blick über die winterliche Landschaft des Thüringer Waldes.

In der Weihnachtszeit verwandelt sich die Leuchtenburg in **Seitenroda** im Saale-Holzland-Kreis in eine zauberhafte Weihnachtswelt. Zum „Weihnachtsmarkt der Wünsche“ bleiben keine Wünsche offen. Das Besondere an diesem Weihnachtsmarkt ist schnell ausgemacht: Zu dem weihnachtlich romantischen Burgerlebnis entdeckt man ganz außergewöhnliche Dinge, nämlich regionale und traditionelle Handwerke oder auch kreatives Kunsthandwerk und regionale Köstlichkeiten. Alles wird präsentiert und vorgeführt von Menschen, welche die Dinge tatsächlich herstellen. Es sind von Hand gefertigte Dinge, die besondere Geschichten erzählen.

So vereint der Markt Kunsthandwerker, die vermutlich alle Materialien verarbeiten. Dazu gehören Porzellane, Leder, Holz, Keramik, Horn, Seifen, Papiere, Glas und Stoffe. Dazu gibt es traditionelle und weihnachtliche Musik, kleine Überraschungen vom echten Weihnachtsmann, Orgelmusik in der Porzellankirche und Kreatives zum Selbermachen. Da die Weihnachtszeit die Zeit der Naschereien ist, steht hier Selbstgebackenes hoch im Kurs. Süßen Duft verbreitet die Weihnachtsbäckerei in der Porzellanlounge. Spannende Unterhaltung für die ganze Familie garantieren das Schattenkino in der Burg und natürlich die preisgekrönten Porzellanwelten Leuchtenburg mit einer Entdeckungsreise durch die faszinierende Geschichte des Porzellans. Natürlich gibt es auch allerhand Kurioses und Faszinierendes in der mittelalterlichen Burganlage zu entdecken. Das Wünschen steht im Mittelpunkt des Weihnachtsmarktes. Das Besondere dabei ist: Nicht nur auf Papier, sondern auch auf Porzellan können alle Besucher ihre Wünsche schreiben. Der zwanzig Meter lange „Steg der Wünsche“ auf der Leuchtenburg macht es möglich. Ein tierisches Highlight sind die kleinen Nikolaus-Ponys oder auch die süßen Alpakas, die mit den kleinen Gästen einmal auf dem Panoramaweg wandern. Die burgeigenen Ziegen sind für den Weihnachtsmarkt in die Krippe in den Burghof gezogen. Dort lassen sie vor allem die Kinderherzen höherschlagen.

In der Glasbläserstadt **Lauscha** im Landkreis Sonneberg, wo auch die Wiege des Christbaumschmucks aus Glas liegt, ist es zur Tradition geworden, in der Vorweihnachtszeit den Lauschaer Weihnachts-Kugelmarkt durchzuführen. Am Stausee in Hohenfelden im Landkreis Weimarer Land konnte man 2023 die Glitzerwelt am Stausee bewundern.

Seit mehreren Jahren hat sich auch in zahlreichen kleineren Orten des Freistaates der Brauch entwickelt, einen Weihnachtsmarkt im eigenen Ort zu veranstalten. Zumeist sind örtliche Vereine die Organisatoren. Umwoben mit dem Duft von Bratwurst, Glühwein und Weihnachtsgebäck können die Besucher Weihnachtslieder durch Chöre und Musikgruppen erleben und weihnachtstypische Artikel vom Gesteck bis zum Spielzeug kaufen. Beim gemeinsamen Plausch kann man sich über die Weihnachtsgeschenke unterhalten. Zwar sind die Angebote und Programme nicht so umfangreich wie in den größeren Städten, aber festliche Weihnachtsstimmung und ein fröhliches Miteinander kommen hier allemal auf.

Wetter und Unwetter

Es gibt kaum eine Naturerscheinung, welche die Menschen mehr beschäftigt als das Wetter. Gerade auf dem Lande, wo die Landwirtschaft unter freiem Himmel „stattfindet" und wo die Natur der Witterung ausgesetzt ist, hat das Wetter eine besondere Bedeutung. In gleichem Atemzug muss man auch die Unwetter nennen, welche Einfluss auf das Landleben nahmen und nehmen.

Im Folgenden wird über einige Wetter- bzw. Unwetterereignisse in Thüringen informiert. Beginnen wir mit einer positiven Information. Der Monat März im Jahr 2022 hat Thüringen nach Angaben der zuständigen Landesbehörde so viele Sonnenstunden beschert wie kein anderer Monat März seit 71 Jahren. Im Landesdurchschnitt strahlte die Sonne im ersten Frühlingsmonat 221,5 Stunden. Das waren mehr als 60 Prozent der im März in Thüringen astronomisch insgesamt möglichen rund 368 Sonnenstunden. Den bisherigen Rekord hatte der Monat März im Jahr 1953 mit 205 Sonnenstunden gehalten. Der Mittelwert der Jahre von 1991 bis 2020 liegt mit 120 Sonnenstunden deutlich darunter. Den wenigsten Sonnenschein in einem Monat März gab es in Thüringen im Jahr 1988 mit 53,7 Sonnenstunden. Die vergleichbaren Zahlenangaben reichen bis in das Jahr 1951 zurück.

Aber es gab und gibt nicht nur schönes Wetter hierzulande. Manche Gebiete wurden in der Vergangenheit von zum Teil deftigen Unwettern heimgesucht. Es folgen einige Informationen über Unwetter in Thüringen. Die sogenannte Thüringer Sintflut war eine Flutkatastrophe im Jahr 1613. In deren Verlauf waren Teile von Thüringen von einem Hochwasser betroffen. Am 29. Mai 1613 entluden sich über Teilen Thüringens schwere Gewitter und ließen viele Flüsse innerhalb weniger Stunden um mehrere Meter ansteigen. Betroffen war ein Gebiet von **Mühlhausen, Langensalza** und **Artern** im Norden bis nach **Stadtilm** und **Ichtershausen** im Süden sowie von **Erfurt** und **Gotha** im Westen bis nach **Naumburg** im Osten. Die Unwetterkatastrophe ist in den Chroniken vieler Ortschaften als „Thüringer Sintflut" beschrieben.

In **Kahla** – heute eine Kleinstadt im Saale-Holzland-Kreis – gab es mehrere Todesopfer. Die Stadt **Jena** war zu weiten Teilen überschwemmt. In **Zottelstedt** im heutigen Landkreis Weimarer Land stieg der Wasserspiegel der Ilm um sechs bis acht Meter und zerstörte das Dorf im Uferbereich fast vollständig. In **Apolda** – heute Kreisstadt des Landkreises Weimarer Land – wurden acht Häuser weggeschwemmt und vierundzwanzig Tiere ertranken. In **Weimar** zerstörte die Flut 44 Häuser, in **Bad Berka** 23 Häuser und in **Erfurt** 125 Häuser. Der Wasserspiegel der Ilm stieg in **Mattstedt** im heutigen Landkreis Weimarer Land um sechs Meter und überschwemmte das gesamte Unterdorf. Die Katastrophe hatte hier zur Folge, dass sich die weitere Ortsentwicklung in höher gelegenes Gelände verlagerte. Die Gesamtzahl der Todesopfer im Zusammenhang mit der „Thüringer Sintflut" wird mit 2.261 Menschen angegeben.

Das Mündungsgebiet des Flusses Gera hat seit Jahrhunderten unter Hochwasser zu leiden. Trotz vieler Hochwasserschutzmaßnahmen waren besonders **Gebesee** und **Ringleben** im Landkreis Sömmerda der Hochwassergefahr ausgesetzt. In der Ortschronik von Ringleben sind bereits im 17. Jahrhundert in Gemeinderechnungen Ausgaben für Hochwasser zu finden. Im Jahr 1661 ist vermerkt: „Ausgabe 4 Groschen vor 3 Stübchen Bier den Männern von Gebsen, als sie das Brückholz aus dem Wasser geschleppt." Mit Gebsen ist der Nachbarort Gebesee gemeint. Im Jahr 1674 lautete die Eintragung: „16 Groschen dem Herrn Amtsschreiber vor eine Axt, welche im großen Wasser verloren worden." Im 19. Jahrhundert suchte das Hochwasser die Stadt Gebesee und die Gemeinde Ringleben zehn Mal heim. Besonders nach Tauwetter kam es zu starken Überschwemmungen. Dabei stand in mehreren Gehöften das Wasser höher als die Fenster. Die Bewohner suchten mit ihrem Vieh in den oberen Etagen der Häuser Schutz. Lebensmittel mussten ihnen mit dem Kahn zugeführt werden. Die Felder wurden durch die Überschwemmungen so in Mitleidenschaft gezogen, dass sie oft mehrmals im Jahr bestellt werden mussten. Manches Hochwasser vernichtete die Ernte ganz und bedrohte damit die Existenz der Bauern.

Viele Bürger von Ringleben und Gebesee haben noch die Bilder der Hochwasserkatastrophe von 1981 vor Augen. Wiederum gab es verheerende Schäden in der Landwirtschaft. Am 8. und 9. August 1981 setzten die Wassermassen ganz Ringleben in Aufruhr. Trotz aufopferungsvollen Einsatzes vieler Mitbürger drohte Treibholz die Brücke stark zu beschädigen. Das Wasser war kurz davor, die Dämme zu überspülen. In Tag- und Nachteinsätzen rund um die Uhr wurden mehr als 20.000 Sandsäcke gefüllt, ausgetragen und verlegt. Im Jahr 1994 hatte Ringleben eines der größten Hochwasser zu überstehen. Das Wasser stieg über den Höchststand von 1981. Durch mehrere Straßen des Ortes ergoss sich ein Hochwasserstrom. Zwischen den Orten **Ringleben, Walschleben** und **Riethnordhausen** bildete sich ein riesiger Stausee mit einer Fläche von über 300 Hektar.

Im Verlauf der Jahrhunderte wurde der Hochwasserschutz mehr oder weniger intensiv betrieben. Durch die beträchtliche Erhöhung und Verstärkung des linken Deiches des Flusses Gera auf der Strecke vom heutigen ländlichen Erfurter Ortsteil **Kühnhausen** bis zur Unstrut wurde viel für eine verbesserte Sicherheit der Ortschaften getan. Die Deicherhöhung gab es im besonders gefährdeten Ringleben auch am rechten Deich der Gera. Durch drei Schöpfwerke und den Neubau der Brücken in Walschleben und Ringleben entstanden zudem Bauwerke, die dem Hochwasserschutz gut zu Gesicht stehen.

In der Chronik von **Urbich** – heute ein ländlicher Ortsteil von Erfurt – ist aus dem Jahr 1830 folgendes vermerkt: *„Den 5ten August dieses Jahres gegen Mitternacht kam ein Gewitter mit Platzregen und äußerst heftigem Sturme oder vielmehr Windhose, wodurch zum Theil die Dächer abgedeckt und viel anderer großer Schaden angerichtet wurde. Die große Linde auf dem Kirchhofe, deren Stamm über der Wurzel 30 Fuß im Umfange misst, wurde von diesem Sturme zerrissen und mehrere der stärksten Äste abgebrochen. Mehr als 100 Stück der schönsten Kirschbäume in der Gemeinde wurden mit ihren Kirschen aus dem Erdboden herausgerissen, wodurch die Gemeinde an ihren jährlichen Einkünften merklich Schaden erlitt. Von dem damals gerade geschnittenen und zum Theil gebundenen Getreide wirbelte der Sturm eine ziemliche Menge thurmhoch in die Luft und führte sie über die Bäume und das Wasser des angeschwollenen Baches. Es wurden dadurch viele Schocke von Früchten teils verdorben, teils verloren gegangen."*

Am 23. Mai 1950 wurde die Gemeinde **Bruchstedt** – im heutigen Unstrut-Hainich-Kreis gelegen – durch eine Flutwelle stark zerstört. Eine vier Meter hohe Flutwelle wälzte sich durch den Ort. Acht Menschen starben, neunzehn Gehöfte wurden vollständig zerstört und weitere einhundertfünfzig schwer beschädigt. Fast das gesamte Vieh ertrank in den Wassermassen. „Kühe und Schweine wurden ihrem Schicksal überlassen. Sie schrien in Panik. Es war furchtbar", erinnert sich eine Zeitzeugin. Das Unwetter von Bruchstedt war eine der schlimmsten Naturkatastrophen in Mitteldeutschland seit einhundertfünfzig Jahren und die erste der sieben Monate vorher gegründeten DDR. Der Wiederaufbau Bruchstedts sollte nach dem Willen der Landesregierung und der SED zum Symbol für Solidarität und Aufbauwillen der noch jungen Republik werden. Die Vereinigung der gegenseitigen Bauernhilfe (VdgB) stellte Saatgut zur Verfügung. Die „Volkssolidarität" schickte Bekleidung. Aus dem Solidaritätsfonds der DDR wurden Kühe und Schweine für die Bauern bezahlt. Jeden Tag strömten Hunderte Aufbauhelfer in den zerstörten Ort. Es waren Angestellte aus der Verwaltung, Angehörige der Volkspolizei, Studenten, Bauarbeiter und FDJler, die zum Teil direkt vom „Deutschlandtreffen" in Berlin kamen und in einem riesigen Zeltlager am Rande des Ortes kampierten. Insgesamt waren in den fünfzig Tagen 20.000 Helfer in Bruchstedt im Einsatz.

In der Nacht vom 14. auf den 15. Juni 1980 wurden weite Teile Thüringens von schweren Unwettern heimgesucht. Orkanartige Stürme richteten verheerende Schäden an. Acht Menschen starben. Besonders betroffen war der Südharz mit der Stadt **Nordhausen**. Ohne vorherige wetterkundliche Anzeichen tobte am 15. Juni von 1:30 bis 3:00 Uhr ein starkes Ortsgewitter, begleitet von einem ungewöhnlichen Wirbelsturm aus Südwest. Der Orkan mit Windstärke zwölf beschädigte Dächer, drückte Schaufenster ein, entwurzelte Bäume und knickte Leitungsmasten um.

Besonders starke Verwüstungen richtete der Sturm an dem Baumbestand der Nordhäuser Naherholungsgebiete an. Etwa sechzig Prozent der Bäume des Stadtparkes waren entwurzelt oder gebrochen. Ganze Lichtungen riss der Sturm in die Waldungen der Gehege und des Parkes Hohenrode. Die Nordhäuser Parkanlagen verloren damit ihr bekanntes Gesicht. Während des zweistündigen Wolkenbruchs fielen 46,5 Liter Regen. Dies war die drittgrößte Tagesmenge der letzten 25 Jahre. Der heftige Hagelschlag hatte verwüstenden Charakter. Besonders verheerend wütete der Orkan in den angrenzenden Forstrevieren. Hier verursachte er 240.000 Festmeter Bruchholz. Etwa siebzig Prozent der getroffenen Bäume waren Buchen, der Rest Fichten. Viele Hänge wurden zu Kahlflächen. Großer Schaden trat am Energie- und Telefonnetz durch umstürzende Bäume ein. Zwölf Ortsnetze hatten keinen Strom. Besonders in Mitleidenschaft gezogen wurden die Schulen auf dem Petersberg, ebenso landwirtschaftliche Kulturen.

Im Jahr 2013 fegten Mitte Mai sintflutartiger Regen und heftiger Wind über Thüringen hinweg. Straßen standen unter Wasser, Keller liefen voll. Auch das Dach eines Erfurter Supermarktes hielt dem Unwetter nicht stand und krachte zusammen. In **Freienbessingen** im Kyffhäuserkreis lag der Spitzenwert von 46,7 Liter Niederschlag pro Quadratmeter, in **Erfurt** waren es rund 43 Liter und in **Martinroda** im Ilm-Kreis fast 42 Liter, die zwischen 20:00 und 2:00 Uhr vom Himmel fielen. Von den Niederschlägen waren neben Erfurt vor allem die Landkreise Nordhausen und Saalfeld-Rudolstadt sowie der Kyffhäuserkreis und der Ilm-Kreis betroffen. Vielerorts kam zum Regen auch Hagel. Auf der Bahnstrecke zwischen **Heiligenstadt** und **Leinefelde** im Landkreis Eichsfeld bereitete ein Blitzeinschlag in zwei Bahnübergänge Probleme. Es gab erhebliche Verspätungen. Im August 2019 stand im Dorf **Gumperda** im Saale-Holzland-Kreis nach einem Unwetter die Straße bis zu einem halben Meter hoch unter Schlamm und Wasser. Es hatte sich eine Lawine gelöst. Die Einsatzkräfte der Feuerwehr beseitigten den Schlamm mit schwerem Gerät. Auch einige vollgelaufene Keller mussten ausgepumpt werden.

Wohnen

Die Art, auf dem Land zu wohnen, hat sich im Laufe der Jahrhunderte hierzulande wesentlich gewandelt. Früher wohnten vor allem die Kleinbauern nicht selten in unmittelbarer Nähe ihrer Tiere. Der Autor dieses Buches kennt das aus eigenem Erleben. Bei meinen Großeltern mütterlicherseits ging man über eine Stufe vom Hof in das Wohnhaus. Nach links kam man über zwei Stufen in die Wohnstube und geradeaus gelangte man in die Küche. Gleich hinter der Küche begann der Ziegenstall. Das war zwar nicht bei allen Gehöften so, aber in mehreren Dörfern von Thüringen gab es solche Beispiele.

In den vergangenen Jahrzehnten sind aus vielen früheren Bauernhöfen umgestaltete und ansehnliche Anwesen geworden. Bei der Gestaltung ihrer Anwesen und Wohnhäuser waren die Bewohner in den Orten von Thüringen oft sehr einfallsreich. So gibt es allerhand Besonderheiten zu bestaunen. Oft sind es nur Kleinigkeiten, welche dem Anwesen ein unverwechselbares Ambiente verleihen.

Heutzutage ist die bestimmende Wohnform auf dem Lande das Eigenheim. In den 1990er Jahren, als sich viele Städter ein Häuschen bauen wollten und es sie deshalb aufs Land zog, sind Thüringen weit in zahlreichen Orten Eigenheimsiedlungen entstanden. Dadurch hat sich die Einwohnerzahl in manchen Orten verdoppelt und verdreifacht. Anderenorts setzte man auf Lückenbebauung und Sanierung der vorhandenen Bausubstanz. Durch beide Formen der Verbesserung des Wohnkomforts wurden die Dorfbilder wesentlich verändert. Zur Vollständigkeit der Informationen über das Wohnen in Thüringens Dörfern gehört aber auch, dass in den 1960er und 1970er Jahren in einigen Gemeinden Mehrfamilienhäuser gebaut wurden. Darin wohnten zumeist zwischen vier und zwölf Familien.

1. Ist der Innenhof des ehemaligen Gutshofes in Kerspleben. Aus dem Gut wurde ein ansehnliches Wohnensemble. 2. Dieses Anwesen in Bachstedt war früher ein Stall und eine Scheune. Inzwischen ist daraus ein Wohnhaus geworden. 3. In Döllstädt sind Reihenhäuser Bestandteil der neuen Wohnsiedlung..

Eine besondere Wohnform gibt es in **Schlossvippach** im Landkreis Sömmerda. Der ehemalige Gasthof „Zur Sonne" war im Laufe der Jahre arg heruntergekommen. Die Gemeindeväter standen vor der Entscheidung: zielgerichtete Sanierung oder Abriss. Im Januar 2007 fiel die Entscheidung: Aus der „Sonne" wurde das Projekt Mehrgenerationenhaus. Nach gut zwei Jahren Bauzeit zogen im Sommer 2009 damals erwartungsvolle und später zufriedene Mieter in die acht Wohnungen. Beim Einzug war der jüngste Mieter 4 Monate alt und der älteste konnte bereits auf 81 Lebensjahre zurückblicken. Zudem befindet sich im Haus der Seniorentreff des Ortes und ein Kreativraum. Die acht Wohnungen sind individuell und modern. Sehenswert sind die denkmalgeschützten Stuckdecken im Haus, das auch einen Gewölbekeller vorweisen kann. Extras gibt es auch beim Außengelände. Hier befinden sich Unterstellremisen für die „sieben Sachen" der Mieter sowie Garagen, Fahrradständer, eine Mülltonnenecke, Sitzgelegenheiten, einen Brunnen und viel Grün von Bäumen und Sträuchern. Bei Regenwetter kann man im überdachten Laubengang im Obergeschoss Bänke zusammenrücken und mit dem Nachbarn einen Schwatz machen.

Ob Gehöft, Einfamilien- oder Doppelhaus: zum Anwesen, in dem man wohnt, gehört zumeist ein Hausgarten. Hier wird das Gärtnern gelebt. Die Gartenfläche ist in der Regel überschaubar und kann sowohl Nutzpflanzen als auch Zierpflanzen enthalten. Sowohl bei den Anpflanzungen als auch bei der Gartengestaltung kann sich der Hobbygärtner entfalten und seine Vorlieben zum Ausdruck bringen. Für Gartenliebhaber ist der Hausgarten etwas Besonderes. Hier kann man sich gärtnerisch betätigen und Gemüse und Obst gibt es vor der eigenen Haustür. Darüber hinaus lädt mancher Hausgarten zum Entspannen ein und er bietet den perfekten Rahmen für Grillpartys und andere Festivitäten.

4. Dieses Anwesen befindet sich in Alach. Wo sich früher der Misthaufen befand, bestimmen heute Blumen und Erholung das Ambiente. 5. Die ehemalige Untermühle in Ingersleben ist heute ein ansehnliches Fachwerkhaus. 6. Dieses Eigenheim mitsamt Außenanlage steht in der neuen Wohnsiedlung von Ermstedt.

Zuckertüte

Die Schuleinführung ist im Leben eines Kindes etwas Besonderes. Das ist auch in Thüringen so. Man ist dem Vorschulalter entwachsen und mit dem Besuch der Schule beginnt ein neuer Lebensabschnitt. Hierzulande ist es Tradition, dass die Aufnahme der Kinder in die Schule in feierlicher Form vorgenommen wird. An allen Schulstandorten für Grundschüler findet aus diesem Anlass eine Schuleinführungsfeier statt. Die künftigen Schulkinder erscheinen dazu in festlicher Kleidung.

Über Generationen hinweg hat sich der Brauch erhalten, dass die Zuckertüten als äußeres Symbol zur Schuleinführung gehören. Die Zuckertüten werden von den Eltern mit allerlei Sachen gefüllt, die das Kind gebrauchen kann. Natürlich dürfen auch Spielsachen und Süßigkeiten nicht fehlen. Die Eltern bringen die Zuckertüten am Vorabend der Feier in die Schule. Dort sind sie für die Schulanfänger ein Höhepunkt der Schuleinführungsfeier. Viele Schulen lassen sich zur Präsentation der Zuckertüten etwas Besonderes einfallen. Mancherorts wächst ein Zuckertütenbaum, woanders bringen Zwerge die Zuckertüten auf dem Handwagen in den Festsaal.

Kapitel 6

Besonderheiten in der ländlichen Entwicklung

Besonderheiten in der ländlichen Entwicklung

Das Leben auf dem Land ist in Thüringen sehr vielfältig. Das liegt u.a. auch daran, dass viele Orte etwas Besonderes entweder in ihrer Ortsgeschichte oder im aktuellen Ortsgeschehen zu bieten haben. Im Folgenden sind einige ausgewählte Besonderheiten in der ländlichen Entwicklung dargestellt. Die Darstellung erfolgt in alphabetischer Reihenfolge der Ortsnamen.

Ortsgeschichte an der Kirchmauer

Die Gemeinde **Alperstedt** liegt im Landkreis Sömmerda. Der Ort ist über die Ortsgrenzen hinaus vor allem durch zwei Naturphänomene bekannt. Das ist zum Einen das Alperstedter Ried. Es ist das größte Kalkniedermoor im Thüringer Becken und ein Naturschutzgebiet. Hier leben auch Rinder (das Harzer Höhenvieh), Wasserbüffel und Exmoor-Ponys. Der örtliche Heimat- und Kulturverein engagiert sich besonders für die Erhaltung der Moorlandschaft und organisiert geführte Wanderungen durch das Alperstedter Ried. Ebenso über die Ortsgrenzen hinaus bekannt ist der Alperstedter See. Er ging aus dem Kiesabbau hervor und ist ein Domizil für Wassersportler. Die Segelsportler des Clubs maritim Erfurt haben hier ihre Heimstätte. Am Alperstedter See kann man aber auch baden, rudern oder Kanu fahren.

Eine Besonderheit von Alperstedt gibt es seit 2003. In diesem Jahr beging der Ort die 1200-Jahr-Feier der urkundlichen Ersterwähnung. Seitdem schmücken acht Holztafeln mit Motiven aus der Ortsgeschichte die Kirchmauer. Laienkünstlerinnen der Kunsthochschule auf der Moritzburg in Halle an der Saale haben hier mit Acrylfarben auf Holz ein Ensemble der bewegten Dorfgeschichte geschaffen. Der Betrachter der Bilder wird mit den früheren Ortsbezeichnungen Alvatestete und Alpirstete ebenso vertraut gemacht wie mit dem Naturschutzgebiet und dem Niedermoor. Zu sehen sind ebenso das frühere Bild der Kirche, das Rittergut und auch der Dorfbrand von 1736. Zwei Bilder verdeutlichen, dass Ackerbau und Viehzucht sowie das Handwerk der hauptsächliche Broterwerb waren. Auch der Alperstedter See wird dargestellt.

Seit 2003 schmücken die Kirchmauer acht Holztafeln mit Motiven aus der Ortsgeschichte.

Flughafen und Wetterstation

Bindersleben ist ein ländlicher Ortsteil von Thüringens Landeshauptstadt Erfurt. Der Ort liegt etwa sechs Kilometer westlich des Erfurter Stadtzentrums. Das Besondere an Bindersleben ist, dass ein Großteil der nördlichen Gemarkungsfläche vom Flughafen eingenommen wird. Der heutige Flughafen Erfurt-Weimar wurde 1935 als Fliegerhorst der Luftwaffe Erfurt-Bindersleben eröffnet. 1956 übernahm die Deutsche Lufthansa der DDR den Flughafen. Damals gab es regelmäßig Linienflüge nach Berlin-Schönefeld, Dresden, Heringsdorf und Barth. Nach der Wiedervereinigung im Jahr 1990 wurde der Linienverkehr nach Berlin-Tempelhof und Frankfurt am Main aufgenommen.

In den darauffolgenden Jahren erhielt der Flughafen ein neues Abfertigungsgebäude, einen neuen Kontrollturm und neue Flugsicherungstechnik. Auch die Verlängerung der Start- und Landebahn wurde vorgenommen. Im Jahr 2011 erfolgte die Umbenennung in Flughafen Erfurt-Weimar. Damit wollte man durch die weltweite Bekanntheit Weimars profitieren.

Eine weitere Besonderheit des Ortes ist die Wetterstation. In Bindersleben befindet sich eine rund um die Uhr besetzte Wetterwarte. Sie gehört zu den 16 deutschen Flugwetterwarten des Deutschen Wetterdienstes. Die Wetterwarte vermeldet u.a. auch, dass das Wetter in der Region häufig von langen Trockenperioden gekennzeichnet ist. Stets wehen leichte, aber nie besonders starke Westwinde.

Der Flughafen Erfurt-Weimar ist ein internationaler Verkehrsflughafen in Erfurt. Von hier aus werden europaweit große Städte angeflogen

Margecker als Spottname

Etwa zehn Kilometer westlich vom Stadtzentrum Erfurts liegt der ländliche Erfurter Ortsteil **Frienstedt**. Von der Region Frienstedt sind aus der Historie einige bemerkenswerte Fakten überliefert. Während der Römischen Kaiserzeit befand sich an der Nesse bei Frienstedt eine bedeutende germanische Siedlung. Neben Gebäuderesten und Brunnenschächten wurden 2001 bis 2004 bei Ausgrabungen im Trassenverlauf der Bundesautobahn 71 zahlreiche Kleinfunde römischer Herkunft geborgen.

Aber diese Informationen sollen an dieser Stelle nicht die Besonderheit von Frienstedt darstellen, sondern eine andere Tatsache:

Wie für viele Orte gibt es auch für Frienstedt einen Spottnamen. Schon vor 1900 wurden die Frienstedter die „Margecker" genannt. Die Margecker sind große alte Frösche. Es ist überliefert, dass es in Frienstedt viele Frösche gab. Diese saßen im „Werrchen" – das ist das sumpfige Gebiet am Ortsende in Richtung Gottstedt – und gaben an Sommerabenden ein Froschkonzert.

Dieses konnte man bis in die Nachbardörfer hören. Daher haben die Frienstedter ihren Spitznamen.

Im neuen Wohnpark wohnen viele neue „Margecker".

Hähnekrähen zu Pfingsten

Nöda ist eine Gemeinde im Landkreis Sömmerda mit zirka 850 Einwohnern. Der Ort hat sich in den letzten Jahrzehnten zu einem ansehnlichen und gepflegten Dorf entwickelt. Es gewann auch schon den Wettbewerb um das „Das schönste Dorf des Landkreises Sömmerda".

Auch für die Jüngsten wird in Nöda viel getan. Vor allem wird bereits im Kindergarten viel für die Förderung der Bewegung der Kinder getan. Fast täglich drehen sie ihre Runden um das Kindergartengelände. Dafür wurden sie auch bereits mit dem Förderpreis des Landessportbundes „Bewegungsfreundliche Kindertagesstätte" ausgezeichnet.

Eine große Bedeutung hat in Nöda die Pflege von Tradition und Brauchtum. Eine Besonderheit ist dabei die Tradition, dass am Vormittag des Pfingstsonnabends ein Wettbewerb im Hähnekrähen stattfindet.

Der Rassegeflügelzuchtverein organisiert das Spektakel vor seinem Spartenheim auf der Warthe. Sieger ist der Hahn, der in einer Stunde am meisten kräht. Die langjährigen Ergebnislisten weisen aus, dass die Zwerghähne am besten krähen.

Die Aufnahme stammt vom traditionellen Hähnekrähen in Nöda im Jahr 1999.

Der Mittelpunkt Thüringens

Zwölf Kilometer nordöstlich von Arnstadt und zehn Kilometer südlich von Erfurt gelegen befindet sich **Rockhausen**. Das kleine Dorf mit zirka 270 Einwohnern ist ein Ortsteil der Gemeinde Amt Wachsenburg im Ilm-Kreis.

Am 1. August 2008 erlebten die Bürger von Rockhausen einen unvergesslichen Höhepunkt ihrer Ortsgeschichte. An diesem Tag wurde Rockhausen zum amtlichen Mittelpunkt Thüringens erkoren. Diesen historischen Moment beging man im Beisein von viel Politprominenz aus Land, Kreis und Verwaltungsgemeinschaft mit einem Volksfest. Messungen des Thüringer Landesamtes für Vermessung und Geoinformation haben ergeben, dass sich der Schnittpunkt der Diagonalen des gedachten Rechteckes als Mittelpunkt Thüringens in Rockhausen befindet.

Die Postkarte aus Rockhausen zeigt den Stein vom amtlichen Mittelpunkt Thüringens.

Staatliche Vogelschutzwarte

Mühlhausen ist die Kreisstadt des Unstrut-Hainich-Kreises. Zur Stadt gehören 9 Ortsteile, darunter ist auch das ländlich geprägte **Seebach**. Hier soll um 1227 Lutz von Seebach im Auftrag der Mainzer Erzbischöfe die Wasserburg – Burg Seebach – erbaut haben. Im Laufe der Jahrhunderte wurde aus der Burg ein Schloss – das Wasserschloss. Darin befindet sich die seit 1908 eine Vogelschutzstation. Seit 1936 darf diese Einrichtung auf Schloss Seebach offiziell den Titel „Staatliche Vogelschutzwarte" tragen.

Heute ist es eine Außenstelle der Thüringer Landesanstalt für Umwelt und Geologie. Sie ist das fachliche Zentrum rund um den Vogel- und Fledermausschutz. Zu ihren Aufgaben gehören u.a. die angewandte Forschung und fachliche Beratung im Vogel- und Fledermausschutz, die landesweite Beobachtung und Bewertung der Bestandssituation wildlebender Vogelarten und Fledermäuse sowie die Koordination der wissenschaftlichen Vogelberingung in Thüringen.

Bestandteile der Arbeiten sind auch die fachliche Anleitung und Fortbildung der Beringer, die Unterbringung beschlagnahmter Vögel, Reptilien und Amphibien sowie die Pflege verletzter heimischer Vögel.

Die Vogelsternwarte ist ein Wahrzeichen von Seebach.

Eine einzigartige Saunalandschaft

Das 200-Seelendorf **Sohnstedt** im Kreis Weimarer Land ist seit der politischen Wende 1989 gewachsen. Damals waren 36 Gebäude vorhanden, inzwischen kamen 24 Wohngebäude dazu. Die Einwohnerzahl hat sich nahezu verdoppelt. Inmitten dieser dörflichen Beschaulichkeit befindet sich eine urfinnische Freizeitanlage, in der die Saunakultur die Hauptrolle spielt – das Pelto-Bad. Überwiegend aus massivem finnischen Tannenholz errichtet und eingebettet in einen 10.000 Quadratmeter großen Saunapark mit Außenpool und holzbefeuerten Saunahütten ist das Pelto-Bad für alle Saunafans ein Highlight. In der Anlage befinden sich insgesamt neun Saunen.

Die Außensaunen heißen Hexenhäuschen, Kuuma-Sauna, Maa-Sauna, Löyly-Sauna, Saunablockhaus, Tonttut-Sauna und Kivet-Sauna. Dazu kommen noch die elektrisch beheizte Innensauna und das türkische Dampfbad.

Neben der Saunalandschaft werden vielfältige Massagen angeboten. So zum Beispiel die Klassische Massage, eine traditionelle Thai Massage, eine tibetanische Honigmassage sowie die Shiatsu-Rückenmassage.

Das Pelto Bad in Sohnstedt ist mit rund 10.000 Quadratmeter Saunalandschaft die größte Finnland-Sauna in Thüringen.

Das Pelto Bad in Sohnstedt – die größte Finnland-Sauna in Thüringen.

Der erste Gesundheitskiosk

Eine relativ neue Besonderheit gibt es in **Urleben**. Die Gemeinde liegt im Unstrut-Hainich-Kreis und wurde im Jahr 786 erstmals urkundlich erwähnt. Von der Historie des Dorfes sind keine spektakulären Ereignisse überliefert. Aber ein Ereignis im Jahr 2022 schrieb Geschichte im wahrsten Sinne des Wortes. Seitdem gibt es in der 400-Seelen-Gemeinde Angebote zu Pflege und Beratung in einem sogenannten Gesundheitskiosk. Die Gesundheitskioske sollen dazu dienen, dass die Menschen selbst in strukturell schwachen Gebieten schnell und kompetent beraten werden und unbürokratisch Hilfe erhalten. Es geht um Beratung, Vermittlung und vorbeugende Maßnahmen. In Urleben steht der erste Gesundheitskiosk im Freistaat Thüringen. Der Holzbau hat einen Raum, eine Toilette und W-Lan-Anschluss. Er steht auf der Fläche einer abgerissenen Bushaltestelle. Auf insgesamt zwanzig Quadratmetern werden nicht nur Gesundheitsdienstleistungen angeboten, sondern auch Möglichkeiten geschaffen, soziale Isolation zu vermeiden.

Der Gesundheitskiosk ist das jüngste und zugleich auch das auffälligste der insgesamt 140 Häuser im Dorf. Auf der großen Frontscheibe steht „Gesundheitskiosk" geschrieben. Die Buchstaben sind aus sibirischer Lärche, ebenso ein Großteil des Gebäudes. Der deutsche Gesundheitsminister Karl Lauterbach plant Gesundheitskioske deutschlandweit. In Thüringen gibt es sie schon. Außer Urleben haben auch die Orte Blankenburg, Bruchstedt, Kirchheilingen und Sundhausen, alle im Unstrut-Hainich-Kreis gelegen, bereits einen Gesundheitskiosk.

Der Gesundheitskiosk ist die neueste Errungenschaft für das Landleben in Urleben.

Auf dem Rücken der Pferde

Natürlich gehören Pferde zum Landleben. Im Verlauf der Zeit änderten sich die Funktionen der Pferde. Früher waren sie vorwiegend Nutztiere zum Ziehen von Wagen und landwirtschaftlichen Geräten auf den Feldern. Heute überwiegen ihre Einsätze als Natur- und Landschaftspfleger sowie im Pferdesport. Ein besonderer Pferdesport wird im ländlichen Erfurter Ortsteil **Waltersleben** betrieben. Dort befinden sich Pferdeställe, eine Reithalle und Koppeln für die Vierbeiner.

Hier ist auch der Sitz der Pferdesportgemeinschaft Waltersleben. Sie ist aus der 1975 im Nachbarort gegründeten BSG Traktor Egstedt hervorgegangen.

Die Besonderheit an dieser Sportgemeinschaft ist, dass sie sich die Pflege der Sportart Voltigieren auf ihre Fahnen geheftet hat. Bei dieser Reitsportdisziplin führen die Reiter und Reiterinnen turnerisch-akrobatische Übungen auf dem Rücken des galoppierenden Pferdes durch. Anfangs wurden die Übungen einzeln und im Schritt geturnt. Inzwischen steigern sich die Leistungen der Voltigierer bis zu Übungen zu dritt auf dem galoppierenden Pferd und die geturnten Figuren reichen bis unter die Deckenbalken der Reithalle.

Die Pferdesportgemeinschaft Waltersleben hat sich als Sportart das Voltigieren auf die Vereinsfahne geschrieben.

Albert-Schweitzer-Kinderdorf

Am Rande von Erfurt, neben „Märchensiedlung" und Buchenberg, befinden sich im ländlich geprägten Erfurter Ortsteil **Windischholzhausen** die Häuser des Albert-Schweitzer Kinderdorfs und Familienwerke Thüringen e.V. Gegründet wurde der Verein im Jahr 1990. Seitdem hat sich viel getan. Sogar das Grundkonzept nach dem Prinzip Mutter, Vater und Kinder gibt es nicht mehr.

Anders als in vielen klassischen Einrichtungen der Kinder- und Jugendhilfe sind die betreuten Kinder und Jugendlichen hier in mehreren Häusern mit „Dorfcharakter" untergebracht. Die Bezugspersonen sind Tag und Nacht anwesend. Alle Abläufe sind familienorientiert. Im gesamten Dorf können maximal 46 Kinder unterkommen. Im Januar 2024 waren 43 Mädchen und Jungen auf die sechs Familien aufgeteilt. Das jüngste Kind war fünf Jahre alt, die älteste Jugendliche achtzehn Jahre alt.

Die Geborgenheit und Verlässlichkeit lagen dem Gründer besonders am Herzen. Die Idee hinter einer Kinderdorffamilie ist es, Kindern und Jugendlichen aus problembelasteten Lebensumfeldern ein stabiles familiäres Zuhause bis zur Selbständigkeit oder der Rückkehr in die Herkunftsfamilie zu bieten. Im Albert-Schweitzer-Kinderdorf leben vorwiegend Kinder und Jugendliche, die aus unterschiedlichen Gründen nicht bei ihren leiblichen Eltern aufwachsen können. Die Ursachen können u.a. Überforderung eines alleinerziehenden Elternteils, Suchterkrankungen der Eltern, psychische Beeinträchtigungen oder Schulverweigerung der Kinder sein. Im Albert-Schweitzer-Kinderdorf werden die Kinder und Jugendlichen in familienanalogen Systemen in verschiedenen Wohnformen betreut.

Im Albert-Schweitzer-Kinderdorf sind die Kinder in guten Händen.

Dank an die Partner und Unterstützer

Der Herausgeber und der Autor bedanken sich bei den Partnern und Unterstützern des Buchprojektes ganz herzlich für die konstruktive Zusammenarbeit und wertvolle Unterstützung.

Wir bedanken uns besonders bei den Gemeindeverwaltungen, Ortschronisten und sonstigen örtlichen Persönlichkeiten in den 25 Orten, die im Kapitel 4 vorgestellt sind. Unser Dank gilt sowohl für die Bereitstellung von fachspezifischer Literatur zu Studienzwecken als auch für die Übermittlung von Bildmaterial.

Auch aus anderen Städten, Gemeinden und Ortschaften Thüringens wurden uns Texte und Bilder zur Verfügung gestellt. Dafür danken wir ebenso herzlich.

Wir danken auch der Firma f-werbung Erfurt und dem Verlag PROOF Erfurt für die Bereitstellung von Bildern aus anderen Veröffentlichungen des Buchautors.

Alles in allem bedanken wir uns bei allen Unterstützern, die uns mit Rat und Tat zur Seite standen.

Quellennachweis

Der Autor hat bei der Erarbeitung der Buchtexte folgende schriftlichen Quellen einbezogen:

- das Buch „Erfurter Landleben – Geschichten von gestern und heute"
  Autor: Walter Kehr
  Herausgeber: Buchprojekt „Erfurter Landleben", Brigitte Felix, Erfurt
  Erschienen: 2011

- das Buch „"Blühendes Thüringen – Gärten, Parkanlagen, Naturlandschaften"
  Autor: Walter Kehr
  Herausgeber: PROOF Verlag Erfurt
  Erschienen: 2021

- Ortschoniken und andere veröffentlichte Schriften aus den Orten, die im Kapitel 4 vorgestellt werden sowie aus den Orten, aus denen im Kapitel 6 berichtet wird.

Darüber hinaus hat der Autor öffentlich zugängliche Dokumentationen in den sozialen Medien und im Internet einbezogen.

Eine wichtige Quelle waren die persönlichen Gespräche, die der Autor mit ausgewählten Protagonisten des Buches aus den Städten, Gemeinden und Ortschaften geführt hat.

Bildnachweise

Im Buch „Mehr als Kühe und Kirmes - Thüringer Landleben im Wandel der Zeiten“ sind insgesamt 56 Bilder Bestandteil des Buches.

Für die verwendeten Bilder liegt von den Rechteinhabern die Zusatimmung zur Verwendung im vorliegenden Buch vor.

Ein großer Teil der Bilder sind Eigenfotografien des Autors. Weitere Bilder haben die Partner des Autors in den einzelnen Städten, Gemeinden und Ortschaften sowie ausgewählte Einzelpersonen zur Verfügung gestellt.

Im Folgenden werden die Bilderquellen in der Reihenfolge der Bilder im Buch dokumentiert.

Cover

1. Kuh mit Blumenkranz
   – oleksandr.info –

Vorwort

1. Buchautor in seinem Garten
   – Brigitte Felix, Erfurt –

Kapitel 2

1. Baumkronenpfad mit Aussichtsturm
   – Eigenfotografie des Autors –
2. Blick in die Rhön von der Hohen Geba
   – Eigenfotografie des Autors –
3. Bergwiesen im Thüringer Wald
   – Eigenfotografie des Autors –
4. Walderlebnispfad Fürstenhagen
   – Eigenfotografie des Autors –
5. Bizarre Felsformationen im Steinmühltal
   – Sandra Heidrich, Hannover –
6. Barbarossahöhle, Eingang
   – Eigenfotografie des Autors –
7. Blick auf das Thüringer Meer von Saalburg
   – Loreen Scheit, Erfurt –
8. Winterlandschaft im Thüringer Wald
   – Eigenfotografie des Autors –

Kapitel 3

1. Kartoffelvollerntemaschine zu DDR-Zeiten
   – Eigenfotografie des Autors –
2. Schafhaltung bei Sohnstedt
   – Eigenfotografie des Autors –
3. Ferkelaufzucht auf der „Grünen Messe“ in Erfurt
   – Eigenfotografie des Autors –
4. Landtechnik von 2010 in Kleirettbach
   – Eigenfotografie des Autors –
5. Pferdeliebe überm Weidezaun
   – Eigenfotografie des Autors –
6. Weizenfeld bei Schaderode
   – Eigenfotografie des Autors –

Kapitel 4

1. Andisleben – Oldi-Schau der Traktoren
   – Eigenfotografie des Autors –
2. Apfelstädt – Bürgerhaus
   – Ortschronik von Apfelstädt –
3. Berlstedt – Kirche St. Crucis
   – Gemeinde Am Ettersberg, Stefanie Uth –
4. Breitungen – Marktplatz
   – Gästeinformation Breitungen, Cornelia Reum –
5. Dachwig – Dorfmuseum
   – Eigenfotografie des Autors –
6. Ettersburg – Schloss mit Schlosspark
   – Eigenfotografie des Autors –
7. Georgenthal – Hammerteich
   – Landgemeinde Georgenthal, Mathias Beier –
8. Geraberg – Geraberger Musikanten
   – Geraberger Musikanten, Uwe Senglaub –
9. Gierstädt und Kleinfahner Obstbäume
   – Eigenfotografie des Autors –
10. Kranichborn – Große Eiche mit Denkmal
    – Eigenfotografie des Autors –
11. Gräfenroda – Gartenzwerg
    – Zwergstatt Gräfenroda, Frau Ortmann –

12. Heyda – Talsperre – *TR Design* –
13. Ifta – Hotel „Natur und Flair" – *Hotelprospekt* –
14. Kerspleben – Kirchturm mit Fachwerkhaus
 – *Ortschronik von Kerspleben* –
15. Marksuhl – Marktplatz mit Kirche und Schloss
 – *Einheitsgemeinde Gerstungen, Karen Hartung* –
16. Martinroda – Dorfteich
 – *Bürgermeisterin Babett Morgenbrod* –
17. Mihla – Fachwerkhaus Rotes Schloss
 – *Ortschronik, Rainer Lämmerhirt* –
18. Mühlberg – Marktplatz
 – *Touristinformation Kulturscheune, A. Kretzschmar* –
19. Neudietendorf – Zinzendorfhaus
 – *Eigenfotografie des Autors* –
20. Oberhof – Rennsteiggarten
 – *Eigenfotografie des Autors* –
21. Rastenberg – Waldschwimmbad
 – *Kurier Rastenberg, Frank Koch* –
22. Stotternheim – Strandbad
 – *Eigenfotografie des Autors* –
23. Tiefengruben – Dorfteich
 – *Müller-Werbung Weimar, Dagmar Müller* –
24. Tiefthal – Textilgestaltung Besser
 – *Eigenfotografie des Autors* –
25. Walschleben – Sportzentrum
 – *Eigenfotografie des Autors* –

Kapitel 5

1. Bachstedt – Wohnhaus
 – *Eigenfotografie des Autors* –
2. Alach – Blumen und Erholung
 – *Eigenfotografie des Autors* –
3. Kerspleben – Gutshof als Wohnensemble
 – *Eigenfotografie des Autors* –
4. Ingersleben – Saniertes Fachwerkhaus
 – *Eigenfotografie des Autors* –
5. Döllstädt – Reihenhäuser
 – *Eigenfotografie des Autors* –
6. Ermstedt – Eigenheim
 – *Eigenfotografie des Autors* –

Kapitel 6

1. Alperstedt – Holztafeln an der Kirchmauer
 – *Bürgermeister Torsten Richardt* –
2. Bindersleben – Flughaufen Erfurt-Weimar
 – *Flughafen Erfurt-Weimar, Alice Koch* –
3. Frienstedt – Neuer Wohnpark
 – *Eigenfotografie des Autors* –
4. Nöda – Bild vom Hähnekrähen
 – *Ortschronik Nöda* –
5. Rockhausen – Stein als Mittelpunkt Thüringens
 – *Eigenfotografie des Autors* –
6. Seebach – Vogelschutzwarte im Schloss
 – *Verein der Freunde der VSW, Jürgen Triesch* –
7. Sohnstedt – Saunalandschaft, Außenanlage
 – *Betreiber Saunalandschaft* –
8. Urleben – Gesundheitskiosk
 – *Bürgermeister Roland Möller* –
9. Waltersleben – Voltigieren beim Pferdesport
 – *Pferdesportgemeinschaft, Dr. Kathrin Thiele* –
10. Windischholzhausen – Albert-Schweitzer-Kinderdorf
 – *Kinderdorf, Christin Schoenfuß* –